人工知能研究の新潮流 2025
~基盤モデル・生成 AI のインパクトと課題~

編　者　　国立研究開発法人科学技術振興機構 研究開発戦略センター（JST/CRDS）

近代科学社

エグゼクティブサマリー

　本報告書は、人工知能（AI）の研究開発の潮流を捉え、AI技術の社会的価値を高め、日本の国際競争力を強化するための研究開発の戦略提言と、それらに関連の深い研究開発領域の動向をまとめたものである。
　同じ位置付けの報告書として、2021年6月に「人工知能研究の新潮流～日本の勝ち筋～」、2023年7月に「人工知能研究の新潮流2～基盤モデル・生成AIのインパクト～」を公開した。しかし、2022年の基盤モデル・生成AIのブレーク以降、技術の発展と活用の拡大が急速に進んでおり、政策面でも国際的に活発な動きが生じている。そこで、今回、改めて「人工知能研究の新潮流2025～基盤モデル・生成AIのインパクトと課題～」と題し、内容をアップデートして公開することにした。
　本報告書は2部構成をとり、1章では基盤モデル・生成AIのインパクトを踏まえた研究開発の潮流と戦略提言の内容、2章ではそれらと関連の深い研究開発領域の動向や国際比較についてまとめた。

　AI技術は、人間の知的活動（認識、判断、計画、学習等）をコンピューターで実現するための技術群である。1950年代後半からブーム期と幻滅期を繰り返してきたが、2010年代の第3次AIブーム以降、さまざまな応用が広がり、2022年にブレークした生成AIは「AIの大衆化」といわれるほどAI利用者を拡大し、幻滅期を経ることなく第4次AIブームに入ったといってよい状況である。
　第3次AIブームは多層のニューラルネットワークを用いた深層学習によって牽引された。これは用途ごとに機械学習を行うことが必要な特化型AIに相当したが、第4次AIブームを着火した生成AIは、深層学習を超大規模化した基盤モデルを用いて、高い精度・汎用性・マルチモーダル性を実現した。生成AIは、極めて自然な対話応答や専門的な知識・能力を備えているかのような応答を返す。これは人間の知的作業全般に波及し、産業、研究開発、教育、創作等さまざまな分野で変革をもたらしつつある。
　このようなAI技術の発展を、1章では「AI基本原理の発展（さらなる高性能化）」、「AIリスクへの対処（社会的要請の充足）」、「AI×○○（AI活用によるプロセス変革）」という三つの潮流として捉えた。
　第1の潮流「AI基本原理の発展」は、AI技術のさらなる高精度化・高性能化の流れに沿ったものである。現在の基盤モデル・生成AIは、高い精度・汎用性・マルチモーダル性を示しているが、資源効率、論理性・正確性、実世界操作（身体性）、安全性・信頼性等に課題がある。しかも、なぜそれほど高い応答性能や賢く見える振る舞いを示し得るのか、そのメカニズムは明らかになっていない。そこで、基盤モデル・生成AIのメカニズム解明や上述の課題の克服を目指した「次世代AIモデル」の研究開発が進みつつある。
　第2の潮流「AIリスクへの対処」は、AIと社会との関係が広がったことで生まれた、精度・性能向上とは異なるタイプの研究開発である。AI技術の応用拡大・普及につれて、AIのブラックボックス問題、バイアス問題、脆弱性問題、フェイク問題等が顕在化した。このような問題に対して、AIに対する社会からの要請が国・国際レベルで議論され、AI倫理指針やAI社会原則といった形で明文化された。さらに、人間によるものと区別できないような応答・出力を返す生成AIが登場したことで、悪用・誤用の恐れが大きく高まり、人間の認知・思考や社会・文化への影響も懸念されるようになり、さまざまな面でAIリスクが深刻化した。そのため、対策の必要性が、倫理や社会原則といった観点から、AIのリスクや脅威への対処といった観点へシフトした。社会からの要請を充足する「信頼されるAI」の研究開発では、このような観点シフトにも対応していくことが急務となっている。
　第3の潮流「AI×○○」は、社会・産業・科学等のさまざまな分野・用途にAI技術を活用し、そこでのプロセス変革（Digital Transformation：DX）を生み出すような、AI活用の技術・フレームワークに関する研

究開発である。既に生成AIの産業応用はさまざまな分野・用途に急速に広がっているが、特に研究開発面からの取り組みが活発化しているターゲットとして「AI for Science」が注目される。ここでは「AIロボット駆動科学」のフレームワークが研究開発されており、AIを用いた大規模で網羅的な仮説生成・探索による人間の認知限界・バイアスを超えた科学的発見の実現と、ロボットを用いた仮説評価・検証のハイスループット化が期待されている。

　AI技術開発は米中2強と言われる状況であり、日本がそこに割り入ることは簡単なことではない。しかし、AI技術は国の産業や科学の国際競争力を左右し、経済安全保障の面からも欠くことのできない技術である。海外からの技術導入・利用に全て依存してしまうようなことなく、日本として優位性を打ち出し得る点を見いだし、戦略的に研究開発を推進すべきである。本報告書では、上で述べた三つの潮流を踏まえて「次世代AIモデル」「信頼されるAI」「AI for Science」という切り口で、その可能性を論じた。

　日本はAI戦略において「Trusted Quality AI」を掲げており、研究コミュニティーや産業界での取り組みが、国際的にも早い時期に立ち上がった。国際標準化活動においても健闘しており、欧州が理念主導でAI規制を強化してくる動きに対して、「信頼されるAI」の実現に向けて、実践的なトラストを積み上げる取り組みを重ねている。また、米国ビッグテック企業先行の基盤モデル・生成AIが社会に大きなインパクトを与えているが、計算脳科学（計算論的神経科学）とAIの融合研究や、日本発の研究領域である認知発達・記号創発ロボティクス等、「次世代AIモデル」につながる基礎研究が進められている。さらに「AI for Science」は、日本からノーベルチューリングチャレンジというグランドチャレンジが提唱され、その国際連携による取り組みも進められている。このような取り組みが日本の強み育成の足掛かりになり得るものと考える。

　また、政策・戦略の議論・検討が活発化している基盤モデル・生成AIについて、本報告書では、その研究開発課題の全体観を示した。その上で、基盤モデル・生成AIの活用推進、次世代AIモデルのための基礎研究推進、それらを支える基盤モデルとその周辺技術の実装・運用、という三つの打ち手を連動させるという方向性について論じた。

　2章では、三つの潮流と関わりの深い13の研究開発領域を取り上げ、各領域について、研究開発動向、技術トピック、今後の重要課題、国際比較等を詳しく紹介する。

　第1の潮流「AIの基本原理の発展」と関わりの深い研究開発領域として「知覚・運動系のAI技術」「言語・知識系のAI技術」「エージェント技術」「計算脳科学」「認知発達ロボティクス」「AIを支えるコンピューティングアーキテクチャー」、第2の潮流「AIリスクへの対処」と関わりの深い研究開発領域として「AIソフトウェア工学」「人・AI協働と意思決定支援」「社会におけるAI」「社会におけるトラスト」、第3の潮流「AI×〇〇」と関わりの深い研究開発領域として「AI・データ駆動型問題解決」「因果推論」「意思決定と最適化の数理」を取り上げている。

本報告書のWEB公開ページはこちら

公開資料一覧

本報告書は、国立研究開発法人科学技術振興機構（JST）研究開発戦略センター（CRDS）から過去に発行した複数の公開資料の要点を再構成すると共に、最新動向も盛り込んでアップデートしたものである。以下に、それら公開資料の一覧を示す。

（1）本報告書の旧バージョン

本報告書は過去に発行した下記報告書の内容を、最新動向を踏まえてアップデートしたものである。

【資料1-1】科学技術振興機構研究開発戦略センター，「人工知能研究の新潮流2 〜基盤モデル・生成AIのインパクト〜」，CRDS-FY2023-RR-02（2023年7月）．https://www.jst.go.jp/crds/report/CRDS-FY2023-RR-02.html

【資料1-2】科学技術振興機構研究開発戦略センター，「人工知能研究の新潮流 〜日本の勝ち筋〜」，CRDS-FY2021-RR-01（2021年6月）．https://www.jst.go.jp/crds/report/CRDS-FY2021-RR-01.html

（2）戦略プロポーザル

本報告書の1.1節と1.2節は、下記6件の戦略プロポーザルの内容をもとにしている。

【資料2-1】科学技術振興機構研究開発戦略センター，「戦略プロポーザル：次世代AIモデルの研究開発」，CRDS-FY2023-SP-03（2024年3月）．https://www.jst.go.jp/crds/report/CRDS-FY2023-SP-03.html

【資料2-2】科学技術振興機構研究開発戦略センター，「戦略プロポーザル：第4世代AIの研究開発 ―深層学習と知識・記号推論の融合―」，CRDS-FY2019-SP-08（2020年3月）．https://www.jst.go.jp/crds/report/CRDS-FY2019-SP-08.html

【資料2-3】科学技術振興機構研究開発戦略センター，「戦略プロポーザル：AI応用システムの安全性・信頼性を確保する新世代ソフトウェア工学の確立」，CRDS-FY2018-SP-03（2018年12月）．https://www.jst.go.jp/crds/report/CRDS-FY2018-SP-03.html

【資料2-4】科学技術振興機構研究開発戦略センター，「戦略プロポーザル：複雑社会における意思決定・合意形成を支える情報科学技術」，CRDS-FY2017-SP-03（2018年3月）．https://www.jst.go.jp/crds/report/CRDS-FY2017-SP-03.html

【資料2-5】科学技術振興機構研究開発戦略センター，「戦略プロポーザル：デジタル社会における新たなトラスト形成」，CRDS-FY2022-SP-03（2022年9月）．https://www.jst.go.jp/crds/report/CRDS-FY2022-SP-03.html

【資料2-6】科学技術振興機構研究開発戦略センター，「戦略プロポーザル：人工知能と科学 〜AI・データ駆動科学による発見と理解〜」，CRDS-FY2021-SP-03（2021年8月）．https://www.jst.go.jp/crds/report/CRDS-FY2021-SP-03.html

（3）ワークショップ等の報告書や学会発表

戦略プロポーザルの発行に向けた内容検討においては、CRDS主催ワークショップや学会イベント等の機会を設けて専門家との議論を重ねてきた。また、戦略プロポーザルの発行後に、その内容をもとに、CRDS主催の公開イベント（公開シンポジウムや学会イベント等）を開催して、提言のアウトリーチや、より広く研究コミュニ

ティーからのフィードバックの機会も設けてきた。これらについてまとめた資料は、本報告書の内容を補足する資料と位置付けられる。

（3.1）資料2-1を補足する資料

【資料3-1】科学技術振興機構研究開発戦略センター，「科学技術未来戦略ワークショップ報告書：次世代AIモデルの研究開発 〜技術ブレークスルーとAI×哲学〜」，CRDS-FY2023-WR-03（2024年2月）．https://www.jst.go.jp/crds/report/CRDS-FY2019-WR-08.html

【資料3-2】科学技術振興機構研究開発戦略センター，「俯瞰セミナー＆ワークショップ報告書：人・AI共生社会のための基盤技術」」，CRDS-FY2024-WR-08（2025年3月）．https://www.jst.go.jp/crds/report/CRDS-FY2024-WR-08.html

（3.2）資料2-2を補足する資料

【資料3-3】科学技術振興機構研究開発戦略センター，「科学技術未来戦略ワークショップ報告書：深層学習と知識・記号推論の融合によるAI基盤技術の発展」，CRDS-FY2019-WR-08（2020年3月）．https://www.jst.go.jp/crds/report/CRDS-FY2019-WR-08.html

【資料3-4】科学技術振興機構研究開発戦略センター，「JSAI2020企画セッション報告書：次世代AI研究開発―さらなる進化に向けて―」，CRDS-FY2020-XR-02（2020年10月）．https://www.jst.go.jp/crds/report/CRDS-FY2020-XR-02.html

（3.3）資料2-3を補足する資料

【資料3-5】科学技術振興機構研究開発戦略センター，「俯瞰ワークショップ報告書：機械学習型システム開発へのパラダイム転換」，CRDS-FY2017-WR-11（2018年3月）．https://www.jst.go.jp/crds/report/CRDS-FY2017-WR-11.html

【資料3-6】福島俊一，「機械学習工学における研究課題の概観」，『第1回機械学習工学ワークショップ（MLSE2018）論文集』（2018年7月），pp. 78-81. https://drive.google.com/file/d/1aSIey6AVvJXyUjA1EVqd3f5CEJfACzNd/view

【資料3-7】福島俊一・川村隆浩・神嶌敏弘・中江俊博・桑島洋・石川冬樹，「機械学習における説明可能性・公平性・安全性への工学的取り組み」，2019年度人工知能学会全国大会（JSAI2019）企画セッション発表資料（2019年6月）．https://www.jst.go.jp/crds/sympo/201906_JSAI/index.html

【資料3-8】福島俊一，「AIの品質保証特集1：AI品質保証にかかわる国内外の取り組み動向」，『情報処理』（情報処理学会誌）63巻11号（2022年11月），pp. e1-e6. https://doi.org/10.20729/00220261

（3.4）資料2-4を補足する資料

【資料3-9】科学技術振興機構研究開発戦略センター，「科学技術未来戦略ワークショップ報告書：複雑社会における意思決定・合意形成を支える情報科学技術」，CRDS-FY2017-WR-05（2017年10月）．https://www.jst.go.jp/crds/report/CRDS-FY2017-WR-05.html

【資料3-10】福島俊一，「複雑社会における意思決定・合意形成支援の技術開発動向」，『人工知能』（人工知能学会誌）34巻2号（2019年3月），pp. 131-138. https://doi.org/10.11517/jjsai.34.2_131

【資料3-11】福田直樹・福島俊一・伊藤孝行・谷口忠大・横尾真，「OS-05複雑化社会における意思決定・合意形成のためのAI技術」，『人工知能』（人工知能学会誌）34巻6号（2019年11月），pp. 863-869．https://doi.org/10.11517/jjsai.34.6_863

【資料3-12】科学技術振興機構研究開発戦略センター，「公開ワークショップ報告書：意思決定のための情報科学〜情報氾濫・フェイク・分断に立ち向かうことは可能か〜」，CRDS-FY2019-WR-02（2020年2月）．https://www.jst.go.jp/crds/report/CRDS-FY2019-WR-02.html

【資料3-13】福島俊一・福田直樹・伊藤孝行，「OS-6複雑化社会における意思決定・合意形成のためのAI技術」，『人工知能』（人工知能学会誌）36巻5号（2021年9月），pp. 609-612．https://doi.org/10.11517/jjsai.36.5_609

（3.5）資料2-5を補足する資料

【資料3-14】科学技術振興機構研究開発戦略センター，「俯瞰セミナー＆ワークショップ報告書：トラスト研究の潮流 〜人文・社会科学から人工知能、医療まで〜」，CRDS-FY2021-WR-05（2022年2月）https://www.jst.go.jp/crds/report/CRDS-FY2021-WR-05.html

【資料3-15】科学技術振興機構研究開発戦略センター，「科学技術未来戦略ワークショップ報告書：トラスト研究戦略 〜デジタル社会における新たなトラスト形成〜」，CRDS-FY2022-WR-05（2022年9月）https://www.jst.go.jp/crds/report/CRDS-FY2022-WR-05.html

【資料3-16】科学技術振興機構研究開発戦略センター，「公開シンポジウム報告書：デジタル社会における新たなトラスト形成 〜総合知による取り組みへ〜」，CRDS-FY2022-SY-02（2023年3月）．https://www.jst.go.jp/crds/report/CRDS-FY2022-SY-02.html

【資料3-17】科学技術振興機構研究開発戦略センター，「連続シンポジウム報告書：さまざまな分野に広がるトラスト研究、総合知による取り組みへ（1）フェイク問題、医療AI、安全保障とトラスト」，CRDS-FY2024-SY-01（2025年3月）．https://www.jst.go.jp/crds/report/CRDS-FY2024-SY-01.html

【資料3-18】福島俊一，「SoK：デジタル社会におけるトラスト形成の課題と展望」，『情報処理学会論文誌』65巻12号，pp. 1620-1629（2024年12月）．https://doi.org/10.20729/00241620

（3.6）資料2-6を補足する資料

【資料3-19】科学技術振興機構研究開発戦略センター，「俯瞰セミナーシリーズ報告書：機械学習と科学」，CRDS-FY2020-WR-13（2021年3月）．https://www.jst.go.jp/crds/report/CRDS-FY2020-WR-13.html

【資料3-20】科学技術振興機構研究開発戦略センター，「科学技術未来戦略ワークショップ報告書：人工知能と科学」，CRDS-FY2021-WR-01（2021年8月）．https://www.jst.go.jp/crds/report/CRDS-FY2021-WR-01.html

（4）俯瞰報告書および関連資料

本報告書の1.3節は資料4-1からの抜粋である。また、本報告書の2章は、資料4-1から転載しつつ、さらに最新の動向を取り込んで記載したものである。

【資料4-1】科学技術振興機構研究開発戦略センター，「研究開発の俯瞰報告書：システム・情報科学技術分野（2024年）」，CRDS-FY2024-FR-03（2024年9月）．https://www.jst.go.jp/crds/

report/CRDS-FY2024-FR-03.html

【資料4-2】科学技術振興機構研究開発戦略センター，「研究開発の俯瞰報告書：システム・情報科学技術分野（2023年）」，CRDS-FY2022-FR-04（2023年3月）．https://www.jst.go.jp/crds/report/CRDS-FY2022-FR-04.html

【資料4-3】科学技術振興機構研究開発戦略センター，「研究開発の俯瞰報告書　論文・特許データから見る研究開発動向（2024年）」，CRDS-FY2024-FR-01（2024年6月）．https://www.jst.go.jp/crds/report/CRDS-FY2024-FR-01.html

【資料4-4】科学技術振興機構研究開発戦略センター，「プレプリントサーバーarXivを利用したAI分野の研究動向俯瞰調査」，CRDS-FY2024-RR-04（2024年8月）．https://www.jst.go.jp/crds/report/CRDS-FY2024-RR-04.html

【資料4-5】科学技術振興機構研究開発戦略センター，「俯瞰ワークショップ報告書：ヒューマンインタフェース研究動向」，CRDS-FY2022-WR-10（2023年3月）．https://www.jst.go.jp/crds/report/CRDS-FY2022-WR-10.html

【資料4-6】科学技術振興機構研究開発戦略センター，「俯瞰ワークショップ報告書：エージェント技術」，CRDS-FY2021-WR-11（2022年3月）．https://www.jst.go.jp/crds/report/CRDS-FY2021-WR-11.html

総まとめ報告書	対応する戦略プロポーザルと俯瞰報告書
「人工知能研究の新潮流　～日本の勝ち筋～」【資料1-2】	・戦略プロポーザル【資料2-2】【資料2-3】【資料2-4】 ・俯瞰報告書［2021年版］
「人工知能研究の新潮流2　～基盤モデル・生成AIのインパクト～」【資料1-1】（【資料1-2】をアップデート）	・戦略プロポーザル【資料2-2】【資料2-3】【資料2-4】【資料2-5】【資料2-6】 ・俯瞰報告書［2023年版］【資料4-2】
「人工知能研究の新潮流2025　～基盤モデル・生成AIのインパクトと課題～」【本報告書】（【資料1-1】をアップデート）	・戦略プロポーザル【資料2-1】【資料2-2】【資料2-3】【資料2-4】【資料2-5】【資料2-6】 ・俯瞰報告書［2024年版］【資料4-1】

　本報告書とその旧バージョンは、過去の戦略プロポーザルと俯瞰報告書をもとにした総まとめ的な位置付けの報告書である。その対応関係は以下の通り。

　なお、上記を含め、本報告書中に記載したURLは2024年12月時点のものである（注記があるものを除く）。

目次

1 研究開発の潮流と戦略提言 …… 1
1.1 研究開発の潮流 …… 1
- 1.1.1 基盤モデル・生成AIのインパクト …… 3
- 1.1.2 AI基本原理の発展：さらなる高性能化 …… 19
- 1.1.3 AIリスクへの対処：社会的要請の充足 …… 26
- 1.1.4 AI×○○：AI活用によるプロセス変革 …… 31

1.2 戦略提言 …… 40
- 1.2.1 次世代AIモデルの研究開発 …… 41
- 1.2.2 信頼されるAIの研究開発 …… 44
- 1.2.3 AI for Science（AIロボット駆動科学）の研究開発 …… 50

1.3 注目する研究開発領域と国際比較 …… 54
1.4 今後の展望と方策 …… 59

2 注目研究開発領域の俯瞰詳細 …… 66
2.1 人工知能・ビッグデータの研究開発領域 …… 67
- 2.1.1 知覚・運動系のAI技術 …… 67
- 2.1.2 言語・知識系のAI技術 …… 88
- 2.1.3 エージェント技術 …… 106
- 2.1.4 AIソフトウェア工学 …… 121
- 2.1.5 人・AI協働と意思決定支援 …… 139
- 2.1.6 AI・データ駆動型問題解決 …… 155
- 2.1.7 計算脳科学 …… 171
- 2.1.8 認知発達ロボティクス …… 186
- 2.1.9 社会におけるAI …… 198

2.2 関連の深い研究開発領域 …… 220
- 2.2.1 因果推論 …… 220
- 2.2.2 意思決定と最適化の数理 …… 234
- 2.2.3 AIを支えるコンピューティングアーキテクチャー …… 245
- 2.2.4 社会におけるトラスト …… 261

付録		271
付録1	注目研究開発領域設定の考え方	271
付録2	検討の経緯	273
付録3	関連する政策・プログラム	284

1 研究開発の潮流と戦略提言

　人工知能（AI：Artificial Intelligence）技術は、人間の知的活動（認識、判断、計画、学習等）をコンピューターで実現するための技術群である。AI研究として、人間の知能のさまざまな側面を広くカバーし、さまざまな状況で人間の知能のように動作する汎用性の高いシステム（汎用AI）を目指す取り組みがある一方、特定の機能や特定の状況下でのみ人間に近い（時には精度で人間を上回る）振る舞いをするシステム（特化型AI）の開発が活発に進められてきた。2010年代の第3次AIブームにおいてさまざまな応用が広がったAI技術は、基本的に特化型AIに相当する技術群だったが、極めて大規模な深層学習（Deep Learning）によって作られた基盤モデル（Foundation Model）[1]が登場し、AIの汎用性・マルチモーダル性が急速に高まった。特に、基盤モデルをベースとして極めて自然な対話型インターフェースを実現した生成AI（Generative AI）[2],[3]は、人間の知的作業全般に波及し、また、利用者の裾野を拡大した。その結果、今日、第4次AIブームとも呼ばれるようになり、産業、研究開発、教育、創作等さまざまな分野にAI技術が幅広く波及し、大きな社会インパクトをもたらしつつある。

　この1章では、AI技術の研究開発に見られる三つの潮流「AI基本原理の発展（さらなる高性能化）」、「AIリスクへの対処（社会的要請の充足）」、「AI×〇〇（AI活用によるプロセス変革）」と、それを踏まえた国立研究開発法人科学技術振興機構（JST）研究開発戦略センター（CRDS）からの戦略提言の内容、および、国際比較を含む取り組み状況・注目動向について述べる。以下、1.1節では、AI技術のこれまでの発展ステップと現在の研究開発における三つの潮流について述べる。1.2節では、これまでにCRDSから発信した、AIと関わりの強い六つの戦略提言について、1.1節で述べた三つの潮流に沿って、「次世代AIモデル」「信頼されるAI」「AI for Science」の方向性や研究開発課題について述べる。1.3節では、これらに関連する研究開発領域の状況・政策の国際比較をまとめ、1.4節では、今後の展望や方策の方向性について述べる。

1.1 研究開発の潮流

　まず、AI技術に関わるこれまでの発展を簡単に振り返る。

　AI技術の発展に関する俯瞰図（時系列）を図1-1-1に示す。この図では、横軸が年代、縦軸が取り組みの広がりをおおまかに表している。図中には、その時期に台頭した技術およびエポックをプロットした。AIは現在、第4次ブームともいわれる状況だが、ここに至るまで、複数回のブームを経ながら取り組みが広がってきた様子を示している。

　第1次AIブーム（1950年代後半から1960年代）では、AIに関わる基礎的な概念が提案され、AIが新しい学問分野として立ち上がったが、探索問題が中心で、実用性という面ではトイシステムにとどまった（第1世代AIと呼ぶ）。第2次AIブーム（1980年代）では、人手で辞書・ルールを構築・活用するアプローチが主流となり、エキスパートシステム、指紋・文字認識、辞書・ルールベース自然言語処理等（カナ漢字変換等）の実用化にも結び付いた（第2世代AIと呼ぶ）。しかし、人手による辞書・ルール記述の限界から冬の時代を迎える。第3次AIブーム（2000年から2020年頃まで）では、インターネットやコンピューティングパワーの拡大を背景として、ビッグデータ化と機械学習の進化がブームを牽引し、画像認識・音声認識、機械翻訳、囲碁・将棋等では人間に追い付き/上回る性能を示し、さまざまなAI応用システム（認識・検索・対話システム等）が実用化され、社会に普及している（第3世代AIと呼ぶ）。

2020年代に入って登場した基盤モデル・生成AIは、それ以前のAIが特化型であったのに対して、高い汎用性とマルチモーダル性を示した。自然言語による対話型インターフェースを備えたことで、利用者の裾野が大きく拡大し、「AIの大衆化」ともいわれる状況を迎えている。そこで、第3次AIブームから冬の時代を経ることなく、第4次AIブームに移行したといってよいであろう。ただし、基盤モデル・生成AIの基本原理・アーキテクチャーは、第3世代AIのものを踏襲しながら、極めて大規模化したものと捉えることができるので、ここでは第3.5世代AIと呼ぶ。

このような技術発展を図1-1-1では三つの大きな流れで捉えている。

一つ目の流れは「A. 理論の革新」である（図中の紫ライン）。これまでのAIブームはいずれも理論面の発展（知識表現・記号処理、辞書・ルールベース処理、機械学習・深層学習等）やコンピューティングパワーの増大等の技術進化によってドライブされた。第2世代AIでは人手による形式知の記述が試みられ、第3世代AIでは暗黙知の学習に取り組まれた。さらに現在は、これまで特化型AIと言われていたものから、高い汎用性を持つAIへと向かっている。

二つ目の流れは「B. 応用の革新」である（図中の青ライン）。第2次AIブーム以降は実用的な応用が生まれ始め、ビッグデータの高速並列処理・知識処理の実用化が進み、第3次AIブームでは、機械学習の応用分野が爆発的に拡大した。第4次AIブームでは「AIの大衆化」ともいわれる状況に至っている。

三つ目の流れは「C. 社会との関係」である（図中の緑ライン）。これは第3次AIブーム以降、活発に議論されるようになった視点である。AI技術のさまざまな応用が社会に広がったことに加えて、AI技術の可能性が人間にとって恩恵だけでなく脅威や弊害ももたらし得るという懸念が強まったためである。

このような変遷に伴い、取り組むべき研究開発の内容も広がってきている。初期から取り組まれてきている「A. 理論の革新」の流れに沿って、より高い精度・性能を追求する研究開発が第1の潮流「AI基本原理の発展」である。その一方、「B. 応用の革新」や「C. 社会との関係」という面が拡大したことで、精度・性能とは別に、安全性・信頼性等の社会的要請を充足するための研究開発が重要なものになってきている。これが第2の潮流「AIリスクへの対処」である。これら二つの潮流は、AI自体の技術発展に関するものであるが、AIは汎用性

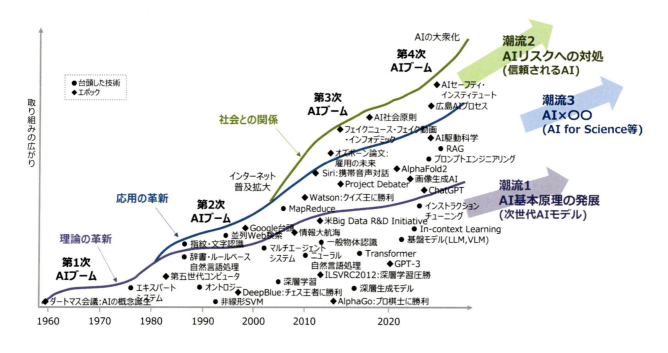

図1-1-1　　人工知能（AI）技術の時系列俯瞰図

の高い技術として、さまざまな分野での活用が広がっている。これが第3の潮流「AI×〇〇」であり、さまざまな分野におけるプロセス変革（DX）が進むと同時に、AI自体の発展にもつながっている。

1.1.1 基盤モデル・生成AIのインパクト

上述の三つの潮流を概観する前に、本項では、現在大きな話題となっている基盤モデル・生成AIの概要とインパクトについてまとめる。その上で、後続の1.1.2で「AI基本原理の発展」の潮流、1.1.3で「AIリスクへの対処」の潮流、1.1.4で「AI×〇〇」の潮流をそれぞれ概観するとともに、基盤モデル・生成AIがそれらに与えた影響についても述べる。

（1）対話型生成AI

機械学習には識別モデル（Discriminative Model）と生成モデル（Generative Model）がある。識別モデルはデータの属するクラスを同定するが、そのデータがどのように生成されたかは考えない。一方、生成モデルはデータがどのように生成されたか、その過程までモデル化する。深層学習が登場して第3次AIブームが起こった当初は、画像認識や異常検知のような認識系の応用を中心に、識別モデルの実用化が大きく進展した。生成モデルのアイデアはあったものの、当初は精度・品質があまり高くなかった。しかし、2014年にGAN（Generative Adversarial Networks：敵対的生成ネットワーク）が発表され、深層学習ベースの生成モデル（深層生成モデル）が高い精度・品質を示すようになり、画像の生成・変換等の応用を中心に生成モデルの実用化が広がった[1]。

2022年頃から大きな話題になっている生成AI（Generative AI）[2]は、このような深層生成モデルの技術発展の流れをくんでいることに加えて、自然言語による指示文（プロンプト）を用いていることが大きな特徴である。すなわち、どのようなものを生成したいかについて、自然言語で指示や条件を与えることができる。生成モデル一般と区別するため、ここでは、入力されたプロンプトに対して応答するAIを「対話型生成AI」と呼ぶことにする（図1-1-2）。その代表的システムであるOpenAIのChatGPTは、2022年11月末に公開されてから、わずか2カ月で1億人のアクティブ利用者を獲得した[3]。まるで人間のような自然な会話や、専門的な知識・能力を備えているかのような応答が可能になった。

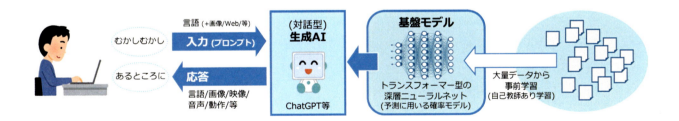

図1-1-2　　対話型生成AIと基盤モデル

1　深層生成モデルの詳しい動向は2.1.1に記載している。
2　「生成AI」という用語が使われるようになったが、その定義は必ずしも明確ではないように思える。生成モデルに基づくAIを意味するのか、それとも、生成タスクを実行するAIを意味するのか（生成モデルは生成タスクだけでなく識別タスクにも対応できる）。また、生成タスクとして、ChatGPTのようにプロンプト（文章による指示）を主入力とした生成タスクを想定するのか、それとも、文章入力に限らず数値パラメーター等を入力とした生成タスクも含めるのか。このような点において、「生成AI」という用語が意味するものが曖昧なまま使われている状況のように思える。
3　当時、史上最速といわれた。ただし、その後、2023年7月にThreadsが5日で1億人を達成した。

さらに、言語に加えて画像・映像・音声・動作等のマルチモーダル応答や、画像やWebページ等言語以外のモーダルを併用した入力も可能なものも増えている。表1-1-1に各種のマルチモーダル応答を返す生成AIの例を示す。また、OpenAIのChatGPTやGoogleのGemini等、特に大規模で高い汎用性を持つ生成AIでは、プロンプトとしてマルチモーダルを併用して指示することもでき、カメラ、マイク、スピーカーを搭載した端末（スマートフォン等）を介して、目の前の状況を共有しつつ友人と会話するように生成AIとやり取りすることも可能になりつつある（ChatGPT Advanced Voice Mode with Video等）。

表1-1-1　各種マルチモーダル応答の生成AI

モーダル	生成AIの例
文章生成AI	ChatGPT, Gemini, Claude, Llama 等
画像生成AI	Midjourney, Stable Diffusion, DALL-E 等
動画生成AI	Sora, Lumiere, Runway, Pika 等
音声生成AI	VALL-E, Resemble AI, Voicevox 等

（2）対話型生成AIの原理と基盤モデル

現状の対話型生成AIは、与えられた入力の続きを確率モデルに基づいて予測することで、応答を生成している[4]。確率モデルとしては、膨大なデータからつながり関係を事前学習した深層ニューラルネット（Deep Neural Network）を用いており（図1-1-2）、これは基盤モデル（Foundation Model）や大規模言語モデル（Large Language Model：LLM）と呼ばれる。現在主流のトランスフォーマー（Transformer）型の深層ニューラルネットでは、幅広いコンテキスト情報を参照しつつ、アテンション機構によって、予測のために注目すべき箇所を適切に選択できるようになり、予測精度が大幅に向上した[5]。

基盤モデルは、Stanford Institute for Human-Centered Artificial Intelligenceによって命名されたもので、「大量かつ多様なデータで訓練され多様な下流タスクに適応できるモデル」と定義された（図1-1-3）[1]。言語を主としたものは大規模言語モデル（LLM）と呼ばれることが多い。本報告書では、「基盤モデル」を超大規模深層学習によって作られた現在主流のトランスフォーマー型のAIモデルを意味する用語として主に扱い、その機能面に焦点を当てるときには「生成AI」という用語を用いる。

識別モデルの学習では教師あり学習（Supervised Learning）が主に用いられていたが、生成モデルの学習では自己教師あり学習（Self-supervised Learning）が開発された。教師あり学習では、教師データとして入力と正解出力のペアを大量に与えて、深層ニューラルネットのパラメーター（ニューロン間のリンクの重み等）を決定するため、人手による正解作成の負荷が大規模化（高精度化）のボトルネックになっていた。しかし、自己教師あり学習では、その人手負荷がなくなり、超大規模学習が可能になった。例えば、自然言語の生成モデルの学習に用いられるMLM（Masked Language Model）方式は、テキストの一部を隠して（マスクをかけ

---

[4] 「高度なオートコンプリート機能のようなもの」と例えられることもある。
[5] 『大規模言語モデルは新たな知能か：ChatGPTが変えた世界』（岡野原大輔）[2]の第6章「大規模言語モデルはどのように動いているのか」では、トランスフォーマーや大規模言語モデル（基盤モデル）の仕組みについて、現状どの程度まで解明されているのかを含め、数式を使わず分かりやすく解説している。

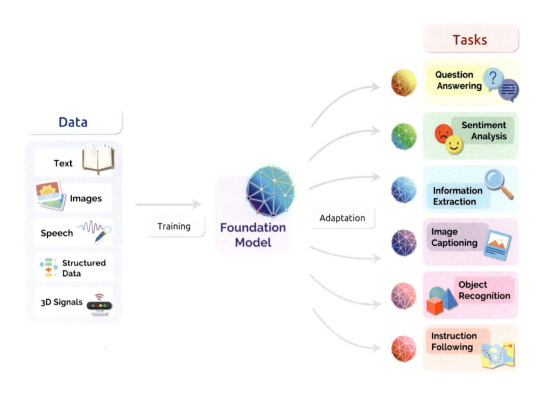

図1-1-3　　基盤モデルの概念[1]

て）、隠された部分を推定する穴埋め問題型の自己教師あり学習法である[6]。隠された部分の正解は分かっているので、人手による正解ラベル付けをする必要がなく、教師あり学習と同等の学習を大量に実行することが可能になる[7]。

　従来のAIは、タスクごとに教師データを用意して学習させる特化型のAIモデルだったが、基盤モデルは一つのモデルでさまざまなタスクに適用でき、汎用性の高さが革新的である。また、生成AIは、AIに行わせたいタスクの内容説明や指示を自然言語で与えることができるので、その利用に際して特段高いスキルが要求されないことから、幅広い層に利用が一気に広がった。

（3）基盤モデル・生成AIの開発状況

　大規模言語モデル（LLM）の系譜を図1-1-4に示す。ただし、この系譜図は2023年4月公開論文から引用したものであり[8]、以下では、その後の状況も簡単に補足しつつ説明を加える（動向の詳細は2.1.2に記載）。

　2020年7月にOpenAIから発表されたGPT-3は、モデルのパラメーター数が1750億個と、それまで主流モデルだったBERT（Googleが2018年10月に発表、トランスフォーマー型の大規模言語モデルの初期の代表的モデル）の500倍以上という超大規模モデルであり、それ以降、モデルの超大規模化が急速に進

6　「穴埋め問題型」のMLMのアイデアは、2018年にGoogleのBERTで使われて広まった。OpenAIのGPTシリーズは、次の語を当てる「自己回帰型」のMLMを用いている。なお、MLMは言語系だが、画像系の自己教師あり学習としては、対照学習（Contrastive Learning）やMAE（Masked Autoencoder）が知られている。言語系は2.1.2、画像系は2.1.1で取り上げている。

7　対話型生成AIの自己教師あり学習を例えるならば、「世界中のテキストをもとに、自分で穴埋め問題を作って、解く練習をひたすらしたら、聞かれたことに対して、たいてい続きを言えるようになった」ようなものと言えるかもしれない。

8　基盤モデルやLLMの動向に関するよく知られたサーベイ論文[4],[5]がある。図1-1-4は同論文[5]から引用した。なお、モデルの規模は通常、モデルのパラメーター数で表される。モデルによっては、規模を変えた複数タイプを発表しているものもある。その場合、本稿におけるモデル規模の記載は、複数タイプのうちで最大規模のもので代表させている。

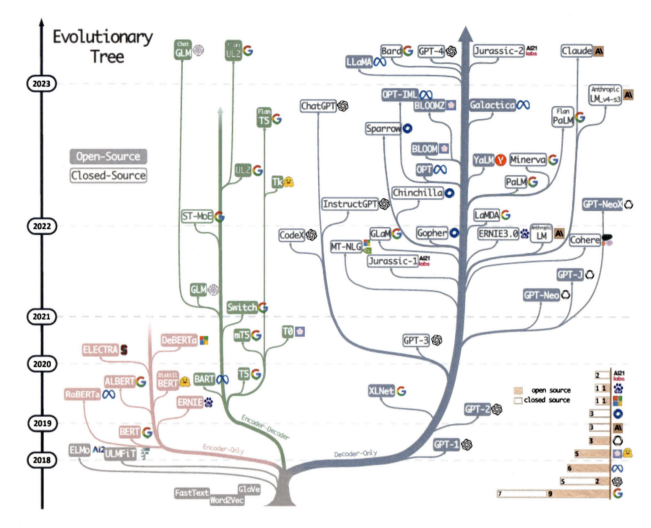

図1-1-4　基盤モデル（LLM）の系譜（2023年4月公開論文[5]から）

んだ。例えば、2021年10月にMicrosoftとNVIDIAが発表したMT-NLG（Megatron-Turing Natural Language Generation）のパラメーター数は5300億個、2022年4月にGoogleが発表したPaLM（Pathways Language Model）のパラメーター数は5400億個である。その後、GPT-3の改良版であるGPT-3.5をベースに初代のChatGPTが開発され、2022年11月末に公開された。2023年3月にはChatGPTの基盤モデルとしてより強化されたGPT-4が追加された。Googleもこれに対抗してBardを開発し、試験的公開を経て2023年5月に一般公開に至った。Bardのベースとなる基盤モデルは、当初LaMDAが用いられたが、一般公開時にはPaLM2が用いられた。その後、Googleの基盤モデルの名称はBardからGeminiに変更され、Gemini 1.0が2023年12月、Gemini 2.0が2024年12月に公開された。OpenAIも2024年5月にGPT-4oにバージョンアップし、さらに2024年9月には論理推論機能が強化されたOpenAI o1を公開した。なお、OpenAIのGPT-4が公開された2023年頃以降、OpenAIやGoogleは最新の基盤モデルについて、そのモデル規模を含め、詳細な技術情報を公開しない傾向にある。

　対話的な画像生成（Text-to-Image生成、動向の詳細は2.1.1）が注目され始めたのはChatGPTよりも早く、OpenAIが2021年1月に発表したDALL-Eがきっかけあろう。2022年4月には改良されたDALL-E2が発表された。ここでは、テキストと画像の類似度を求めるモデルCLIPと、画像を生成する深層生成モデルを組み合わせて、Text-to-Image生成を実現している。Googleも2022年5月にImagenを発表したほか、複数通り

の画像生成方式を開発している。前述したように文章生成AIでは自己教師あり学習方式として穴埋め問題型のMLMが用いられているが、画像生成AIにおける自己教師あり学習では、回転や加工等、類似した画像は近く、異なるものは遠くなるように特徴ベクトルを学習する対照学習（Contrastive Learning）がよく用いられる。

画像生成AIは、2022年から2023年にかけて、Midjourney、Stable Diffusion、DALL-E、Adobe Firefly等、インターネットを介して一般利用者が使えるツールやサービスが提供され、利用が急速に広がった。ここで現在主流なのは、拡散モデル（Diffusion Model）[3], [6]を用いた方式である。拡散モデルは、元データに少しずつノイズを加えていって最後には完全なノイズになるというプロセスが考えられるとき、その逆プロセスをモデル化して、データ生成に用いる。学習に要する計算コストが比較的大きくなるが、学習が安定し、生成結果の品質が高いことから注目が高まり、画像生成を中心に活用が広がっている。テキスト（プロンプト）から画像を生成する基本機能に加えて、サンプル画像をもとにした画像生成や、生成された画像の部分修正等、用途や狙いに応じた画像が簡単な操作で作れるような機能強化・改良も進められている。

基盤モデルそのものの開発全体に関わる大きな流れとしては、マルチモーダル化とオープンソース化が挙げられる。マルチモーダル化については、表1-1-1に示したように、上述の文章生成AIと画像生成AIのほか、動画・音声等も含めて、マルチモーダル応答へと広がっている。さらに、音声操作を中心に、マルチモーダルを併用した指示も可能になりつつある（ChatGPT Advanced Voice ModeやGemini Live等）。また、OpenAIやGoogle等の米国ビッグテック企業が、クローズドな超大規模基盤モデルで先行しているが、それを追いかけるように、基盤モデルのオープンソースモデルの開発・公開と、そのオープンソースコミュニティー形成が進んでいる。多種のオープンソースモデルが公開されつつあるが、代表的なものとして、MetaのLlama（2023年2月公開、2023年7月にLlama 2、2024年4月にLlama 3）が挙げられる。特に2024年7月に公開されたLlama 3.1は4050億パラメーター規模を持つLlamaのフラグシップモデルである。当初は、超大規模な基盤モデル・生成AIはOpenAIやGoogle等しか開発できないと思われたが、同程度の規模・性能のモデル（少なくともGPT 3.5クラス）は、十分キャッチアップできることが示されつつある。また、超大規模なクローズド基盤モデルとオープンソース基盤モデルとの性能差も縮まりつつある。

最先端の基盤モデル・生成AIの技術開発で米国ビッグテック企業が大きく先行している一方、AI分野の研究開発・ビジネスで米国と並んで2強となった中国でも、基盤モデル・生成AIの開発が進められている。その代表的なものを挙げるならば、北京智源人工智能研究院（BAAI）の悟道（WuDao 2.0）はパラメーター数が1.75兆個、百度（Baidu）の文心一言（ERNIE 3.0 Zeus）や阿里巴巴（Alibaba）の通義千問（Tongyi Qianwen 2.0）もパラメーター数が数千億個の規模といわれている。モデル規模では、米国ビッグテック企業のものと遜色ないように思われるが、中国語や中国政府の価値観に適合させていることで、中国外には必ずしも波及していない[9]。逆に、中国内では米国の生成AI利用が制限されており、中国製の基盤モデル・生成AIの活用は活発である。

（4）国産基盤モデルの開発状況

国産基盤モデルの開発状況は、中規模モデルの後追い開発となっている（図1-1-5）。ある程度の規模を持つモデルの開発に比較的早い段階で着手したのは、LINE（現LINEヤフー）と韓国NAVERの共同開発プロジェクトである（HyperCLOVA、2020年11月に発表、2022年には820億パラメーター規模のモデルを開発）。2022年11月末にChatGPTが登場して以降、2023年には多数の企業から中規模モデルの発表が相次ぎ（CyberAgent、NEC、NTT、Preferred Networks、ソフトバンク他）、その事業化も進んでいる。

また、産業・ビジネス用途だけでなく研究開発のために、大学や国の研究機関においても国産基盤モデル開

---

[9] この記述が打ち消される動向として、本報告書の入稿直前の2025年1月、中国のDeepSeek（深度求索）からオープンソースモデルR1が公開され、OpenAI o1に並ぶ性能を、より低コストで実現したと注目されている。

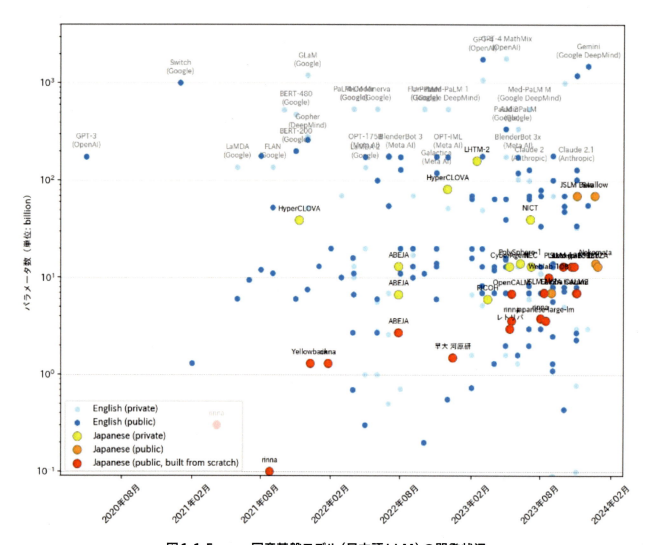

図1-1-5　　　国産基盤モデル（日本語LLM）の開発状況

（出典　https://github.com/llm-jp/awesome-japanese-llm　2024年1月1日時点）

発が立ち上がっている。特に国立情報学研究所（NII）を中心としたLLM-jpプロジェクト（LLM勉強会）[10]は、大学・企業等から多数の研究者・開発者が参加し、オープンで日本語に強いモデル開発や原理解明に取り組んでいる。2023年10月にまずは130億パラメーター規模のモデルを公開し、2024年12月には1720億パラメーター規模（GPT-3級）のモデルを公開した。2024年4月にNII内に設置された大規模言語モデル研究開発センター（LLMC）がLLM-jpの運営組織として、この取り組みを牽引している。

　2023年には他にも、7月に情報通信研究機構（NICT）が400億パラメーター規模、8月に東京大学の松尾豊研究室が100億パラメーター規模、12月に東京工業大学（現在は東京科学大学）の岡崎直観研究室・横田理央研究室と産業技術総合研究所が共同で700億パラメーター規模等のモデルを公開した。これらについて、さらに大規模なモデル開発も進められている。

　そのような産学の取り組みを加速し、日本国内の基盤モデル開発力を底上げするため、経済産業省は2024年2月に、プロジェクトGENIAC（Generative AI Accelerator Challenge）[11]を立ち上げた。GENIACでは、

10　LLM勉強会は2023年5月に立ち上げられ、2024年7月時点での参加者は1600名を超えたとのことである（「NII Today」第103号、https://www.nii.ac.jp/today/103/1.html）。
11　https://www.meti.go.jp/policy/mono_info_service/geniac/index.html

表1-1-2　　GENIACプロジェクト採択事業者

事業の種類	採択事業者	実施テーマ
生成AI基盤モデル開発（計算資源の提供支援）［第1期：2024年2月〜8月］	株式会社ELYZA	Depth up-Scalingという既存モデルのサイズを拡張する手法を用い、1,200億パラメータ級のモデルを開発
	株式会社Kotoba Technologies Japan	7Bの音声基盤モデルを開発
	富士通株式会社	ナレッジグラフの技術を活用した基盤モデルを開発
	株式会社ABEJA	RAGの高精度化を実施。MOE技術を活用して8×7Bのモデルを開発
	Sakana AI株式会社	運用コスト10倍以上の大規模モデルと同等性能の小型モデルを開発
	大学共同利用機関法人 情報・システム研究機構	スクラッチで172B（国内最大級）のモデルを開発、ノウハウを最高峰の国際学会であるICMLで発表予定
	ストックマーク株式会社	スクラッチで100Bモデルを開発、ビジネス活用に向けハルシネーション抑制に注力
	Turing株式会社	自動運転に活用可能な700億パラメータ級のVison & Language Modelを開発
	国立大学法人 東京大学（松尾・岩澤研究室）	200人以上の生成AIエンジニアを育成、アップサイクリング手法で8×8Bのモデルを開発
	株式会社Preferred Elements	スクラッチ開発の100BモデルでGPT3.5を超える性能を達成。マルチモーダル（画像・音声）開発、1Tモデル開発検証も実施
生成AI基盤モデル開発（計算資源の提供支援）［第2期：2024年10月〜2025年4月］	株式会社ABEJA	特化型モデル開発のためのモデルの小型化
	株式会社AIdeaLab	動画生成AI基盤モデルと動画生成AIプラットフォームの開発
	AiHUB株式会社	日本のアニメ産業活性化の為のアニメ分野特化型基盤モデル開発
	AI inside株式会社	生成AI基盤による非定型帳票の革新と自律促進
	株式会社EQUES	薬学分野・製薬業務に特化したLLMの開発
	株式会社Kotoba Technologies Japan	リアルタイム音声基盤モデルの開発と日本市場における実用化
	NABLAS株式会社	食品・流通小売領域の専門知識を取り込んだマルチモーダルな大規模モデル開発
	株式会社Preferred Elements、株式会社Preferred Networks	世界最大規模の高品質データセットの構築およびそれを用いた大規模言語モデルの開発
	SyntheticGestalt株式会社	AI創薬を実現させる分子情報特化基盤モデル開発
	Turing株式会社	完全自動運転に向けた身体性を持つマルチモーダル基盤モデルの開発
	ウーブン・バイ・トヨタ株式会社	都市時空間理解に向けたマルチモーダル基盤モデルの開発
	株式会社オルツ	パーソナルAIの実現を目標とした世界最高性能の日本語処理技術の研究
	国立研究開発法人 海洋研究開発機構	地域気候サービスのための生成AI基盤モデルの開発
	カラクリ株式会社	日本のカスタマーサポートのための高品質AIエージェントモデルの開発
	ストックマーク株式会社	ハルシネーションを抑止したドキュメント読解基盤モデルの構築

表1-1-2　　GENIACプロジェクト採択事業者（続き）

事業の種類	採択事業者	実施テーマ
生成AI基盤モデル開発（計算資源の提供支援）[第2期：2024年10月〜2025年4月]	株式会社データグリッド	ユーザー意図を反映する選択的編集能力を備えたVision系基盤モデルの開発
	株式会社ヒューマノーム研究所	創薬を加速する遺伝子発現量の基盤モデル開発
	フューチャー株式会社	日本語とソフトウェア開発に特化した基盤モデルの構築
	株式会社リコー	企業の知の結晶である様々なドキュメント群を読み取るマルチモーダルLLMの開発
	株式会社ユビタス、株式会社Deepreneur	観光用産業用向け405BLLM/基盤モデル開発
データ・生成AI利活用実証事業[2024年度〜2025年度の間で1年間]	セーフィー株式会社	生成AI開発者とデータホルダーの連携に係る先進事例の調査
	株式会社オー・エル・エム・デジタル	個別業界全体における生成AIの利活用に係る先進事例の調査
	ソフトバンク株式会社	生成AI開発加速に向けた新たなデータセットの構築に関する調査

　計算資源の提供、利活用企業やデータホルダーとのマッチング支援、グローバルテック企業との連携支援やコミュニティーイベントの開催、開発される基盤モデルの性能評価等が行われる。これまでに表1-1-2に示す事業者が採択された。特に、大規模計算に必要な計算資源の提供支援に重点が置かれ、第1期に採択された10事業者は、基本となる基盤モデル開発の加速・強化への取り組みが主であったが、第2期に採択された20事業者は、動画生成、アニメ分野、創薬分野、気候分野等、応用特化の基盤モデルへの広がりが見られる。加えて、先進事例調査やデータ整備について3事業者が採択された。

　合わせて、大規模AI計算のための計算資源の増強についても、国による支援が強化されている。産業技術総合研究所が構築・運用するAI処理向け計算基盤ABCI（AI Bridging Cloud Infrastructure：AI橋渡しクラウド）の継続的強化が進められていることに加えて、これを利用した大規模言語モデル構築支援プログラムが提供され、2023年には、Preferred Networks、NII、ELYZAがこれを活用し、日本語LLMの開発を進めた。さらに、経済安全保障推進法に基づくクラウドプログラム開発事業者として、GMOインターネットグループ、さくらインターネット、RUTILEA＋AI福島、KDDI、ハイレゾ＋ハイレゾ香川、ソフトバンクが認定され、計算資源整備に助成を受けた。

（5）生成AIブームが生まれた技術的要因

　2022年から2023年にかけて、生成AIの利用が爆発的に拡大した。このようなブームが生まれたのは、Web上で使える形で提供されたことも大きな要因の一つと考えられるが、技術的な面では、以下に示す3点が要因として挙げられる。

　1点目は、予測精度の劇的向上である。第3次AIブームの初期、画像認識・音声認識等のパターン認識に深層学習が適用され、従来法よりも大幅な精度改善が示されたが、自然言語処理への適用では従来法から芳しい精度改善が得られていなかった。しかし、意味の分散表現、アテンション機構を用いたトランスフォーマーモデル、自己教師あり学習等の技術が次々に開発・導入され、さらに超大規模化が進められたことで、最近5年間の自然言語処理の劇的な精度向上に結び付いた。その超大規模化による精度向上については、モデルの予

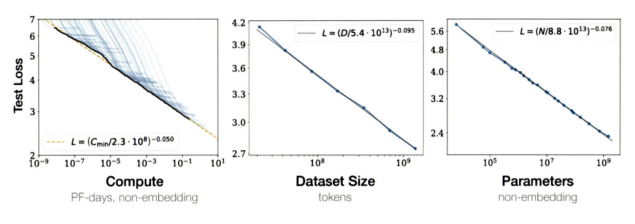

図1-1-6　スケーリング則[11]

測精度が、計算リソース、データセット規模、モデル規模という3変数のべき乗則に従うというスケーリング則（Scaling Laws）[7] が観測されたことで（図1-1-6）、超大規模化に拍車がかかった[12]。すなわち、大量データを学習させてモデルの規模を巨大化するほど予測精度が向上する。

2点目は、対話型ユーザーインターフェースの採用である。実は、1点目として挙げた予測精度の劇的向上は、AI研究者コミュニティーにおいてGPT–3の登場時点（2020年）で大きな話題になっていた。これが2022年11月末のChatGPT登場によって、一般にも爆発的に利用が広がったのは、自然言語での対話（チャット）という、一般ユーザーに分かりやすく使いやすいインターフェースが採用されたことが、大きな要因になったと考えられる。

3点目は、人間の意図・価値観に合わせてAIを振る舞わせる仕組み（いわゆるAIアライメント）にも取り組まれたことである。チャットボット関連の事件として、2016年3月23日に、MicrosoftのTayがTwitter（当時）上で公開されたが、悪意を持ったユーザーとの対話によって、ごく短時間で差別主義的思想に染まってしまい、開始後16時間で強制終了となったことがよく知られている。このような問題を回避し、対話型生成AIがより適切な応答を返せるようにするため、以下のような複数通りの対策が取られている。

- 学習データ選別：不適切な内容のデータは取り除き、学習に使わない。学習に用いるデータの著作権に適切に対処する。
- 基盤モデルのチューニング：応答が人間の意図・価値観に整合するか、真実性・無害性・有用性等の面から評価して、基盤モデルに反映する。RLHF（Reinforcement Learning from Human Feedback）[10]、DPO（Direct Preference Optimization）[11]、KTO（Kahneman-Taversky Optimization）[12] 等の手法が開発された。
- 対話時の対策：不適切な表現（性的/暴力/ヘイト等）を含む応答を検出してブロックする（Content Moderation）。検索拡張生成（Retrieval-Augmented Generation：RAG）[13] 等により、外部知識を与えて、応答をカスタマイズすることも行われている。

（6）幅広い応用分野

基盤モデル・生成AIは高い精度・汎用性・マルチモーダル性を有し、人間の知的作業全般に急速な変革をもたらし、大きな社会インパクトを生みつつある。産業、研究開発、教育、創作等さまざまな分野に幅広く波

---

[12] スケーリング則に加えて、モデル規模がある点を超えると性能が急激に向上するという創発的能力（Emergent Abilities）が見られたという報告[8] がある。ただし、この観測結果は、測定する指標の設定の仕方による等の疑問が示されている[9]。

表1-1-3　　基盤モデル・生成AIの応用例

分類	応用例
メディア基本操作	● 自然言語処理：テキスト生成、質問応答、要約、検索、分類、意図認識、翻訳、リライト、音声テキスト変換等 ● コンピュータービジョン：Text-to-Image生成、Image-to-Text生成、画像分類、物体検出、ビデオ生成、キャラクター生成等
ビジネス応用	● カスタマーサービス：チャットボット、仮想アシスタント等 ● マーケティングと広告最適化：パーソナライゼーション等 ● 製品開発：プロトタイピング、デザイン、アイデア創出等 ● ソフトウェア開発：コーディング、デバッグ、テスト生成、モダナイゼーション等 ● データ分析：予測モデリング、データ補完等 ● 教育とトレーニング：教材、シミュレーション、仮想実習等 ● 医療とヘルスケア：診断支援、患者教育等 ● 映像とエンターテイメント：音楽・映像制作、ゲーム制作等 ● 人材採用・人材管理：採用スクリーニング、最適配置等 ● Eコマースと小売：商品説明、バーチャル試着、最適配置等 ● 法律と契約管理：契約文書作成、法律助言・相談等
科学研究応用	● 創薬・薬剤開発：分子設計、副作用予測等 ● 材料科学：新材料設計、実験条件の最適化等 ● 天文学：宇宙データの解析・補完、宇宙シミュレーション等 ● 医学研究：病理画像解析、新治療法のシミュレーション等 ● 化学反応の予測：反応経路の生成、触媒設計等 ● 気候変動と環境科学：気候シミュレーション、対策設計等 ● 遺伝とゲノミクス：DNA・RNA配列生成、進化シミュレーション等 ● 物理学：理論モデル生成、シミュレーション、データ抽出等 ● 計算科学：アルゴリズム設計支援、仮想実験生成等 ● 科学論文の執筆支援：自動レビュー、実験結果の可視化等

及すると見込まれている。既にさまざまな応用開発が進んでおり、表1-1-3はその一例である。McKinsey & Companyによると[14]、生成AIは世界経済に年間数兆ドル相当の価値をもたらす可能性がある。

2023年1月～3月に公開されたレポート[15],[16],[17]によると、ChatGPT（GPT3あるいはGPT4）は米国の名門大学MBA（経営学修士）や医師資格試験に合格するレベルであるとか、米国の司法試験で上位10%に入るレベルであるといった報告がなされた。さらに、論理推論機能が強化されたOpenAIの新モデルo1は、物理学、生物学、化学の問題でPhDレベル、米国数学オリンピック予選の問題で上位500人に相当する成績を収めたと報告されている（図1-1-7）[18]。また、画像生成AIで生成した画像をもとにした作品が、絵画コンテストや写真コンテストで優勝するという事例も生じている。

わが国では特に、労働人口減少に対する生産性向上や産業・経済の活性化につながるとの期待が大きい。しかし、わが国において、生成AIの利活用は必ずしも進んでいるとはいえない状況である。総務省の「情報通信白書」令和6年版[19]（第1部第5章第1節）によると、国民の生成AIの利用率（使っている、使ったことがある）は、日本が9.1%、米国が46.3%、中国が56.3%、ドイツが34.6%、英国が39.8%であり、企業の活用方針にお

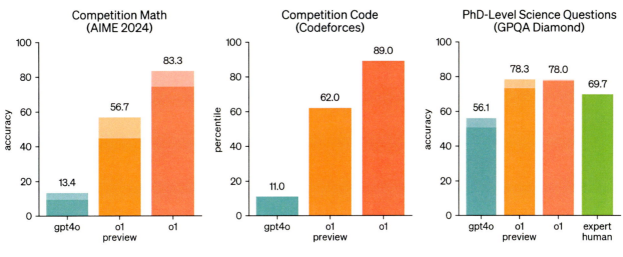

図 1-1-7　　OpenAI o1 の性能評価[18]

いても、前向きの活用方針（積極的に活用、活用する領域を限定して活用）を取っている率は、日本が42.7％、米国が78.7％、ドイツが70.6％、中国が95.1％である。いずれも日本は他国に比べて大きく下回っている。一方で、野村総合研究所による「日本のChatGPT利用動向（2023年6月時点）」[20]によると、openai.comドメインへの国別アクセスシェアが、米国、インドに次いで世界3位であることから、日本は国全体としての利用率が低いものの、ヘビーユーザーが多く、利用者間の格差が大きい状態なのかもしれない。

（7）深刻化するAIリスク

基盤モデル・生成AIへの期待の一方で、急速に発展するAIが生むリスク、人間・社会の価値観や既存システムとの不整合によるELSI（倫理的・法的・社会的課題）の懸念が高まっている[17], [21], [22]。その代表的なものを図1-1-8および表1-1-4に示す。また、こういったリスクに関連して実際に起きた事例を表1-1-5に示す。

図 1-1-8　　生成AIによって深刻化するさまざまなリスク

表1-1-4　生成AIによって深刻化するさまざまなリスク

リスクの種類	リスクとなる事項
モデル構築時の懸念	学習データの著作権侵害・プライバシー侵害、自然環境へのダメージ（電力・水資源等）、モデル訓練時の労働問題
モデル利用時の懸念［悪用］	フェイク・有害コンテンツ・プロパガンダ等の生成（政治干渉、他国攻撃、他者棄損、世論誘導、ヘイトスピーチ等）、プロンプトインジェクションによる悪知恵引き出し（兵器・毒薬の作り方等）、詐欺メール生成等の犯罪利用、サイバー攻撃（攻撃のコード生成や自動化）
モデル利用時の懸念［誤用］	ハルシネーションを信じた判断ミス、過度の感情移入・精神的依存、プロンプトからの情報漏洩
社会への広範な影響	社会的バイアスの強化、創作文化・市場への影響、教育の在り方への影響、犯罪捜査・司法の揺らぎ、民主主義の質的低下、AIによる労働者の置き換え・失業、データ汚染（AI生成物があふれて言論空間混乱）
予期せぬ挙動・制御不能	不適切な副目標生成、超知能

表1-1-5　AIリスクに関連して実際に起きた事例

リスク事項	実際に起きた事例
詐欺・犯罪利用	2023年上半期、ビジネス詐欺メールが89%増、詐欺の効率がAIで大きく高まった。 https://www.nikkei.com/article/DGXZQOUC064RI0W3A101C2000000/ ディープフェイクによるCFOなりすまし参加で、約38億円をだまし取られた。 https://www.cnn.co.jp/world/35214839.html
他国攻撃・政治干渉	ディープフェイクによって国民に降伏を呼びかける偽動画が作られた。 https://www.fnn.jp/articles/-/333829
ハルシネーションを信じた判断ミス	生成AIによる「存在しない判例」を信じて使った弁護士に約72万円の支払い命令。 https://www.itmedia.co.jp/news/articles/2306/27/news106.html 顧客対応AIが独自に返金ポリシーを考案し、航空会社はそれに従わねばならなくなった。 https://www.wired.com/story/air-canada-chatbot-refund-policy/
過度の感情移入・依存	チャットボット依存で14歳の少年が自殺、母親が提供元を提訴。 https://jp.reuters.com/life/MDRS7ZN7N5NAXGCFSET4FET7E4-2024-10-24/
学習データの著作権侵害、創作文化への影響	米国新聞社・メディアがマイクロソフトとオープンAIを著作権侵害で提訴。 https://www.bloomberg.co.jp/news/articles/2023-12-27/S6BZ4ZT1UM0W00 https://jp.reuters.com/economy/industry/LY2XITPMMRL5VIY5QGWUILRVYM-2024-05-01/ AI作品が絵画コンテストで優勝、アーティストから不満噴出。 https://www.cnn.co.jp/tech/35192929.html
言論空間・文化の汚染	ChatGPTに特徴的な頻出語「delve」が論文での使用が急増。 https://www.theguardian.com/technology/2024/apr/16/techscape-ai-gadgest-humane-ai-pin-chatgpt

特によく指摘されるのは、ウソや架空の出来事をあたかも事実であるかのように語る「ハルシネーション（Hallucination）」と呼ばれる問題である。生成 AI は自然でもっともらしい応答を返してくるものの、確率モデルに基づいて続きを予測しているだけで、意味を理解したり、論理推論を行ったりしてはいないために生じる現象である。

生成 AI の出力から生じる問題としては他にも、差別や偏見、偏った価値観が応答中に表れる社会的バイアスの問題や、学習データやプロンプトから個人情報・機密情報が漏洩するリスク、学習データや生成データに関わる著作権・肖像権の問題等も顕在化している。

また、生成 AI が悪用される問題も深刻化しつつある。最も社会問題化しているのはフェイク問題（偽誤情報問題）である。生成 AI を用いることで、人にはもはや見破ることが困難なほどのフェイク動画やフェイクニュースを簡単に生成できてしまう。これを SNS で拡散して世論を誘導・干渉したり、ハラスメントや新種のサイバー攻撃に用いられたりといったことによる被害やネガティブインパクトが拡大しつつある。なりすましや詐欺メール生成など犯罪に利用されることも起きている。

生成 AI は、社会にとって望ましくない応答（性的なもの、暴力的なもの、ヘイト等）は出力しないように調整されているが、そのようなガードをかいくぐって、武器や毒薬の作り方のような悪知恵を聞き出す「脱獄（Jailbreak）」と呼ばれる行為も問題になっている。

一方、生成 AI 自体も、信頼できる良質な生成 AI ばかりとは限らない。良質な生成 AI は、正確性・安全性・倫理性等を確保するようにモデルが調整されているし、個人情報や機密情報は学習に使わないように配慮されている。しかし、生成 AI のオープンソース版が公開されたり、カスタマイズされた GPT（My GPTs）が簡単に作れたりするようになり、生成 AI が乱立するようになると、その中には、邪悪な生成 AI、粗悪な生成 AI、偽りの生成 AI 等も混じるようになると予想される。犯罪向けのワーム GPT が既に存在するといわれるし、特定主義・思想のプロパガンダを意図した生成 AI や、ユーザーの個人情報を抜き取ろうとする生成 AI 等の懸念も生じる。

さらに、社会の在り方・文化に対する影響についても、必ずしも良い影響・効果だけでなく、悪影響の懸念も指摘されている。フェイク問題に起因するものとしては、フェイク拡散による世論誘導・選挙干渉、対立激化による民主主義の質的低下、証拠の信憑性の低下による犯罪捜査・司法の揺らぎ等が懸念される。また、人並みの能力を示すことから、AI による労働者の置き換え・失業、教育の在り方への影響や AI 依存による思考力低下等も懸念されている。大量の電力・水の消費による環境インパクトの懸念や、AI が急速に進化することで超知能等が予期せぬ挙動・事態を引き起こす懸念等も生じている。

なお、超知能等が予期せぬ挙動・事態を引き起こす懸念として、欧米では AI が人類を破滅させる事態を招くという危機意識が強い（一方、日本ではこの意識は弱い）。この事例として、2023 年 3 月に米国 FLI（Future of Life Institute）から出されたオープンレター「強力な AI システム開発の一時停止を求める」[13] に、Yoshua Bengio、Stuart Russell、Elon Musk、Steve Wozniak、Yuval Noah Harari 等の著名人を含む 3 万人以上が署名している。また、イエール CEO サミットでの調査において、119 名の CEO のうちの 42％が「AI は今から 5〜10 年以内に人類を破滅させる潜在的可能性がある」と回答した[14]。

また、AI ELSI とは別の観点として、基盤モデル・生成 AI は社会・生活のさまざまな場面・活動に用いられる汎用技術になり得ることから、先行するビッグテック企業提供サービスへの過度な依存は、日本にとって経済安全保障面や科学研究・産業の国際競争力の面でのリスクとなる。

（8）関連政策の動向

以上のような期待と懸念に対して、2023 年には、イノベーションの推進策とリスクに対するルール作りの両

---

[13] https://futureoflife.org/open-letter/pause-giant-ai-experiments/ （2024 年 1 月 1 日時点で 33,709 名が署名）
[14] https://www.cnn.co.jp/tech/35205269.html （2023 年 6 月 14 日の CNN Exclusive の記事）

面から、各国で生成AI関連の政策立案が急速に進んだ。

　AIの開発・運用における安全性管理・統治の枠組み（AIガバナンス）について、これまでの動向を振り返ると、日本政府の「人間中心のAI社会原則」をはじめ、2019年にAI社会原則に関する国・国際レベルでの議論が活発化した。国際的な原則として、経済協力開発機構（Organization for Economic Co-operation and Development：OECD）が、2019年5月に「人工知能に関するOECD原則」（OECD Principles on AI）をまとめ、これに42カ国が署名した。ユネスコ（国際連合教育科学文化機関、United Nations Educational, Scientific and Cultural Organization：UNESCO）での検討も2019年から始まり、2021年11月に「AI倫理勧告（first draft of the Recommendation on the Ethics of Artificial Intelligence）」が全193加盟国によって採択された。

　その後、原則から実践へとフェーズが移行し、2023年からは基盤モデル・生成AIに関わるルール作りが重要な論点となっている。表1-1-6に米中欧日のAI政策関連トピックとその特徴をまとめた。2023年の基盤モデル・生成AIに関わる政策トピックに注目すると、まず2021年4月に公表された欧州のAI法案（AI Act）に関して、生成AIに対する規制も盛り込むことが2023年6月に可決され、2024年5月にAI法が成立した。また、日本はG7議長国として、急速な発展と普及が国際社会全体の重要な課題となっている生成AIについて議論する広島AIプロセスを2023年5月に立ち上げた。2023年9月の中間閣僚級会合、10月のマルチステークホルダーハイレベル会合を経て、12月の閣僚級会合で安全安心・信頼できる高度なAIシステムの普及を目的とした指針と行動規範から成る初の国際的政策枠組み「広島AIプロセス包括的政策枠組み」を取りまとめ、G7首脳に承認された。もう一つのトピックは、11月1日・2日に英国主催で開催されたAI安全サミットである。英米欧中日を含む28カ国が支持した「ブレッチリー宣言」では、AI社会原則等で主に訴求されてきたAI倫理よりむしろ、予期せぬ事態への危機感、偽情報対策、AI安全への国際協力等が強調された。

　AIガバナンス関連政策や2023年の生成AI規制動向についてまず述べたが、AI関連政策は米中欧日それぞれの立ち位置がある。詳しくは表1-1-6の右カラムにまとめたが、米国は、基盤モデル・生成AIの研究開発で世界をリードしており、AI技術のもたらすベネフィットとリスクのバランスを法制度で調整しつつも、過度の規制によってイノベーションを阻害することは避けている。中国は、政府の後押しもあってAIを活用した産業に勢いがあることや、政府が監視・管理社会の構築のためにAIを活用していることも特徴的である。欧州は、AIに関わる国際ルール作りを通して米国・中国およびビッグテック企業に対抗しており、EUルールをグローバル企業が順守することでデファクト化につながる「ブリュッセル効果」も見込まれる[23]。日本は、リスクへの対応、AIの利用促進、AI開発力の強化を柱として（その詳しい内容を図1-1-9に示す）、生成AIに関わる取り組みも進めており、AIガバナンスでは、アジャイルガバナンス、ソフトローを指向している。また、2025年2月27日、日本学術会議から「生成AIを受容・活用する社会の実現に向けて」と題する提言が出された[15]。

（9）基盤モデル・生成AIの課題の全体像

　ここまで技術開発面、リスク面、政策面から、基盤モデル・生成AIについての現状認識をまとめた。これを踏まえて、基盤モデル・生成AIに関わる課題の全体像を示す。

　まず、図1-1-10に基盤モデル・生成AIに関わる課題の全体像をまとめた。この図では、左が実務寄りで右が学術寄り、下が共通基盤で上が応用個別として、八つの課題を配置した。下段中央を出発点とした時計回り順で、それらを簡単に説明する。

　下段中央の「基盤モデル構築」は、大規模な基盤モデルの実装、そのための計算機環境の構築や高速処理技術、データ収集・選別・整備等である。下段左の「基盤モデル運用」は、新しいデータを追加してモデルを更新するプロセスがベースとなるが、継続運用が可能になるようなビジネスモデルや、基盤モデルに特定の思想

---

[15] https://www.scj.go.jp/ja/info/kohyo/pdf/kohyo-26-t381.pdf

表1-1-6　米中欧日のAI政策関連トピックと特徴

	AI政策関連トピック	特徴・特記事項
米国	2016年10月　AI未来に向けた準備（オバマ政権） 2019年 2月　AIイニシアティブ大統領令（トランプ政権） 2022年10月　AI権利章典のための青写真（バイデン政権） 2023年 1月　NIST AI Risk Management Framework 2023年 7月　責任あるAIの自主的コミットをOpenAI、Google、Microsoft等7社と合意 2023年10月　AI安全に係る大統領令（バイデン政権） 2023年11月　米国AI Safety Instituteの設立表明 　　　　　　→翌2月 AI Safety Institute Consortiumの設立発表	ビッグテック企業がビジネスと基礎研究の両面で圧倒的優位で、基盤モデル・生成AIの研究開発においても世界をリードしている状況であり、AI技術のもたらすベネフィットとリスクのバランスを法制度で調整しつつも、過度の規制によってイノベーションを阻害することは避けている。 ビッグテック企業やスタートアップによる民間の活発な技術開発の一方、DARPA等の国の機関が中長期的な戦略投資を行い、経済・国家安全保障のためのAI強化も推進。
中国	2017年 7月　次世代人工知能発展計画（AI2030） 2019年 6月　次世代AIガバナンス原則 2023年 1月　ディープフェイク規制 2023年 8月　生成AI規制 2023年10月　グローバルAIガバナンスイニシアチブ	国際学会でも躍進著しく、米中2強という状況だが、AIリード企業5社を選定する等、政府がAI産業を後押しし、AI実装スピードに勢いがある。 政府は監視・管理社会の構築のためにAIを活用しており、他国と異なるAI応用技術開発や、生成AI規制も進めている。
欧州	2018年 4月　AI for Europe 2019年 4月　信頼できるAIのための倫理指針（欧州委員会） 2020年 2月　AI白書（欧州委員会） 2021年 4月　AI法案（欧州委員会） 2023年 6月　生成AI対応を盛り込みAI法案修正（欧州議会）→2024年5月 AI法成立 2023年 7月　AI条約の統合版ドラフト公開（欧州評議会）→2024年5月採択 2023年11月　英国でAI安全サミットを開催（ブレッチリー宣言）、英国AI Safety Institute設立	各国のAI戦略に加え、研究・イノベーションの枠組みプログラムによる欧州内連携のAI研究（AI for Europe）を推進。各個人の権利を重視し、法制度でAIをコントロールしようというハードロー指向で、人権や正義に根差した理念主導で国際的議論を進める傾向。 AIに関わる国際ルール作りを通して米中・ビッグテック企業に対抗、EUルールをグローバル企業が順守することでデファクト化につながる「ブリュッセル効果」が働く傾向。
日本	2017年 7月　国際的な議論のためのAI開発ガイドライン案（総務省） 2018年 8月　AI利活用原則案（総務省） 2019年 3月　人間中心のAI社会原則（内閣府） 2019年 6月　AI戦略2019（その後、2021、2022に更新） 2019年 8月　AI利活用ガイドライン（総務省） 2021年 8月　AI原則実践のためのガバナンスガイドライン（経済産業省、2022年1月に更新） 2023年 3月　自民党AIホワイトペーパー発表 →2024年4月 AIホワイトペーパー2024（ステージ2）発表 2023年 5月　G7広島首脳コミュニケ：広島AIプロセスの創設を指示 2023年 5月　AI戦略会議発足、AIに関する暫定的な論点整理 2023年10月　G7首脳共同声明・国際指針・国際行動規範 2023年12月　広島AIプロセス包括的政策枠組み 2024年 2月　AI Safety InstituteをIPAに設立 2024年 4月　AI事業者ガイドライン（総務省、経済産業省）	「人間中心のAI社会原則」を策定し、G20やOECDでのAI原則策定へ打ち込み。 「AI戦略2019」で研究開発目標としてTrusted Quality AIを打ち出し、理研AIP・産総研AIRC・NICTを中核国研として国のAI研究をけん引する体制を整備。 リスクへの対応、AIの利用促進、AI開発力の強化を柱として、生成AIに関わる取り組みも進めている。 AIガバナンスでは、アジャイルガバナンス、ソフトローを指向。 GPAI議長国であり、さらにG7議長国として「G7広島AIプロセス」を主導。

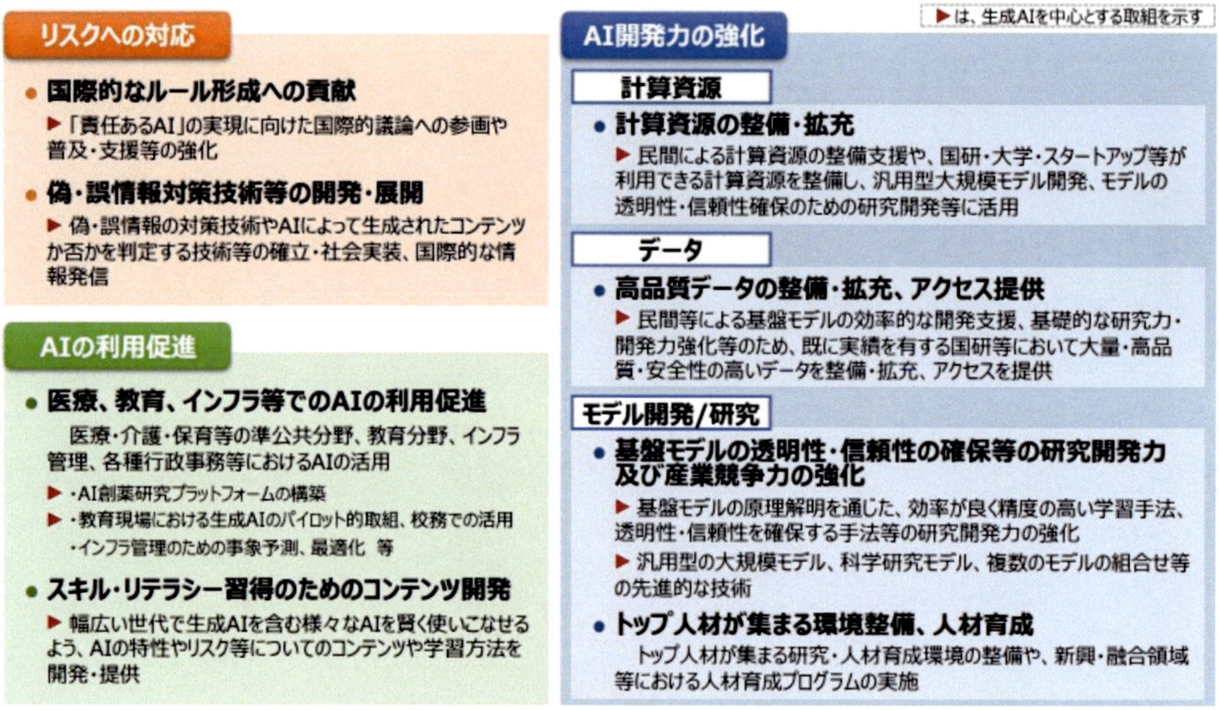

図1-1-9　わが国のAI関連の主要施策

リスクへの対応
- 国際的なルール形成への貢献
  ▶「責任あるAI」の実現に向けた国際的議論への参画や普及・支援等の強化
- 偽・誤情報対策技術等の開発・展開
  ▶偽・誤情報の対策技術やAIによって生成されたコンテンツか否かを判定する技術等の確立・社会実装、国際的な情報発信

AIの利用促進
- 医療、教育、インフラ等でのAIの利用促進
  医療・介護・保育等の準公共分野、教育分野、インフラ管理、各種行政事務等におけるAIの活用
  ▶・AI創薬研究プラットフォームの構築
  ▶・教育現場における生成AIのパイロット的取組、校務での活用
  ・インフラ管理のための事象予測、最適化　等
- スキル・リテラシー習得のためのコンテンツ開発
  ▶幅広い世代で生成AIを含む様々なAIを賢く使いこなせるよう、AIの特性やリスク等についてのコンテンツや学習方法を開発・提供

AI開発力の強化

▶は、生成AIを中心とする取組を示す

計算資源
- 計算資源の整備・拡充
  ▶民間による計算資源の整備支援や、国研・大学・スタートアップ等が利用できる計算資源を整備し、汎用型大規模モデル開発、モデルの透明性・信頼性確保のための研究開発等に活用

データ
- 高品質データの整備・拡充、アクセス提供
  ▶民間等による基盤モデルの効率的な開発支援、基礎的な研究力・開発力強化等のため、既に実績を有する国研において大量・高品質・安全性の高いデータを整備・拡充、アクセスを提供

モデル開発/研究
- 基盤モデルの透明性・信頼性の確保等の研究開発力及び産業競争力の強化
  ▶基盤モデルの原理解明を通じた、効率が良く精度の高い学習手法、透明性・信頼性を確保する手法等の研究開発力の強化
  ▶汎用型の大規模モデル、科学研究モデル、複数のモデルの組合せ等の先進的な技術
- トップ人材が集まる環境整備、人材育成
  トップ人材が集まる研究・人材育成環境の整備や、新興・融合領域等における人材育成プログラムの実施

図1-1-9　わが国のAI関連の主要施策
内閣府AI戦略会議第4回（2023年8月4日）の資料に示された案

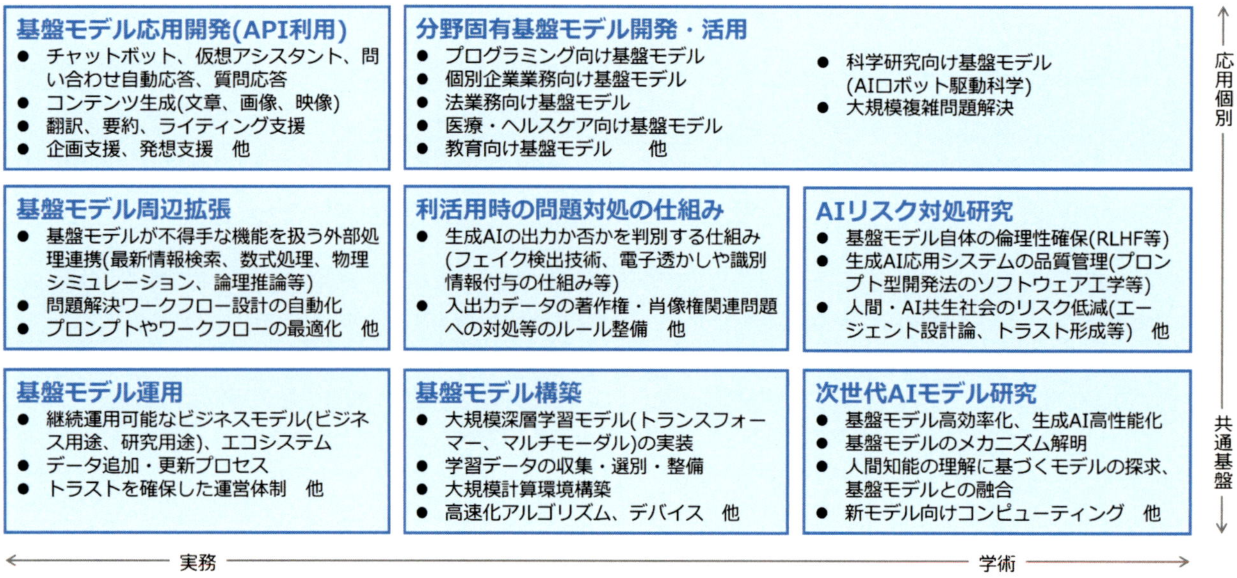

図1-1-10　基盤モデル・生成AIに関わる課題の全体像

応用個別 ↑

基盤モデル応用開発(API利用)
- チャットボット、仮想アシスタント、問い合わせ自動応答、質問応答
- コンテンツ生成（文章、画像、映像）
- 翻訳、要約、ライティング支援
- 企画支援、発想支援　他

分野固有基盤モデル開発・活用
- プログラミング向け基盤モデル
- 個別企業業務向け基盤モデル
- 法務向け基盤モデル
- 医療・ヘルスケア向け基盤モデル
- 教育向け基盤モデル　他
- 科学研究向け基盤モデル（AIロボット駆動科学）
- 大規模複雑問題解決

基盤モデル周辺拡張
- 基盤モデルが不得手な機能を扱う外部処理連携（最新情報検索、数式処理、物理シミュレーション、論理推論等）
- 問題解決ワークフロー設計の自動化
- プロンプトやワークフローの最適化　他

利活用時の問題対処の仕組み
- 生成AIの出力か否かを判定する仕組み（フェイク検出技術、電子透かしや識別情報付与の仕組み等）
- 入出力データの著作権・肖像権関連問題への対処等のルール整備　他

AIリスク対処研究
- 基盤モデル自体の倫理性確保(RLHF等)
- 生成AI応用システムの品質管理(プロンプト型開発法のソフトウェア工学等)
- 人間・AI共生社会のリスク低減(エージェント設計論、トラスト形成等)　他

基盤モデル運用
- 継続運用可能なビジネスモデル(ビジネス用途、研究用途)、エコシステム
- データ追加・更新プロセス
- トラストを確保した運営体制　他

基盤モデル構築
- 大規模深層学習モデル(トランスフォーマー、マルチモーダル)の実装
- 学習データの収集・選別・整備
- 大規模計算環境構築
- 高速化アルゴリズム、デバイス　他

次世代AIモデル研究
- 基盤モデル高効率化、生成AI高性能化
- 基盤モデルのメカニズム解明
- 人間知能の理解に基づくモデルの探求、基盤モデルとの融合
- 新モデル向けコンピューティング　他

↓ 共通基盤

← 実務　　　　学術 →

図1-1-10　基盤モデル・生成AIに関わる課題の全体像

を仕込む等の懸念のない運用体制のトラスト（信頼）確保も含む。その上、中段左の「基盤モデル周辺拡張」は、現状の基盤モデルが不得手な機能（最新情報検索、数式処理、論理推論等）をプラグイン等外部連携によって補ったり、それらを用いたワークフローを自動設計・最適化したりするものである。

上段は利活用・応用実現の層である。上段左の「基盤モデル応用開発（API利用）」は、既存の基盤モデル

のAPIを利用した応用開発であり、前述のように、既にさまざまな応用が開発されている。上段中央と上段右にまたがる「分野固有基盤モデル開発・活用」は、既存の基盤モデルをそのまま使うのではなく、分野固有のデータを用いて、ファインチューニングしたり、別途、分野固有のモデル（ニューラルネット）を作ったりして分野の用途向けのシステムを開発するものである。

その下、中段右の「AIリスク対処研究」は、基盤モデル等のAIモデルの発展で生じる人間・社会との不整合リスクへの対処技術に関する基礎研究である。中段中央の「利活用時の問題対処の仕組み」は、生成AIの入出力データに関わる問題として、著作権や肖像権への対処、生成AIが出力したものか／人間が作成したものかの区別等を含む。下段右の「次世代AIモデル研究」は、現在の基盤モデルからさらに発展させるための基本原理・基本アーキテクチャーに関する基礎研究である。基盤モデルの高効率化、生成AIの高性能化、基盤モデルのメカニズム解明、人間の知能からヒントを得た新しい知能モデルの探求、そのような新モデルに適したコンピューティング等を含む。

1.1.2 AI基本原理の発展：さらなる高性能化

AIのさらなる高精度化・高性能化を目指す第1の潮流「AI基本原理の発展」について、動向を概観する[16]。まず、現在の基盤モデル・生成AIの課題を指摘し、それらを克服するための取り組みを大きく3通りのアプローチとして捉えて概観する。

（1）現在の基盤モデル・生成AIの課題

スケーリング則を生かした超大規模深層学習に基づく基盤モデル・生成AIは、それ以前の深層学習モデルが特化型AIであったのに対して、高い汎用性とマルチモーダル性を実現する等、大きな発展を遂げた。これは衝撃的な成果で、非常に強力な道具になることは間違いないが、その仕組みは、1.1.1で述べたように、大量データからの学習で作られた確率モデルに基づいて、入力文の続きを予測するものだということから来る課題がある。この課題はさまざまな捉え方があるが、上記のような仕組みを採っている結果、人間の知能に及ばないという現象が見られるものとして、主に以下の5点が挙げられる。

- **資源効率**：極めて大規模なリソース（データ、計算機、電力等）を必要とする。
  超大規模深層学習は膨大な学習データと計算資源を用いる。最先端の基盤モデルは、1回の学習実行に百億円超の計算費用がかかり（図1-1-11）、電力消費面も懸念されている。人間の脳は20ワット程度で動いているといわれることから、電力効率には改善の余地があると考えられる。
- **実世界操作（身体性）**：動的・個別的な実世界状況に適応した操作・行動が苦手である。
  基盤モデルの学習データは、いわば仮想世界での経験であり、実世界状況の動的な変化や個別性に必ずしも適応できていない。
- **論理性・正確性**：厳密な論理操作が苦手で、ハルシネーション（もっともらしく嘘を出力）を起こす。
  確率モデルに基づいて可能性の高い予測結果（応答）を返すものなので、厳密な論理構築・論理演算は行っていない。また、大きなタスクの解決方法は、さまざまな要因や取り組み方（分解と組み合わせ）があり得て、簡単に確率モデルに落とし込むことができない。
- **信頼性・安全性**：人間にとってブラックボックスに思え、動作や精度の100%保証はできない。
  基盤モデルはブラックボックスであり、人間と同じ価値観・目的を持って振る舞うと必ずしも信じられない。また、確率モデルに基づくので、どうしても不安定性は残り、どのような条件でどのような結果が得られる

---

[16] 基本的には【資料2-1】での調査・検討に基づくが、最新動向や追加の調査検討等を踏まえて、一部表現等を見直した。

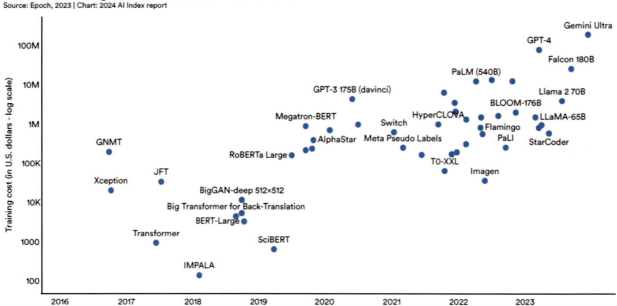

図1-1-11　基盤モデルの学習に必要な費用の見積もり[24]

かを100％予測したり保証したりすることはできない。
- **自発性**：行動の動機や目的を自ら生み出すことができない。

　基盤モデルに限らず、現在のAIモデルは目的や価値基準は外部から与えるものである。人間の知能と比べたときに現在のAIには自発性が欠けているが、そもそも将来のAIに自発性を持たせることが良いのかについては議論が必要であろう。そこで、「自発性」は「克服すべき問題」として扱わないことにする。

　以下、これらの課題（自発性は除く）を克服するための取り組みを、大きく3通りのアプローチ（2－1）（2－2）（2－3）と捉えて概観する。また、実世界操作（身体性）の課題に対しては、それら3通りのアプローチを組み合わせつつ、取り組みが急速に活発化していることを（3）で述べる。

（2－1）アプローチA：現在の基盤モデルを出発点とした改良・発展の研究

　現在、特に活発に取り組まれているのは、基盤モデルの仕組みをベースに改良を積み上げるタイプのアプローチである。基盤モデルのさらなる大規模化・マルチモーダル化による精度・性能の向上に加えて、異なる特性・個性を持った複数モデルを統合・マージしたり、基盤モデルの苦手な処理や足りない機能を外部連携や処理の多段化によって実現したりする技術開発が進んでいる。例えば、以下のような取り組みがある。

- マルチモーダルモデル：LLM（Large Language Model）、LMM（Large Multimodel Model）、VLA（Vision Language Action Model）等
- モデルの統合マージ：Mixture of Experts、進化的モデルマージ等
- 外部連携・カスタム化：検索拡張生成（Retrieval-Augmented Generation）、生成AIエージェント（タスク実行に必要な手順を計画して自動実行：AgentGPT、AutoGPT、Devin/Devika等）、カスタムGPT（MyGPTs等）

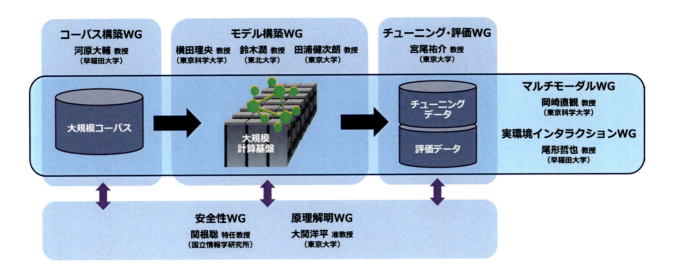

図1-1-12　　LLM-jp：大規模言語モデル構築の流れとワーキンググループ（WG）活動
（LLMCに関する情報をもとにCRDSにて作成）

- 推論機能の強化：思考の連鎖（Chain-of-Thought）プロンプト、OpenAI o1/o3、Gemini 2.0 Flash Thinking、DeepSeek-R1 等
- 倫理性確保のためのチューニング：RLHF（Reinforcement Learning from Human Feedback）、DPO（Direct Perefence Optimization）、KTO（Kahneman-Taversky Optimization）、熟慮的アライメント（Deliberative Alignment）等

　ただし、基盤モデルの外側に処理・手順を足していくことで、処理負荷や必要なデータ量が増加し、資源効率はますます悪化してしまう可能性が高い。また、現在の基盤モデルにおいて、なぜこれほど賢く見える振る舞いが実現されるのか、そのメカニズムは分かっていない。現在の基盤モデル・生成AIの詳細なメカニズム解明を進めることで、課題克服のために基本原理・基本アーキテクチャーをどのように改良・発展すべきかを明らかにしていく取り組みも、並行して進めていくことが重要である。国内では、そのために、前述のLLM-jpプロジェクト（図1-1-12）が推進されている。

（2-2）アプローチB：人間の知能からヒントを得た新原理開発

　問題を克服するための基本原理・基本アーキテクチャーのヒントになるのは、人間の知能のメカニズムである。人間の知能のメカニズムの全容はまだ解明されていないが、近年の脳科学の進展で得られた研究成果や認知科学・発達科学・心理学・行動経済学の知見等が、問題克服の有益なヒントになり得る（動向の詳細は2.1.7・2.1.8を参照）。これまでも人間の知能に関する知見は、深層学習や強化学習をはじめとしてAIのモデル・原理に示唆を与えてきた。さまざまな研究成果・知見が活用され得るが、既にAIモデルとしての試作が進められているものの代表例として、二重過程理論や予測符号化理論がある（図1-1-13）。

　二重過程理論は、人間の思考は、経験に基づいた即応的な思考を担うシステム1と、ある種抽象化されたモデル・知識を参照した熟考的な思考を担うシステム2で構成されるというモデルである。このような2タイプの情報処理は、人間の脳においても異なる箇所で担われていると考えられている。深層学習・強化学習による帰納型のパターン処理はシステム1で実行される処理に相当するが、システム2で実行される演繹型の記号推論処理は十分にカバーされていない。それ以前の深層学習モデルから基盤モデルに発展したことで、システム2も部

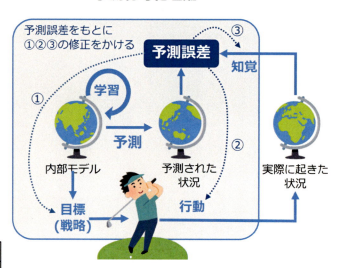

図1-1-13　二重過程理論と予測符号化理論の概念

分的にカバーされたように思われるが、メカニズムの詳細は明らかになっておらず、論理構築・論理推論が苦手なことから、システム2が十分に実現されたとはまだみなせない。帰納型の処理だけで精度を高めようとすると、どうしても大量データからのボトムアップ学習が必要になり、資源効率の問題は回避できない。演繹型の推論を用いるならば、必要なデータのみ取りに行くというトップダウン制御が可能になり、資源効率の問題に対処できようになる。また、論理性の問題にも対処できるとともに、トップダウンの制御によって安全性の問題にも対処しやすくなる。

　一方、予測符号化理論は、実世界操作（身体性）の問題に対処できると期待される。これは、発達科学や認知発達ロボティクスの分野で研究開発が進んでいるもので、乳幼児からの成長のように、他者や環境との相互作用を通じて、自己・環境の認知、言語獲得、行動・推論等の認知機能を発達させていく過程をモデル化しようというものである。予測誤差最小化原理（自由エネルギー原理）によって、さまざまな認知発達を統一的に説明することが試みられている。すなわち、現時刻・空間の信号から、将来や未知空間の信号を予測できるように、その対応関係（内部モデル）を学習するメカニズムであり、身体や環境からの感覚信号と、脳が内部モデルをもとにトップダウンに予測する感覚信号との誤差を最小化するように、内部モデルを更新したり、環境に働きかけるような運動を実行したりする。この原理を応用したスマートロボットやシミュレーター等も開発されている。また、心拍・血圧・疲労感・痛み等の内受容感覚の予測符号化によって感情や情動を捉えようとする研究も進められている。

（2-3）アプローチC：他者や環境との関係性の中で発展する知能の研究

　上述のアプローチA・Bは、AI単独での発展、つまり、1個のAIとしてできることが拡大・高度化していくことを指向しているが、それとは異なる考え方として、知能を人や社会との関係性の中で捉えようというアプローチCがある。このアプローチCは、まだ必ずしもまとまった大きな流れになっているわけではないが、AIの発展にいくつかの新しい観点を与えており、人・AI共生社会を描いていく上でも重要な観点である。

　例えば、対話システムの研究分野において、コモングラウンドの必要性が指摘されている。コモングラウンドとは、コミュニケーションを取る上で欠かせない、相手との共通理解や会話のバックグラウンドのことである[25]。

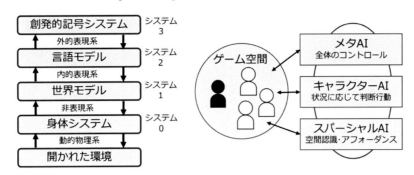

図1-1-14　アプローチCの例
（左：文献33)をもとにCRDSにて作成、右：文献27)をもとにCRDSにて作成）

現在の生成AIは、一見、相手のことを分かっているかのような応答を返すが、実際は、事前学習した確率モデルや、プロンプトとして与えた情報からのIn-context Learningを用いて、ある意味反射的に予測応答を返しているだけである。生成AIと相手（利用者）との間にコモングラウンドは形成されていない。コモングラウンドを持つことで、人とAIの協働による目的達成が可能になる。

　マルチエージェントシステムにおける創発も、知能の重要な側面と考えられる。創発とは、部分の性質の単純な総和にとどまらない特性が、全体として現れることである。複数エージェント（AI）間の相互作用を通して、記号・言語や社会規範等が生まれる現象が想定される。これに関連した研究として、前述の予測符号化を拡張した集合的予測符号化[26]による記号・言語の創発という仮説（図1-1-14左）が興味深い。

　また、複数種類のAIを連携させるモデルもアプローチCの一つと考えられる。ゲーム開発におけるAI技術の組み込みでは、個々のキャラクターにAIを組み込んで行動・動作を高度化するだけでなく（キャラクターAI）、ゲーム空間全体をAIでコントロールしたり（メタAI）、ドアや道具等のオブジェクト側にAIを組み込んだり（スパーシャルAI、アフォーダンス）といった形態が取られ[27]、それらを連携させて動かしている（図1-1-14右）。

　AI単独で発展・高度化するのでは、AIのブラックボックス性のため、信頼性は必ずしも高まらない。説明可能AI（XAI）技術が開発されているが、近似的な説明なので限界がある。AIの人や社会との関係性に着目したアプローチは、第2の潮流「AIリスクへの対処」にもつながり、安全性・信頼性の問題にも効果があると期待される。

　以上、現在の基盤モデルの課題に対して、3通りのアプローチによる取り組み状況を述べた。資源効率、実世界操作（身体性）、論理性・正確性、信頼性・安全性という課題に対して、現状の対処は部分的・限定的である。根本的な解決につながる次世代AIモデルの基本原理・基本アーキテクチャーの創出が望まれる。

（3）フィジカルAIシステム

　現在の基盤モデルの課題の一つとして挙げた実世界操作（身体性）については、他者や環境とのインタラクション（アプローチC）が必須であることに加えて、具体的な技術開発としては、基盤モデルを実世界操作のために拡張する取り組み（アプローチA）や、人間の知能や身体性に関する知見を取り入れる取り組み（アプローチB）が進められている。実世界操作が可能なAI、すなわち、身体機能を持ったAIのことを、ここでは「フィジカル

表 1-1-7　　ロボット基盤モデル開発および適用事例

システム名/ プロジェクト名	開発機関	発表時期	特徴
PaLM-SayCan	Google+Everyday Robots（米国）	2022/8	自然言語による曖昧な要求に対して、何ができるか、ロボットが行動を選択して実行
RT-1	Google+Everyday Robots（米国）	2022/12	ロボット実機13台×17か月、13万エピソードを学習、700以上のタスクに対応
RT-2	Google DeepMind（英国/米国）	2023/7	Web上のテキストと画像も学習、RT-1未学習の対象への対応可能に
RT-X	Open X-Embodiment Collaboration	2023/10	世界33研究機関の参加によって史上最大のオープンソースロボットデータセットを構築し、RT-1・RT-2に適用
HSRT-X	東京大学 松尾豊研究室（日本）ほか	2024/9	トヨタのロボットHSRを用いたロボット基盤モデル開発のための国内共同開発
遠征A1 （RAISE-A1）	智元機器人/AGIBOT（中国）	2023/8	AIモデル（WorkGPT）により自然言語を理解、製造現場や家事に適用する構想
RFM-1	Covariant（米国）	2024/3	ピッキング作業データも学習し、言語による新しい作業指示や未知状況への適用にも対応
Figure 01	Figure+OpenAI（米国）	2024/3	自然言語で対話でき、視覚や記憶から説明したり、計画して行動したり、推論して理由説明する等
π0	Physical Intelligence（米国）	2024/10	Vision-Language-Action Flow Modelを学習し、さまざまな家事をなめらかにこなすことができる

AIシステム」と呼ぶ[17]。最新のAI技術を組み込んだロボット、自動運転車（自律走行車）、ドローン（無人航空機、Unmanned Aerial Vehicle：UAV）等がこれに該当する。

　GoogleとEveryday Robotsが、2022年8月にGoogleの大規模言語モデルPaLMをロボットに搭載したPaLM-SayCanを発表し、さらに同年12月にはロボット実機を用いたトランスフォーマー大規模学習を実施したシステムRT-1（Robotics Transformer 1）を発表した。これ以降、実世界での行動計画・動作生成まで行うロボット基盤モデルの研究開発が急速に活発化している（動向の詳細は2.1.1を参照）。表1-1-7に主要な事例を挙げた。2024年12月時点では研究開発・試作段階であるが、実世界操作や自然言語対話が行えるロボットのデモンストレーションが動画で公開され[18]、注目されている。

　AIが身体機能を持ち、実世界操作や実世界とのインタラクションを行えるようになる「フィジカルAIシステム」の発展について、図1-1-15に示すように、大きく三つの方向性（タイプP/A/H[19]）が見られる。図の縦軸は「より多様で複雑な実世界タスクの実行（動作の種類拡大・繊細化・高速化）」、横軸は「より多様で複雑な実世

---

[17] ここでいう「フィジカルAIシステム」と概念的に重なる用語として「フィジカルインテリジェンス（Physical Intelligence）」という表現も使われる[28), 29)]。ただし、概念的に含まれる対象範囲に幅があることや、米国のスタートアップ企業の名称にもなっていることから、本報告書では、独自に「フィジカルAIシステム」と呼ぶことにした。「Embodied AI」ともいわれる。

[18] 例えば、PaLM-SayCan（https://say-can.github.io/）、Figure 01（https://www.youtube.com/watch?v=Sq1QZB5baNw）、π0（https://www.physicalintelligence.company/blog/pi0）等。

[19] PはPerformance、AはAdaptive、HはHumanoidを由来とする。

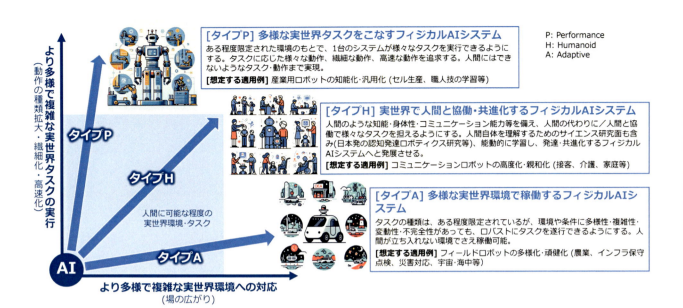

図1-1-15　　　フィジカルAIシステムの3タイプ

界環境への対応（場の広がり）」としている。

　タイプPは、多様な実世界タスクをこなすフィジカルAIシステムを目指す方向性である。具体的には、ある程度限定された環境のもとで、1台のシステムがさまざまなタスクを実行できるようにし、タスクに応じたさまざまな動作、繊細な動作、高速な動作を追求する。想定される適用例として、現在の産業用ロボットの知能化・汎用化が考えられる（セル生産、職人技の学習等）。その際、人間にはできないようなタスク・動作まで実現され得る。

　タイプAは、多様な実世界環境で稼働するフィジカルAIシステムを目指す方向性である。具体的には、タスクの種類は、ある程度限定されているが、環境や条件に多様性・複雑性・変動性・不完全性があっても、ロバストにタスクを遂行できるようにする。想定される適用例として、フィールドロボットの多様化・頑健化が考えられる。農業、インフラ保守点検、災害対応、宇宙・海中探査等を含め、人間が立ち入れない環境でさえ稼働され得る。

　タイプHは、実世界で人間と協働・共進化するフィジカルAIシステムを目指す方向性である。具体的には、人間のような知能・身体性・コミュニケーション能力等を備え、人間の代わりに、あるいは、人間と協働で、さまざまなタスクを担えるようにする。日本発の研究領域である認知発達ロボティクス研究等、人間自体を理解するためのサイエンス研究面も含む。想定される適用例として、コミュニケーションロボットやサービスロボットの高度化・親和化が考えられる。接客、介護、家庭等の人と共存する場面において、能動的に学習し、人と共に発達・共進化するような方向性である。

　これら三つのタイプは、ある種の制約条件（機能の限定や環境の統制等）を設けつつも、その範囲内で技術の汎用性を高めようというものである。それがさらに発展して、制約条件が緩和されるほど技術の汎用性が高まるならば、タイプP/A/Hの全てをカバーする汎用ロボットに近づき得る。

　基盤モデルは、フィジカルAIシステムとしての汎用性の向上に寄与したが、実世界操作における個別性への対応は現状まだ限定的である。図1-1-16に示すように、フィジカルAIシステムでは、センシング、対象認識、状況理解、対話、目的設定等を通して、どのような実世界操作を実行するかを定めつつ、行動計画から動作生成、そして力制御まで、多層の実世界操作を実行する[20]。この多層の実世界操作においては、タスクの個別性、現場

20　これらの処理は、必ずしも常にシーケンシャルに動くものではなく、処理間で相互に連携して動くことが想定される。

図1-1-16　フィジカルAIシステムにおける個別性への対応の課題

状況の個別性、フィジカルAIシステムの身体の個別性に対応することが必要である。従来は、固定された身体と、統制された現場状況のもと、個々のタスクごとに作りこむようにプログラミングすることで動作生成・力制御が実現されていた。そのため、タスクや現場状況や身体が少しでも変われば、プログラミングをし直す必要があった。近年、個別にプログラミングする代わりに、人のガイドによる動作から学習する模倣学習（Imitation Learning）や、報酬関数に基づく試行錯誤を通して学習する強化学習（Reinforcement Learning）を用いることによって、対象物を含む現場状況の個別性に、より柔軟に対応させることが可能になってきた。

これらに対して基盤モデルは、さまざまなタスクについて、どんな手順を踏めば、目的とするタスクを遂行できるか、行動計画を自動生成することを可能にした。すなわち、タスクの個別性への対応については、基盤モデルの活用が、ある程度汎用的な解法になりそうである。そこからさらに、さまざまな現場状況での動作生成事例データを学習したロボット基盤モデルによって、現場状況の個別性に対応した動作生成も一部可能になりつつある。このようなロボット基盤モデルを拡張するアプローチによって、現場状況の個別性や身体の個別性にどこまで対応できるか、活発に取り組みが進められている。

一方、力制御については、個別の身体と個別の目標動作に対して適切に制御するための技術や理論が開発されてきた。この力制御の高度化・最適化の技術と、上で述べたような基盤モデルや学習技術によって汎用性・柔軟性が高まっている行動計画・動作生成の技術を、どう融合するかが重要な課題である。

1.1.3　AIリスクへの対処：社会的要請の充足

1.1.1-（7）で述べたように、AI技術の応用拡大・普及につれて、AIのブラックボックス問題、バイアス問題、脆弱性問題、フェイク問題等が顕在化した。さらに、人間によるものと区別できないような応答・出力を返す生成AIが登場したことで、悪用・誤用の恐れが大きく高まり、人間の認知・思考や社会・文化への影響も懸念されるようになり、さまざまな面でAIリスクが深刻化した。

このようなAIリスクに対して、1.1.1-（8）で述べたように、規制も含めたルール作り・政策検討が活発化している。しかし、ルールやガイドラインを策定したところで、それが技術的に実現可能なのかが問題になる。本項では、AIリスクに対処するための技術開発の動向について述べる。

図1-1-17　　AI関連ガイドラインの動向

（1）AI開発関連ガイドライン動向

AI技術やAI応用システムの開発において考慮や順守すべきガイドラインの策定・整備が進められている。図1-1-17にその主な動向を示した[21]。1.1.1-（8）で述べたように、全体傾向としては「原則から実践へ」「倫理から脅威対策・安全性確保へ」とシフトしてきている（動向の詳細は2.1.4・2.1.9を参照）。

理念・概念レベルではなく、開発者向けの実践的なガイドライン作りに、日本は早くから取り組んできた。2018年4月に、AIプロダクトの品質保証に関する調査・体系化、適用支援、啓発等の活動を行うAIプロダクト品質保証コンソーシアムQA4AI（Consortium of Quality Assurance for Artificial-Intelligence-based products and services）が発足し、2019年5月にはQA4AIの「AIプロダクト品質保証ガイドライン」（QA4AIガイドライン）[22]が公開された。また、2020年6月には産業技術総合研究所から「機械学習品質マネジメントガイドライン」（AIQMガイドライン）[23]が公開された。両ガイドラインとも継続的にアップデートされている。QA4AIガイドラインは、品質保証で考慮すべき五つの軸が定義され、それぞれに関してチェックリストが示されている。自動運転、生成系システム、産業用システム他、ドメイン別のガイドラインも作成されている。AIQMガイドラインは、機械学習の品質や品質管理の考え方から整理されている。

また、日本政府からはこれまでに、「人間中心のAI社会原則」（内閣府、2019年）に基づき、「国際的な議論のためのAI開発ガイドライン案」（総務省、2017年）、「AI利活用ガイドライン〜AI利活用のためのプラクティカルリファレンス〜」（総務省、2019年）、「AI原則実践のためのガバナンス・ガイドライン」（経済産業省、2022年）が出されていたが、それらを統合し、生成AIをはじめとする最新動向を考慮して見直され、2024年4月に「AI事業者ガイドライン（第1.0版）」[24]として公開された。AIライフサイクルを踏まえ、AI開発者、AI提供者、AI利用者が留意すべき点がまとめられている。

欧州では、欧州委員会による「AI法（AI Act）」が2021年4月に公表され、2024年5月に成立した。AIをリスクの大きさによって、（a）容認できないリスク、（b）ハイリスク、（c）限定的なリスク、（d）最小限のリスク/リスクなし、という4段階に分類し、（a）に該当するAIは使用禁止とされ、（b）は事前に適合性評価、（c）

21　図1-1-17は【資料3-8】【資料3-18】に掲載したものをアップデートした。
22　https://www.qa4ai.jp/download
23　https://www.digiarc.aist.go.jp/publication/aiqm/
24　https://www.meti.go.jp/shingikai/mono_info_service/ai_shakai_jisso/20240419_report.html

は透明性の確保が必要とされる。成立に先立ち、汎用AIモデル（生成AI等）に対する規制も盛り込むことが可決されており、具体的には、汎用AIモデルのプロバイダーに対して、技術文書の作成、下流への情報提供、著作権法の遵守、学習利用コンテンツの概要作成等を義務付けるほか、「実施規範（Code of Practice）」の遵守を求めている。2024年12月時点、このAI法に基づき、「実施規範」の策定・議論が進んでいる。このレベルでは、理念にとどまらず、技術的に実現可能であることや、規範を満たしているかを技術的に検証可能であることも求められるはずである。

米国では、2023年1月に国立標準技術研究所（National Institute of Standards and Technology：NIST）から「AIリスク管理フレームワーク（Artificial Intelligence Risk Management Framework：AI RMF）」が発表された。2部構成になっており、第1部でAIに関わるリスクの考え方と信頼できるAIシステムの特徴を概説し、第2部でAIシステムのリスクに対処するための実務を説明している。この第2部では、具体的な対処の仕方を、マップ（リスクの特定）、測定（リスクの分析・評価等）、管理（リスクの優先順位付けやリスクへの対応）と、それらの統治（組織におけるリスク管理文化の醸成等）という四つの機能に分けて解説している。なお、その後、NISTは、2023年10月の大統領令を踏まえ、2024年7月に、生成AIに係るAI RMFを発表した。

（2）機械学習工学／AIソフトウェア工学：システム開発のパラダイム転換への対応

前述のようなAIリスクを踏まえ、安全性・信頼性を確保したAI応用システムを効率よく開発するための研究開発分野が、2018年前後から立ち上がった（動向の詳細は2.1.4を参照）。日本国内では「機械学習工学」[30]という名称が定着している。CRDS戦略プロポーザルでは「AIソフトウェア工学」と名付けた。従来のソフトウェア工学的なアプローチをAI応用システム開発にも適用するものであるが、従来の単純延長ではなく、機械学習や生成AIが導入されたことで、システム開発・ソフトウェア開発のパラダイムが変わり（図1-1-18）、新しい方法論・技術体系が必要になった。

システム開発の方法は、古くは「論理回路を組む」という方法から始まり、「プログラムを書く」という方法が生まれ、さらに「データを例示する」という新しい方法が生まれてきた。それにつれて、コンピューターシステム化される対象世界が広がってきた。この流れの中で「データを例示する」という機械学習によるシステム開発は、それまでの演繹的な考え方から帰納的な考え方への転換と見ることができる。システムに「異常を検知する」という動作をさせたいとき、従来の演繹的開発では、例えば「温度センサー＞90℃」のように異常であることの条件を人間が決めてプログラムを書くのに対して、機械学習を用いた帰納的開発では、人間が異常例・正常例のデータを与えると、システムが異常・正常の判別条件を自動的に獲得する。

パラダイムが異なるため、従来ソフトウェア工学として構築・整備されてきた方法論や技術は必ずしも使えず、システムの要件定義や動作保証・品質保証にも新しい考え方が必要になる。従来の方法論「V字モデル」に基づくシステム開発では、要求定義→基本設計→詳細設計→コーディングというステップで開発し、単体テスト→結合テスト→システムテストというステップで検証する。この方法論は、システムの機能（仕様）が、抽象度の高いレベル（上位）から具体的なレベル（下位）へと階層的に分解でき、システム全体の品質は、下位から上位への積み上げによって確保できることを前提にしている。しかし、機械学習を用いた場合、例示するデータセットにデータを一つ加えるだけで、その影響が全体に及ぶ。このCACE（Changing Anything Changes Everything）[25]と呼ばれる性質のため、階層的な分解と積み上げというV字モデルの前提が成り立たない。

そこで、機械学習を用いたシステム開発、AI技術の応用システムの開発のためには、従来型のシステム開発の方法論に代わる新しい方法論・技術体系が必要だと認識されるようになり、2018年頃以降、研究開発が活発化した。具体的な研究事例は2.1.4に記載しているが、例えば、説明可能AI（XAI）、システムレベル安全設計、

---

25 https://research.google/pubs/pub43146/

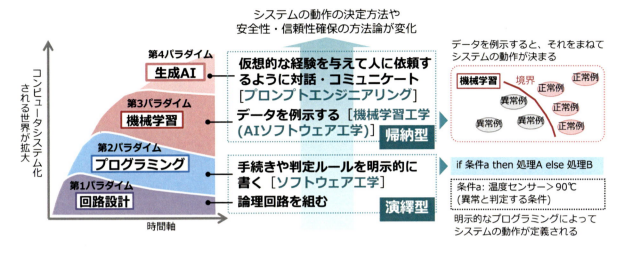

図1-1-18　システム開発のパラダイム転換

公平性配慮・プライバシー保護型機械学習、機械学習テスト手法・品質評価法、運用時モデル評価・再学習管理、AI応用システム品質管理ガイドライン、機械学習デザインパターン等が開発されている。

　さらに、生成AIが登場したことで、新たな開発パラダイムが生まれつつある。すなわち、生成AIを開発者の助手のように使い、コーディング、デバッグ、テストプログラム生成、要求分析、モダナイゼーション等の作業を支援させたり、代行させたりといったことが行われている。プロンプトエンジニアリングの一環ではあるが、（助手としての）生成AIに、仮想的な経験を与えて（学習させて）、人に依頼するように対話・コミュニケートしてシステムを開発するという方法論である。これによって、開発者の裾野が広がるといった面もあり、システム開発プロセスのマネジメントの仕方にも変化が生まれ得る。（1）で言及したQA4AIガイドラインやAIQMガイドラインについても、生成AIの影響を取り込む検討が進められている。

（3）複雑社会における人間の意思決定

　AI技術の発展に影響を受ける人間の側にも目を向ける。前述のフェイク問題やブラックボックス問題等は人間の意思決定に大きな影響を与える。情報化の進展そのものが人間の意思決定の要因や主体性に影響を与えている面もある。

　「意思決定」は、個人や集団がある目標を達成するために、考えられる複数の選択肢の中から一つを選択する行為である。その選択では個人の価値観がよりどころとなるが、集団の意思決定では、必ずしも関係者（メンバーやステークホルダー）全員の価値観が一致するとは限らない。関係者内で選択肢に関する意見が分かれたとき、その一致を図るプロセスが「合意形成」である。われわれは日々さまざまな場面で意思決定を行っている。クリティカルな場面での意思決定ミスは個人や集団の状況を悪化させ、その存続・生存さえも危うくする。例えば、企業の経営における意思決定ミスは、企業の業績悪化・競争力低下を招き、国の政策決定・制度設計における意思決定ミスは、国の経済停滞や国民の生活悪化にもつながる。個人の意思決定における判断スキル・熟慮の不足は、その個人の生活におけるさまざまなリスクを誘発するだけでなく、世論形成・投票等における集団浅慮という形で、社会の方向性さえも左右する。

　情報技術が発展し、社会に浸透した今日、情報の拡散スピードが速く、膨大な情報があふれ、影響を及ぼし合う範囲が思わぬところまで広がっている。そのような意思決定の行為自体の難しさが増していることに加えて、意思決定の際のよりどころとなる価値観の多様化によって、合意形成の難しさも増している。個人・集団・社会の価値観は、国や民族の歴史観・教育システム・法制度、個人の体験や接した文化・宗教等によって異なった

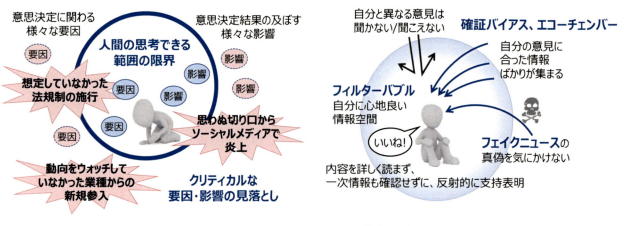

(a)「限定合理性」問題の深刻化　　　(b)「確証バイアス」問題の深刻化

図1-1-19　　人間の主体的意思決定を阻む要因

ものになり、同調圧力や対立も生じる。社会の中で共有されていることが望ましい正邪・善悪の規範たる道徳についても、価値観の多様化が進む中で、現代的な揺らぎが生じてきているように思える。

また、価値観の多様化によって相互理解の難しさが増したという問題だけでなく、価値観の対立から悪意・扇動意図を持った思考誘導の情報操作まで行われるようになった。震災・パンデミックや選挙の際には、デマやフェイクニュースがソーシャルメディア等で拡散され、社会問題化している。

このような状況に至った背景には、情報化の進展によって、意思決定に関わる「限定合理性」問題や「確証バイアス」問題がいっそう顕在化・深刻化し（図1-1-19）、人間にとって主体的意思決定が難しい場面が拡大しているということが挙げられる。

「限定合理性」（Bounded Rationality）は、Herbert Simonによって提唱された概念で、「意思決定に際して、必要な情報を全て集めることができ、可能性のある全ての選択肢を挙げることができ、各選択肢を選んだときに起こり得る全ての可能性を列挙して評価することができるならば、合理的に最良の選択が可能になる。しかし、現実にはそのような全ての可能性を考えて意思決定することはできず、人間が合理的な意思決定をしようとしても限界がある。」という考えである。50年前を考えれば、リーチ可能な物理的距離の制約が顕著で、限られた情報源・人脈から得られる情報をもとに意思決定するしかなく、その結果のアクションの影響が及ぶ範囲もおおむね事前に想像できる範囲に収まっていた。しかし、情報があふれ、社会がボーダーレス化した今日、物理的距離の制約は薄れ、意思決定の際に関わり得る要因やアクションの影響の及び得る範囲に、膨大な可能性が生じるようになった。限定合理性そのものは古くから起こり得たものだが、情報化の進展によって著しいものになったのである。そのため、図1-1-19（a）に示したように、意思決定の場面でクリティカルな要因・影響を見落としてしまうリスクが深刻化している。

「確証バイアス」（Confirmation Bias）は、人間が持っている認知バイアスの一種で、自分にとって都合の良い情報ばかりを無意識的に集めてしまい、反証する情報を無視したり集めようとしなかったりする傾向のことである。図1-1-19（b）に示したように、ソーシャルメディアでは、価値観が自分に近い相手としかつながらず、自分の価値観に沿った情報しか見ずに、いわゆる「フィルターバブル」状態に陥りやすい。フィルターバブルの中にいると、自分の価値観に沿っているならば、フェイクニュースも真だと信じ込み、ソーシャルメディアにおける支持表明（Facebookの「いいね！」やTwitter/Xのリツイート等）を、投稿内容を丁寧に読むことなく（ましてその根拠になる一次情報を確認することもなく）反射的に行ってしまうことも少なくない。

意思決定の困難化の要因の一つではあるが、社会的な問題として、特に深刻化しつつあるのはフェイク問題で

ある[31]。生成AI技術の発展によって、本物と区別困難なフェイク動画・音声・文章等の生成が容易になり、しかも、SNS等で簡単に広く拡散可能になってしまった。そのため、詐欺等の犯罪が巧妙化するであろうし、フェイクを拡散することで世論誘導・選挙干渉・社会混乱を狙うという行為が、新種のサイバー攻撃とでも言うべき脅威になりつつある。さらに、証拠能力の揺らぎ、権力による情報操作等は、民主主義の危機を招く恐れがある。

「信頼されるAI」の達成に向けては、このような人間の意思決定への影響も重要な観点になる。人間の意思決定に関する研究は、AIや計算社会科学のようなビッグデータ・計算機処理を活用した学問だけでなく、脳科学・神経科学、認知科学、心理学のような人間を分析的に理解しようとする学問や、経済学、社会学、哲学、法学、倫理学等のより社会的な面から捉えた学問まで、幅広い切り口から取り組まれている。意思決定の研究自体は古くから取り組まれてきたが、情報化の進展に伴って引き起こされた問題を掘り下げ、計算機処理も活用して対策まで創出しようとする取り組みは新しく、重要性が増してきている。

1.1.4 AI×〇〇：AI活用によるプロセス変革

AI・データ活用による問題解決のプロセスは、（1）データ収集・蓄積、（2）データ分析、（3）アクション実行、というステップで構成される。これまで述べてきたようなAI技術の発展は、データ分析ステップを高度化・自動化・高速化し、AI・データ駆動型の問題解決プロセスへとDX（Digital Transformation）を促した。大規模複雑タスクの自動実行や膨大な選択肢の網羅的検証等が可能になったことに加えて、生成AIによって専門的な知識・スキルによる支援が随時得られるような状況にもなり、問題解決手段の質的変化が起こり得る（詳細は2.1.6を参照）。これによる産業構造の変革、社会システムの変革、科学研究の変革について述べた後、特に科学研究の変革を生みつつあるAI for Science（AIロボット駆動科学）の動向について述べる。

（1）産業構造、社会システム、科学研究の変革

まず産業構造の変革について述べる。AI・データ駆動によって、まずは各業界における効率化・自動化と機会拡大が起こるが、そこからさらにゲームチェンジを生む質的変化の段階に向かう。AI技術によって各業界の専門的業務が自動化されることは、その業界にとって業務効率化だが、業界外から見れば参入障壁の低下になるため、業界構造が変わり、ゲームチェンジが起こり得る。

次に社会システムの変革については、AI・ビッグデータの活用によって、社会システムの部分最適から全体最適への移行が考えられる。IoT技術の進化と普及によって、社会のさまざまな事象がビッグデータとして精緻かつリアルタイムに観測できるようになったが、さまざまな社会システムが相互に接続し合ったり影響を与え合ったりする大規模で複雑な系の全体最適化を行うことは、人間には非常に困難である。大規模複雑なシステムを個別で精緻な観測に基づきながら全体最適化するために、AI技術が活用し得る。

さらに、科学研究の変革について述べる。科学には四つのパラダイムがあると言われる。第1のパラダイムは実験科学（あるいは経験科学）、第2のパラダイムは理論科学、第3のパラダイムは計算科学（あるいはシミュレーション科学）、第4のパラダイムはデータ駆動型科学（あるいはEサイエンス）と呼ばれる。AI技術の発展は、データ駆動型科学や計算科学をさらに発展させ、科学に以下のような質的変化をもたらす。

- さまざまな現象・事象についてビッグデータが取得できると、従来は人間の主観や限られた観察に強く依存していたタイプの学問や施策設計が、データに基づく客観性の高い分析・検証を行えるようになる。計算社会科学のような研究分野が立ち上がっているのがその一例である。
- AI技術とロボット・IoT機器等を活用した高度な自動化によって、人間には不可能なスケールとスループット、すなわち組み合わせ的に膨大な数の条件・ケースに対して高速な実験・仮説検証の繰り返しが可能に

なる。例えば、マテリアルズインフォマティクスや計測インフォマティクスと呼ばれる取り組みでは、このような面が生かされている。
- 人間の認知限界・認知バイアスを超えた科学的発見がもたらされる可能性がある。科学研究においても、自分の研究に関連した全ての論文を読むことは不可能であり、自分の仮説に合うデータのみに着目したり、想定に合わなかったケースのみ厳しくチェックしたりといった認知限界や認知バイアスがあり、それが科学的発見の可能性を狭めているという指摘がたびたびなされている。AI技術を活用すれば、このような限界・バイアスを超えた仮説探索・検証が可能になり、これまでと質的に異なる科学的発見が生まれるかもしれない。

AI技術によって科学研究の大きな発展・変革が生まれることは、2024年のノーベル賞をAI関連の業績が二つ受賞したことでも示された。「人工ニューラルネットワークによる機械学習を可能にした基礎的な発見と発明」の業績によって、プリンストン大学のジョン・ホップフィールド（John J. Hopfield）とトロント大学のジェフリー・ヒントン（Geoffrey E. Hinton）がノーベル物理学賞を受賞し、「タンパク質の構造予測（AlphaFold）」の業績によって、Google DeepMindのデミス・ハサビス（Demis Hassabis）とジョン・ジャンパー（John M. Jumper）がノーベル化学賞を受賞した。物理学賞は深層学習の基礎に関する業績、化学賞は深層学習を活用した業績が、物理学や化学の発展に大きく貢献したことが評価された。

（2）AI for Science：AIロボット駆動科学

AIロボット駆動科学（図1-1-20、詳細は【資料2-6】および【資料2-1】付録B.3）は、「知識→（仮説推論）→仮説→（演繹）→予測→（検証実験）→実験結果→（帰納）→知識」というサイクルの繰り返しによって、検証済みの仮説を蓄積・洗練していく科学研究のサイクル[26]について、AIを用いた大規模・網羅的な仮説生成・探索による人間の認知限界・バイアスを超えた科学的発見と、ロボットを用いた仮説評価・検証のハイスループット化を実現しようという取り組みである。囲碁の世界において、AIを用いたAlphaGoが世界トップクラスの棋士に圧勝した。そこでAlphaGoが行っていた膨大な可能性の探索から導出された打ち手は、人間の棋士には思いもよらなかった手を含んでいたが、それはその後、新手として人間の棋士も取り入れるようになった。同様のことは、今後、科学的発見においても起こり得る。このような科学研究サイクルの強化・自動化は、科学研究の国際競争力、さらにはさまざまな産業の国際競争力を左右する。

このような方向のグランドチャレンジとして、「2050年までに生理学・医学分野でノーベル賞級の科学的発見をできるAIシステムを作る」ことを目標に掲げたNobel Turing Challengeが2016年に日本（北野宏明）から提唱された。このAIを活用した科学的発見のためのエンジンを作るというグランドチャレンジは国際的な目標になりつつあり、英国のアラン・チューリング研究所（The Alan Turing Institute）では、The Turing AI Scientist Grand Challengeプロジェクトを2021年1月にスタートさせた（グランドチャレンジ提唱者の北野宏明もメンバーとして招聘されている）。日本国内でも、科学技術振興機構（JST）の未来社会創造事業で本格研究フェーズに移行した「ロボティックバイオロジーによる生命科学の加速」(研究開発代表者：高橋恒一)と「マテリアル探索空間拡張プラットフォームの構築」(研究開発代表者：長藤圭介)、ムーンショット型研究開発事業のムーンショット目標3に採択された「人とAIロボットの創造的共進化によるサイエンス開拓」（プロジェクトマネージャー：原田香奈子）と「人と融和して知の創造・越境をするAIロボット」（プロジェクトマネージャー：牛久祥孝）等が推進されており、これらを中心にAIロボット駆動科学イニシアティブの設立準備も進められている。

---

[26] この図1-1-20は、研究者個人や個々の研究グループでの活動サイクルである。ここで得られた説が研究コミュニティーによって受け入れられるまでには、このサイクルの外側にもう一つ、研究コミュニティーによって検証・評価されるというサイクルを経ることになる。

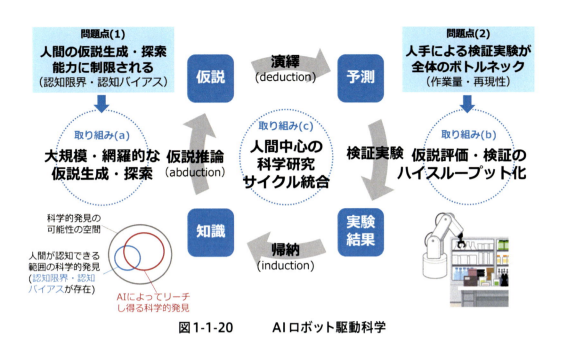

図1-1-20　AIロボット駆動科学

図1-1-21　国内のAIロボット駆動科学関連プロジェクトの実施状況

　さらに2024年には、JSTさきがけ「研究開発プロセス革新」（研究総括：竹内一郎）や理化学研究所の「科学研究基盤モデル開発プログラム（Advanced General Intelligence for Science Program: TRIP-AGIS）」もスタートした。

　生命科学分野の取り組み「ロボティックバイオロジー」では、2022年6月に理化学研究所を中心とする研究チームが、汎用ヒト型ロボットLabDroid「まほろ」と新開発の最適化アルゴリズムを組み合わせた自動実験システムを構築し、iPS細胞（人工多能性幹細胞）から網膜色素上皮細胞（RPE細胞）への分化誘導効率を高める

表1-1-8　　AIロボット駆動科学の具体的事例

名称	主な実施者	内容
iLab	AstraZeneca	Molecular AIとシームレス統合により設計、製造、試験、分析サイクル（DMTA）を高効率化
Self-driving Lab	トロント大学	AI、ロボット工学、HPCを組み合わせて新しい材料や分子の発見を加速
デジタルラボラトリー	東工大	機械学習と定常動作を繰り返す機械を融合した自律的物質探査ロボットシステム
A-Lab	LBNL	ロボット・AIの導入により、材料研究のペースを100倍に加速
AICHEM	USTC	文献読み込み、実験設計、自己最適化する「ロボット化学者」
ASTRAL Lab	Samsung	原料粉末の秤量、混合、焼成、XRD評価まで自動実験するラボ

培養条件を、人間の介在なしに発見できることを実証した。この系にとどまらず、さまざまな生命科学実験において、これまで人間が試行錯誤をする必要のあった工程が、AIとロボットの導入により自律的に遂行可能になると期待される。材料科学や創薬の分野では、AIによる膨大な可能性からの探索・絞り込みと、ロボティクスによる合成・評価の自動化を組み合わせた「スマートラボ」システムの構築が行われている（表1-1-8）。創薬分野ではAstraZenecaのiLab、材料・化学分野ではトロント大学のSelf-driving Labや東京科学大学のデジタルラボラトリー等が知られている。

AIロボット駆動科学とシミュレーション科学が重なるAI・シミュレーション融合の開発・応用も取り組みが進んでいる。計算コストが高い数値シミュレーションを機械学習モデルで代替（サロゲート）することで高速化し、目的とする新化合物を探索・絞り込む取り組みは「バーチャルスクリーニング」とも呼ばれる。ここで、機械学習モデルの訓練データは数値シミュレーションの結果である。材料科学分野では深層学習モデルを用いたシミュレーションプラットフォームとしてPreferred Computational Chemistry（PFCC：Preferred NetworksとENEOSの共同出資会社）のMatlantisが知られている。

物理学分野では、深層学習モデル、ニューラルネットワークを物理現象の理解のために用いるという取り組みが活発化し、物性物理学や重力理論等の分野で成功事例が報告されている。国内では、学術変革領域研究（A）で2022年から「学習物理学の創成」（領域代表：橋本幸士）が開始された。ここでは、機械学習と物理学を融合して基礎物理学を変革し、新法則の発見や新物質の開拓につなげることを目指している。また、ボルツマンマシンや拡散モデル等、物理学のモデルが深層学習の発展につながる流れも見られる。

一方で、人間の認知能力を超えた超多次元の規則性の発見は、もし人間に理解できないとしたら、それを科学として許容して良いのかという議論も起きている[32]。科学とは何かという基本的な問題や、科学コミュニティーや社会による受容の問題も併せて考えていくことが必要である。

（3）AIロボット駆動科学における基盤モデル・生成AIの活用

基盤モデル・生成AIは、AI・データ駆動科学にも導入され始めている。その導入・応用のパターンは、大きく分けると表1-1-9のような3種類（A・B・C）がある。このような導入・応用のパターンは、実際に科学研究プロセスの中で使われ始めており、AIロボット駆動科学のさらなる発展に寄与しつつある。

A）既存の基盤モデル（ChatGPT等）をそのまま利用するというパターンである。基盤モデル自体では足り

表1-1-9　　基盤モデル・生成AIの科学研究応用のパターン

	A. そのまま利用する	B. 分野に適応させる	C. 独自モデルを開発する
モデル	調整済みモデルをそのまま利用（パラメータ固定）	モデルを修正（層の追加・削減、再学習でパラメータを更新）	独自モデルをスクラッチから事前学習し、再学習もする
適応策	プロンプトエンジニアリング、外部ツール連携	再学習、転移学習、ファインチューニング、蒸留、RLHF等（基本的には教師あり学習／強化学習）	
データ	不要（学習しないので）	再学習用に必要	大量・多様なデータが必要
計算資源	ホストするには必要	再学習に必要	事前学習には大規模に必要
構成	プロンプト → 訓練済み基盤モデル ⇔ 外部ツール（検索、記号処理、四則演算 等）	ドメインのデータ（ラベル付き）→ 再学習、転移学習（パラメータ更新）→ 独自の調整済み基盤モデル	科学的コーパス（論文、知識ベース等）→ 独自の基盤モデル
用途例	研究サイクル内の一般業務・周辺業務の効率化等	科学文献の概要・動向把握、言語・画像系作業の効率化等	分野固有データ（タンパク質、元素・化合物他）からの予測等
システム例	ChatGPT、Bard、Walframプラグイン等	Galactica、PMC-LLaMA、MatSciBERT等	RGN2、HelixFold、ESMFold、EMBER3D等

ない機能（検索・四則演算等）は外部ツール連携によって補完し、基本的にはプロンプトによる指示・手順を工夫することで、科学研究に役立つようなタスクを実行させる。必ずしも科学分野固有の詳細知識がなくとも、一般業務や周辺業務の手順を言語で説明して自動化できることで、効率化が図れる。

B）既存の基盤モデルをもとに、対象分野のデータを追加学習させて、その分野に適応させるというパターンである。その分野固有の詳細知識を持たせることができるので、その分野の文献の概要・動向把握や、テキストから情報抽出・関連付けや画像の認識・判定等の精度が高まる。専門性の高い作業の効率化・自動化を進めることができる。

C）既存の基盤モデルを流用するのではなく、独自モデルを開発して利用するというパターンである。対象分野データを大量に集めて、スクラッチから学習して独自モデルを作る。既存の基盤モデルのベースとなっている言語モデルは、単語系列が文章を構成し、その間の関係性を捉えたものであることから、例えば、生命科学分野ではアミノ酸系列がタンパク質を構成し、化学・材料分野では元素・結合が分子を構成するといった類似性に着目して、アミノ酸系列や元素・結合を大量にトランスフォーマーに学習させることで（タンパク質言語モデルや分子言語モデル）、その分野固有の予測問題を扱うことが可能になる[34), 35)]（図1-1-22、図1-1-23）。タンパク質言語モデルについては2.1.6にて詳細を記載した（より詳しい動向や事例は資料[36)]参照）。

さらに、2024年8月には、国内のスタートアップ企業Sakana AIが、研究のアイデア創出、実験の実行、結果の要約、論文の執筆、ピアレビューといった科学研究のサイクルを自動的に遂行するAIシステム「AIサイエンティスト（The AI Scientist）」[37)]（図1-1-24）を発表した。このシステムでは、大規模言語モデル（LLM）を用いて論文執筆役のLLMや査読者役のLLM等が実現され、最初の準備以外、一切人間の介入なしで、研究の全ライフサイクルが自律的に実行される。現状、ロボットは導入・接続されていないので、実験は仮想世界内で完結するものであることが前提であるが、生成AI（基盤モデル、LLM）を用いた科学研究プロセスの自動化・自律化の可能性が示された。

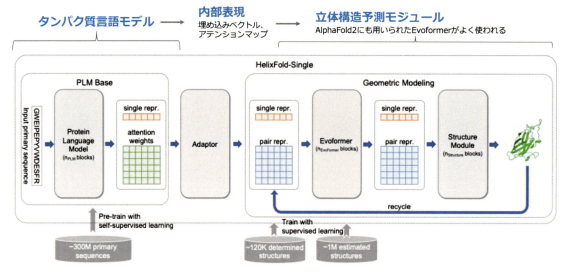

図 1-1-22　　タンパク質言語モデルと立体構造予測
（論文[34]の図にCRDSにて追記）

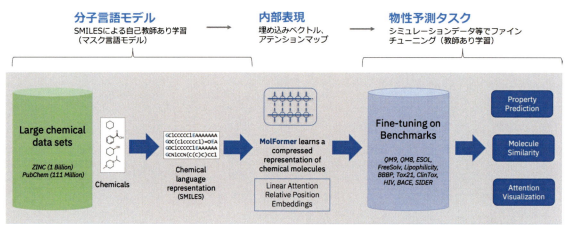

図 1-1-23　　分子言語モデルと物性予測
（論文[35]の図にCRDSにて追記）

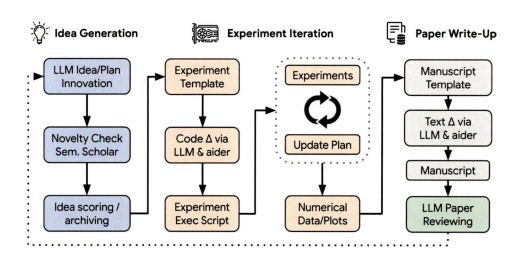

図 1-1-24　　Sakana AIのAIサイエンティストの概念図[37]

参考文献

1) Rishi Bommasani, et al., "On the Opportunities and Risks of Foundation Models", arXiv:2108.07258 (August 16, 2021). https://doi.org/10.48550/arXiv.2108.07258
2) 岡野原大輔,『大規模言語モデルは新たな知能か：ChatGPTが変えた世界』(岩波書店，2023年).
3) 岡野原大輔,『生成AIのしくみ：〈流れ〉が画像・音声・動画をつくる』(岩波書店，2024年).
4) Wayne Xin Zhao, et al., "A Survey of Large Language Models", arXiv:2303.18223 (March 31, 2023). https://doi.org/10.48550/arXiv.2303.18223
5) Jingfeng Yang, et al., "Harnessing the Power of LLMs in Practice: A Survey on ChatGPT and Beyond", arXiv:2304.13712 (April 26, 2023). https://doi.org/10.48550/arXiv.2304.13712
6) 岡野原大輔,『拡散モデル：データ生成技術の数理』(岩波書店，2023年).
7) Jared Kaplan, et al., "Scaling Laws for Neural Language Models", arXiv:2001.08361 (January 23, 2020). https://doi.org/10.48550/arXiv.2001.08361
8) Jason Wei, et al., "Emergent Abilities of Large Language Models", arXiv:2206.07682 (June 15, 2022). https://doi.org/10.48550/arXiv.2206.07682
9) Rylan Schaeffer, Brando Miranda, and Sanmi Koyejo, "Are Emergent Abilities of Large Language Models a Mirage?", arXiv:2304.15004 (April 28, 2023). https://doi.org/10.48550/arXiv.2304.15004
10) Long Ouyang, et al., "Training language models to follow instructions with human feedback", arXiv:2203.02155 (March 4, 2022). https://doi.org/10.48550/arXiv.2203.02155
11) Rafael Rafailov, et al., "Direct Preference Optimization: Your Language Model is Secretly a Reward Model", arXiv:2305.18290 (May 29, 2023). https://doi.org/10.48550/arXiv.2305.18290
12) Kawin Ethayarajh, et al., "KTO: Model Alignment as Prospect Theoretic Optimization", arXiv:2402.01306 (February 2, 2024). https://doi.org/10.48550/arXiv.2402.01306
13) Yunfan Gao, et al., "Retrieval-Augmented Generation for Large Language Models: A Survey", arXiv:2312.10997 (December 18, 2023). https://doi.org/10.48550/arXiv.2312.10997
14) McKinsey & Company, "The economic potential of generative AI: The next productivity frontier" (June 14, 2023). https://www.mckinsey.com/capabilities/mckinsey-digital/our-insights/the-economic-potential-of-generative-ai-the-next-productivity-frontier#introduction
15) Christian Terwiesch, "Would Chat GPT Get a Wharton MBA? A Prediction Based on Its Performance in the Operations Management Course", Mack Institute for Innovation Management at the Wharton School, University of Pennsylvania (January 17, 2023). https://mackinstitute.wharton.upenn.edu/2023/would-chat-gpt3-get-a-wharton-mba-new-white-paper-by-christian-terwiesch/
16) Tiffany H. Kung, et al., "Performance of ChatGPT on USMLE: Potential for AI-assisted medical education using large language models", *PLOS Digit Health* 2(2): e0000198 (February 9, 2023). https://doi.org/10.1371/journal.pdig.0000198
17) OpenAI, "GPT-4 Technical Report", arXiv:2303.08774 (March 15, 2023). https://doi.org/10.48550/arXiv.2303.08774
18) OpenAI, "Learning to Reason with LLMs" (September 12, 2024). https://openai.com/index/learning-to-reason-with-llms/
19) 総務省,「情報通信白書令和6年版」(2024年). https://www.soumu.go.jp/johotsusintokei/

whitepaper/r06.html
20）森健・林裕之,「日本のChatGPT利用動向（2023年6月時点）〜若年層を中心に利用率が高まる〜」, 野村総合研究所レポート（2023年6月22日）. https://www.nri.com/jp/knowledge/report/lst/2023/cc/0622_1
21）カテライアメリア・井出和希・岸本充生,「生成AI（Generative AI）の倫理的・法的・社会的課題（ELSI）論点の概観：2023年3月版」, 大阪大学社会技術共創研究センター ELSI NOTE No.26（2023年4月）. https://doi.org/10.18910/90926
22）岸本充生・カテライアメリア・井出和希,「生成AIの倫理的・法的・社会的課題（ELSI）論点の概観：2023年4〜8月版 ―グローバルな政策動向を中心に―」, 大阪大学社会技術共創研究センター ELSI NOTE No.30（2023年9月）. https://doi.org/10.18910/92475
23）新保史生,「EUのAI整合規則提案 ―新たなAI規制戦略の構造・意図とブリュッセル効果の威力」,『情報法制レポート』2022年2巻（2022年2月14日）, pp. 71-81. https://doi.org/10.57332/jilis.2.0_71
24）Stanford University Human-Centered Artificial Intelligence, "Artificial Intelligence Index Report 2024" (April 2024). https://aiindex.stanford.edu/report/
25）西田豊明,『AIが会話できないのはなぜか：コモングラウンドがひらく未来』(晶文社, 2022年).
26）谷口忠大,「集合的予測符号化に基づく言語と認知のダイナミクス：記号創発ロボティクスの新展開に向けて」,『認知科学』（日本認知科学会誌）31巻1号（2024年）, pp. 186-204. https://doi.org/10.11225/cs.2023.064
27）三宅陽一郎,「大規模 デジタルゲームにおける人工知能の一般的体系と実装 －FINAL FANTASY XVの実例を基に－」,『人工知能学会論文誌』35巻2号（2020年）, pp. B-J64_1-16. https://doi.org/10.1527/tjsai.B-J64
28）文部科学省基礎・基盤研究課,「フィジカル・インテリジェンス研究（革新的なAIロボット研究）について」, 科学技術・学術審議会基礎研究振興部会第16回（2024年8月6日）資料2. https://www.mext.go.jp/content/20240806-mxt_kiso-000037415_3.pdf
29）田所諭,「フィジカル・インテリジェンス（PI）というコンセプト」, セミナー「Physical Intelligence最前線：人・ロボティクス・デジタルツインの共創」（2024年6月18日）. http://tcpai.tohoku.ac.jp/media/files/_u/topic/file/2oyihwggjx.pdf
30）石川冬樹・他,『機械学習工学』(講談社, 2022年).
31）笹原和俊,『ディープフェイクの衝撃：AI技術がもたらす破壊と創造』(PHP研究所, 2023年).
32）Alex Davies, et al., "Advancing mathematics by guiding human intuition with AI", *Nature* Vol. 600 (December 1, 2021), pp. 70-74. https://doi.org/10.1038/s41586-021-04086-x
33）谷口忠大（編）,『記号創発システム論：来るべきAI共生社会の「意味」理解にむけて』(新曜社, 2024).
34）Xiaomin Fang, et al., "A method for multiple-sequence-alignment-free protein structure prediction using a protein language model", *Nature Machine Intelligence* Vol. 5, pp. 1087–1096 (2023). https://doi.org/10.1038/s42256-023-00721-6
35）Jerret Ross, et al., "Large-scale chemical language representations capture molecular structure and properties", *Nature Machine Intelligence* Vol. 4, pp. 1256–1264 (2022). https://doi.org/10.1038/s42256-022-00580-7
36）嶋田義皓・丸山隆一（科学技術振興機構研究開発戦略センター）,「基盤モデルとAI・ロボット駆動科学」, 科学技術・学術審議会基礎研究振興部会（第11回）資料1-3（2023年6月21日）. https://www.

mext.go.jp/content/20230620-mxt_kiso-000030314_3.pdf

37) Chris Lu, et al., "The AI Scientist: Towards Fully Automated Open-Ended Scientific Discovery", arXiv:2408.06292 (2024). https://doi.org/10.48550/arXiv.2408.06292

1.2 戦略提言

1.1節では、AI自体の研究開発の潮流として、AIのさらなる高精度化・高性能化を目指す「AI基本原理の発展」と、AIに対する社会的要請に応える「AIリスクへの対処」に注目した。また、AIの活用の面では、AI活用によるプロセス変革（DX）としての「AI×○○」の潮流に注目した。

CRDSでは、この三つの潮流を踏まえて、日本の技術競争力を高め、日本が掲げるビジョン「Society 5.0」に大きく貢献するための研究開発戦略を提言してきた。具体的には、表1-2-1に示す6件の戦略プロポーザルを策定・発信した（付記した資料番号はエグゼクティブサマリーの後に列挙した資料リストと対応している）。それらの検討の経緯は付録2に示した。

以下、これらの6件の戦略プロポーザルに示した研究開発の方向性と重要な研究開発課題について、概要を紹介する。その際、6件の内容を大きく三つの潮流ごとに束ねて説明する。三つの潮流ごとの提言ターゲットは「次世代AIモデル」「信頼されるAI」「AI for Science」とした。なお、過去の戦略プロポーザルの提言内容は、政策やファンディングプログラムに既に反映されているものがあるので（付録3参照）、現在の状況に即した形で、研究開発の方向性や研究開発課題について述べる。

表1-2-1　AI関連の戦略プロポーザル

三つの潮流 ▶ 提言ターゲット	戦略プロポーザル	発行時期	狙い
第1の潮流： AI基本原理の発展 ▶ 次世代AIモデル	第4世代AIの研究開発 ― 深層学習と知識・記号推論の融合―【資料2-2】	2020年3月	パターン処理を中心とした深層学習（第3世代AI）の限界に対して、パターン処理と知識・記号推論を融合する第4世代AIの研究開発を提言
	次世代AIモデルの研究開発【資料2-1】	2024年3月	現在のAIモデル（基盤モデル・生成AI）の課題を克服する次世代AIモデルの幅広い探求と、AIリスク対策、AIロボット駆動科学への取り組み、および、人・AI共生社会の在り方についての総合知による取り組みを提言［三つの潮流の全てを含む］
第2の潮流： AIリスクへの対処 ▶ 信頼されるAI	AI応用システムの安全性・信頼性を確保する新世代ソフトウェア工学の確立【資料2-3】	2018年12月	機械学習を用いた応用システム開発はシステム開発法のパラダイム転換であり、その安全性・信頼性確保のためにAIソフトウェア工学の必要性を提言
	複雑社会における意思決定・合意形成を支える情報科学技術【資料2-4】	2018年3月	情報の氾濫や社会のボーダーレス化、フェイク生成・拡散の容易化による個人・集団の意思決定の困難化に対して、主体的意思決定を支援する学際的研究を提言
	デジタル社会における新たなトラスト形成【資料2-5】	2022年9月	デジタル化の進展によってトラストが揺らいできた問題に対して、社会的トラスト形成を技術開発だけでなく総合知による取り組みとして推進することを提言
第3の潮流： AI×○○ ▶ AI for Science	人工知能と科学～AI・データ駆動科学による発見と理解～【資料2-6】	2021年8月	AIを用いた大規模・網羅的な仮説生成・探索による人間の認知限界・バイアスを超えた科学的発見と、ロボットを用いた仮説評価・検証のハイスループット化というAI・データ駆動科学の推進を提言

1.2.1 次世代AIモデルの研究開発

第1の潮流「AI基本原理の発展」に沿った研究開発の方向性として「次世代AIモデル」の戦略提言を行った。戦略プロポーザル「次世代AIモデルの研究開発」【資料2-1】自体は、第1の潮流だけでなく、三つの潮流全てを対象としたものなので、ここでは、そのうち第1の潮流に対応した方向性や研究開発課題について述べる。また、同様の方向性に関する4年前の戦略プロポーザル「第4世代AIの研究開発」【資料2-2】との関係についても簡単に触れる。

（1）AIモデル発展の流れ

これまでAIモデルがどのように発展してきたかを図1-2-1に示した。ここでは、第1次ブーム期の探索ベースのAIを第1世代AI、第2次ブーム期のルールベースのAIを第2世代AI、第3次AIブーム期の機械学習ベース（深層学習ベース）のAIを第3世代AIと呼ぶ。現在の生成AIブームは第4次AIブームとも呼ばれているが、AIモデルとしては第3世代AIのアーキテクチャーを超大規模化したもの（基盤モデル）なので、ここでは第3.5世代AIと呼ぶことにする。

1.1.1-（1）にて既に説明したように、現在の第3.5世代AIには、資源効率、実世界操作（身体性）、論理性・正確性、信頼性、安全性といった課題があり、それを克服する次世代AIモデルは、この流れの中に位置付けると、第4世代AIとなる。

2020年3月公開の戦略プロポーザル「第4世代AIの研究開発」において描いた第4世代AIは、深層学習（第3世代AI）に知識・記号推論を融合させて、パターン処理から言語処理までを統一的な枠組みで実現しようというものであった。帰納型AIと演繹型AIの融合、即応的AI（システム1）と熟考的AI（システム2）の融合という方向性である。

実際に、2018年から2019年頃には、このような取り組みが立ち上がりつつあった。例えば、Yoshua BengioがNeurIPS 2019で「From System 1 Deep Learning to System 2 Deep Learning」と題した招待講演[1]を行い、それまでの深層学習はシステム1に相当し、今後、AIをシステム2までカバーするようなものに発展させる必要があることを示唆した。Yoshua BengioにGeoffrey HintonとYann LeCunを加えた3人は、深層学習発展への貢献で2018年度ACM（Association for Computing Machinery）チューリング賞を受賞したが、AAAI 2020（The 34th AAAI Conference on Artificial Intelligence）における同賞記

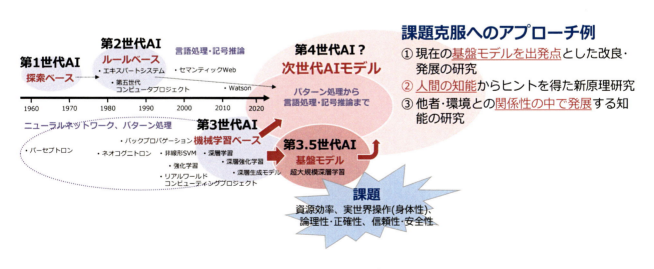

図1-2-1　　AIモデルの発展

念イベントで、3人の講演に加えて、二重過程理論を世に広めた著書『ファスト＆スロー』[2]で知られるDaniel Kahnemanを交えたパネル討論も実施され、ここでもシステム1だけでなくシステム2まで含めたAI研究開発の方向性が論じられた。

一方、日本国内では、これよりも早く、「深層学習の先にあるもの－記号推論との融合を目指して」と題した公開シンポジウムが東京大学の主催で、中島秀之ら日本のAI研究をリードしてきた研究者たちの講演[27]によって、2018年1月と2019年3月に開催されている[3]。このシンポジウムでの講演では、1.1.2-（2－2）で取り上げた二重過程理論や予測符号化理論に基づくアイデアも示され、その後、より具体的なモデルの提案やシステムの試作も行われた。松尾豊は、二重過程モデルを踏まえつつ、知能の2階建てモデルを提案した[4]。2階建てモデルの1階部分は動物OSと称され、システム1に相当し、2階部分は言語アプリと称され、システム2に相当する。また、認知発達ロボティクス研究の基礎的な原理となりつつある予測符号化理論（予測誤差最小化原理）を用いたロボット実装として、尾形哲也はタオル畳みロボット等を深層予測学習によって開発した[5]。谷口忠大は、記号創発プロセスとして言語獲得をモデル化し、深層確率的生成モデルに基づき環境とのインタラクションから場所概念・語彙を獲得する仕組みをロボットに実装した[6]。

実際にこのような方向性の研究開発が進みつつあった一方、基盤モデル（第3.5世代AI）が驚異的な性能を示した。基盤モデルによって、自然言語処理や統計的推論が従来に比べて高いレベルで実現され、システム1だけでなくシステム2まで、ある程度カバーされたように見える。基盤モデルをベースとした改良・発展によって、次世代AIモデルを探求するのも一つの方向性である。図1-2-1において、「第4世代AI？」という表記を用い、二重の円で表現したのは、このような意図による（二重円の内側の円は2020年時点、外側の円は今回のより広い可能性を見据えて拡大したもの）。

（2）基盤モデル・生成AIの台頭を踏まえた課題認識

2020年3月に公開した戦略プロポーザルでは、第3世代AIの問題点として「a. 学習に大量の教師データや計算資源が必要であること」「b. 学習範囲外の状況に弱く、実世界状況への臨機応変な対応ができないこと」「c. パターン処理は強いが、意味理解・説明等の高次処理はできていないこと」という3点を指摘した。そして、これらの問題点の克服を目指し、問題点それぞれにフォーカスした「機能実現型のアプローチ」による、「1. 教師なしでも知識獲得・成長できる融合AI研究」、「2. 実世界で安全性・頑健性を確保できる融合AI研究」、「3. コンテキストに応じ適切な推論・アクション可能な融合AI研究」、および、人間の知能のメカニズムからヒントを得る「原理探求型のアプローチ」による「4. 知能の要件・原理の探究に基づき、即応的知能と熟考的知能を統一的に扱う融合AI研究」を並行して推進することを提言した。機能実現型のアプローチだけでは、個別の問題が解決されても、問題ごとのばらばらな解決法になりがちであり、原理探求型のアプローチも進めながら、それら2通りのアプローチの間で成果を取り込み合い、相乗効果を生むことで技術進化を加速し、最適な融合形を見いだすことを狙うという推進方策を描いた。

しかし、基盤モデル・生成AIの台頭により、上記問題点a・b・cの一部は改善されたことから、現在のAIモデルの課題をまとめ直した結果が、資源効率、論理性・正確性、実世界操作（身体性）、信頼性・安全性という課題認識である。その詳細は1.1.2-（1）で述べた通りである。

（3）次世代AIモデル研究開発の方向性

上記のような現在のAIモデルの課題（資源効率、論理性・正確性、実世界操作（身体性）、信頼性・安全性）

---

[27] 第1回（2018年1月）の登壇者は、中島秀之（東京大学）、麻生英樹（産業技術総合研究所）、浅井政太郎（東京大学）、松尾豊（東京大学）、尾形哲也（早稲田大学）、山川宏（ドワンゴ人工知能研究所）、第2回（2019年3月）の登壇者は、第1回にも登壇した中島秀之・松尾豊・山川宏・麻生英樹・尾形哲也のほか、谷口忠大（立命館大学）、國吉康夫（東京大学）である。

の克服に向けて、1.1.2では、(2-1)現在の基盤モデルを出発点とした改良・発展、(2-2)人間の知能からヒントを得た新原理研究、(2-3)他者や環境との関係性の中で発展する知能の研究、という3通りのアプローチで研究開発が進みつつあることを述べた。

これら3通りのアプローチと克服すべき課題との関係を考えてみると、これらのいずれかによって、全ての課題が克服されるとは思いにくい。現状、最も活発に取り組まれている(2-1)は、メカニズムの理解や改良の積み上げによって、問題点は軽減されていくと思われる。しかし、大きなアーキテクチャーの転換なしに機能強化を積み上げていくとしたら、資源効率の問題は悪化していく可能性が高い。(2-2)は、人間の知能に近づいていくことで、資源効率の改善が大きく期待でき、実世界操作(身体性)や論理性・正確性の改善も期待できると思われる。しかし、信頼性・安全性については、何らか別の機構が必要そうである。逆に(2-3)は、人との関係性に重点を置くならば、信頼性・安全性の改善が期待できる。その一方、資源効率や論理性・正確性については未知のように思われる。

また、これらの取り組みの間で、目指すAIの姿に違いがあるようにも思える。図1-2-2に示すように、「(A)汎用性の高い道具としてのAI」「(B)人間のパートナーとして望ましいAI」「(C)人間の知能により近づいたAI」という方向性の差異がある。(A)は道具としての機能(例えば人間にはできないような機能を果たす等)と制御性が重視されるのに対して、(B)はパートナーとして寄り添うような心理面が重視され、自律性も認められる。(A)と(B)は目指す姿は異なるものの、人間に役立つことを指向した工学的な立場であるのに対して、(C)は科学的な立場であり、人間の知能の理解・解明に動機がある。

現状、(A)(B)(C)の間には、方向性・立場の違いがあるが、徐々に融合・収束していくと見込まれる[9]。その理由は以下の通りである。(A)の道具であっても、生成AIのように機能が高度化・汎用化すると、パートナーのような役割や自律性が高まり、(B)に近づく。(B)においても、自律性を認めるといっても、安全性・信頼性を確保するためには、一定の制約や制御性が求められる。また、(B)の設計においては、(C)の考え方や知見を取り込むことが有用である。

全体としては、(A)から(B)へウェートが移行しつつ、(C)を取り込んでいくことが見込まれる。このように(A)(B)(C)が徐々に融合・収束していくだろうこと、および、そこでシーズ技術を生む(2-1)(2-2)(2-3)の取り組みそれぞれでは、克服すべき問題への対処が限定的だが、それらを融合することで克服すべき問題に広く対処できる可能性があることから、次世代AIモデルに向けたアプローチの可能性を幅広く認めつつ、それらの取り組みの間で融合・シナジーが生まれるような進め方が有効と考えられる。その際、AI単独での高度化だけでなく、どのような人・AI共生社会を目指すのか、多様なAIと人々や社会との関係の在り方を考えていくことも必要である。

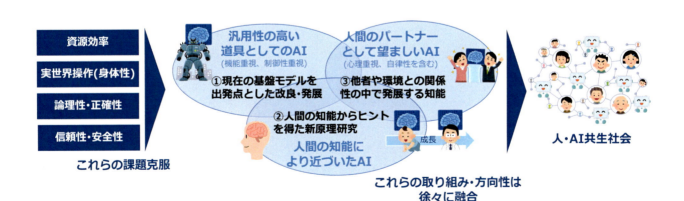

図1-2-2　　次世代AIモデルの目指す姿

1.2.2 信頼されるAIの研究開発

　第2の潮流「AIリスクへの対処」に沿った研究開発の方向性として「信頼されるAI」の戦略提言を行った。この方向性については、表1-2-1に示した通り、(1)「AIソフトウェア工学」【資料2-3】、(2)「意思決定・合意形成支援」【資料2-4】、(3)「デジタル社会におけるトラスト形成」【資料2-5】という3件の戦略プロポーザルを発信した。(1)はAIシステム自体に着目して、その開発方法論について論じた。(2)はAIシステムと相対する人間の側に着目して、その主体的意思決定の支援について論じた。(3)はAIシステムと人間が共存する社会に着目して、社会的トラストの形成について論じた（図1-2-3）。

　「信頼されるAI」に対する、これら異なる三つの切り口からの戦略プロポーザルそれぞれについて、目指す方向性や研究開発課題を説明する。

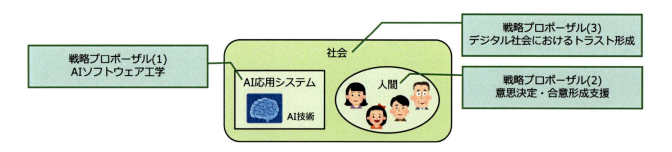

図1-2-3　「信頼されるAI」に関する戦略プロポーザル3件の位置付け

(1) AIソフトウェア工学

　1.1.3-(2)の図1-1-18に示したように、従来のプログラミングによるシステム開発は演繹型だが、機械学習を用いたシステム開発は帰納型になる。このパラダイム転換により、システム開発の方法論が大きく変わることになり、従来の方法論では、信頼性・安全性を十分に確保できなくなった。そのため、新しい方法論・技術体系が必要になることから、AIソフトウェア工学（機械学習工学）の確立に向けた提言を2018年に行った。その後、5-6年を経て、この新しい研究開発分野が立ち上がり、活発な取り組みが進められていることは、1.1.3-(2)で述べた通りである（その動向の詳細は2.1.4に記載）。

　しかし、生成AIが登場したことで、より多様なケースを考えたAIリスク対策の取り組みが必要になってきた。ここでは、その状況と課題を、開発時を3ケース、運用・利用時を3ケースに整理して説明する[28]。

　まず、開発時の3ケースを図1-2-4に示した。以下、各ケースを順に説明する。

❶**生成AI出力の倫理性確保**：これは、生成AI自体について、倫理的に不適切な出力をしてしまうのを回避するための対策である。差別的・暴力的・性的な応答や、著作権・肖像権等の権利を侵害する応答等を回避するようにチューニングすることが行われている。学習データの選別や出力フィルター等は以前から用いられている方法だが、生成AI開発ではさらに、個々のプロンプトに対する応答出力の良し悪し（真実性・無害性・有益性等の観点で）を人手で評価してフィードバックするチューニング法（RLHF、DPO、KTO等）が、メガ生成AIベンダー主導で開発され適用されている。

---

[28] 【資料2-1】では計5ケースとして整理したが、その後、【資料3-18】にて1ケースを追加し、計6ケースとして整理し直した。

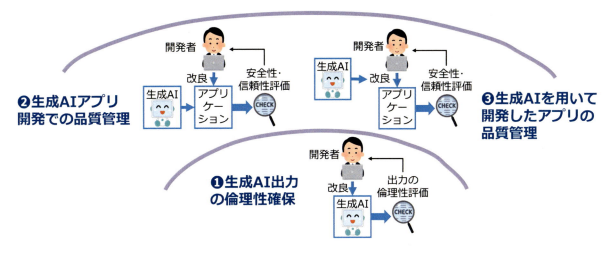

図1-2-4　開発時のAIリスク対策の3ケース

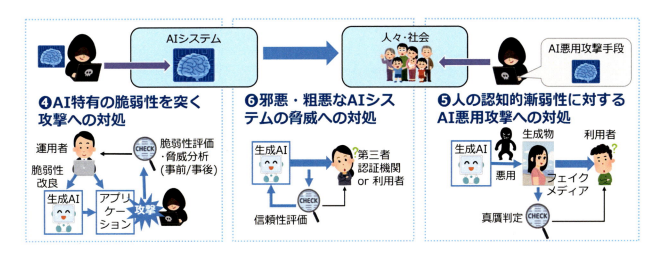

図1-2-5　運用・利用時のAIリスク対策の3ケース

❷**生成AIアプリ開発での品質管理**：生成AIを組み込んだアプリケーション開発において、その品質を確保するための技術開発である。現在のAIソフトウェア工学（機械学習工学）の中心的な取り組みであり、生成AIに限らず、2018年頃から機械学習を組み込んだアプリケーション開発のための方法論・技術群の確立・整備のための取り組みが進められてきた。前述のAIQMガイドラインやQA4AIガイドラインが作られている。しかし、生成AIの登場でプロンプトエンジニアリングがシステム開発の新たな手法として用いられるようになった。自然言語で指示できるため、開発者の裾野が広がり、かつ、正常系の処理を簡単に作れるようになった反面、異常系の処理や予期していない状況での振る舞いに十分対策できているのかは不安が残り、強化・整備していくことが必要である。

❸**生成AIを用いて開発したアプリの品質管理**：生成AIを組み込んだアプリケーションを開発するのではなく、アプリケーション開発作業の支援を生成AIにさせるケースである。例えば、自然言語で指示して、生成AIにプログラムコードを生成させたり、デバッグを代行させたり、開発過程のさまざまなシーンで生成AIを、いわば助手のように使うことが行われている。これによって生産性を向上させることができるが、生成AIもミスを起こすし、その傾向は人とは異なる。現状はまだ試行錯誤的なフェーズと思われるが、今後、前項❷と同様にAIソフトウェア工学（機械学習工学）の一環として、方法論が確立・整備されていくものと考える。

次に、運用・利用時の3ケースを図1-2-5に示した。以下、各ケースを順に説明する。

❹**AI特有の脆弱性を突く攻撃への対処**：AI特有の脆弱性を突く攻撃として、現在よく知られているものに、学習データやモデルに細工をすることで誤動作をさせるポイズニング攻撃やバックドア攻撃、入力に悪意のある変更を加えることで誤動作をさせる敵対的サンプルやプロンプトインジェクション（生成AIの倫理ガードをすり抜ける「脱獄」等）、入力と出力の関係を手掛かりとしてモデルやデータを搾取するモデル抽出攻撃やモデルインバージョン攻撃やメンバーシップ推測攻撃等がある。これらの攻撃は、手動中心のものだけでなく、AI技術を用いて高度に自動化されたものも含まれる。このような攻撃への対策としては、モデルの頑健性を評価して訓練方法を改良したり、差分プライバシー技術や暗号化データ処理を用いてデータ内容を読み取り困難にしたり、攻撃を検知して対策を起動するシステムレベルの防衛機構を組み込んだりといった取り組みが行われている。しかし、生成AIの登場でプロンプトインジェクション対策が新たに必要になったように、既知の脆弱性への攻撃に対する防御の研究開発だけでなく、AI技術の発展に伴う新たな脆弱性の予見や対処のための研究開発も必要である。

❺**人の認知的脆弱性に対するAI悪用攻撃への対処**：フェイク生成等、AI技術を悪用して人々を攻撃し、詐欺・扇動・社会混乱を引き起こすものである。フェイクメディア（画像・動画・音声等）の検知技術としては、不自然な部分や不整合性を見つけるメディアの詳細解析のアプローチだけでなく、電子透かし、証明書、ブロックチェーン等を用いて、出所や経路を検証可能にするアプローチ（例えばTrusted WebやOriginator Profile）も進められている。これらのアプローチを組み合わせて、多面的・複合的な検証を実現していくことも望まれる。

❻**邪悪・粗悪なAIシステムの脅威への対処**：これは利用者に対する必ずしも直接的な攻撃というわけではないが、利用者が被害を受ける可能性のある脅威とみなせる。さまざまなAIシステムが乱立する状況になりつつあり、その中には、出力の品質管理が十分に実施された安全で信頼できるAIシステムだけでなく、品質管理の手を抜いた粗悪なAIシステムや、利用者から個人情報を抜き取ったり思考を誘導したりする邪悪なAIシステムが存在するかもしれない。利用者が、安全で信頼できるAIと、邪悪・粗悪なAIシステムとを見分けられるような仕組み作りが求められる。欧州のAI法や英米日のAI Safety Institute（AISI）等の動きから、AIシステムに関する第三者認証制度・機関の設立が検討されていくものと思われる。そのための技術的な裏付けを与える取り組みも重要になる。

（2）意思決定・合意形成支援

1.1.3-（3）で述べたように、今日、個人・集団の意思決定の難しさが増し、意思決定ミスを起こすリスクが高まっている。元来、主体性や納得感を持った意思決定は、個人や集団における熟慮・熟議から生まれるものである。熟慮・熟議からこそ、さまざまな要因・影響の可能性を考慮し、自分の価値観や集団内の多様な価値観も踏まえた、より良い解を見つけ得る。しかし、熟慮・熟議が困難な事態がたびたび起きるようになってしまったことには、AI技術を含む情報技術の発展が少なからぬ影響を与えている。

その背景・要因、および、それを踏まえて取り組むべき研究開発課題を図1-2-6に示した。意思決定・合意形成問題は、主に人文・社会科学分野で古くから取り組まれてきた問題であるが、情報化社会の今日、情報技術の観点からの対策検討は不可欠であろう。

意思決定に関わる要因・影響の可能性が膨大化したという問題（第1の原因）に対しては、人間が取りこぼしてしまう膨大な可能性を調べ上げ、その中から有効な候補を高速に見つける技術の研究開発が期待される。例えば、個人や集団の意思決定の場面において、人間の限られた思考範囲を超えて、さまざまな要因・影響の可能性を踏まえた有効な選択肢を提示する技術や、多数の関係者間の交渉（合意形成）の場面において、人間には思い描けないほどの膨大な条件の組み合わせの中から、適切な合意点の候補を見つけ出して提示する技

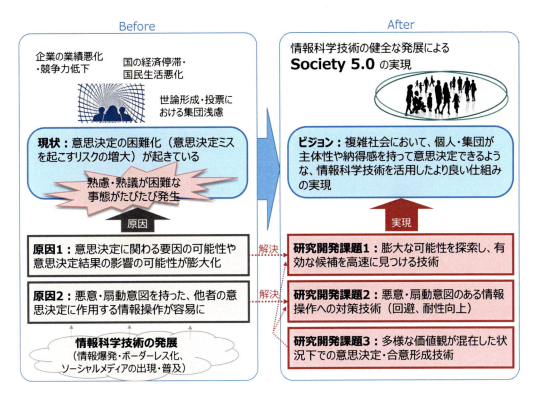

図1-2-6　　　複雑社会における意思決定：困難化の原因と研究開発課題

術等が挙げられる。

　悪意や扇動意図を持った情報操作（フェイクの生成・拡散等を含む）の問題（第2の原因）に対しては、悪意・扇動意図を持った情報操作を回避する技術や、そのような情報操作に対する耐性を高める技術の研究開発が期待される。例えば、意思決定の根拠として信憑性の低い情報（デマやフェイク等）を判別・排除する技術（（1）の❺）や、多数の関係者間の合意形成や投票の場面において、健全性・公正性を保証する理論やそれを阻害しようとする行為が無効になるようなメカニズムの設計技術等が挙げられる。

　さらに、これらに共通する基礎的な研究開発課題として、多数の関係者間の合意形成、集団の意思決定を扱うための、社会的価値観やさまざまな人間の価値観が混在している状況下での意思決定・合意形成を支援する技術が重要である。

　昨今、AI分野において、意思決定の支援や自動化のための技術開発が活発になっている。特に機械学習・最適化技術に基づく解（選択肢）の生成は、ビジネスの現場への適用も進んでいる。しかし、現状、図1-2-7における（A）のような、一つの評価関数が定められるような条件下、いわば価値観が共有されている状況下での選択肢（論理性・合理性に基づく解）を求めるものが主である。

　一方、図1-2-7における（B）のような、社会的価値観やさまざまな人間の価値観が混在している状況下では、人間は論理性・合理性だけでなく共感・賢慮等によって解を見いだしている。そこで、この研究開発課題への取り組みでは、AI的なアプローチによる研究に加えて、脳科学・神経科学、認知科学、計算社会科学、心理学、経済学、政治学、法学、倫理学等の考え方や知見を取り込んでいくことが必要になる。また、人間の意思決定に関する原理追究・現象分析を深めることに加えて、それを実際の意思決定・合意形成問題に適用できるように、システム実装にまでつなげることが求められる。

　なお、人間の意思決定・合意形成プロセスのモデルと、その各ステップを支援する技術群、および、関連する研究開発の状況については2.1.5にまとめた。

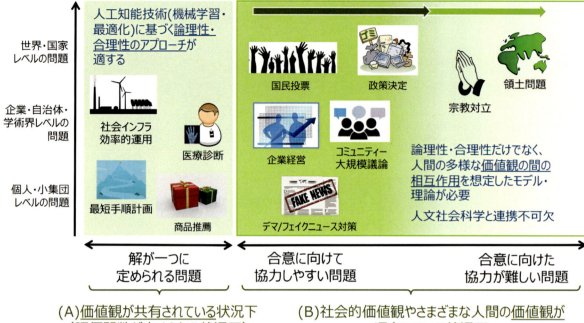

図1-2-7　　意思決定・合意形成問題の種類

（3）デジタル社会におけるトラスト形成

　トラストは相手が期待を裏切らないと思える状態である。リスクがあるとしても、相手をトラストできると、安心して迅速に行動・意思決定ができる。トラストは協力や取引のコストを減らしてくれる効果があり、人々の活動を拡大し、ビジネスを発展させ、ビジネスの「生き死に」を左右する要因にもなる。

　しかし、デジタル化の進展につれて、バーチャルな空間にも人間関係が広がり、複雑な技術を用いたシステムへの依存が高まり、だます技術も高度化してしまった。その結果、デジタル社会と言われる今日において、顔が見える人間関係や人々の間のルールに支えられた「旧来のトラスト」だけではカバーされないケースが拡大し、社会におけるトラストの働きがほころんできている。この問題は、自動運転車、AIエージェント、コミュニケーションロボット、メタバース等の新技術・新サービスの社会受容を左右し、フェイク・偽装・なりすまし等による詐欺・犯罪の懸念を高める。

　そこで、不信・警戒を過度に持つことなく幅広い協力・取引・人間関係を作ることができ、デジタル化によるさまざまな可能性・恩恵がより広がるような、デジタル社会におけるトラスト形成の仕組み作りが求められる（図1-2-8）。

　このような問題に対して、異なる切り口からさまざまな研究開発が進められている。しかし、さまざまな分野で進められているトラスト研究開発の間での知見共有・連携はあまり見られない。多くの研究開発は、トラストに関わるある一面にフォーカスしたものであることから、個別的な対処や断片的な状況改善にとどまりがちである。この状況は、国内だけでなく海外でも同様である。デジタル社会におけるトラスト形成の仕組み作りに向けては、それぞれの研究開発をいっそう推進するとともに、それらの間でビジョンを共有し、分野横断で総合知による社会的トラスト形成への取り組みが望まれる（図1-2-9）。

　そのために取り組むべき重要な研究開発課題として、以下の四つが挙げられる。

　第1の研究開発課題はトラストの社会的よりどころの再構築である。トラストには三つの側面（対象真正性、

図1-2-8　デジタル社会におけるトラストの問題意識と目指す姿

図1-2-9　社会的トラスト形成に向けた総合知による取り組みへ

内容真実性、振る舞い予想・対応可能性）がある。トラストは最終的には主観に依存するが、詐欺のような犯罪を防ぎ、社会秩序を維持するためには、社会的よりどころをどのような技術と制度によって担保するかを考えねばならない（図1-2-10）。対象真正性、内容真実性、振る舞い予想・対応可能性それぞれの社会的よりどころの再構築、複合的検証のメカニズム、改ざんされない記録・トレーサビリティー等の研究開発が含まれる。AIのブラックボックス問題で課題となるのは、主に振る舞い予想・対応可能性であるが、対象真正性と内容真実性もその前提として必要である。また、生成AIで問題が深刻化しつつあるフェイク問題は、まさに内容真実性を揺るがすものである。このような高リスク状況下で、断片的に切り取られた情報や対象のある一面しか見ずに何かを信じ込むことはとても危うい。トラストの3側面を踏まえ、多面的・複合的に確からしさを検証することが有効であり、それを容易にする仕組みが求められる。

　第2の研究開発課題は社会的トラスト形成フレームワークである。社会的よりどころを用意するだけでなく、人々がそれを容易に使いこなし、トラストできる対象を広げていけるようにするとともに、社会的よりどころが公正・健全に維持されるようにすることも必要である。公正・健全なトラスト基点の維持、トラストの悪用・攻撃への対策、使いこなしを容易にする技術・教育等を含む。

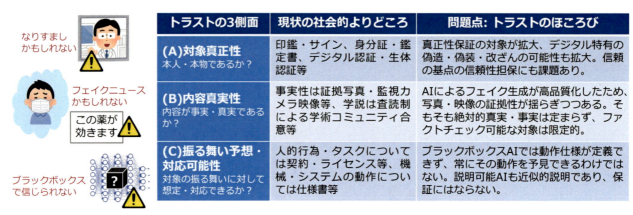

図1-2-10　トラストの3側面と社会的よりどころ

第3の研究開発課題は具体的トラスト問題ケースへの取り組みである。深刻化するフェイク問題、自動運転車やパーソナルAIエージェント等の安全性の懸念、既存の商取引やメタバースのような新サービスにおけるなりすまし等の問題、医療等での専門家とAIの判断からの選択等、具体的なケースにおいて、上述の技術成果を適用して実証しつつ、さらなる課題の明確化を図る。

第4の研究開発課題はトラストに関する基礎研究である。例えば、デジタル社会におけるトラスト形成や不信のメカニズム理解、トラストに関わる日本人のメンタリティーと国際比較・文化差、デジタル社会のトラスト形成のための方策・対策設計の裏付け等に関する基礎研究が挙げられる。

1.2.3　AI for Science（AIロボット駆動科学）の研究開発

第3の潮流「AI×〇〇」については、産業応用も含めて、さまざまな取り組みが急速に進んでいる。その中で、特に基礎研究として重要で、かつ、科学や産業の国際競争力も左右するターゲットとして「AI for Science（AIロボット駆動科学）」に関する戦略提言を行った。

（1）基盤モデル・生成AI、次世代AIモデルの適用

1.1.4-（2）（3）に動向を示したように、AI for Scienceの分野にも基盤モデル・生成AIの適用が進みつつある。それを進めるとともに、さらに精度・効率を高める上で、基盤モデルが抱える問題、特に論理性の問題と実世界操作（身体性）の問題の克服が望まれる。論理性の問題の克服・改善は、仮説生成・探索の精度を高めることにつながり、実世界操作（身体性）の問題の克服・改善は、検証実験に用いるロボットの柔軟で正確な制御を可能にする（実際、1.1.2-（3）で述べた通りフィジカルAIシステムが発展している）。

図1-2-11に示すように、現状のAIロボット駆動科学（Step 0）が科学研究サイクルの自動化を、ある程度限定された形式空間内で実現しているものと捉えると、これに基盤モデルを組み合わせること（Step 1）で、知識・言語空間との接続が可能になる。さらに、これに論理性と実世界操作が強化された次世代AIモデルを組み合わせること（Step 2）で、実世界や法則との接続が可能になると見込まれる。それによって、仮説空間探索の精度や効率が向上し、科学研究サイクルがより精緻で柔軟なものに革新され得る。

（2）AI for Scienceの推進に向けて

2021年のCRDS戦略プロポーザル【資料2-6】を公表した時点のAI for Science（AIロボット駆動科学）の推進策の状況は、研究DXの推進（ある意味、幅広く研究現場の底上げする取り組み）と、材料科学や生

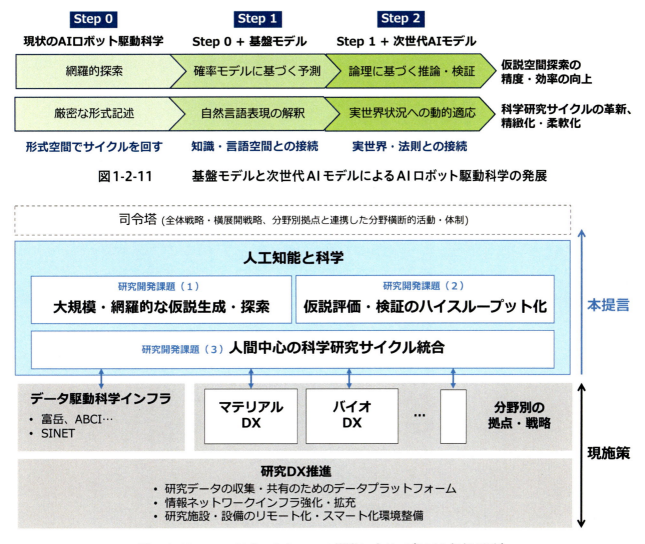

図1-2-11　基盤モデルと次世代AIモデルによるAIロボット駆動科学の発展

図1-2-12　AI for Scienceの推進に向けて（2021年提言時）

命科学等分野別のAI活用（マテリアルDXやバイオDX）の推進が中心であった。これに対して、同プロポーザルでは、科学分野を横断した技術・知見の共有や体制構築の必要性に訴求した（図1-2-12）。この必要性は、実際に研究コミュニティー内での認識が高まり、研究者からボトムアップにAIロボット駆動科学イニシアティブ[29]設立の動きが立ち上がっている。一方、1.1.4-（2）で言及したように、国の政策としても「AI for Science」の推進強化が図られており、今後、二つの動きが連動し、取り組みが加速されることが期待される。

また、同プロポーザルでは、重要な研究開発課題として、1.1.4-（2）の図1-1-20に示した3点、すなわち「1. 大規模・網羅的な仮説生成・探索」、「2. 仮説評価・検証のハイスループット化」、「3. 人間中心の科学研究サイクル統合」を挙げたが、その技術進展を把握・追跡する上での目安として、AIロボット駆動科学のサイクルの自律化レベルを検討した。同プロポーザルにおけるレベル分けの案（レベル1〜5）も示したが、理化学研究所の高橋恒一によるレベル分け[7]（レベル0〜6）が知られている。これに沿った研究開発を加速する上で、適切なグランドチャレンジ目標の設定も有効であろう。

（3）科学プロセスにおける3層サイクル

1.1.4-（2）の図1-1-20に、AIロボット駆動科学による科学研究サイクルの概念図を示した。そこでは「知

---

[29] https://ai-robot-science.com/index.html

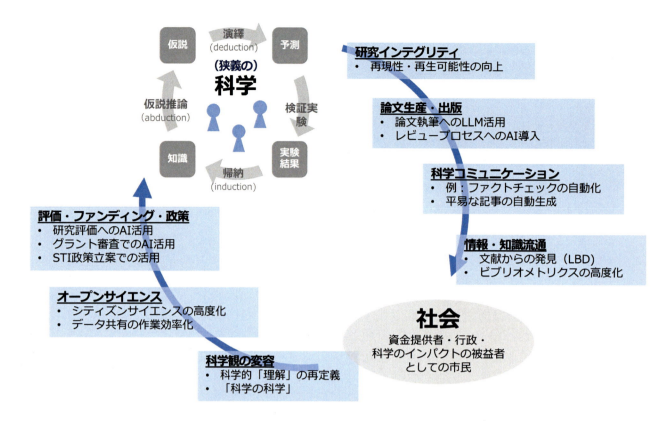

図1-2-13　　科学の社会的プロセスとAIの活用[8]

識→（仮説推論）→仮説→（演繹）→予測→（検証実験）→実験結果→（帰納）→知識」というサイクルが実行される。これは、研究者個人や個々の研究グループでの活動サイクル（狭義の科学）である。

　ここで得られた説が研究コミュニティーによって受け入れられるまでには、このサイクルの外側にもう一つ、研究コミュニティーによって検証・評価されるというサイクルを経ることになる。より広く捉えるならば、科学的な発見や法則・理論が社会に受容・評価され、広く活用されたり、研究資金が投入されたりといったことも含めて、社会的プロセス（広義の科学）のサイクルということもできる。狭義の科学のサイクルが高速化し、大量の論文が生産され、人間による評価が追い付かなくなりつつある状況であることから、この広義の科学（社会的プロセス）においても、AIの活用が進みつつある（図1-2-13）[8]。

　さらには、狭義の科学研究サイクルの中においても、サブプロセスにおける学習・チューニングのサイクルが回る。例えば、仮説生成のための関連事例・周辺事例の学習や分野・目的に応じたチューニング、実験を実行するロボットの現場環境や実験目的に応じたチューニングや模倣学習等である。そのためのデータ整備や環境整備への取り組みも必要である。

　科学研究サイクル（狭義の科学）を中心に、上位層の社会的プロセス（広義の科学）と下位層のサブプロセスという3層のサイクルを高度化・整備していくことで、科学全体のプロセスを健全に発展させていくという視点も持っておく必要があろう。

参考文献

1) Yoshua Bengio, "From System 1 Deep Learning to System 2 Deep Learning", *Invited Talk in the 33rd Conference on Neural Information Processing Systems* (NeurIPS 2019; Vancouver, Canada, December 8-14, 2019). https://slideslive.com/38922304/from-system-1-deep-learning-to-system-2-deep-learning
2) Daniel Kahneman, *Thinking, Fast and Slow* (Farrar, Straus and Giroux, 2011).（邦訳：村井章子訳, 『ファスト＆スロー：あなたの意思はどのように決まるか？』, 早川書房, 2014年）
3) 東大TV,「深層学習の先にあるもの－記号推論との融合を目指して（2）」（2019年3月5日）. https://todai.tv/contents-list/2018FY/beyond_deep_learning
4) 松尾豊,「知能の2階建てアーキテクチャ」,『認知科学』(日本認知科学会誌) 29巻1号（2022年3月）, pp. 36-46. https://doi.org/10.11225/cs.2021.062
5) Pin-Chu Yang, et al., "Repeatable Folding Task by Humanoid Robot Worker using Deep Learning", *IEEE Robotics and Automation Letters* Vol. 2, Issue 2 (Nov. 2016), pp. 397-403. https://doi.org/10.1109/LRA.2016.2633383
6) 谷口忠大,『心を知るための人工知能：認知科学としての記号創発ロボティクス』（共立出版, 2020年）.
7) 高橋恒一,「AIは科学の営みをどう変えうるか」, セミナーシリーズ「AIとデータで変わる科学と社会」第1回（2022年3月21日）. https://doi.org/10.15108/stih.00316
8) 嶋田義皓・丸山隆一（科学技術振興機構研究開発戦略センター）,「基盤モデルとAI・ロボット駆動科学」, 科学技術・学術審議会基礎研究振興部会（第11回）資料1-3（2023年6月21日）. https://www.mext.go.jp/content/20230620-mxt_kiso-000030314_3.pdf
9) 科学技術振興機構 研究開発戦略センター,「科学技術未来戦略ワークショップ報告書：次世代AIモデルの研究開発 ～技術ブレークスルーとAI×哲学～」, CRDSFY2023-WR-03（2024年2月）.

1.3 注目する研究開発領域と国際比較

（1）注目する研究開発領域の設定

1.1節・1.2節で述べたような技術発展を踏まえて、注目する研究開発領域を示す。

これまでの第3世代AIは、さまざまな用途で人間を上回る性能を示しているが、大量の学習データ・計算資源が必要で、学習範囲外の状況に弱く、意味処理・説明等の高次処理ができていない、といった問題が指摘された。第3世代AIを超大規模化した基盤モデル・生成AI（第3.5世代AI）は問題の一部を改善し、高い汎用性も示しているが、さらなる発展として、画像・映像認識や運動制御のような『知覚・運動系のAI技術』と、自然言語処理のような『言語・知識系のAI技術』の融合による「次世代AIモデル」（第4世代AI）の研究開発が進み始めた。深層学習、深層強化学習、深層生成モデル、自己教師あり学習、そして超大規模な基盤モデルという技術発展に加えて、『計算脳科学』や『認知発達ロボティクス』の研究から得られる人間の知能に関する知見が「次世代AIモデル」の研究開発では重要な役割を果たす。そのようなAIと人間あるいは複数のAI間の関係が『エージェント技術』によって広がりを見せている。

その一方で、AI技術が社会に広がり、『社会におけるAI』という視点から、安全性・信頼性・公平性・解釈性・透明性等を含むAI社会原則・AI倫理指針が国・世界レベルで策定され、「信頼されるAI」のための技術開発も重要な研究課題となっている。具体的には、上記原則・指針を満たすようなAI応用システムを開発するための『AIソフトウェア工学』、人がAIと協働してより良い判断や目的達成を目指す『人・AI協働と意思決定支援』への取り組みが進展している。また、AI活用はさまざまな分野に急速に広がっており、「AI×〇〇」による社会・産業・科学の変革が『AI・データ駆動型問題解決』によって加速している。

以上において二重カギカッコ『』で囲った九つを、三つの潮流に対応する特に注目する研究開発領域と定める。「次世代AIモデル」に関わる5領域は、これまでの取り組みからさらなる発展が見られる研究開発領域である。一方、「信頼されるAI」と「AI×〇〇」に関わる4領域は、AIの社会への関わりの中で新たに広がってきた研究開発領域である。

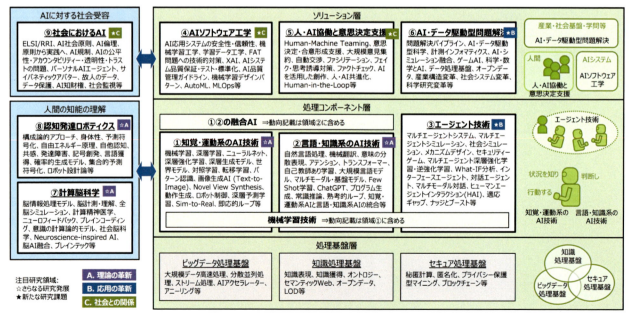

図1-3-1　　AI分野の構造俯瞰図

表1-3-1　　　　AI 研究開発状況の国際比較

国・地域	日本		米国		欧州		中国		韓国	
フェーズ	基礎	応用	基礎	応用	基礎	応用	基礎	応用	基礎	応用
①知覚・運動系のAI技術	○↗	○↗	◎↗	◎↗	○→	○↗	◎↗	◎↗	△→	△↗
②言語・知識系のAI技術	○↗	○→	◎↗	◎↗	○↗	○→	◎↗	◎↗	△→	○↗
③エージェント技術	○→	○↗	◎↗	◎↗	◎↗	○↗	○↗	○↗	△→	△→
④AIソフトウェア工学	○↗	○↗	○↗	○↗	○↗	○↗	○↗	○↗	×→	×→
⑤人・AI協働と意思決定支援	○↗	○↗	◎↗	◎↗	◎↗	◎↗	△→	△→	△→	△→
⑥AI・データ駆動型問題解決	○↗	◎↗	◎↗	◎↗	○↗	○↗	◎↗	◎↗	△↗	○→
⑦計算脳科学	◎→	○→	◎↗	◎↗	◎↗	○→	○↗	○↗	○→	△→
⑧認知発達ロボティクス	○↗	○↗	△→	△↘	○↗	○→	△↘	△↘	△↘	△↘
⑨社会におけるAI	◎→	○↗	◎→	◎↗	◎↗	◎↗	△→	△→	△→	△→

（2）構造俯瞰図

　これら九つの注目する研究開発領域を、AIの技術スタックの中に位置付けた俯瞰図（構造）を図1-3-1に示す。この図では、システムを構成する技術群を「処理基盤層」「処理コンポーネント層」「ソリューション層」に分けている。また、システムを設計する上で、その利用者となる人間やそれが組み入れられる社会についての理解・モデル化および指針の議論も必要になることから、処理コンポーネント層に対応させて「人間の知能の理解」、ソリューション層に対応させて「AIに対する社会受容」という視点を含めた。

　図1-3-1の注目する九つの研究開発領域について、簡単な定義を以下に示す。それぞれの詳細説明は2.1節にまとめている。処理基盤層の技術群は、ここでは説明を省略するが、2.2節にてその一部を取り上げる。

①**知覚・運動系のAI技術**：画像・映像認識に代表される実世界からの入力としての知覚系と、ロボット等の動作制御に代表される実世界への出力としての運動系という、知能の実世界接点の役割を実現するAI技術に関する研究開発領域である。

②**言語・知識系のAI技術**：自然言語の解析・変換・生成等や知識の抽出・構造化・活用等を行う言語・知識系のAI技術を実現するとともに、知覚系（見る）→言語・知識系（考える）→運動系（動かす）という一連の処理を総合的・統一的な仕組みで実現するための研究開発領域である。

③**エージェント技術**：自ら判断し行動する主体としてのAI（エージェント）について、その自律的メカニズム（自律エージェント）、複数主体の協調（マルチエージェントシステム）、人間とのインタラクション（インターフェースエージェント）、社会的活動・現象のシミュレーション（マルチエージェントシミュレーション）等を実現しようとする研究開発領域である。

④**AIソフトウェア工学**：AI応用システムを、その安全性・信頼性を確保しながら効率よく開発するための新世代のソフトウェア工学を意味する。従来の演繹型システム開発に加えて、機械学習を用いた帰納型システム開発にも対応した開発方法論・技術体系の確立を目指した研究開発領域である。

⑤**人・AI協働と意思決定支援**：人がAIと協働してより良い判断や目的達成を目指す研究開発領域である。特に、個人や集団がある目標を達成するために、考えられる複数の選択肢の中から一つを選択する意思決定を支援するための研究開発を中心に取り上げる。

⑥ **AI・データ駆動型問題解決**：AI・ビッグデータ解析が可能にする大規模複雑タスクの自動実行や膨大な選択肢の網羅的検証等による、問題解決手段の質的変化、産業構造・社会システム・科学研究等の変革を生み出すための研究開発領域である。

⑦ **計算脳科学**：脳を情報処理システムとして捉えて、脳の機能を調べる研究開発領域である。人間の知能の情報処理メカニズムの解明、脳疾患・精神疾患の解明や治療、AI技術発展につながる示唆等が期待できる。

⑧ **認知発達ロボティクス**：ロボットや計算モデルによるシミュレーションを駆使して、人間の認知発達過程の構成論的な理解と、その理解に基づく人間と共生するロボットの設計論の確立を目指した研究開発領域である。

⑨ **社会におけるAI**：AI技術が社会に実装されていったときに起こり得る、社会・人間への影響や倫理的・法的・社会的課題（Ethical, Legal and Social Issues：ELSI）を見通し、あるべき姿や解決策の要件・目標を検討し、それを実現するための制度設計および技術開発を行うための研究開発領域である。

ここで機械学習を、注目する研究開発領域の一つに挙げていないことについて補足しておきたい。機械学習は、現在のAIにおける中核技術であり、上記九つの研究開発領域のほとんど全てに関わっている。技術スタックの層としては、処理コンポーネント層に相当するので、図1-3-1では、①②③に共通する技術として、機械学習を置いた。そして、2.1節では、機械学習の全般的な動向を「2.1.1 知覚・運動系のAI技術」に記載した上で、他の節でも、その研究開発領域に関わる機械学習のトピックを取り上げることにした。

機械学習を中心に各研究開発領域の動向を見ると、特に深層学習の技術発展が著しく、九つの研究開発領域のそれぞれの発展に大きく影響を与えている。深層学習はまず画像認識・音声認識等のパターン認識に著しい精度改善をもたらした。さらに、強化学習と結び付いた深層強化学習は、試行の繰り返しからアクション決定方策を学習でき、囲碁等のゲームやロボット制御へと応用を広げた。これらは「①知覚・運動系のAI技術」の発展を牽引したが、さらに、意味の分散表現、アテンション、トランスフォーマー、自己教師あり学習といった技術が導入され、深層学習ベースの自然言語処理が大きく進展したとともに、それによって「②言語・知識系のAI技術」と「①知覚・運動系のAI技術」の融合が進み始めたことも注目すべき点である。また、深層生成モデルや自己教師あり学習の発展が①②とも結び付いて、汎用性とマルチモーダル性を高め、画像・映像・音声・文章を自動生成するAI技術が新たな応用の可能性を広げた反面、フェイク生成をはじめAIに対する新たな懸念も引き起こしている。このようなAI・深層学習がもたらす可能性や懸念は、他の研究開発領域③④⑤⑥⑨においても、さまざまなポジティブ/ネガティブな影響を与えている。また、深層学習・深層強化学習・アテンション等の技術は、人間の知能のメカニズムに通じるものであり、「⑦計算脳科学」「⑧認知発達ロボティクス」の研究成果が、今後も深層学習やAI技術のさらなる発展につながると期待される。

（3）研究開発状況・戦略の国際比較

AI技術開発は、産業競争力はもちろん、国の安全保障や社会基盤をも支えるものと認識されるようになり、各国ともAI技術開発の強化戦略を打ち出し、産業界での技術開発推進と国による戦略的研究投資の強化が図られている。この国際競争状況の背景にある、米国・中国・欧州・日本の状況や戦略は、1.1.1-（8）の表1-1-6で述べている。

後続の2.1節では、（2）で示した九つの研究開発領域の状況を詳しく説明するとともに、領域ごとの国際比較も示している。表1-3-1にその国際比較の部分を抜粋して示した。また、論文や特許の動向の調査結果については、別の報告書「研究開発の俯瞰報告書　論文・特許データから見る研究開発動向（2024年）」[30]にまとめている。以下、同報告書から、研究開発領域ごとの概要を抜粋して示す。

[30] https://www.jst.go.jp/crds/report/CRDS-FY2024-FR-01.html

① **知覚・運動系のAI技術**：研究開発領域別の論文・特許調査の結果 において、本領域は、AI分野全般で共通技術として使われている機械学習技術を含むため、論文数・特許数とも他領域と比べて1桁以上多い。論文数・特許数とも国別では中国と米国が2強状態である。以前は米国が1位だったが、論文数シェアは2014年、Top10％論文数は2019年、Patent Asset Indexも2019年に中国が米国を抜いて1位になった。欧州の論文数は米国を若干上回っているが、Top1％論文数・Top10％論文数は米国の方が多い。論文数上位10位機関には中国から8機関（全てアカデミア）が入っているのに対して、米国の機関は見られない。ただし、機械学習分野で知られる主要システムは米国、特に米国の産業界から生まれている。2014年まではアカデミア中心だったが、2015年以降は産業界（特に米国のビッグテック企業）が先導しており、この傾向はいっそう強まっている。

② **言語・知識系のAI 技術**：研究開発領域別の論文・特許調査の結果において、本領域は、論文数・特許数ともますます増加の傾向にあり、その中で米国・中国が二強となっている。論文数シェア、Patent Asset Indexとも、中国が米国に迫っているが、米国が1位をキープしている。また、Top10％論文数では、1位の米国と2位の中国との間にまだ開きがある。欧州は総論文数・Top1％論文数で3位（Top10％論文数では中国とほぼ同程度）である。「①知覚・運動系のAI技術」領域で述べたように、機械学習技術分野を先導する主要システムは米国から生まれており、その適用分野として言語分野が中心であることから、中国と比べて、本領域における米国の優位性が維持されている。そのため、論文数上位10位機関では、米国が6機関、中国が3機関と、米国が中国を上回っている。

③ **エージェント技術**：研究開発領域別の論文・特許調査の結果において、本領域は、論文数も特許数も2018年前後から急増している。国別の論文数では、米国と中国がほぼ同程度のシェアおよび論文数増加傾向を示している。欧州は米国・中国をわずかに上回っている。論文数の世界上位10機関でも米国4機関、中国4機関で並んでいる。他はフランス1機関、英国1機関であり、欧州からの論文も増加している。欧州は米国・中国と同程度。

④ **AIソフトウェア工学**：研究開発領域別の論文・特許調査の結果において、本領域は、論文数も特許数も大きく増加している。特に論文数は2018年前後から急激に増加している。国別の論文数シェアでは、米国が20％弱でトップ、次いで10％弱に中国とドイツが付けている。欧州は米国を上回っている。Top10％論文での順位もほぼ同様の傾向である。日本は論文数シェアでは国別9位だが、h5-index上位100位以内の研究者数が、国別で、中国、米国、英国に次いで4位である。

⑤ **人・AI協働と意思決定支援**：研究開発領域別の論文・特許調査の結果において、本領域は、論文数も特許数も大きく増加している。2021年の論文数・論文数シェアとも国別では、米国が1位、中国が2位、英国が3位、ドイツとインドがほぼ同程度で続く。欧州は米国を若干上回っている。論文数の世界上位10機関中には、米国から4機関、英国から2機関が入っているほか、フランス、イラン、カナダ、中国等が入っていて、他領域と比べて多様性が見られる。本領域のホットトピックとしてフェイク問題が含まれており、国による社会的問題・関心の高まりの差が表れている可能性がある。

⑥ **AI・データ駆動型問題解決**：研究開発領域別の論文・特許調査の結果において、本領域は、論文数・特許数とも2018年前後から急増している。論文数・論文数シェアとも、国別では中国と米国が2強状態になっている。欧州についても、直近では中国・米国より若干下回る。論文数・論文シェアとも2012年当初から中国が米国を上回っている。本領域はAI関連領域の中で最も応用色の強い領域であり、AI応用において中国が勢いのあることが表れたものと考えられる。その一方、2021年はかなり競った状況になったものの、Top1％論文数・Top10％論文数は米国優位が続いてきており、中核技術では米国が先導してきたものと見られる。

⑦ **計算脳科学**：研究開発領域別の論文・特許調査の結果において、本領域は、論文数・特許数ともほぼ

リニアに増加の傾向を示している。国別の論文数シェアは、トップが30%前後の米国、20〜10%前後に中国・英国・ドイツが付けている。特に中国の増加率が高い。欧州は米国とほぼ同程度に付けている。Top10%論文数においても、この傾向は同様である。論文数の世界上位10機関には、米国3機関、ドイツ3機関、英国2機関、フランス2機関が入っており、やはり同様の傾向が見られる。

⑧ **認知発達ロボティクス**：研究開発領域別の論文・特許調査の結果において、本領域は、論文数はまだ多くないが、徐々に増えつつある。国別の論文数で大きな差はまだ生まれていない。国別シェアではおおむね15%に及んでいないが、欧州は30%前後のシェアがある。認知発達ロボティクスは日本発の研究領域であり、論文数の世界上位10機関では日本が国別最多の4大学（東大、阪大、早大、立命館大）が入っている。国別の特許ファミリー件数シェアでは中国と米国がやや多い数を示している。しかし、AI関連技術は幅広い用途に適用されることから、特許ファミリーでは関係の薄いものまで拾う傾向が強いため、認知発達ロボティクス関連の特許が多く出されているわけではない可能性が高い。

⑨ **社会におけるAI**：研究開発領域別の論文・特許調査の結果において、本領域は、論文数・特許数とも、2017年頃から急激に増加している。国別の論文数シェアは、米国が30%前後で1位、中国が増加傾向で20%に近づいている。10%前後に英国とインドがあり、それ以下の各国が続いている。欧州は米国と同程度である。論文総数、Top10%論文数における2021年の順位もほぼそれと同様である。論文数の世界上位10機関には、米国の5機関、中国の2機関が入っている。

加えて、スタンフォード大学が公表しているAI Index[31]には、論文・特許・ソフトウェア等のさまざまな視点から定量的な国際比較が示されている。これらに見られるように、米国が基礎研究と応用研究・開発の両面で圧倒的優位であるが、中国が急速に追い上げ、研究論文総数では中国が米国を抜く等、米中2強と言われる状況になっている。

31　https://aiindex.stanford.edu/report/

1.4 今後の展望と方策

（1）全体戦略と提言の位置付け

1.3節でも述べたように、AI技術開発は米中2強と言われる状況であり、日本がそこに割り入ることは簡単なことではない。しかし、AI技術は国の産業や科学の国際競争力を左右し、経済安全保障の面からも欠くことのできない技術である。海外からの技術導入・活用に全て依存してしまうようなことなく、日本として優位性を打ち出し得る点を見いだし、戦略的に研究開発を推進すべきである。1.2節・1.3節では、「次世代AIモデル」「信頼されるAI」「AI for Science」という切り口で、その可能性についても論じた[32]。

日本はAI戦略において「Trusted Quality AI」を掲げており、研究コミュニティーや産業界での取り組みが、国際的にも早い時期に立ち上がった。国際標準化活動においても健闘しており、欧州が理念主導でAI規制を強化してくる動きに対して、「信頼されるAI」の実現に向けて、実践的なトラストを積み上げる取り組みを重ねている。また、米国ビッグテック企業先行の基盤モデル・生成AIが社会に大きなインパクトを与えているが、計算脳科学とAIの融合研究や、日本発の研究領域である認知発達・記号創発ロボティクス等、「次世代AIモデル」につながる基礎研究にも取り組んできた。国立情報学研究所（NII）のLLMCを中核機関として、国内産学の研究者・開発者を結集したLLM-jpプロジェクトも進められている。さらに「AI for Science」は、日本からノーベルチューリングチャレンジというグランドチャレンジが提唱され、その国際連携による取り組みも進められている。このような取り組みが日本の強み育成の足掛かりになり得るものと考える。

また、政策・戦略の議論・検討が活発化している基盤モデル・生成AIについて、本報告書では、その研究開発課題の全体観を示した（1.1.1-（9）の図1-1-10）。図1-4-1では、その全体観の図を再掲しつつ、それに重ねる形で、打ち手を論じるポイント3点を示した。

1点目は、図の左上方の基盤モデルの活用に主眼のある部分で、基盤モデル・生成AIの活用を推進し、生産性向上DX・産業成長の促進につなげるというものである。2点目は、図の右部の学術的な基礎研究として位置付けられる部分で、次の世代のAIモデルで先行することを狙って、そのための基礎研究を推進するというものである。3点目は、図の中央から左下にかけた部分で、基盤モデルとその周辺機能を実装・運用するための

図1-4-1　基盤モデル・生成AIの研究開発課題に対する取り組みの方向性

---

[32] この方向性については、文部科学省基礎研究振興部会第11回（2023年6月21日）にて発表も行った。下記にてWeb公開されている資料のうち、資料1-2「基盤モデル・生成AIに関する基礎研究課題」と資料1-3「基盤モデルとAI・ロボット駆動科学」がこれに該当する。
https://www.mext.go.jp/b_menu/shingi/gijyutu/gijyutu27/siryo/mext_00007.html

取り組みである。3点目はこれ単独で、先行する米国ビッグテック企業に、後追いで追い付き追い抜くことは難しいが、1点目や2点目を支えるために、取り組みが必要である。

これらの取り組みは連動するものである。まず短期的には、1点目が推進されることで、産業が活性化・成長し、社会に価値がもたらされ、その結果、2点目を中長期的な取り組みとして推進することの必要性が高まる。3点目は、当初は1点目や2点目を支えるために、実行環境やデータを整備するところから始まるが、1点目や2点目の取り組みが進展するにつれて、その特色を生かし、日本としての強みを確保するような戦略的な強化が行われ、1点目・2点目・3点目の相乗効果による全体の底上げが進むことが見込まれる。

（2）研究開発形態の変化を踏まえた推進方策

その際、AI分野における研究開発形態の変化を踏まえる必要がある。すなわち、AI分野の研究開発は、基礎研究においても、ビッグサイエンス化、ハイスピード化・ハイインパクト化、非オープン化の傾向が強まっている。基盤モデル・生成AIの研究開発において、わが国の取り組みが後追いになってしまったことについて、このような研究開発形態の変化に十分に対応できていなかったことが、大きな要因の一つとして考えられる。

研究開発形態の変化として挙げた3点は、以下のような傾向を意味する。

- **ビッグサイエンス化**
  研究開発に必要な計算資源・データの超大規模化が進み、もはや大学研究室が単独で扱える規模ではなくなった。研究開発チームの規模も大型化し、チームを構成する人員は、研究者・科学者だけでなく、大規模計算資源や大規模データを高度に管理・強化するエンジニアや、大型チームのマネジメントや外部連携に関わる業務の支援スタッフ等も含む。
- **ハイスピード化・ハイインパクト化**
  数週間単位で注目技術が発表される。しかも、社会・生活に広く影響を与え得る技術、その影響範囲の予測困難な技術が次々に生まれている。研究トレンドが短期で変化し、研究チーム組成の形態はよりアジャイルになり、かつ、研究の論文化に至るスパンがより短期化している。
- **非オープン化**
  ビッグテック企業が最先端の研究成果・知見を保有し、その内容が公開されない（公共財化されない）傾向が強まっている。

このような状況下での研究開発体制・基盤やプログラムの在り方を考え、それを支える研究エコシステム（図1-4-2）を作ることが必要である。その中に含めるべき要素として、下記のようなものが挙げられる（より具体的な動向や政策事例は【資料2-1】の4章・付録B.2に記載している）。

補足として、ここで述べる研究エコシステムは、基礎研究の推進に主眼を置いたものである。産業・イノベーションのためのエコシステムに求められる要素と重なる部分は多々あるが、それを合わせて描くためには、より広いスコープからの検討が必要である。ただし、基礎研究の担い手としては、大学・国研等の研究機関だけでなく、企業の基礎研究部門も含めて考える。なお、下記の要素について、既に施策化が進んでいるものもあるが、研究エコシステムとして有機的につながる要素として全体像を示した。

a. さまざまな研究機関・組織が協力し合う研究エコシステムの形成

米国ビッグテック企業のような規模の研究開発体制や資金を確保することは、現状、日本の大学・企業では難しい。基礎研究において、多様なアプローチで取り組む研究機関が相互に協力し合う研究エコシステムを

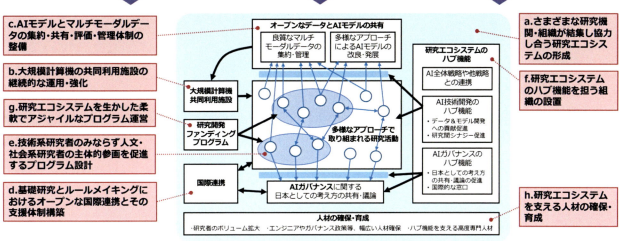

図1-4-2　　AI分野の研究開発形態の変化を踏まえた推進方策

作っていくことが必要であろう。国研等がその中核機関になり得る[33]。このような協力し合う体制を形成するには、インセンティブ設計が重要になる。特にcの項で述べるデータの共有については、自組織でコスト・労力をかけて集めたデータを共有することにためらいが生じがちであり、エコシステムへの貢献評価を含めたインセンティブをどのように設計するかが課題である。

b. 大規模計算機の共同利用施設の継続的な運用・強化

大規模計算機の共同利用施設は、研究エコシステムを構成する重要な要素である。最先端のAI基礎研究のための計算機環境は、大学等の一研究室で構築・運営できる規模ではなくなっている。日本では既に「ABCI」や「富岳」等が共同利用施設として稼働しているが、このような大規模計算機の共同利用施設の継続的な運用・強化が不可欠である。

c. AIモデルとマルチモーダルデータの集約・共有・評価・管理体制の整備

研究エコシステムで開発したAIモデルをオープンな形で共有するとともに、その学習に用いるマルチモーダルデータの集約・共有も進め、それらを適切かつ効率よく管理する体制を構築・整備する。基盤モデルや次世代AIモデルが扱うデータは、自然言語や画像等の単一メディアデータからマルチメディア・マルチモーダルデータ、実世界データ、科学研究の多様な計測・実験データ等へと広がっており、今後の競争領域になっていくものと考えられる。その際、その種の学習データが必要になるが、単一メディアデータに比べて、それを

---

[33] そのための政策手段として、英国ではアラン・チューリング研究所（The Alan Turing Institute）が、運営戦略「Turing 2.0」を掲げ、国内の大学等30数機関と提携したAI研究のハブの役割を担っていることが注目される。米国では国立AI研究所（National Artificial Intelligence Research Institute）のネットワーク形成が進められている。両事例とも、AIの技術開発のみならずAIガバナンスへの取り組みも見すえ、人文・社会科学を含む広範な分野の研究・実践を包含している。日本国内では、NII LLMCを中核機関としたLLM-jpプロジェクト、および、AIPネットワークラボや人工知能研究開発ネットワーク（AI Japan R&D Network）等の体制があるが、現状、技術開発のための連携が主である。内閣府のもとAI戦略会議とAI制度研究会の連携が進んでおり、それを中核として、AIの研究開発からAIガバナンスや国際的ルール作りの活動まで、包括的な研究エコシステムの形成が進むものと期待される。

集めることは容易でない。どのような環境・条件下でデータを集めるかを考えること自体が重要課題である。既に蓄積されている放送メディアや映像作品利用の可能性、オンラインへ移行が進んでいる各種業務の記録の仕方、ロボット等を導入して自動化が進む工場や実験室でのデータ取得方法、ゲームやメタバース等の仮想世界内の状況・行為のログデータの収集方法等、さまざまな切り口から検討し得る。

また、各組織で既に保有しているデータを共有・集約することで協力し合うだけでなく、それを解析して付与したアノテーションやメタデータも共有することで協力し合うデータエコシステム体制も望まれる。さらに、AIモデルの品質や学習データの品質を評価し改善していくための品質評価指標の確立や、その計測環境・ツールの整備も重要である。従来は設定したタスクの精度や達成率を評価指標とすることが多かったが、汎用性が高まったAIの評価はさまざまなタスクで評価する必要があり、どのようなタスク群を設定するのがよいかを考える必要がある。また、対話型生成AIの良さは、タスクの精度や達成率では捉えられない側面（利用する人間の心理面等）も関わってきそうである。

d. 基礎研究とルールメイキングにおけるオープンな国際連携とその支援体制構築

国内の大学・企業が連携した研究エコシステム体制を取りつつも、基礎研究やルールメイキングにおいては、オープンに国際連携を推進することも重要である。現状、基礎研究においても、ルールメイキングにおいても、十分な人材が確保できていない。特にルールメイキングを含むAIガバナンス関連の国際連携においては、限られた人材に負荷が集中している。活動の国際的な窓口という意味では、少数の人材がその役割を担うのが関係継続に効果的だが、その場合でも、その少数人材を支援する体制の構築が必要になる。

e. 技術系研究者のみならず人文・社会系研究者の主体的参画を促進するプログラム設計

既に述べてきているように、AI分野の研究開発には技術系研究者のみならず人文・社会系研究者の参画が不可欠である。その際、技術系研究者の手伝いや補助（例えば研究成果の最終フェーズでELSI面のチェックをする等）ではなく、技術系の研究プロジェクトの初期フェーズから主体的に参画できることや、人文・社会系研究者の研究者が中核となる研究プロジェクトを確保すること等、人文・社会系研究者の主体的参画や連携機会の拡大を促進するプログラム設計も大事になる。また、技術系研究者として、情報技術分野が中心的に考えられがちだが、AI技術はもはや情報技術分野に限らず、あらゆる技術分野に関わるものであるから、データやモデルの構築・共有を含め、幅広い分野の技術系研究者の主体的な貢献が求められる。

f. 研究エコシステムのハブ機能を担う組織の設置

エコシステムを有効に稼働させるためには、ハブ機能が鍵となる。ハブ機能には複数の役割がある。まず、AI技術開発のハブ機能としては、データやAIモデルの開発にさまざまな研究機関・組織の貢献を促すことや、それらの研究活動の間のシナジーを促進すること等が役割となる。また、AIガバナンスのハブ機能としては、日本としての考え方の共有やそのための議論を促進することや、国際的な議論の場に対して窓口となること等が役割となる。さらに、国のAI全体戦略や他の関連戦略・施策との連携を図ることも重要な役割となる。

g. 研究エコシステムを生かした柔軟でアジャイルなプログラム運営

AI分野は基礎研究においてもハイスピード化が進む中、最先端技術の状況に応じて、プロジェクトの目標を適宜見直すことも必要になるであろう。また、ファンディングプログラムの過度な縦割り運営が、共同利用施設やデータ集約・共有を進めるエコシステムの妨げにもなることも避けたい。柔軟でアジャイルなプログラム運営をどのように組み立てるかは課題である。

表1-4-1　　生成AIが社会にもたらす価値と政策のための着眼点

	生成AIによってもたらされつつある姿	望ましい未来	望ましくない未来
産業	・様々な産業において知的作業が効率化・自動化	・生産性が高まり、産業が成長・活性化	・活用できる人材不足で産業低迷 ・活用が広がっても収益を上げるのは海外企業
科学研究	・科学的発見の新しい道具となり、人間の限界を超えた可能性探索、研究開発のスループット加速	・科学的発見の新しい道具として活用先行、研究力・技術開発の国際競争力が向上	・活用に出遅れ、研究力・技術開発の国際競争力が低下 ・知見やデータが海外サーバに流出
個人生活	・個人の創造性や可能性を拡大する道具・アシスタントとして活用が進む	・誰も取り残さず社会参画促進 ・やりたいことに集中でき、皆が活躍できる機会拡大	・プライバシー、個人の行動情報を海外企業が掌握 ・活用差によって格差が拡大
社会の安全性	・犯罪や事故を未然回避 ・社会的意思決定のために幅広い情報を集約・活用	・よりよい社会的意思決定がなされて、社会の安定、安心安全が進む	・フェイク生成がサイバー攻撃手段化 ・真偽不明が招く社会混乱、法の揺らぎ
文化・思想	・基盤モデル運営の中に国の文化やノウハウが反映されていく	・日本の文化やノウハウを集積・発展、世界に発信	・海外企業にノウハウが集積 ・日本が他国の文化に染まる
実現を支える技術発展の方向性 ・AIモデルの扱うタスクの高度化 ・マルチモーダル化、実世界操作、分散協調 ・セキュア、高速化、エコ、小型・軽量化 等		**望ましくない未来を回避し、望ましい未来を実現する政策（のための着眼点）** ・強い基礎・基盤を生み出す研究開発、人材育成、データ構築・整備体制 ・活用を促進しながら、リスクを回避するプロアクティブなルール整備 ・海外巨大企業による独占・寡占ではない、日本のエコシステム作り	

h. 研究エコシステムを支える人材の確保・育成

　以上のような研究エコシステムに関わる取り組み全体を支える人材の確保・育成が不可欠である。まず研究人材のボリュームが足りていない。国内において情報系人材・AI人材を多く育成することが必要であるとともに、海外から優秀な人材が集まるような環境作りも必要である。国際的な研究人材争奪戦の中で競争力のある処遇や国内外での研究開発経験を含めて描けるキャリア展望等、研究者視点から見た検討も課題であろう。また、研究エコシステムにおいては、研究者だけでなく、エンジニアやガバナンス政策等も含めた幅広い人材確保が必要である。また、ハブ機能を支える人材には、戦略策定や先端技術に深い理解を持つ高度専門人材の確保が必要である。このような多様な人材を確保・維持する上で、それぞれにとってのキャリアプランを設計することも重要である。

（3）政策による価値創出

　また、より広い視点からの整理のため、表1-4-1を参考として載せた。この表では、生成AIが社会のさまざまな側面でどのような価値を提供するか、そこから考えられる「望ましい未来」と「望ましくない未来」を示した。そして、「望ましくない未来」を回避し、「望ましい未来」を実現するための政策上の着眼点として、強い基礎・基盤を生み出す研究開発、人材育成、データ構築・整備体制、活用を促進しながらリスクを回避するプロアクティブなルール整備、海外巨大企業による独占・寡占ではない日本のエコシステム作りを挙げた。本報告書では、特に、強い基礎・基盤を生み出す研究開発に着目し、研究開発動向の俯瞰に基づく取り組みの方向性を示した。

（4）人・AI共生社会に向けて

　これからのAIの発展を考える上で、AIの精度・性能を高める研究開発という観点だけでなく、人や社会との関係性やそれらの価値観との整合という観点が重要になってきている。つまり、どのような「人・AI共生社会」を目指すのかを考えて、AI技術を発展させていくことが大切である（関連する議論を【資料3-1】【資料3-2】のワークショップで行った）。

　図1-4-3に示すように、多様で多数のAIが社会にあふれ、かつ、AI同士やAIと人とが連携・協働して、さまざまな問題やタスクに取り組むような方向に向かいつつある。それによって、多様な人々と多様なAIが共生・

多様で多数のAIが社会にあふれる
（オープンソース生成AI、カスタムGPT等）

AIは単なる道具にとどまらず
一人一人のパーソナルエージェントに
（AIの自律性が向上、人とAIが協働して問題解決）

目的達成には複数AIが連携
（例えばAIサイエンティスト等）

ビジネス上の取引や交渉をAI同士で実行
（Gartnerによる「マシンカスタマー」の予測：
2028年までに150億個、2030年までに数兆ドル規模の収益源に）

期待： 多様な人々と多様なAIが共生・協働してさまざまな社会課題を解決し、社会システムを全体最適化し、社会の持続・安全性を確保することが可能に

懸念： 高度化したAI群によって引き起こされるAIリスクとして、例えば、人間疎外、暴走・フラッシュクラッシュ、AI談合、思考誘導・依存等

図1-4-3　人・AI共生社会に向けて

協働してさまざまな社会課題を解決し、社会システムを全体最適化し、社会の持続・安全性を確保することが可能になると期待される。その一方で、高度化したAI群によって引き起こされるAIリスク（例えば、人間疎外、暴走・フラッシュクラッシュ、AI談合、思考誘導・依存等）はさらに複雑化・深刻化するかもしれない。「人・AI共生社会」の期待をかなえ、懸念を回避し、在りたい社会の姿の実現を目指す研究開発が望まれる。

目指す社会の姿、「人・AI共生社会」の在りたい姿を描くために考えていくべき事項として、例えば、以下のようなものが挙げられる。

- AI技術の発展が人や社会にもたらす影響（正負両面）やリスク要因の推定
- リスク回避や社会受容のシナリオ作成
- 技術と制度の発展状況や社会・個人の価値観によって変化し得る中で望ましい関係の設計
- 望ましいAIの設計指針の導出　等

このような事項についての検討では、幅広い分野と多様な観点からの議論が不可欠である。

それが必要になる要因の一つとして、価値観の多層性がある。価値観は国・文化や個人個人によってさまざまだが、それをもう少し分解すると、ある程度は万人に共通とみなせるような倫理観、文化や宗教ごとに持たれている倫理観、科学に基づく判断基準・世界観、国・民族等によって異なる歴史認識、個人個人の嗜好・美意識等が、多層的に重なって形成されている。「AIが人に寄り添う」というのは一見望ましいことのように思えるが、寄り添う相手が何らか問題のある価値観を有する場合、多層的な価値観のどこまで寄り添うのが適切なのか等、多面的な議論が必要であろう。

もう一つの要因として、社会受容に際しての時系列的なシナリオ設計という考え方も重要である。例えば、負の影響が少なく正の影響を享受しやすいようなユースケースを考えることができるならば、まずそのようなユースケースに限定して新技術を社会実装することで、社会受容が得られやすくなる。いったん正の影響（新技術の利便性等）が享受されると、人間・社会の側の価値観や受け止め方が変化し、その新技術に対する不安感が減少したり、リスク対策に新たな切り口が生まれたりし得る。

また、改めてAIの研究開発の目的・動機に立ち返ると、大きく分けて二つの立場がある。一つは知能を解明したいという科学的な動機に基づくものである。これには、脳科学のように計測・分析によって脳の情報処理機構を明らかにしていこうというアプローチがある一方、実際にシステムを作ってみることで、知能に近づこうとする構成論的なアプローチもある。もう一つは、知的な処理を自動化することで、世の中に役立つものを提供した

いという工学的な動機に基づくものである。空を飛ぶのに鳥と同様の仕組みを作るのではなく、飛行機を作るというような立場になる。

　AI研究開発の黎明期には、科学的な動機から、知能とは何か、知能の働きをコンピューター上で実現できるのか、といった哲学的な議論が活発に行われたが、第3次AIブーム以降、AIを用いたさまざまなアプリケーションが実用化されるにつれて、工学的な動機からの取り組みが活発になっている。ただ、AI技術が急速に発展し、人間の能力に近づき、ある面では超えるということが起こり始めたことで、AIと人間・社会との関係はどうあるべきか、（人間およびAIにおける）知能とは何か、といった哲学的な問いが再び沸き上がりつつある。各学問分野が細分化の傾向にある中で、哲学は諸学問に通じ、それらを広く俯瞰する視座を与え得る。

　合わせて、哲学者や最先端AI研究者らの間で、AGI（Artificial General Intelligence）やASI（Artificial Super Intelligence）の可能性を含め、急速なAI技術の発展が招く人類滅亡のリスク（存在論的リスク）が議論されていることにも触れておきたい[1), 2)]。このような存在論的リスクへの対応を重視する立場は長期主義（後の世代の人が幸せに生きられるように、現代に生きる人たちは後世への影響を考えようという立場）につながる。このリスクに関して、欧米では以前から活発に論じられているのに対して、日本では議論が相対的に少ない状況だが、AI技術の急速な発展の中で重要な論点と考えておくべきであろう。危機的な状況に至るシナリオやその分岐条件も論じられているが[3)]、確実な回避策が見いだされているわけではない。汎用性の高い生成AIが登場したことによって問題意識が高まっており、欧米の長期主義を参照しつつも独自の検討を行う必要性の認識から、日本でも一般社団法人AIアライメントネットワークALIGN（AI Alignment Network）[34]が2023年に発足したことも注目される。

　日本政府は、第5期科学技術基本計画および第6期科学技術・イノベーション基本計画において、Society 5.0をビジョンとして掲げて取り組んできた。その間、AIが著しい発展を示した今日、Society 5.0を人やAIの観点から捉え直して再定義することが、「人・AI共生社会」の描き方の一つかもしれない。ある意味、人とAIの親和性が高いといわれる日本らしい将来社会像ともいえるであろう。

参考文献

1） Nick Bostrom, *Superintelligence: Paths, Dangers, Strategies* (Oxford University Press, 2014). （邦訳：倉骨彰訳,『スーパーインテリジェンス：超絶AIと人類の命運』, 日本経済新聞出版社, 2017年）
2） 山川宏・他,「レクチャーシリーズ：シンギュラリティとAI」,『人工知能』（人工知能学会誌）32巻4号（2017年7月）〜33巻6号（2018年11月）. https://doi.org/10.11517/jjsai.32.4_590
3） 高橋恒一,「将来の機械知性に関するシナリオと分岐点」,『人工知能』（人工知能学会誌）33巻6号（2018年11月）, pp. 867-872. https://doi.org/10.11517/jjsai.33.6_86

---

[34] https://www.aialign.net/

2 注目研究開発領域の俯瞰詳細

　第2章では、注目する研究開発領域の研究開発動向を詳細に俯瞰する。この内容は「研究開発の俯瞰報告書：システム・情報科学技術分野（2024年）」（本報告書のエグゼクティブサマリーの直後に示した公開資料一覧中の【資料4-1】）から転載しつつ、より最新の動向にアップデートして記載した。

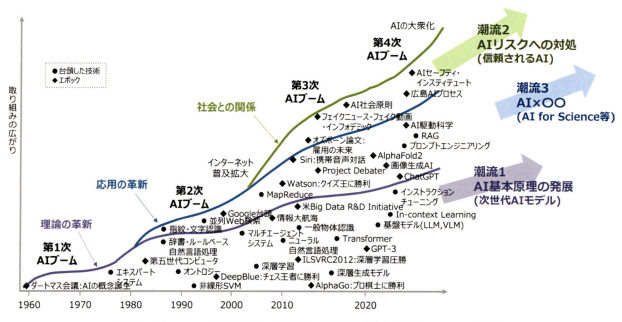

図2-1-1　人工知能（AI）技術の時系列俯瞰図［図1-1-1の再掲］

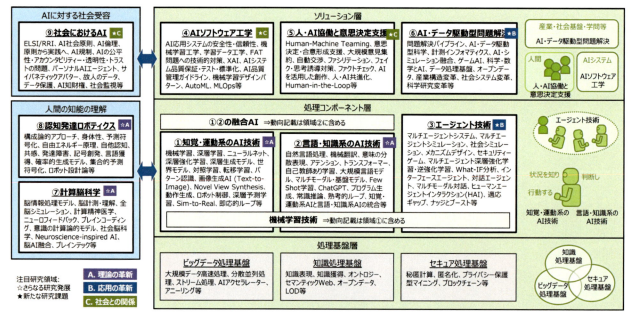

図2-1-2　AI技術の構造俯瞰図［図1-3-1の再掲］

2.1 人工知能・ビッグデータの研究開発領域

本節は【資料4-1】における人工知能・ビッグデータ区分の九つの研究開発領域を掲載した。1.3節の内容にも対応している。冒頭に二つの俯瞰図を再掲する。

2.1.1 知覚・運動系のAI技術

（1）研究開発領域の定義

知能を知覚・運動系と言語・知識系という2面で捉え、ここでは前者を俯瞰する（後者については次項2.1.2で俯瞰する）。

知覚系は実世界からの入力、運動系は実世界への出力として、知能の実世界接点の役割を担う。研究開発領域として、知覚系は画像・映像等のパターン認識、運動系はロボット等の動作生成が中心的に取り組まれてきたが、近年、機械学習（Machine Learning）、特に深層学習（Deep Learning）の発展によって、知覚系・運動系それぞれの精度・性能が向上したことに加えて、知覚系と運動系を統一的に扱う取り組みが進展しつつある。また、状況を知り、判断し、行動するという一連のプロセスは、知能において、知覚系と言語・知識系と運動系の連携によって熟考的に実行されることもあれば（ここでは熟考的ループと呼ぶ）、知覚系と運動系の

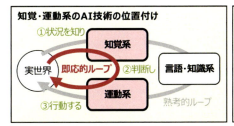

図2-1-3　領域俯瞰：知覚・運動系のAI技術

間で即応的に実行されることもある（ここでは即応的ループと呼ぶ）[1]。

本項では、知覚・運動系の研究開発動向として、機械学習技術をベースとしたパターン認識と動作生成、および、それらを統合した即応的ループを中心に取り上げる。なお、機械学習技術は、人工知能（Artificial Intelligence：AI）の研究分野全般にわたって用いられる共通技術となっているが、その主要な研究開発動向については、本項に記載する。

（2）キーワード

機械学習、画像認識、映像認識、パターン認識、一般物体認識、物体検出、顔認証、行動認識、深層学習、ニューラルネットワーク、敵対的生成ネットワーク、拡散モデル、動作生成、ロボット制御、即応的知能、二重過程理論、基盤モデル、世界モデル、ロボット基盤モデル

（3）研究開発領域の概要
［本領域の意義］

機械学習は、経験からの学習により自動で改善するコンピューターアルゴリズム[2]もしくはその研究領域である。事象や対象物についての観測データを集めて機械学習にかけることで、そこから（人間がルールを書く必要なく）データの背後に潜む規則性を自動的に見いだし、判別・分類、予測、異常検知等を行うことを可能にする。ビッグデータの時代と言われる今日、さまざまな事象や対象物について大量の観測データが得られるようになり、機械学習は幅広い分野・目的に利用されるようになった。例えば、画像認識、音声認識、医療診断支援、文書分類、スパムメール検出、広告配信、商品推薦、囲碁・将棋等のゲームソフト、商品・電力等の需要予測、与信、不正行為の検知、設備・部品の劣化診断、ロボット制御、車の自動運転等、多数の応用例が挙げられる。

このように機械学習はさまざまな応用が可能であるが、ここでは特に機械学習を用いたパターン認識と動作生成について述べる。

パターン認識は、カメラやビデオレコーダー等で撮影された画像・映像・音声を、機械学習によって判別・分類して、その画像・映像・音声の内容、つまり、そこに写っているものや話されていることが何であるか、その位置や状態、あるいはシーン全体の状況を認識する技術である。人間の感覚器官（目・耳等）による知覚の代替となり、人間が行っている目視作業の自動化といった単なる省力化としての価値だけでなく、ヒューマンエラーを低減する判断・診断の支援や、人間では処理しきれないほど大量の画像・映像データの高速処理等、これまで得られなかった新たな価値も提供できる。具体的な応用先は、郵便区分機等での文字認識、マンモグラフィー等の医療画像診断支援、監視カメラ映像からの不審者・不審行動や異常状況の検知、インターネット上の画像・動画像検索、カメラ画像のシーン分類、半導体ウェハーやフォトマスク等の欠陥検査、食品の異物検査、製品の品質検査、衛星画像等のリモートセンシング、出入国管理等での顔や指紋を用いた個人認証、自動車の安全運転支援や自動運転、ロボットビジョン、スポーツ画像解析、動作認識によるヒューマンインターフェースデバイス等へと広がっている。

動作生成は、実世界に作用する機器・デバイスに対して、どのような動作をどういう順序で実行させるかを計画し、その実行指示を行う技術である。従来は角度・距離等も含む詳細な動作パラメーターや動作順序を全て

---

[1] 人間の思考は、直感的・無意識的・非言語的・習慣的な「速い思考」のシステム1と、論理的・系列的・意識的・言語的・推論計画的な「遅い思考」のシステム2とで構成されるという「二重過程理論」（Dual Process Theory）がある。社会心理学・認知心理学等の心理学分野で提案されていたが、ノーベル経済学賞を受賞したDaniel Kahnemanの著書「Thinking, Fast and Slow」[1)]でよく知られるようになった。本稿ではシステム1を「即応的ループ」、システム2を「熟考的ループ」と呼んでいる。

[2] 「コンピュータープログラムがタスクのクラスTと性能指標Pに関し経験Eから学習するとは、T内のタスクのPで測った性能が経験Eにより改善されること」という定義[2)]がよく知られている。

人間が事前にプログラミングする必要があった。しかし今日、機械学習を用いた動作生成によって、ロボット等の動作主体や環境の状態・変化に応じた臨機応変な動作生成が可能になり、さまざまな運動系タスクを容易に自動化できるようになりつつある。応用分野は、産業用から家庭用までロボット制御への適用はもちろん、自動走行車やドローン等の移動体・飛行体の運転制御への適用も試みられている。また、このような応用では、カメラ映像から状況・状態を認識し、その状況・状態に応じた動作を計画・実行するという、パターン認識と動作生成を組み合わせた形態（前述の即応的ループ）が取られることも多い。例えば、カメラ映像から対象物の形状・位置・向き等を認識し、それを把持するためにロボットアームの動作（アームをどう移動し、対象物のどこをつかむか）を決定したり、巨大な対象物をカメラ付きドローンで観測・検査する際に、対象物の一部を観測・検査した結果をもとに、次に観測すべき箇所を自律的に決定したりといったことが可能になる。

　以上のように、機械学習をベースとしたパターン認識と動作生成、および、それらを組み合わせた即応的ループは、人間の知覚・運動系のさまざまなタスクを代行できるようになりつつあり、幅広い産業応用にもつながっている。

[研究開発の動向]
❶機械学習の発展[3]

　機械学習の基本的な処理構成は、訓練ステップ（学習ステップとも呼ばれる）と判定ステップ（推論ステップや予測ステップとも呼ばれる）に分かれる。訓練ステップは、訓練データ（学習データとも呼ばれる）を与えて、モデルを作るステップである。ここで作られたモデルは、訓練データの統計的傾向・規則性を表したものになる。判定ステップは、新たに入力されるデータに対して、訓練済みモデル（学習済みモデルとも呼ばれる）に基づき、分類・回帰・予測・異常検知等の判定結果を出すステップである。訓練データに判定結果が付与されているケースは教師あり学習（Supervised Learning）、付与されていないケースは教師なし学習（Unsupervised Learning）と呼ばれる。なお、教師あり学習・教師なし学習とは異なるタイプとして強化学習（Reinforcement Learning）があるが、これについては後述する。

　機械学習の研究では、訓練ステップのアルゴリズム（学習アルゴリズム）、つまり、訓練データからそこに潜む統計的傾向・規則性をどのようにして見いだすかが、一つの重要なポイントになる。モデルを訓練データにフィットさせ過ぎると、判定ステップで与えられるデータに対して必ずしも高い精度が得られないという問題（過学習と呼ばれる）も生じるため、汎化が適切に行われるような仕掛けが必要である。学習アルゴリズムの研究では、統計解析の手法とともに、人間の脳神経回路にヒントを得たニューラルネットワークを用いた手法が注目されるようになった。

　このような研究は、古くは1958年にパーセプトロンと呼ばれる単純なニューラルネットワークモデルが提案され、任意の線形分離関数を学習できることから1960年代に活発に研究された。しかし、単純なパーセプトロンでは排他的論理和のような関数を学習できない問題が指摘され、1970年代には関連する研究は下火になった。この問題はニューラルネットワークに階層構造を持たせれば解決できるのだが、その学習を可能にする誤差逆伝播法（Backpropagation）が提案されたのは1986年であった。これをきっかけにニューラルネットワーク研究が再び活発化し、画像認識、音声認識、ロボット制御等、さまざまな問題に適用されるようになったが、一般に大域的な最適解を求めることができないという弱点があった。これに対して、1992年に提案されたカーネル学習器SVM（Support Vector Machine）は、階層性を持たず、容易に大域的な最適解を求めることができることから注目され、その利用が広がった。

　ここからさらに衝撃的な精度向上をもたらしたのが、Geoffrey Hintonらが発表した深層学習（Deep

---

[3]　機械学習・深層学習の歴史的研究成果についての個々の参考文献は省略する（2021年版の俯瞰報告書[3]では参考文献を挙げている）。各成果・方式の詳細は、機械学習[2]、深層学習[4],[5],[6]、画像認識[7]等の教科書的文献が分かりやすい。

Learning）である。これは、層の数が多い、すなわち、深い層のニューラルネットワークを学習させる手法であり、特徴抽出の自動化も可能にした。その前身として、1979年に福島邦彦が発表したネオコグニトロンがある。畳み込み層とプーリング層の組を複数積み重ねることで、パターンの局所変動に頑健になることが示されていた。1989年にYann LeCunが発表した畳み込みニューラルネットワークCNN（Convolutional Neural Network）では、それを誤差逆伝播法で最適化している。しかし、ネットワーク構造が深くなるほど伝播される誤差が小さくなり、学習が進まなくなる問題があった。この問題は、誤差が深い層まで伝播するように活性化関数や正則化を工夫することで改善された。その結果、深層学習は、2012年の画像認識コンペティションILSVRC（ImageNet Large Scale Visual Recognition Challenge）で衝撃的な精度向上を示して大きく注目され、第3次AIブームを牽引する技術となった。「深層学習の父たち」と呼ばれるGeoffrey Hinton、Yann LeCun、Yoshua Bengioは、2018年度ACM（Association for Computing Machinery）チューリング賞を受賞した。Geoffrey Hintonは「人工ニューラルネットワークによる機械学習を可能にする基礎的な発見と発明」の業績によって、John Hopfieldとともに2024年ノーベル物理学賞を受賞した。

　その後も深層学習の改良・拡張が活発に行われている。CNNの多層化を大きく進めたのは、入力データから出力への変換を学習するのではなく残差を学習するResNet（Residual Network）である。ResNetは、迂回路を含むネットワーク構造を持ち、階層を深くしても効率よく学習が行える。また、時間的構造の表現を扱いやすい回帰型の構造を持つニューラルネットワークRNN（Recurrent Neural Network）が考案された。RNNは過去の入力の影響を受ける構造を持つが、長期的影響と短期的影響を区別しないのに対して、長期の依存関係をモデルに取り込んだLSTM（Long Short-Term Memory）ネットワークも考案された。RNNやLSTMは、自然言語や時系列データ等の解析に用いられたが、その後、RNNやCNNを使わず、アテンション機構のみを用いたトランスフォーマー（Transformer）と呼ばれる多層ニューラルネットワーク（アテンション機構やトランスフォーマーの詳細は「2.1.2言語・知識系のAI技術」を参照）が自然言語処理の主流になり、次いで画像処理・パターン処理にもトランスフォーマーが用いられるようになった。さらに、多層ニューラルネットワークを用いてデータの生成過程をモデル化する深層生成モデルや、強化学習に深層学習を組み合わせた深層強化学習といった拡張も行われ、これらの研究開発・応用が特に活発に取り組まれるようになった。

❷パターン認識の研究開発動向

　パターン認識の基本的な処理は、観測、前処理、特徴抽出、識別から成る[8]。観測は、カメラ等を通して、実世界の事象を処理可能なデータに変換する処理である。実世界は3次元立体であるが、カメラで撮影されるデータは2次元平面のため、被写体の姿勢変動や照明変動の影響で被写体の見えが大きく変化する。センサーの併用等、隠れ（オクルージョン）の発生への対処が課題として検討されている。前処理は、以降の処理にかかる演算量を軽減するための処理であり、具体的にはデータの正規化やノイズの除去が行われる。不明瞭な領域の鮮鋭化、霧等を除去するデヘイズ処理、画像の解像度を上げる超解像処理等の画像処理技術も開発されている。特徴抽出は、前処理後の画像・映像から識別に有効な特徴を抽出する処理である。局所フィルターを用いたエッジやコーナー等の画像特徴抽出、識別に有効な特徴の組み合わせを選ぶ特徴選択、識別に有効な特徴への特徴変換等が行われる。識別は、得られた多数の特徴値を多次元特徴ベクトルとみなし、あらかじめ設定したクラス（あるいはカテゴリー）に分類する処理である。クラスは目的に応じて人間が設定するものであり、例えば、人物と車両を識別する場合は、それぞれが一つのクラスとして設定され、顔認証の場合は、人物一人一人を識別する必要があるため、それぞれが一つのクラスとして設定される。

　観測と前処理は、専門家がこれまでの経験に基づき、目的に応じて設計している。識別は、テンプレートマッチングと呼ばれる単純な手法から機械学習で自動設計する手法に移行した。特徴抽出は、従来、専門家

が経験に基づいて設計するのが一般的であったが、深層学習によって、特徴抽出と識別を合わせて自動設計できるようになった。

このように深層学習の導入が進むことになったきっかけは、2012年のILSVRCである。ILSVRCは大規模画像データセットImageNetを用いた画像認識コンペティションである[4]。前述のように、Hintonらは一般物体認識タスクで1位を獲得した。しかも、従来法がエラー率26%だったのに対してエラー率17%と、深層学習の適用によって一気に約10%もの飛躍的な精度向上を達成し、画像認識・機械学習の研究者らに衝撃を与えた。その後、深層学習はさらに改良と多層化が進み、2015年には人間レベルの精度（5.1%）を超えて、エラー率3.57%となった。2016年に2.99%、2017年に2.25%とさらに改善されつつも、精度はほぼ飽和状態に至った。なお、2015年以降は中国勢が1位を取っている。

一般物体認識は画像に映っている物体を識別するタスクであるが、物体の識別だけでなく、物体の位置も正確に検知する物体検出タスクへの取り組みも進んだ。2014年に、物体の候補領域を抽出する処理とCNNを統合したRegional CNN（R-CNN）が提案されたのをきっかけに、2015年にFast R-CNN、Faster R-CNNと高速化が進んだ。2016年には、画像をグリッドに区切った領域をもとに物体を抽出するSDD（Single Shot MultiBox Detector）、YOLO（You Only Look Once）が提案され、さらなる高速化と高精度化が進んでいる。これまでは十数種類の物体の検出・識別するモデルが多かったのに対し、2017年に提案されたYOLO 9000は、9000種類の物体の検出・識別が可能である。さらに、画像だけでなく映像へも対象を広げ、事前学習済みの物体だけでなく任意の物体の検出を可能にする技術へと発展した。2023年4月にMetaから公開されたSegment Anything Model（SAM）[9]は、物体領域アノテーション付きの10億枚以上の画像で事前学習されており、追加学習なしに、画像や映像から任意の物体の領域を検出することができる。物体の中心点や境界線あるいは自由テキスト等をプロンプトとして与えることで、検出対象の物体を指定することができる。

深層学習が注目される以前に実用化されていた文字認識・音声認識・顔認証等のパターン認識技術も、深層学習を用いた方式に置き換わった。併せて、「❶機械学習の発展」で述べたように、深層学習の方式はCNN型からトランスフォーマー型への移行が進んだ。また、より詳細に人物を捉えるパターン認識技術として、人の頭・肩・腰・足・膝・肘といったパーツを検出し、それらの位置関係から姿勢を推定する技術（OpenPose[10]）、顔の表情や声の調子から人の感情を推定する技術、離れた場所のカメラ映像から人の視線の向きを推定する技術（遠隔視線推定技術）等も開発されている。

さらに、トランスフォーマー型への移行につれて、認識・識別といった処理から画像や映像の生成処理への適用が広がり、2022年以降、「生成AI」（Generative AI）が機械学習・パターン処理の大きなトレンドとなる。これに関わる詳しい動向は「（4）注目動向」にて述べる。

❸動作生成の研究開発動向

産業用ロボット等で実用化されている動作生成技術は、伝統的なモデルベースの演繹的なアプローチが主流であるが、昨今活発に研究開発が進められているのは、深層学習を用いた帰納的なアプローチである[11]。従来の演繹的なアプローチでは、先に環境のセンシングと、環境や操作対象物のモデリングが行われ、環境、操作対象物、操作主体（ロボット）に関する精緻な物理モデルが正確に得られていることを前提に、最適な動作軌道を探索する。しかし、精緻なモデルを得るためには、事前に人手で記述しておかねばならない部分が多く、動作中に環境自体も変化し得ることから、適用できるケースは限定的にならざるを得ない。この改良として、モデル自身の曖昧性を認めた上で、センサーから取得したデータをもとに統計的な修正をかける確率

4 　ImageNetは、スタンフォード大学のFei-Fei Liらによって構築され、1400万枚もの画像データが集められている。ILSVRCでは、タスクによって、この部分データが用いられた。

的な手法も提案された。深層学習を含む機械学習の導入方法も当初は、環境や操作対象のセンシングとモデリングの後に、動作軌道を探索・生成するというシーケンシャルな流れの中で、一部のステップに機械学習を適用するというものであった。しかし、深層学習を用いることで新たな可能性が生み出されたのは、環境センシングから動作生成までをEnd-to-Endで学習するという処理形態である。すなわち、途中ステップをどのように構成・モデル化するか、どういう情報に着目して動作を生成するか、といった設計を人間が行う必要なく（モデルフリーで）、環境と操作対象物の状態に応じて操作主体が実行すべき動作の生成（「（1）研究開発領域の定義」で述べた即応的ループに相当する）が、End-to-End学習によって最適化される。

このようなEnd-to-End学習による動作生成で活用が広がっているのが、深層学習と強化学習を組み合わせた深層強化学習（Deep Reinforcement Learning）である。強化学習では、学習主体が、ある状態で、ある行動をしたとき、その結果に応じた報酬が与えられる。行動と報酬の受け取りを試行錯誤的に重ねることを通して、より多くの報酬が得られるように行動を決定する意思決定方策を学習する。この強化学習では、ある状態で、ある行動を取ることの良さを表す評価関数を求める必要があるが、この評価関数や方策を深層学習によって学習するのが深層強化学習である。

この深層強化学習によるエポックメイキングな成果として、Google DeepMindのAlphaGo（アルファ碁）が挙げられる。AlphaGoは、モンテカルロ木探索に組み合わせて、膨大なプロの棋譜を訓練データとした教師あり学習と、膨大な回数の自己対戦による深層強化学習を用いて訓練され[5]、2016年～2017年に世界トップランクプロに圧勝し、大きな話題になった。AlphaGoでは試行錯誤を通してゲーム空間における行動（碁の打ち手）を学習・生成したわけだが、このような方法は、実世界における行動（ロボット等の動作）の学習・生成にも応用できる[12]。既に、ばら積み部品のピッキング作業、衣類を畳む作業、車の運転操作等、さまざまな適用事例がある[11],[13],[14],[15]。例えば、産業用ロボットによる部品ピッキングタスクを考えると、部品の種類と置き方、照明状態等が固定されていれば、従来の演繹的なアプローチでも、部品のどこをどのように把持すればよいかを事前にプログラミングできる。しかし、部品がばら積みされ、照明状態にも変化があり、多種類の部品にも対応しなければならないならば、想定されるケースがあまりに複雑になり、演繹的なプログラミングはもはや困難である。深層強化学習を用いれば、さまざまなばら積み状態に対して、さまざまなバリエーションで把持操作を試行錯誤し、その成功・失敗から、状態に適した把持方法を学習していくことができる。あるいは、手本となる行動・動作を例示し、それをもとに報酬や方策を学習する逆強化学習・模倣学習も用いられる[11],[12]。

しかし、AlphaGoで行われたような膨大な回数の試行錯誤を、実際にロボットに行わせることは困難である。その対策として、コンピューター上でのシミュレーションによる深層強化学習の結果をロボットの実機に適用すること（Sim-to-Real）[16]が行われているが、実機での動作・作用とシミュレーション上での結果が完全一致するとは限らないために、ドメイン適応やドメイン一般化を含め、何らかの調整が必要になるという課題が生じている。

一方で、自然言語処理や画像処理ではトランスフォーマー型の大規模モデルが成果を挙げていることから、動作生成・ロボット制御でも同様のアプローチが検討され始めた。自然言語による曖昧な要求に対して動作・行動を生成するPaLM-SayCanや、ロボット実機での大規模学習によって、さまざまな動作・行動を学習したRT-1、および、その発展としてのRT-2やRT-X等、その先駆的な研究事例が注目されている。これらについては［注目すべき国内外プロジェクト］❷❸で取り上げる。

5　その後、棋譜のような訓練データを必要とせずに自己対戦だけで学習するAlphaZeroや、ゲームのルールが不明でもルール自体を学習するMuZeroへと発展した。なお、ゲームAIの発展については「2.1.6 AI・データ駆動型問題解決」に記載している。

❹学会・産業界の動向

各研究分野のトップランク国際会議として、機械学習分野はNeurIPS（Neural Information Processing Systems）やICML（International Conference on Machine Learning）、パターン認識分野はCVPR（Computer Vision and Pattern Recognition）やICCV（International Conference of Computer Vision）、動作生成を含むロボティクス分野はIROS（International Conference on Intelligent Robots and Systems）やICRA（International Conference on Robotics and Automation）が挙げられる。また、これらの研究分野は、AI分野全般のAAAI（Association for the Advancement of Artificial Intelligence）やIJCAI（International Joint Conferences on Artificial Intelligence）においてもホットな研究テーマとなっている。

機械学習の研究開発・ビジネスは、米国が規模・質ともに世界をリードしている。AI分野の国家戦略・投資では、歴史的に米国国防高等研究計画局（Defense Advanced Research Projects Agency：DARPA）が中心的な役割を果たしてきたことに加え、Google（DeepMindも傘下に含む）、OpenAI、Apple、Meta（旧Facebook）、Amazon等のビッグテック企業が活発な取り組みを進めている。

その米国を中国が急激に追い上げ、上述の主要国際会議は米中2強という状況になり、AAAIやIJCAIでは採択論文数で中国が米国を上回った。中国政府は2017年7月に次世代AI発展計画を発表し、2030年までに理論・技術・応用の全ての分野で世界トップ水準に引き上げ、中国のAI産業を170兆円に成長させるという目標を設定した。これに向けて、政府主導で重点AI分野を定め、医療分野はTencent（騰訊）、スマートシティーではAlibaba（阿里巴巴）、自動運転はBaidu（百度）、音声認識はiFLYTEK（科大訊飛）、画像認識はSenseTime（商湯科技）をリード企業として選定し、政府がAI産業を後押ししている。

画像認識コンペティションILSVRCが深層学習の性能向上に大きく貢献したことは前述の通りだが、2017年に終了する頃には中国勢が躍進し、技術改良・応用における中国の強さを示した。機械学習の応用やデータ分析の分野では、ILSVRCに限らず、共通のデータセットを用いたコンペティションが多数開催されており、技術の性能向上と普及につながっている。また、企業等がデータや問題をネット上で公開して、多数の人々に解かせる場（世界的には米国のKaggle[6]、国内ではSignateがそのプラットフォームとしてよく知られている）も生まれている。日本勢は、米国国立標準技術研究所（National Institute of Standards and Technology：NIST）の顔認証ベンチマークテストをはじめ画像認識関連コンペティションで1位を獲得したり、層の厚みには課題があるもののKaggleで活躍する産業界の人材もいたりと、一定の存在感を示してきた。

日本政府は、2016年4月に人工知能技術戦略会議を設立し、2019年6月に統合イノベーション戦略推進会議決定による「AI戦略2019」を発表し、「AI戦略2021」「AI戦略2022」とアップデートを加えているが、その中で、文部科学省による理化学研究所革新知能統合研究センター（AIP）、経済産業省による産業技術総合研究所人工知能研究センター（AIRC）、総務省による情報通信研究機構（NICT）の三つを中核的なAI研究機関と位置付けてきた。前述の国際会議の採択論文数において、圧倒的な米中2強の後、日本は欧州各国とともに3位から10位の一群に含まれているが、上記中核研究機関を中心に徐々に論文数を伸ばしつつある。国内産業界で特に注目されるのはPreferred Networksである[13]。深層学習・深層強化学習を中心に、生成AI・基盤モデルやソリューション・製品開発だけでなく、AIチップ・計算基盤まで垂直統合で取り組んでいる。自社開発の深層学習用スーパーコンピューターMN-3は、2020年以降のスーパーコンピューター省電力性能ランキングGreen500で世界1位を3回獲得している。

6　Kaggle運営会社は、2017年3月にGoogleに買収された。

（4）注目動向
[新展開・技術トピックス]
❶画像系のトランスフォーマーと自己教師あり学習

[研究開発の動向] ❶❷で述べたように、画像認識等のパターン認識に用いられる深層学習のアーキテクチャーは、従来主流だったCNN型からトランスフォーマー型へと移行が進んでいる。それまでトランスフォーマーで扱っていた自然言語処理では単語（分散表現ベクトル）の系列を入力としたので、2020年に発表されたビジョントランスフォーマー（Vision Transformer：ViT）[17]では、画像を重なり合わないパッチに分割し、各パッチに位置符号を加えたものをベクトル化して入力系列とすることで、同様に処理できるようにした。ViTでは、それまでCNNで達成されていたスコアを上回り、かつ、計算コストも1桁少なくて済んだことが示され、その後、ViTのさまざまな派生方式が開発された[18]。

また、トランスフォーマーを含めて深層学習で高い精度を得るためには大量の教師データ（教師あり学習のためのラベル付き訓練データ）が必要だが、それを大量に準備することは容易ではない。そこで、半教師あり学習（Semi-Supervised Learning）、能動学習（Active Learning）、転移学習（Transfer Learning）、ドメイン適応（Domain Adaptation）、データ合成（シミュレーション等を利用）やデータ拡張（Data Augmentation）等が試みられてきたが、特に大きな効果を示し、活用が広がっているのが、自己教師あり学習（Self-Supervised Learning）である。自然言語処理分野では、テキストの一部にマスクをかけて（隠して）、それ以外の部分からマスク部分を推測するという穴埋めタスクを設定することで、ラベル付けなしに教師あり学習を可能にする手法が、BERTで用いられ、それ以降のトランスフォーマー型モデルの大規模化を促進した。

画像系のトランスフォーマーで用いられている自己教師あり学習の手法は、主に対照学習（Contrastive Learning）[19]とMAE（Masked Autoencoder）[20]である。対照学習では、画像データに各種変換をかけることで、訓練データ量を水増し（Data Augmentation）する。そして、同じ画像に異なる変換をした画像同士を一致させる特徴量を最大化しつつ、違う画像に異なる変換をした画像同士を一致させる特徴量を最小化するように訓練を行う。これによって、教師あり学習と遜色ない認識精度が得られると報告されている。一方、MAEは、自然言語の場合と同様に、画像においてもマスクをかけて、その部分を推定する穴埋めタスクの学習を行う。

❷深層生成モデルと画像生成AI（Text-to-Image）

機械学習でクラス分類を解くための手法には識別モデルと生成モデルがある。識別モデルはデータの属するクラスを同定するが、そのデータがどのように生成されたかは考えない。一方、生成モデルはデータがどのように生成されたか、その過程までモデル化する。深層学習に関して、前述のCNN等は識別モデルであるが、生成モデルにおいても著しい進展があった。深層生成モデル[21]（深層学習の生成モデル）の主なものとして、GAN（Generative Adversarial Networks：敵対的生成ネットワーク）[22]、VAE（Variational Autoencoder：変分自己符号化器）[23]、フローベースモデル（Flow-Based Generative Model）[24]、拡散モデル（Diffusion Model）[25],[65],[67]がある。

GANは、2014年にIan J. Goodfellowによって発明され、従来の生成モデルではできなかった高精細な画像を生成できることから、大いに注目された。GANは、生成器Gと識別器Dから構成され、Dは訓練データとGが生成したデータを識別するように訓練され、GはDが間違えるように訓練される。GANは、敵対的なコスト関数を最適化するため、学習の安定性が課題とされている。性能改良・機能追加や応用開発が進み、GANのさまざまなバリエーションが生まれている[21]。

VAEは、自己符号化器（Autoencoder）と呼ばれるニューラルネットワークを用いた深層生成モデルである。

自己符号化器は、入力層に入ったデータが隠れ層でいったん変換された後、出力層で入力データが復元されるように構成したニューラルネットワークである。VAEは、その隠れ層にある潜在変数を操作することで、訓練データと類似しつつも異なるデータを生成する。当初はGANほど高精細な画像は生成できなかったが、さまざまな改良が加えられ、十分高精細な画像が生成できるようになってきている。

フローベースモデルは、正規化フローという手法を用いて、確率分布を明示的にモデル化することによって、複雑な分布に基づいた新しいサンプルを生成できるようにしたものである。

拡散モデルは、元データに少しずつノイズを加えていって最後には完全なノイズになるというプロセスが考えられるとき、その逆プロセスをモデル化して、データ生成に用いる。学習に要する計算コストが比較的大きくなるが、学習が安定し、生成結果の品質が高いことから注目が高まり、画像生成を中心に活用が広がっている。

深層生成モデルを用いることで、架空の人物顔を生成したり、ゴッホ風やレンブラント風等指定した画風に絵を変換したり、幻想的な絵や抽象画風の絵を生成したり、ラフスケッチを写実的な絵に変換したり、自動着色したりと、さまざまなアプリケーションが開発された。さらに、2022年に、テキストから画像を生成する画像生成AI（Text-to-Image）アプリケーションが大きな話題になっている。簡単な文を与えるだけで、まるでプロが描いたようなテイストの画像が生成される。特にインターネット上で使える形でMidjourneyやStable Diffusionといったサービスが提供され、その利用者が急増し、派生サービスも拡大した。

Text-to-Image生成が注目されるきっかけとなったのは、OpenAIから2021年1月に発表されたDALL-E[26]である。2022年4月には改良されたDALL-E2[27]が発表された。ここでは、テキストと画像の類似度を求めるモデルCLIPと、画像を生成する深層生成モデル（DALL-EではVAE系のVQ-VAE、DALL-E2では拡散モデルが使われている）を組み合わせて、Text-to-Image生成を実現している。CLIPは、大量の画像とキャプションテキストのペアをもとに、トランスフォーマーと対照学習によって学習して作られた。また、Googleは2022年5月にImagen[28]、6月にParti（Pathways Autoregressive Text-to-Image model）[29]、2023年1月にMuse[30]という異なる方式で2種類のText-to-Image生成を発表した。Imagenでは拡散モデル、Partiでは自己回帰モデル（Autoregressive Model）が画像生成に用いられている。Museの方式はそれらと異なり、事前学習された大規模言語モデルから得られたベクトルを用いて、離散トークン空間でマスク学習を行うことで、高速かつ画像生成をコントロールしやすくなったということである。なお、高品質な画像生成を可能にするため、大量データから大規模モデルを学習することが必要になっており、モデルのパラメーター規模は、DALL-Eが120億個、DALL-E2が55億個、Imagenが76億個、Partiが200億個、Museが30億個ということである。

画像生成AIは2022年から2023年にかけて、Midjourney、Stable Diffusion、DALL-E、Adobe Firefly等をはじめ、さまざまなツールやサービスが開発され、一般利用が広がった。拡散モデルが主流となっている。テキスト（プロンプト）から画像を生成する基本機能に加えて、サンプル画像をもとにした画像生成や、生成された画像の部分修正等、用途や狙いに応じた画像が簡単な操作で作れるように改良が進められた。特に、大規模な事前学習済みのモデルを比較的少量のデータでファインチューニングする手法LoRA（Low-Rank Adaptation）[53]は、絵柄、キャラクター、ポーズ等をカスタマイズするために盛んに利用されている。

さらに、2024年2月にOpenAIが発表したSoraは、テキスト（プロンプト）から非常に高品質な動画を生成できることを示した[54]。画像生成AIと比べて動画生成AIは、連続的な動きの中で対象物の一貫性が保たれる必要があることや、軌跡や反射・映り込みが物理法則や自然現象に沿ったものであること等、格段に難度が高い。そのような観点からSoraによる動画生成例は高い品質を示した。2024年5月には、GoogleからVeoという動画生成AIが発表された。SoraもVeoも2024年7月時点ではまだ一般公開されていないが、Runway、Dream Machine、Stable Video等の利用可能な動画生成AIも急速に生成品質・機能を高めつ

つある。

なお、画像生成AIに伴う倫理的・法的・社会的課題については「（6）その他の課題」❸で取り上げる。

❸世界モデルと深層予測学習、ロボット制御への適用

人間は外界に関する限られた知覚情報から脳内に外界のモデルを作り、そのモデルを用いたシミュレーションを意思決定や行動に使っていると考えられる。このモデルは「内部モデル」「力学モデル」と呼ばれることもあるが、AI分野では「世界モデル」（World Models）[31]という呼び方が主流である。なお、本項の冒頭で、知覚系と運動系の即応的ループと、言語・知識系まで含めた熟考的ループという2タイプを挙げたが、この世界モデルは即応的ループの中に位置付けられ、無意識的・反射的な行動にも作用すると考えられている。例えば、バットを振ってボールに当てる場合、ボールが飛んでくるという視覚情報が脳に到達する時間は、バットの振り方を決める時間よりも短いので、世界モデルによって無意識的に予測を行い、それに基づいて筋肉を動かしていると考えられている。

知覚情報からボトムアップに世界モデルを作ろうとする試みの一例として、Google DeepMindのGQN（Generative Query Network）[32]がある。GQNは、異なる複数の視点から見た画像を与えると、内部に世界モデルを作り、別の視点から見た画像を予測できる。そのためにGQNでは、VAEベースの深層生成モデルを用いている。❷で述べた深層生成モデルの研究発展も受けて、世界モデルを取り入れた深層学習研究がホットトピックになりつつある。

また、知覚情報に基づいて作られたモデルを用いてシミュレーション・予測を行うという考え方は、知覚系と運動系を即応的ループとしてつなぐ上で重要なものである。これはロボットの動作生成を現場の状況に応じて適切に行うためにも重要であり、ロボティック世界モデル（Robotic World Model）の研究開発が進展している[58],[59]。国内における開発事例として、NECやパナソニック・立命館大学での取り組みが挙げられる[60],[61]。世界モデルを用いた予測・シミュレーションによって、未学習の状況や部分的隠れが生じた状況に対しても推論して動作生成が可能になる。また、産業技術総合研究所・早稲田大学では、深層予測学習による動作生成を用いたロボット制御技術が開発されている。例えば、タオル畳みロボット[11],[33]は、人間によるタオル畳み操作を手本として、それを模倣する動作を生成しつつ、動作を実行した結果の事前の予測と、実際に実行した結果をカメラで観測して比較し、その差異（予測誤差）から学習する。予測に使われるモデルは、模倣と予測誤差からの学習によって構築される。

「2.1.8 認知発達ロボティクス」で詳細を述べる通り、予測誤差最小化原理に基づくモデルの更新や環境への働きかけが、人間の認知発達に深く関わっていると考えられている。上に述べた世界モデルや深層予測学習を含め、人間の知能の認知発達メカニズムの解明に構成論的にアプローチしている認知発達ロボティクスの考え方は、深層学習の今後の発展と重なりが大きくなってくると思われる。

❹その他の注目トピックス

本研究開発領域はAI分野の中でも特に活発に取り組まれている領域であり、新たな注目技術・応用が次々に生まれている。また、機械学習はパターン認識や動作生成への適用に閉じず、AI分野全般で幅広く活用されている。そこで、上述の❶～❸に含められなかった注目トピックスについても、以下、簡単に触れる。

a. GNN（Graph Neural Networks）[34]：GNNはグラフ構造のデータを扱う深層学習である。Web・SNS、交通・物流、化合物等、さまざまな対象物がグラフ構造で制約関係を表現でき、そういった関係を踏まえた計算が行える。

b. Neural ODE[35]：多層ニューラルネットワーク構造の層は離散的に扱われていたが、微小化して連続値

として扱うことで、常微分方程式（Ordinary Differential Equation：ODE）の枠組みで順・逆伝播が計算でき、メモリ効率等も向上する。

c. 連合学習（Federated Learning）[36]：連合学習は、データを取得する端末側（エッジ）で学習した結果を組み合わせて機械学習モデルを作る手法である。端末側の生データをクラウド側に集めないので、プライバシー保護や処理効率の面で利点がある。

d. 蒸留（Distillation）[37]：訓練済みの大きいニューラルネット（教師ネットワーク）の入出力データを用いて、小さいニューラルネットワーク（生徒ネットワーク）を訓練すると、生徒ネットワークの方が小さなサイズで精度も上がることが多い。

e. メタ学習（Meta Learning）：メタ学習は、学習方法を学習するものであり、ドメインやタスクの異なる複数のデータセットでの学習を通して、ターゲットとするドメインやタスクに合うような学習方法（パラメーターの決め方等）に関するメタ知識を獲得する枠組みである。代表的な手法としてMAML（Model-Agnostic Meta-Learning）[38] が知られている。

なお、トランスフォーマーやアテンション等の自然言語処理で注目された深層学習関連技術は「2.1.2 言語・知識系のAI技術」で取り上げる。説明可能AI（XAI）、機械学習の公平性、機械学習のテスティング手法や品質保証、自動機械学習（AutoML）等、機械学習の安全性・信頼性を確保するための技術群は「2.1.4 AIソフトウェア工学」で取り上げる。ゲームAIやAI駆動型科学の話題については「2.1.6 AI・データ駆動型問題解決」で取り上げる。AIの倫理的・法的・社会的課題（ELSI）は「2.1.9 社会におけるAI」で取り上げる。

［注目すべき国内外のプロジェクト］

❶ Neural Radiance Field（NeRF：ナーフ）

複数の視点の画像[7]をもとに新たな視点の画像を生成するタスクはNovel View Synthesis（NVS）と呼ばれる。NeRF[39] は、このNVSタスクをさまざまな撮影画像に対して、新たな視点からとても自然で高精細な画像を生成する。撮影されたものの質感や光の反射や透過等までリアルに再現されているように見える。UC Berkeleyの研究者らが2020年に発表し、コンピュータービジョンのトップ国際会議の一つ16th European Conference on Computer Vision（ECCV 2020）において注目され、Best Paper Honorable Mentionを受賞し、その後、多数の派生研究も生まれた。

NeRFでは、3次元座標と視線方向を入力として、その点の輝度と不透明度を出力する「場」（Field）を深層ニューラルネットワークで表現し、それを学習によって求める。新たな視点からの画像生成は、ボリュームレンダリング手法を用いており、光線上の各点の輝度・不透明度を積分することを、画像上の全ピクセルに対して行うことで実現している。

この研究から派生して、天候や時刻の異なる画像を入力としたり、写り込んだ人々を除去したりする研究[40]、複数の静止画を入力する代わりに単一カメラでの撮影動画から生成する研究[41,42]、レンダリングを高速化してリアルタイム生成を可能にする研究[43,44] 等、さまざまな技術改良・拡張が進められている。NeRFのような技術を活用することで、さまざまな対象物の3次元モデルが容易に構築できたり、スポーツやゲームを好む視点から観戦したり参加したりと、さまざまな応用が考えられる。

❷ 言語理解に基づくロボット制御（PaLM-SayCan、Figure 01）

大規模深層学習によって作られた言語モデル（大規模言語モデル、基盤モデル）をロボット制御のために

---

[7] 数十枚から数百枚の画像が用いられる。

使う取り組みが2022年以降、活発化している。その一つが、ロボットが人からの自然言語による指示を理解したり、対話したり、行動計画を作ったりといった、言語理解に基づくロボット制御への取り組みである。

PaLM-SayCan[45]は、Googleとロボット開発会社Everyday Robots（EDR）の共同研究プロジェクトである。2022年8月に発表されたシステムでは、自然言語による曖昧な要求に対して、その要求に対して何ができるか、ロボットが行動を選択して実行することが示された。例えば「飲み物をこぼしてしまった。助けてくれる？」という問いかけに対して、スポンジを取ってくるという行動を起こす。PaLM-SayCanを搭載したロボットは、自然言語による問いかけを解釈し、事前に定義されたスキルセットの中から、その状況で実行可能で、要求に対して有効な行動を選択する。自然言語処理、画像認識、動作生成等の機能が統合されている。101件の命令に対して、84％は適切な行動を計画し、74％は実行できたということである。PaLM-SayCanでは、Googleの大規模言語モデルPaLM（Pathways Language Model）[46]を用いている。PaLMはトランスフォーマー型で、パラメーター数が5400億個の大規模言語モデルである。Pathways[47]という分散学習インフラ上で動作する。

人型ロボットの米国スタートアップ企業FigureがOpenAIと提携して、2024年3月にFigure 01を発表した[8]。Figure 01はOpenAIのChatGPTを組み込んでおり、そのデモ動画[9]によると、自然言語による対話、視覚や記憶からの説明、行動の計画・実行、推論して利用説明等が可能である。例えば、人から「何か食べ物をもらえますか？」という問いかけに対して、ロボットの前のテーブルに置かれた複数のものの中からリンゴをつかんで渡し、その理由として「テーブルにある食べられるものはリンゴだけだったので、それをあなたに渡しました」と説明する。

❸ロボット基盤モデル（RT-1/2/X、π0）

上記❷は、既に作られていた言語モデルをロボット制御に組み合わせたものだが、ロボット制御のために適した学習データを用意して、ロボット制御用の基盤モデルを構築するという動きも進んでいる。

その先駆けとなったのが、RT-1（Robotics Transformer 1）[48]である。RT-1は、PaLM-SayCanと同様にGoogleとEDRの共同研究プロジェクトとして、2022年12月に発表された。ロボット実機を用いたトランスフォーマー大規模学習によって、深層学習ベースのロボット動作生成の汎用性を高めた。トランスフォーマーベースの大規模モデルは、自然言語処理や画像・映像処理においてさまざまな機能が実現され、高い汎用性を示している。しかし、ロボット制御では、動作パターンの多様さや複雑さと、リアルタイム処理要求の高さが、大規模モデルの構築や利用の障壁となっていた。これに対してRT-1では、EDRのロボット実機13台で17カ月にわたって、700以上のタスク[10]をカバーするような13万エピソードの動作データを収集して、大規模学習を実施した。その結果、700種類のタスクで97％の成功率を達成した。画像や動作データをトークン化して圧縮することや、トランスフォーマーのモデルパラメーターを19百万個に抑えたことによって、実機での処理速度を確保している。シミュレーションではなく実機で大規模学習を行ったトランスフォーマー型モデルによって、ロボット動作生成の汎用性が高められた先進事例として注目される。コードはオープンソースとして公開されている。

Googleでは、RT-1をさらに発展させて、2023年7月にRT-2、2023年10月にRT-X、2024年1月にAutoRT、SARA-RT、RT-Trajectoryを発表した。RT-2は、Web上のテキストと画像も学習することで、RT-1モデルで未学習だった物体も操作可能にした[55]。RT-Xは、世界33研究機関が参加する史上最大のオープンソースロボットデータセットプロジェクト（Open X-Embodiment：OXE）である[56]。AutoRTは、基

---

[8] https://www.youtube.com/watch?v=Sq1QZB5baNw
[9] https://www.youtube.com/watch?v=Sq1QZB5baNw
[10] 動作（動詞）と対象物（名詞）のペア（例えば「皿をテーブルに置く」「瓶を開ける」等）を1タスクと数えている。

盤モデルとRT-1やRT-2を組み合わせて、より多様な学習データを収集する仕組みであり、SARA-RTでは、RTモデルの効率を改善し、RT-Trajectoryでは、学習動画にロボットの動きを説明する視覚的なアウトラインを追加することで、性能を2倍以上向上させた[57]。このようにロボット制御に適した基盤モデル開発のため、どのようなデータを集めて学習するかが重要な課題になっている。

また、基盤モデルはテキスト、画像、音声等のマルチモーダルデータを学習したものだが、ロボットで使う上では、行動に結び付ける必要がある。そのためのモデルとして、視覚・言語・行動のデータを統合して、ロボットが複雑なタスクを実行するためのモデルは、VLAモデル（Vision-Language-Action Model）と呼ばれる。これを3次元空間に拡張した3D-VLA[62]では、ロボットがカメラやセンサーを通じて環境を認識し、自然言語の指示を理解し、それに基づいて物理的な行動を行うことが可能になる。特にロボットの物理的な身体をより重視し、物理法則の厳格な模擬も試みるようなモデルとして、Embodied VLAモデル[63]も検討されている。ロボットにおける状況認識、行動計画、動作生成といったプロセスにおいて、基盤モデルはいろいろな活用の仕方が可能であり、さまざまな取り組みが進みつつある[64]。

2024年10月にPhysical Intelligence[11]から発表されたロボット基盤モデルπ0は、VLAモデルにフローマッチング制御を組み合わせて、洗濯物の取り出しや折り畳み、食後のテーブルの片付け、箱の組み立て等、さまざまな複雑な作業をデモンストレーションしてみせた[66]。π0の学習には、上述のオープンソースのOXEデータセットに加えて、7種類のロボットで68種類のタスクを実行した1万時間分の独自データセットが用いられた。また、汎用的な物理的概念の獲得を目指す事前学習と、特定タスクに適応して器用にこなすための事後学習という二段階の学習が行われた。

❹ムーンショット目標3

国内のプロジェクトでは、内閣府のムーンショット型研究開発制度において、「2050年までに、AIとロボットの共進化により、自ら学習・行動し人と共生するロボットを実現」がムーンショット目標3に掲げられ、2020年度に4件、2022年度に7件の研究開発プロジェクトが採択された。特に「一人に一台一生寄り添うスマートロボット」（プロジェクトマネージャー：菅野重樹、2020年度採択、略称：AIREC）では、「柔軟な機械ハードウェアと多様な仕事を学習できる独自のAIとを組み合わせたロボット進化技術を確立し、2050年には、家事、接客はもとより、人材不足が迫る福祉、医療等の現場で、人と一緒に活動できる汎用型AIロボットの実現により、人・ロボット共生社会を実現する」ことを目指しており、深層予測学習を含む先進AI技術をロボットに融合する研究開発が進められている。

（5）科学技術的課題

❶知覚・運動系AIと言語・知識系AIの統合

本報告書では、知覚・運動系AI（システム1）と言語・知識系AI（システム2）を別の研究開発領域として分けて記載したが、基盤モデル・生成AIのマルチモーダル化が大きく進展し、それら2タイプのAIは融合しつつある。また、現在の基盤モデル・生成AIの課題として、資源効率、実世界操作（身体性）、論理性・正確性、信頼性・安全性が挙げられる（1.1.2）。1.2.1や2.1.2で述べるような次世代AIモデルに向けた取り組みでは、上記の課題克服のためシステム1からシステム2までが、統一的なアーキテクチャーのもとで融合すると見込まれる。そのような方向性を踏まえた知覚・運動系AIの発展が期待される。

❷深層学習・基盤モデルの理論的解明

深層学習や基盤モデルは高い精度が得られているが、その理由は必ずしも明らかになっておらず、その理論

---

[11] 2024年3月にGoogleを退職したロボット開発者らによって創業されたスタートアップ企業。

的解明を目指した研究が活発に行われている[50]。

　まず、一般に、モデルのパラメーターが多くなると自由度が高くなり、訓練データに対する過剰適合（Overfitting）、つまり過学習（Overtraining）が起きて、訓練データに対して高い精度が得られてもテストデータでは精度が低下する（汎化性能が低下する）と考えられている。しかし、深層学習の場合、パラメーターが多くても自由度が高くならず、汎化性能が低下しないらしいということが分かってきた。また、一般に、凸関数では大域最適解を求めるのが容易だが、深層学習が扱うような非凸関数では局所最適解に捕まり、広域最適解を求めることが難しいと言われる。しかし、深層学習の場合、局所最適解が大域最適解に近い値になるらしいということも分かってきた。このように、理論面の知見が徐々に得られてきているものの、依然として、深層学習の理論的解明は重要課題である。

　特に、大規模学習によって、まるで人間のような自然な応答や専門的な知識・スキルを備えたような応答を返すことが可能になった基盤モデル・生成AIだが、なぜそのような賢く見える応用を返せるのか、スケーリング則はどのようなメカニズムで成立しているのか、思考の連鎖（Chain of Thought）プロンプティングによる精度向上はどのようなメカニズムで起こるのか等、明らかになっていない。

❸機械学習向けコンピューティング技術

　機械学習には大規模な計算資源が必要とされ、消費電力の増加も問題となっている。高い精度を得るために大量の訓練データが必要で、学習処理に要する時間も増大している。そのため、機械学習の処理の高速化と省電力化を可能にするコンピューティング技術の研究開発も強く求められている。本項ではその技術内容・開発状況についてほとんど触れていないが、機械学習に必要とされる演算を高速化するGPU（Graphics Processing Unit）等のアクセラレータープロセッサーの開発や、並列処理や省電力化も含めたシステム化技術等の開発も進められている。ニューロモルフィックやリザバーといった新たなコンピューティング技術への取り組みも進められている。本報告書においては「2.2.3 AIを支えるコンピューティングアーキテクチャー」で関連する研究開発動向を記載している。また、「AI白書2022」でも関連動向[51]がまとめられている。さらに、量子コンピューティングを活用した量子機械学習の可能性も検討されている[52]。今後、こういった新たなコンピューティング技術を活用した機械学習の技術開発も進展が期待される。

❹実世界操作技術

　［注目すべき国内外のプロジェクト］❷❸に示したように、大規模深層学習モデル（基盤モデル）を構築・活用することで、ロボットの実世界操作技術の汎用性・柔軟性・頑健性を高めようという取り組みが活発化している。与えられたタスク・目的のために、どのような行動・手順を計画するかについては、基盤モデルによって汎用性の高い実現方法が見えてきた。しかし、個々の現場の状況（どのような場所・状況でどのような対象物を操作するか）や、個々のロボットの身体（ハードウェア構造・形態）に応じた動作の生成は、極めて個別的になる。現状、個別にプログラミングするとか、個別に模倣学習・強化学習を繰り返すとかいった準備が必要になっている。このような動作生成の個別性に対して、機械学習ベースのアプローチで、どこまで汎用性・柔軟性・頑健性を高められるかは、今後の重要課題である。

（6）その他の課題
❶国としてのAI戦略の推進と強化

　米中2強と言われる状況で、研究投資規模では米中に追い付くことが困難な日本にとって、日本の社会課題やポジションを踏まえ、日本の強みや勝ち筋を意識したAI研究開発の戦略を持つことが必要である。このため日本政府は「AI戦略2019」（2019年6月統合イノベーション戦略推進会議決定、2021年・2022年にアッ

プデート）を策定した。この中では、AI人材育成やAIリテラシー教育も含めた教育改革、人間中心のAI社会原則、AI中核センター[12]を中心とする研究開発体制強化や「Trusted Quality AI」（信頼される高品質なAI）を掲げた研究開発戦略等が示されている。本項との関わりの深い面では、日本が産業的にも実績を持つ認識応用やロボット等の強みを生かした実世界適用AIが挙げられている。本項に示した技術群や研究開発の方向性は、この戦略上も重要な位置付けで推進されているが、いっそうの強化のためデータ基盤や人材育成面で補強・留意したい点を述べる。

　まず、本項で述べたような研究開発の推進には、機械学習の訓練・評価用の大規模データの構築・活用が不可欠である。画像認識を中心としたパターン認識については、既に述べたようにImageNetをはじめとする大規模データセットが公開され、利用されている。しかし、動作生成まで含めた即応的ループに関わるデータは未整備である。画像・映像データだけでなく、動作の履歴との対応やその意味情報も付与されたデータ（エクスペリエンスデータと呼ぶ[49]）の構築を考えていく必要がある[13]。

　人材面では、勢いのあるビッグテック企業が、機械学習を専門とする博士学生、ポスドク研究員、さらには大学教授も大量に囲い込もうと躍起になっており、人材獲得競争が熾烈になっている。中国やインドは、トップ人材を組織的に米国に送り、彼らが本国に戻って活躍するという流れを作り、活用してきた。AI人材の教育・育成とともに、幅広い人材の獲得や引き留めのための施策も重要である。さらに、AI・機械学習はアルゴリズムを適切なソフトウェアとして実装してこそ威力を発揮する。日本は人材育成において、理論・アルゴリズムの基礎研究に加えて、ソフトウェア開発力においても強化施策が望まれる。

❷ **大規模コンピューティング基盤の継続的強化・整備**

　最新の機械学習技術は大量の計算資源を必要とし、その実行環境は大学の一研究室で確保できる規模ではなくなっている。大規模コンピューティング基盤の共同利用施設が不可欠であり、産業技術総合研究所のAI橋渡しクラウドABCI（AI Bridging Cloud Infrastructure）や理化学研究所のスーパーコンピューター「富岳」がこの役割を担っている。1.1.1-（4）で述べたように、2023年以降、生成AIの開発・活用の推進策の一環で、ABCIが増強されたほか、経済産業省のGENIACプログラムによる計算資源の提供支援や、経済安全保障推進法に基づくクラウドプログラム開発事業者への助成等が実施されている。この継続的な強化・整備が極めて重要である。

❸ **経済安全保障面の課題**

　機械学習はモデルの大規模化による性能向上が著しく、米国ビッグテック企業が開発した大規模モデルが大きく先行している。大規模モデル開発には多大な投資が必要であり、2023年初頭の時点では、汎用性の高い最先端の大規模モデルの海外依存が経済安全保障面の大きな課題と考えられた。しかし、2023年から2024年にかけて、オープンソースモデルが登場し、国産モデル開発への取り組みも活発化し、課題としてはやや軽減されつつある。しかし、最先端技術開発のスピードは極めて速く、❷で挙げた大規模コンピューティング基盤の強化も含めて、継続的な取り組みを維持していくことが、経済安全保障面からも強く望まれる。

❹ **顔認識技術や画像生成AIのELSI**

　AI全般のELSI（Ethical, Legal and Social Issues：倫理的・法的・社会的課題）面については「2.1.9

12　理化学研究所の革新知能統合研究センター（AIP）、産業技術総合研究所の人工知能研究センター（AIRC）、情報通信研究機構（NICT）のユニバーサルコミュニケーション研究所（UCRI）および脳情報通信融合研究センター（CiNet）
13　新型感染症パンデミックによって、さまざまな活動・サービスがオンライン/リモート化され、エクスペリエンスデータを取りやすくなってきたと言えるのかもしれない。

社会におけるAI」にて論じるが、ここでは、本項との関わりが深い問題として顔認識技術と画像生成AIのELSIについて取り上げる。

近年、顔認識技術がさまざまな応用に急速に広がっている。顔認識技術は以前からプライバシー保護の面からの懸念が指摘され、堅牢なセキュリティー確保や画像データを保存しない等の対策が取られてきた。しかし、従来は顔認識機能の利用が、そのような対策面で意識の高い大手企業に限られていたのが、裾野が拡大し、幅広い人・企業が簡単に利用できるような状況になりつつある。しかも、プライバシー保護の懸念だけでなく、特定の人種やマイノリティーの人々を差別してしまうリスク（訓練データの質・量によっては、そういった人々の認識率が低く、場合によっては犯罪者と誤認識されやすい等）も指摘されている。さらに、顔の微妙な表情から感情追跡が可能になると、人の内面をのぞき込むような使われ方の懸念も生じる。米国・欧州では顔認識に対する法規制の議論も起きており[14]、技術的な対策検討や日本における政策検討が必要になりつつある。

また、画像生成AIを用いて、一般利用者が簡単に一見プロ並みの画像を生成できるようになりつつある。これを悪用したフェイク画像生成（Deepfakes）は社会問題化している。自動生成された画像や画像生成AIの学習に使われた画像の著作権に関わる問題も、現状の著作権の考え方で十分なのかという議論もある。アーティストの創作活動に新たな手法を提供するという側面もあれば、アーティストの仕事を奪ったり収益を減らしたりといった側面もある。ある人の顔画像を少しずつ変形させていったとき、肖像権はどこまで及ぶのかといった議論もある。急速に利用が拡大しつつある画像生成AIについて、ELSI面からの検討が求められる。なお、画像生成AIに限らず、いわゆるDeepfake等のフェイク画像・映像・音声の問題と対策については「2.1.5 人・AI協働と意思決定支援」で取り上げている。

（7）国際比較

国・地域	フェーズ	現状	トレンド	各国の状況、評価の際に参考にした根拠等
日本	基礎研究	○	↗	理研AIP、産総研AIRC、NICTのAI中核センターを中心としたAI研究体制強化とともに、「AI戦略」の実行、JST事業・NEDO事業に加えてムーンショットプロジェクトも始まり、国主導の基礎研究推進策が強化されつつある。国際会議における採択率は米中2強には差を付けられているが、徐々に増えつつある。
日本	応用研究・開発	○	↗	日本の産業界は認識やロボット分野は実用化実績・性能等に強みがあり、特に顔認証ではNECがNISTベンチマークでトップの実績があり、世界的にも大きな存在感を示している。大手IT企業に加えて、Preferred Networksをはじめとする AIスタートアップも活発になってきた。
米国	基礎研究	◎	↗	大学・企業とも機械学習の研究を非常に盛んに行っており、規模・質ともに世界をリードしている。国際会議における採択論文数も米中2強という状況である。DARPAによる先進研究投資も注目に値する。また、基礎研究に必要なデータセットの多くが米国の大学・ビッグテック企業によって公開されており、研究すべきタスクの設定や研究コミュニティーへの情報発信等でも中心的な役割を果たしている。
米国	応用研究・開発	◎	↗	ビッグテック企業では有能な技術者を全世界から集め、基礎研究も応用研究・開発も盛んに行っている。大学との連携も活発で、大学でも起業を目指した応用研究や開発も数多く実施されている。ビッグテック企業以外にもAirbnb、Uber等、AI技術を活用したベンチャー企業が次々と誕生し、国際的に成功を収めている。

---

14 欧州のAI法では既に規制対象に含まれている。

欧州	基礎研究	○	→	オックスフォード大学、ETH、アムステルダム大学、INRIA、Max Planck等に優秀な研究者が多数在籍、基礎研究力が高い。Google DeepMind、Meta Research、Qualcomm等の企業の欧州研究部門での基礎研究もインパクトのある成果を挙げている。
	応用研究・開発	○	↗	ロンドンのGoogle DeepMind、ベルリンのAmazon Machine Learning等、北米の企業の欧州支社が中心となり、応用研究開発を行っている。特にDeepMindが基礎・応用の両面で存在感を増している。ICMLやNeurIPS等での採択率もトップクラスである。
中国	基礎研究	○	↗	清華大学、MSRA（Microsoft Research Asia）等を中心に、国際会議での中国からの採択数が伸びている。画像認識コンペティションILSVRC 2015-2017で中国勢が上位獲得した実績がある。
	応用研究・開発	◎	↗	政府主導で重点AI分野を定め、医療分野はTencent、スマートシティーではAlibaba、自動運転はBaidu、音声認識はiFLYTEK、画像認識はSenseTimeをリード企業として選定し、政府がAI産業を後押ししている。これらの企業に加えてMSRAやHorizon Robotics等も含め、産業界での応用研究開発が活発に推進されている。
韓国	基礎研究	△	→	ソウル大学、KAIST、POSTECH等の主要大学にて関連の研究は行われているが、国際的に顕著なものは多くない。
	応用研究・開発	△	↗	Samsung等で取り組まれていることに加えて、韓国の大企業の共同出資による知能情報技術研究院（AIRI）が2016年に設立され、応用研究が強化されつつある。

（註1） フェーズ
　　　基礎研究：大学・国研等での基礎研究の範囲
　　　応用研究・開発：技術開発（プロトタイプの開発含む）の範囲
（註2） 現状　※日本の現状を基準にした評価ではなく、CRDSの調査・見解による評価
　　　◎：特に顕著な活動・成果が見えている ○：顕著な活動・成果が見えている
　　　△：顕著な活動・成果が見えていない　×：特筆すべき活動・成果が見えていない
（註3） トレンド　※ここ1〜2年の研究開発水準の変化
　　　↗：上昇傾向　　→：現状維持　　↘：下降傾向

参考文献

1) Daniel Kahneman, *Thinking, Fast and Slow* (Farrar, Straus and Giroux, 2011). (邦訳：村井章子訳,『ファスト＆スロー：あなたの意思はどのように決まるか？』, 早川書房, 2014年)

2) Tom M. Michell, *Machine Learning* (McGraw-Hill Science Engineering, 1997).

3) 科学技術振興機構 研究開発戦略センター,「研究開発の俯瞰報告書　システム・情報科学技術分野（2021年）」, CRDS-FY2020-FR-02（2021年3月）.

4) 岡谷貴之,『深層学習 改訂第2版』(講談社, 2022年).

5) Yann Le Cun, *Quand la machine apprend : La révolution des neurones artificiels et de l'apprentissage profond Broché* (Odile Jacob, 2019). (邦訳：松尾豊翻訳・監修, 小川浩一翻訳,『ディープラーニング 学習する機械：ヤン・ルカン、人工知能を語る』, 講談社, 2021年)

6) 岡野原大輔,『ディープラーニングを支える技術：「正解」を導くメカニズム［技術基礎］』『ディープラーニングを支える技術2：ニューラルネットワーク最大の謎』(技術評論社, 2022年).

7) 原田達也,『画像認識』(講談社, 2017).

8) 佐藤敦,「安全安心な社会を支える画像認識技術」,『人工知能』(人工知能学会誌) 29巻5号（2014年9月）, pp. 448-455.

9) Alexander Kirillov, et al., "Segment Anything", arXiv:2304.02643 (2023). https://doi.

org/10.48550/arXiv.2304.02643

10) Zhe Cao, et al., "Realtime Multi-Person 2D Pose Estimation using Part Affinity Fields", arXiv:1611.08050 (2016). https://doi.org/10.48550/arXiv.1611.08050

11) 尾形哲也,『ディープラーニングがロボットを変える』(日刊工業新聞社, 2017年).

12) 有木由香・他,「特集:強化学習最先端とロボティクス」,『日本ロボット学会誌』39巻7号(2021年9月), pp. 570-636.

13) 西川徹・岡野原大輔,『Learn or Die:死ぬ気で学べ, プリファードネットワークスの挑戦』(KADOKAWA, 2020年).

14) 堂前幸康・原田研介,「ロボットラーニングによる部品のピッキング」,『人工知能』(人工知能学会誌)35巻1号(2020年1月), pp. 25-29.

15) 松原崇充・鶴峯義久,「方策を滑らかに更新する深層強化学習と双腕ロボットによる布操作タスクへの適用」,『人工知能』(人工知能学会誌)35巻1号(2020年1月), pp. 47-53.

16) Wenshuai Zhao, Jorge Peña Queralta and Tomi Westerlund, "Sim-to-Real Transfer in Deep Reinforcement Learning for Robotics: a Survey", *2020 IEEE Symposium Series on Computational Intelligence (SSCI)*, pp. 737-744 (2020). https://doi.org/10.1109/SSCI47803.2020.9308468

17) Alexey Dosovitskiy, et al., "An Image is Worth 16x16 Words: Transformers for Image Recognition at Scale", arXiv:2010.11929 (2020). https://doi.org/10.48550/arXiv.2010.11929

18) Salman Khan, et al., "Transformers in Vision: A Survey", *ACM Computing Surveys* Vol. 54, Issue 10s (January 2022), Article No. 200, pp. 1-41. https://doi.org/10.1145/3505244

19) Ashish Jaiswal, et al., "A Survey on Contrastive Self-supervised Learning", arXiv:2011.00362 (2020). https://doi.org/10.48550/arXiv.2011.00362

20) Kaiming He, et al., "Masked Autoencoders Are Scalable Vision Learners", arXiv:2111.06377 (2021). https://doi.org/10.48550/arXiv.2111.06377

21) David Foster, *Generative Deep Learning: Teaching Machines to Paint, Write, Compose, and Play* (O'reilly Media Inc., 2019).(邦題:松田晃一・小沼千絵訳,『生成Deep Learning:絵を描き、物語や音楽を作り、ゲームをプレイする』, オライリージャパン, 2020年).

22) Ian Goodfellow, et al., "Generative Adversarial Nets", *Proceedings of 28th Conference on Neural Information Processing Systems* (NIPS 2014; Montréal, Canada, December 8-13, 2014), pp. 2672-2680.

23) Diederik P. Kingma and Max Welling, "Auto-Encoding Variational Bayes", *Proceedings of the 2nd International Conference on Learning Representations* (ICLR 2014; Banff, Canada, April 14-16, 2014).

24) Ivan Kobyzev, Simon J.D. Prince, and Marcus A. Brubaker, "Normalizing Flows: An Introduction and Review of Current Methods", *IEEE Transactions on Pattern Analysis and Machine Intelligence* Vol. 43 (November 2021), pp. 3964-3979. https://doi.org/10.1109/TPAMI.2020.2992934

25) Florinel-Alin Croitoru, et al., "Diffusion Models in Vision: A Survey", arXiv:2209.04747 (2022). https://doi.org/10.48550/arXiv.2209.04747

26) Aditya Ramesh, "Zero-Shot Text-to-Image Generation", arXiv:2102.12092 (2021). https://doi.org/10.48550/arXiv.2102.12092

27) Aditya Ramesh, "Hierarchical Text-Conditional Image Generation with CLIP Latents", arXiv:2204.06125 (2022). https://doi.org/10.48550/arXiv.2204.06125
28) Chitwan Saharia, et al., "Photorealistic Text-to-Image Diffusion Models with Deep Language Understanding", arXiv:2205.11487 (2022). https://doi.org/10.48550/arXiv.2209.04747
29) Jiahui Yu, et al., "Scaling Autoregressive Models for Content-Rich Text-to-Image Generation", arXiv:2206.10789 (2022). https://doi.org/10.48550/arXiv.2206.10789
30) Huiwen Chang, et al., "Muse：Text-To-Image Generation via Masked Generative Transformers", arXiv:2301.00704 (2023). https://doi.org/10.48550/arXiv.2301.00704
31) David Ha and Jürgen Schmidhuber, "World Models", arXiv:1803.10122 (2018). https://doi.org/10.48550/arXiv.1803.10122
32) S. M. Ali Eslami, et al., "Neural scene representation and rendering", *Science* Vol. 360, Issue 6394 (15 Jun 2018), pp. 1204-1210. https://doi.org/10.1126/science.aar6170
33) Pin-Chu Yang, et al., "Repeatable Folding Task by Humanoid Robot Worker using Deep Learning", *IEEE Robotics and Automation Letters* Vol. 2, Issue 2 (Nov. 2016), pp. 397-403. https://doi.org/10.1109/LRA.2016.2633383
34) Ziwei Zhang, Peng Cui and Wenwu Zhu, "Deep Learning on Graphs: A Survey", arXiv:1812.04202 (2018). https://doi.org/10.48550/arXiv.1812.04202
35) Ricky T. Q. Chen, et al., "Neural Ordinary Differential Equations", *Proceedings of the 32nd Conference on Neural Information Processing Systems* (NeurIPS 2018; Montréal, Canada, December 2-8, 2018).
36) Jakub Konečný, et al., "Federated Learning：Strategies for Improving Communication Efficiency", arXiv:1610.05492 (2016). https://doi.org/10.48550/arXiv.1610.05492
37) Geoffrey Hinton, Oriol Vinyals and Jeff Dean, "Distilling the Knowledge in a Neural Network", arXiv:1503.02531 (2015). https://doi.org/10.48550/arXiv.1503.02531
38) Chelsea Finn, Pieter Abbeel and Sergey Levine, "Model-Agnostic Meta-Learning for Fast Adaptation of Deep Networks", *Proceedings of the 34th International Conference on Machine Learning* (ICML 2017; Sydney, Australia, August 6-11, 2017).
39) Ben Mildenhall, et al., "NeRF：Representing Scenes as Neural Radiance Fields for View Synthesis", arXiv:2003.08934 (2020). https://doi.org/10.48550/arXiv.2003.08934
40) Ricardo Martin-Brualla, et al., "NeRF in the Wild：Neural Radiance Fields for Unconstrained Photo Collections", arXiv:2008.02268 (2020). https://doi.org/10.48550/arXiv.2008.02268
41) Zhengqi Li, et al., "Neural Scene Flow Fields for Space-Time View Synthesis of Dynamic Scenes", *Proceedings of the 32nd IEEE / CVF Computer Vision and Pattern Recognition Conference* (CVPR 2021; June 19-25, 2021).
42) Keunhong Park, et al., "HyperNeRF：A Higher-Dimensional Representation for Topologically Varying Neural Radiance Fields", arXiv:2106.13228 (2021). https://doi.org/10.48550/arXiv.2106.13228
43) Alex Yu, et al., "PlenOctrees for Real-time Rendering of Neural Radiance Fields", arXiv:2103.14024 (2021). https://doi.org/10.48550/arXiv.2103.14024
44) Stephan J. Garbin, et al., "FastNeRF：High-Fidelity Neural Rendering at 200FPS", arXiv:2103.10380 (2021). https://doi.org/10.48550/arXiv.2103.10380

45) Michael Ahn, et al., "Do As I Can, Not As I Say：Grounding Language in Robotic Affordances", arXiv:2204.01691 (2022). https://doi.org/10.48550/arXiv.2204.01691
46) Aakanksha Chowdhery, et al., "PaLM：Scaling Language Modeling with Pathways", arXiv:2204.02311 (2022). https://doi.org/10.48550/arXiv.2204.02311
47) Paul Barham, et al., "Pathways: Asynchronous Distributed Dataflow for ML", arXiv:2203.12533 (2022). https://doi.org/10.48550/arXiv.2203.12533
48) Anthony Brohan, et al., "RT-1：Robotics Transformer for Real-World Control at Scale", arXiv:2212.06817 (2022). https://doi.org/10.48550/arXiv.2212.06817
49) 科学技術振興機構 研究開発戦略センター,「戦略プロポーザル:第4世代AIの研究開発―深層学習と知識・記号推論の融合―」, CRDS-FY2019-SP-08（2020年3月）.
50) 今泉允聡,『深層学習の原理に迫る：数学の挑戦』（岩波書店, 2021年）.
51) 情報処理推進機構AI白書編集委員会（編）,「開発基盤」,『AI白書2022』（KADOKAWA, 2022年）, pp. 129-158（2.6節）.
52) 嶋田義皓,『量子コンピューティング：基本アルゴリズムから量子機械学習まで』（オーム社, 2020年）.
53) Edward J. Hu, et al., "LoRA: Low-Rank Adaptation of Large Language Models", arXiv:2106.09685 (2021). https://doi.org/10.48550/arXiv.2106.09685
54) Yixin Liu, et al., "Sora: A Review on Background, Technology, Limitations, and Opportunities of Large Vision Models", arXiv:2402.17177 (2024). https://doi.org/10.48550/arXiv.2402.17177
55) Anthony Brohan, et al., "RT-2: Vision-Language-Action Models Transfer Web Knowledge to Robotic Control", arXiv:2307.15818 (2023). https://doi.org/10.48550/arXiv.2307.15818
56) Open X-Embodiment Collaboration (Abby O'Neill, et al.), "Open X-Embodiment: Robotic Learning Datasets and RT-X Models", arXiv:2310.08864 (2023). https://doi.org/10.48550/arXiv.2310.08864
57) The Google DeepMind Robotics Team, "Shaping the future of advanced robotics" (2024). https://deepmind.google/discover/blog/shaping-the-future-of-advanced-robotics/
58) Ryo Sakagami, et al., "Robotic world models—conceptualization, review, and engineering best practices", *Frontiers in Robotics and AI* Vol. 10 (Nov. 2023). https://doi.org/10.3389/frobt.2023.1253049
59) 谷口忠大・他,「世界モデルと予測学習によるロボット制御」,『日本ロボット学会誌』40巻9号（2022年11月）, pp. 790-795. https://doi.org/10.7210/jrsj.40.790
60) NEC,「「世界モデル」がさらに進化：環境に適応して精密な動きをするロボットAI技術」, NEC研究開発（2024年2月19日）. https://jpn.nec.com/rd/technologies/202316/index.html
61) 黄瀬輝・奥村亮・谷口忠大,「ロボット制御における大規模言語モデルと世界モデルの融合」,『2023年度人工知能学会全国大会（第37回）論文集』2G5-OS-21e-01（2023年6月）. https://doi.org/10.11517/pjsai.JSAI2023.0_2G5OS21e01
62) Haoyu Zhen, et al., "3D-VLA: A 3D Vision-Language-Action Generative World Model", arXiv:2403.09631 (Mar. 2024). https://doi.org/10.48550/arXiv.2403.09631
63) Jiangyong Huang, et al., "An Embodied Generalist Agent in 3D World", arXiv:2311.12871 (Nov. 2023). https://doi.org/10.48550/arXiv.2311.12871
64) Kento Kawaharazuka, et al., "Real-World Robot Applications of Foundation Models: A Review", arXiv:2402.05741 (Feb. 2024). https://doi.org/10.48550/arXiv.2402.05741

65）岡野原大輔,『拡散モデル：データ生成技術の数理』（岩波書店, 2023）.
66）Physical Intelligence, "π0: Our First Generalist Policy"（October 31, 2024）. https://www.physicalintelligence.company/blog/pi0
67）岡野原大輔,『生成AIのしくみ：〈流れ〉が画像・音声・動画をつくる』（岩波書店, 2024）.

2.1.2 言語・知識系のAI技術

（1）研究開発領域の定義

知能を知覚・運動系と言語・知識系という2面で捉え、ここでは後者を俯瞰する（前者については前項2.1.1で俯瞰した）。研究開発領域としては、自然言語の解析・変換・生成等を行う自然言語処理（Natural Language Processing）、知識の抽出・構造化・活用を行う知識処理（Knowledge Processing）等が中心的に取り組まれてきた。

知覚系は実世界からの入力、運動系は実世界への出力として、知能の実世界接点の役割を担う。状況を知り、判断し、行動するという一連のプロセスは、知能において、知覚系と言語・知識系と運動系の連携によって熟考的に実行されることもあれば（ここでは熟考的ループと呼ぶ）、知覚系と運動系の間で即応的に実行されることもある（ここでは即応的ループと呼ぶ）[15]。近年、機械学習（Machine Learning）、特に深層学習（Deep Learning）が発展し、まずは知覚系（パターン認識）での活用が進み、次第に言語・知識系（自然言語処理、知識処理）や運動系（動作生成）にも広く活用されるようになった。知覚・運動系と言語・知識系の処理方式の共通性が高まり、それらを統一的に扱う枠組みも研究されるようになってきた。そこで、本項では、自然言語処理・知識処理そのものの研究開発の動向に加えて、知覚・運動系と言語・知識系を統合して熟考的ループを構成するための研究開発の動向についても取り上げる。

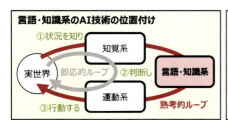

言語・知識系のAI技術の位置付け	国際動向	政策的課題
	● 米国はGoogle・Meta・OpenAI・MS・IBM等の活発な取り組み、DARPA(AI Next)等の国による先進基礎投資 ● 中国は政府がAI産業を後押し、MS・Baidu等 ● 欧州はFPで機械翻訳に投資、DeepL翻訳等 ● 日本はAI戦略を推進、理研AIP・産総研AIRC・NICTが中核機関、NEDO・JST事業、さらにNIIのLLMCを中核とした産学結集によるLLM-jpプロジェクト	● 新たな研究課題のための戦略的なベンチマーク環境・体制の構築 ● 大規模コンピューティング基盤と大規模データ構築エコシステム ● 人間・社会面の深い理解・考察に基づく取り組み・人材育成

自然言語処理		注目技術
● 自然言語を用いたコミュニケーション、思考等の知的作業、知識の流通・活用等における自動化・効率化や人間の限界を超えた大規模高速実行 ● 応用：コンピューターとのインターフェース(カナ漢字変換、音声対話システム、質問応答システム)、大量テキストデータの自動処理(Webサーチエンジン、情報検索、文書分類、情報抽出、自動要約等)、機械翻訳・音声翻訳 ● トップランク国際会議：ACL、EMNLP、NAACL等 ● ベンチマーク：SQuAD、GLUE・JGLUE等	● 辞書・ルールベースの方式から機械学習ベースの方式へ(機械翻訳はルールベースRBMT→統計的SMT→ニューラルNMT) ● ニューラル自然言語処理では入力系列から出力系列にEnd-to-Endで最適化(Seq2Seq) ● 意味の分散表現の導入・事前学習 ● 時系列を扱うRNN・LSTMから、アテンション機構によるトランスフォーマーへ、マスク言語モデルによる自己教師あり学習の活用で大規模化進展 ● In-Context学習、インストラクションチューニング	● 大規模言語モデル(LLM)・基盤モデル：BERT以降、GPT-3〜4/ChatGPT、PaLM/Gemini、Llama等 ● マルチモーダル化(LMM/VLM/VLA)：画像生成、動画生成、動作生成 ● 論理推論(思考の連鎖)を強化したOpenAI o1/o3、進化的モデルマージ ● 深層学習の発展・拡張による知能のモデル化：パターン処理と記号処理の融合、二重過程理論、認知発達・記号創発 ● プログラムコード生成(AlphaCode、OpenAI Codex) ● 外部処理連携：RAG、AIエージェント等

知覚・運動系AIと言語・知識系AIの統合		科学技術的課題
● 画像・映像・音声等を扱うパターン処理的面と、言語・知識を扱う記号処理的面の両方を統合的に扱うメカニズムの実現 ● 観測データからの帰納的でボトムアップな学習と、過去経験から蓄積した知識や外部知識に基づく演繹的でトップダウンな推論を組み合わせた判断・計画、実世界に対する動作生成の実現	● 従来に比べてさまざまなタスク・環境に対応(汎用性向上)、自然言語を介して状況・文脈に応じたコミュニケーション(人間との親和性向上) ● パターン処理AIと記号処理AIが別系統で発展 ● 疎な組み合わせから、人間の知能モデルを意識したパターン処理(知覚・運動系)と記号処理(言語・知識系)の統合へ ● トップランク国際会議：AAAI、IJCAI、NeurIPS等	● 現在の基盤モデルの課題：資源効率、実世界操作(身体性)、論理性・正確性、信頼性・安全性 →これらを克服する次世代AIモデルへの研究開発 ● 評価用データセットと真の意味理解

図2-1-4　　　領域俯瞰：言語・知識系のAI技術

---

[15] 人間の思考は、直感的・無意識的・非言語的・習慣的な「速い思考」のシステム1と、論理的・系列的・意識的・言語的・推論計画的な「遅い思考」のシステム2とで構成されるという「二重過程理論」（Dual Process Theory）がある。社会心理学・認知心理学等の心理学分野で提案されていたが、ノーベル経済学賞を受賞したDaniel Kahnemanの著書「Thinking, Fast and Slow」[1]でよく知られるようになった。本稿ではシステム1を「即応的ループ」、システム2を「熟考的ループ」と呼んでいる。

（2）キーワード

　自然言語処理、知識処理、テキスト処理、機械学習、深層学習、分散表現、アテンション、トランスフォーマー、基盤モデル、二重過程理論、意味理解、文書読解、質問応答、機械翻訳、文章生成、知識獲得、プログラムコード生成、マルチモーダル、生成型AI、大規模言語モデル

（3）研究開発領域の概要
［本領域の意義］

　自然言語は人間が日常の意思疎通のために用いる自然発生的な記号体系である[16]。人間にとって自然言語は、概念を表現する記号体系として、日常の意思疎通（コミュニケーション）だけでなく、思考の過程やその結果である知識の表現・保存にも用いられる。コンピューターによる自然言語処理と知識処理は、このような人間のコミュニケーション、思考等の知的作業、知識の流通・活用等を含むさまざまな場面に適用され得る。そして、その自動化・効率化や、人間の限界を超えた大規模高速実行を可能にする。その代表的な場面・システムのいくつかを以下に挙げる。

　まず、コンピューターとのインターフェースに使われる自然言語処理として、カナ漢字変換入力システム、音声対話システム、質問応答システム等が挙げられる。最近はスマートスピーカー（Amazon Echo、Google Home等）が家庭で使われ始めているが、自然言語で操作・指示できると、特別のコマンド入力・操作方法をあれこれ覚える必要がない。コンタクトセンターでの問い合わせ受付では、簡単な質問への対応の自動化によって、問い合わせ対応のスループット向上や質の安定が得られる。

　また、大量のテキストデータの処理をコンピューターで行うことで、人間の負荷を軽減しようという自然言語処理システムがある。Webサーチエンジンが代表例だが、膨大な情報の中から条件に合う情報を高速に見つけたり、整理したりするための情報検索・文書分類、その概要把握を助ける情報抽出・自動要約等に、自然言語処理が活用され、例えば、科学技術研究の加速につながっている。また、大量のWebテキストから、概念をノードで、概念の間の関係をリンクで表現した大規模なナレッジグラフ（知識グラフ、Knowledge Graph）を構築し、検索語の拡張、検索結果の品質向上、対話システムの話題拡大等に利用することも行われている。

　さらに、機械翻訳・音声翻訳（自動通訳）も自然言語処理の代表的な応用である。母国語から他国語、あるいは、逆に他国語から母国語への翻訳・通訳は、他国語を話す人々とのコミュニケーションを支援するとともに、インターネット等を介して世界に流通している膨大な量の他国語で書かれた情報を調査・分析する労力を大幅に軽減してくれる。

　以上、自然言語処理・知識処理の意義や応用について述べたが、次に、本項で取り上げるもう一つのトピックである知覚・運動系と言語・知識系の統合（熟考的ループ）について、その意義や応用について述べる。この統合によって、人工知能（AI：Artificial Intelligence）やロボットを実現する上で、より総合的な知能の性質がカバーされる。すなわち、画像・映像・音声等を扱うパターン処理的な側面と言語・知識を扱う記号処理的な側面の両方を統合的に扱うメカニズムが実現される。また、知覚系を通して直接的に得られる外界の観測データからの帰納的でボトムアップな学習と、過去の経験を通して蓄積された知識や社会・他者と共有された外部知識に基づく演繹的でトップダウンな推論の、両方を組み合わせた判断や計画のメカニズムと、その結果を実世界に対する一連の動作として生成・実行するメカニズムが実現される。このようなメカニズムを備えたAI・ロボットは、従来に比べて、さまざまなタスクや環境により少ない学習で対応可能になり（汎用性の向上）、

---

[16] 自然言語に対して、プログラミング言語やマークアップ言語等、人工的に定義された言語がある。これらの人工的に定義された言語は解釈が一意に定まるように設計されているが、自然言語は文・句・単語等の意味や構造の解釈に曖昧性が生じ得る点、記号接地（記号と実世界における意味をどのようにして結び付けるか）や意図理解のように記号だけに閉じない問題が関わる点等が、その処理を難しいものにしている。

自然言語を介して、実世界の状況・文脈に応じたコミュニケーションが可能になる。このことは、人間との親和性を向上させ、人間とAI・ロボットが協働する中で共に知識を創成し、共に成長する社会の実現につながると期待される。

[研究開発の動向]
❶自然言語の解析技術の発展（～2017年頃）

自然言語処理技術において共通的に必要とされる基礎技術はコンピューターによる自然言語解析であり、形態素解析（単語分割や品詞認定）、構文・係り受け解析、文脈・意味解析（語義の曖昧性解消や照応解析を含む）というステップで、より深い解析への取り組みが進められた。そのアプローチは、黎明期の1950年代から1990年代頃まで、人間が記述した辞書・文法を用いるルールベース方式が主流だった。しかし、大量のテキストデータが利用可能になったことや、機械学習技術が大幅に進化したことから、徐々に統計的な方式、機械学習を用いた方式に主流が移った。適用される機械学習技術は、ナイーブベイズに始まり、2010年頃にはSVM（Support Vector Machine）が主流となったが、2014年頃からはニューラルネットワークによる機械学習、特に深層学習が盛んに適用されるようになった[2),3),4)]。

このような技術発展は特に機械翻訳への取り組みによって牽引されてきた。機械翻訳方式は当初のルールベース機械翻訳（Rule-Based Machine Translation：RBMT）から、1990年代に大規模な対訳コーパス（元言語のテキストとターゲット言語のテキストを対にしたもの）と機械学習技術を用いた統計的機械翻訳（Statistical Machine Translation：SMT）に主流が移った。SMTの精度改善に頭打ちが見えてきた2010年代に、ニューラル機械翻訳（Neural Machine Translation：NMT）[3),5)]が考案され、顕著な精度改善がもたらされた。SMTからNMTへの移行は、SMTで用いていた統計処理・機械学習のパートを単純に深層学習に置き換えたものではなく、機械翻訳のパラダイムを大きく転換させたものである。SMTでは、機械翻訳のプロセスを多段階に分け、各段階の処理モデルを統計的にチューニングして組み合わせていたのに対して、NMTでは、入力原文から翻訳結果の出力までを一つのニューラルネットワーク構造（Seq2Seqモデル）として扱い、End-to-Endの最適化を行う。

その際、自然言語の単語系列をニューラルネットワークで扱うため、意味の分散表現[17]が用いられる。これは単語・句・文・段落等の意味を固定長ベクトル（実際には数百次元程度）で表現したものである[6),7)]。大量テキストにおける文脈類似性に基づき、ニューラルネットワークを用いて分散表現を高速に計算するWord2Vecが2013年に公開され、自然言語処理の基本的な手法として広く使われるようになった。それまで使われていたBag-of-Words形式（N次元のうちの1要素だけの値が「1」というOne-Hotベクトル）と異なり、分散表現はベクトル計算によって単語や文の意味の合成・分解や類似度計算が可能である。例えば、分散表現を用いると、「king」－「man」＋「woman」＝「queen」のような意味のベクトル計算が近似的に可能になる。従来の記号処理は厳密な論理演算をベースとした固いものだったが、分散表現を用いることで曖昧な条件を許した柔らかい演算が可能になった。

この分散表現とSeq2SeqモデルでEnd-to-Endで最適化するアプローチは、

　　　入力系列（End）→［エンコーダー］→分散表現→［デコーダー］→出力系列（End）

という流れになる。このような系列変換は、機械翻訳だけでなく、質問応答、対話、情報要約、画像・映

17　分散表現（Distributed Representation）は、ニューラルネットワーク研究の分野では局所表現（Local Representation）に対する概念として考えられた。一方、自然言語処理研究においても、単語の意味を扱う方法論として分布仮説（Distributional Hypothesis）があり、これら両面が融合したものと考えられている[6)]。自然言語に限らず、なんらかの離散的な対象物の表現方法として、局所表現や分散表現を用いることができる。局所表現はone-hotベクトルのように一つないしは少数の要素で特徴を表現するのに対して、分散表現は多数の要素に特徴を分散させて表現する。また、埋め込み（Embeddings）という言い方も用いられる。たとえばDistributed Representation of WordsとWord Embeddingsは同義である。

像に対する説明文生成等、自然言語処理のさまざまな応用に使われるようになった。

「2.1.1 知覚・運動系のAI技術」で述べたように、深層学習はまず画像認識・音声認識の分野に適用され、衝撃的な性能向上がもたらされた。自然言語処理の分野では、そのような性能向上はすぐにはもたらされなかったが、少し遅れて新たな技術発展が生み出され、自然言語処理においても著しい進展がもたらされた。その内容は❸で後述する。

❷大規模テキスト活用・知識活用の発展

テキスト検索は、コンピューターの処理性能が乏しかった時代、事前に人手で各テキストに付与したキーワードを索引に用いるしかなかったが、1990年代以降、コンピューターの性能向上、並列処理技術の発展、ストレージの大容量化等が進み、フルテキストサーチ（全文検索）方式に主流が移った。急激に大規模化したWebサーチエンジンが、その代表であるが、クエリーのキーワードとWebのフルテキストの単純なマッチングでは高い検索精度が得られないことから、Webページ間の被リンク関係やアンカー文字列（リンク元テキスト）を考慮した検索結果のランキング法（ページランク）や、利用者の嗜好や目的に応じた適合ページの選別法等、さまざまな観点からWeb検索の精度を高める技術が開発された。また、大規模なWebを解析・検索するため、大規模自然言語テキストを解析・検索するための分散・並列処理、文字列の圧縮・索引処理等の技術が急速に発展した[8]。Webサーチエンジンは幅広い一般利用者向けのアプリケーションとして発展したが、インターネット上の多様な情報や企業内の大量文書から評判・意見、注目事象、傾向変化等を抽出し、企業経営、マーケティング、リンク管理等に活用するテキストマイニング・Webマイニングと呼ばれる技術・アプリケーションも開発が進んだ[8,9]。

さらにその発展として、大量のテキスト情報を知識源として用いる質問応答システムがある。代表的なシステムとしてIBMのWatson[10]が挙げられる。Watsonは、大量テキスト情報を知識源として自然言語で書かれた質問に回答する技術を中核とし、2011年に米国の人気クイズ番組「Jeopardy!」で人間のクイズ王に勝利するというグランドチャレンジに成功した。国内では、情報通信研究機構（NICT）が、大規模なWeb情報をもとに、自然言語による「なに？（いつ/どこ/だれ）」「なぜ？」「どうなる？」「それなに？」という4タイプの質問に回答するシステムWISDOM Xを開発・公開した。このような応用においても、近年はニューラルネットワークをベースとした方式に移行し、2022年11月末に公開されたChatGPTは大きな話題になっている（ChatGPTについては［新展開・技術トピックス］❶でも取り上げる）。

❸ニューラルネット自然言語処理の最新動向（2017年～）

深層学習による画像認識には畳み込みニューラルネットワーク（Convolutional Neural Network：CNN）が主に用いられたが、自然言語処理には、当初、時系列情報を扱うのに適した回帰型ニューラルネットワーク（Recurrent Neural Network：RNN）やLSTM（Long Short-Term Memory）ネットワークが用いられた[6,51]。これを用いた系列変換（Seq2Seq）の際に、ニューラルネットワーク中のどこ部分（特定の単語等）に注目するかを動的に決定するアテンション（Attention）機構が考案され、出力系列生成の品質向上につながった。アテンションのアイデアは最初、機械翻訳に導入されたが、その後、自然言語処理全般で（さらには画像処理にも）用いられるようになった[5,11]。

このアテンション機構を最大限に生かした新しい深層学習モデルとして、2017年にトランスフォーマー（Transformer）がGoogleから発表された[12]。トランスフォーマーは、RNNやCNNを使わずに、アテンショ

ン機構[18]のみで構成した深層学習モデルである。RNNやCNNより計算量が抑えられ、訓練が容易で、並列処理もしやすく、複数の言語現象を効率よく扱えて、文章中の長距離の依存関係も考慮しやすいといった特長を持ち、機械翻訳や自然言語の意味理解タスク等のベンチマークでも従来を上回る性能が示された。このことから、2018年以降、新たに提案されるモデルはトランスフォーマー一色となり、次に説明する自己教師あり学習による事前学習の手法と合わせて、自然言語処理のさまざまなベンチマークで最高スコアが更新されている。

ニューラルネット自然言語処理[51]で高い精度を達成するには、大量の訓練データが必要だが、さまざまなタスクのおのおのについて大量の訓練データを用意することは容易なことではない。そこで、まず、さまざまなタスクに共通的な汎用性の高いモデルを、大量のラベルなしデータで事前学習（Pre-Training）しておき、それをベースに個別のタスクごとに少量のラベル付きデータでの追加学習（Fine Tuning）を行うというアプローチが取られるようになった。この事前学習で作られたトランスフォーマー型の深層学習モデルは、2018年にGoogleから発表されたBERT[13]以降、自然言語処理においてスタンダードになった。ラベルなしの大量テキストデータで事前学習を行うため、BERTではMLM（Masked Language Model）が導入された。[19] MLMはもとのテキストに対して複数箇所をマスクし（隠し）、穴埋め問題のようにマスク箇所を当てるというタスクを、大量テキストデータで訓練するというものである。もとのテキストから穴埋め問題の答えは分かるので、このタスクは実質的に教師あり学習として訓練できる。これが自然言語処理における「自己教師あり学習」（Self-Supervised Learning）の代表的な成功例として定着した。

その後、BERTを改良・拡張したモデルが次々に考案され、GLUE（General Language Understanding Evaluation）、SQuAD（Stanford Question Answering Dataset）等の自然言語処理ベンチマークの最高スコアが次々に更新された。マスクする単語を動的に変更したRoBERTa[14]、軽量化したALBERT[15]、ナレッジグラフを組み込んだERNIE[16]、片方向や双方向の言語モデルを統合したUniLM[17]、マルチモーダルに拡張したViBERT[18]、VL-BERT[19]、UNITER[20]等がある。意味の分散表現のベクトル形式は、テキストデータだけでなく、画像・映像・音声等の異なるデータタイプの入力に対しても用いることが可能で、マルチモーダル処理を共通的なニューラルネットワーク構造で行うことが容易になった。

MLMによって大量テキストからの言語モデル学習が一気に進んだ。言語モデルの規模を表すパラメーター数は、BERTの場合、3.4億個であったが、2020年にOpenAIから発表されたGPT-3[21]では、事前学習に45TBのデータを用い、モデルのパラメーター数は1750億個となった[20]。さらに、2021年10月にMicrosoftとNVIDIAが発表したMT-NLG（Megatron-Turing Natural Language Generation）[22]のパラメーター数は5300億個、2022年4月にGoogleが発表したPaLM（Pathways Language Model）[23]のパラメーター数は5400億個に及んだ。これらは「大規模言語モデル」（Large Language Model：LLM）と呼ばれるが、高い汎用性を示すことから「基盤モデル」（Foundation Model）[24]とも呼ばれるようになった。詳しくは［新展開・技術トピックス］❶で述べる。

また、GPT-3においては、それまでのGPTと同様に後続の系列を予測する自己回帰型の自己教師あり学習が用いられ、タスクごとのファインチューニング学習をせずとも、最初に入力する系列にタスクの記述や事

---

18 アテンション機構には大きく分けると、Self-AttentionとSource-Target-Attentionという2種類がある。アテンションを求める際に、Self-Attentionは対象文中の情報からウェートを計算し、Source-Target-Attentionは別文中の情報からウェートを計算する。トランスフォーマーでは、Self-Attention機構をマルチヘッドで動かすことで、複数の言語現象を並列に効率良く学習できるようにしている。

19 より詳細には、MLMとともに、NSP（Next Sentence Prediction）がBERTに導入された。NSPは二つの文が連続する文かどうかを判定するタスクを学習するものである。

20 BERTやGPT-3等ではパラメーター数の異なる複数のモデルがあるが、本稿中でのパラメーター数の比較は、それぞれの最も規模の大きいモデルをもとに記載している。

例を含めること（プロンプト）で複数のタスクに対応することをIn-Context学習（Zero-Shot学習/One-Shot学習/Few-Shot学習）と呼び、言語モデルの汎用的な活用を開拓した。In-Context学習では、大規模な基盤モデル自体のパラメーターを変更することなく、プロンプトの記述によって個別のタスクに適応させることができる。受け付けられるプロンプト長が拡大される傾向にある一方で、RAG（Retrieval-Augmented Generation、検索拡張生成）[55]と呼ばれる技術も活用されるようになった。RAGは、プロンプトをもとに、関連する外部知識ベース（タスクに応じたドメイン知識・データベース等）を検索し、その結果も考慮して応答を生成する仕組みである。これによって、応答の正確性を高めることが可能になるとともに、毎回プロンプトに大量の説明を盛り込まずとも、タスクやドメインに関する共通知識をまとめて与えることが可能になった。このように基盤モデル自体の確率モデルとしての精度・性能向上の補完するような機能を外付けで拡張する仕組みも発展している。

❹ 知覚・運動系AIと言語・知識系AIの統合に関わる動向

　パターン処理を中心とした知覚・運動系のAI技術と、記号処理を中心とした言語・知識系のAI技術は、別系統で発展してきた。1950年代後半から1960年代にかけての第1次AIブームと、1980年代の第2次AIブームで扱われたのは、記号処理のAI研究であった。「2.1.1 知覚・運動系のAI技術」で述べたように、第1次AIブームと同時期に、ニューラルネットワークを用いたパターン認識の研究も活発に取り組まれていた。そして、深層学習を中心としたニューラルネットワーク型のAI技術の発展が、2000年代以降の第3次AIブームの主役となった。

　このように別系統で発展してきたが、AIとしてパターン処理と記号処理の両面を扱う必要があることは古くから指摘されていた。また、これまでも二つのタイプのAI技術を組み合わせたシステムは多く見られる。例えば、音声翻訳システムは、音声認識というパターン処理と、機械翻訳という記号処理をつなげたシステムである。また、統計的機械翻訳（SMT）は、記号処理をベースに構成されたシステム中のいくつかのパーツを、機械学習を用いてチューニングしたものである。物理モデルや事前知識モデルを用いたシミュレーションシステムに機械学習を組み合わせたり、機械学習の分類・判定結果を解釈するためにナレッジグラフを組み合わせたりといった取り組みも、二つのタイプのAI技術の組み合わせと見ることもできる。

　これらに対して、深層学習の発展によって2018年頃から顕在化してきた取り組みは、人間の知能のモデルを意識したパターン処理と記号処理の統合に関する研究である。すなわち、人間の知覚・運動系と言語・知識系の関係や、それらが構成する即応的ループと熟考的ループの情報の流れと対応するような、あるいは、そこからインスパイアされたような、パターン処理と記号処理の統合モデルが検討されている[25]。

　このような動きが顕在化したことを示したのが、NeurIPS 2019（The 33rd Conference on Neural Information Processing Systems）でのYoshua Bengioによる「From System 1 Deep Learning to System 2 Deep Learning」と題した招待講演[26]である。ここで、System 1とSystem 2は、2002年にノーベル経済学賞を受賞したDaniel Kahnemanの言う直観的な「速い思考」（システム1）と論理的な「遅い思考」（システム2）[1]のことで、本稿でいう即応的ループと熟考的ループに対応する。Bengioは、現在の深層学習はシステム1に相当するが、システム2までカバーするような深層学習へ発展させるのが今後の方向性だと示唆した。さらに、Yoshua Bengio、Geoffrey Hinton、Yann LeCunの3人は、深層学習発展への貢献で2018年度ACM（Association for Computing Machinery）チューリング賞を受賞したが、AAAI 2020（The 34th AAAI Conference on Artificial Intelligence）における同賞記念イベントでは3人の講演に加えてKahnemanを交えたパネル討論も実施され、この方向性が論じられた。一方、日本国内では、これよりも早く、「深層学習の先にあるもの－記号推論との融合を目指して」と題した東京大学公開シンポジウムが2018年1月と2019年3月[27]に開催されている。

❺ **学会動向および国際動向**

自然言語処理分野の最先端研究は、トップランク国際会議ACL（Annual Meeting of the Association for Computational Linguistics）、EMNLP（Conference on Empirical Methods in Natural Language Processing）、NAACL（North American Chapter of the Association for Computational Linguistics）等で活発に発表されている。ACL 2020の国別採択論文数は、1位の米国が305件、2位の中国が185件、3位の英国が50件、4位のドイツが44件、日本は5位で24件であった。投稿論文数では中国が米国を上回っており、自然言語処理分野も米中2強になりつつある。

パターン処理と記号処理の統合（知覚・運動系と言語・知識処理の統合）については、AI全般のトップランク国際会議であるAAAI（Association for the Advancement of Artificial Intelligence）やIJCAI（International Joint Conferences on Artificial Intelligence）、あるいは、機械学習分野のNeurIPS（Neural Information Processing Systems）、コンピュータービジョン分野のICCV（International Conference on Computer Vision）やCVPR（Computer Vision and Pattern Recognition）、知能ロボット分野のIROS（International Conference on Intelligent Robots and Systems）等での発表も目に付く。

米国はGoogle、Amazon、Meta、Apple、Microsoft、IBM等、ビッグテック企業を中心とする産業界による先進技術の研究開発・応用が活発である上に、技術政策として、国の安全保障目的も含めた自然言語処理の基礎研究への先行投資が際立っている。もともと米国国立標準技術研究所（NIST）による情報検索・質問応答技術、国防高等研究計画局（DARPA）による情報抽出技術や文章理解、高等研究開発局（ARDA）による質問応答技術の研究開発等、自然言語処理に関わる多くのプロジェクト（コンペティション型ワークショップを含む）が政府予算によって推進されてきた。さらに、DARPAは2018年に、AI研究に20億ドル以上の大型投資を実施するというAI Next Campaignを発表した。この発表では、AIの発展を、専門家の知識を抽出・活用するHandcrafted Knowledgeを「第1の波」、ビッグデータから知見を導く深層学習に代表されるStatistical Learningを「第2の波」とし、それに続く「第3の波」として、文脈を理解して推論するContextual Reasoningを挙げた。これによって、人間が把握・理解・行動する以上の速度でデータを生成・処理し、安全かつ高度に自律的な自動化システムを可能にしつつ、人間の意思決定を支援し、人間と機械の共生を促進することを狙っている。

中国政府は2017年7月に次世代AI発展計画を発表し、AI産業を強力に推進している。自然言語処理分野ではMicrosoftやBaidu（百度）が目に付く。Microsoftは2014年からチャットボットXiaoice（シャオアイス）を公開しており、ソーシャルネットやメッセージングのアプリケーションに導入され、世界中で6.6億人の利用者がいるという。BaiduはWebサーチエンジンで実績があるほか、前述のERNIE[16]も開発している。

欧州は多数の国にまたがることから、欧州フレームワークプログラムの中で、機械翻訳を中心に自然言語処理に継続的に投資を行ってきている。産業界でも、ドイツに本社のあるDeepLの機械翻訳サービスが翻訳品質の高さで注目されている。

日本は現在「AI戦略」（2019年6月に発表、2021年・2022年にアップデートを加えている）を推進しており、文部科学省による理化学研究所革新知能統合研究センター（AIP）、経済産業省による産業技術総合研究所人工知能研究センター（AIRC）、総務省による情報通信研究機構（NICT）の三つを中核的なAI研究機関と位置付けている。自然言語処理については、NICTが機械翻訳・音声翻訳を中心に取り組んでおり、その実用化でも実績があるほか、AIPで基礎研究を推進している。パターン処理と記号処理を統合した次世代AI研究については、新エネルギー・産業技術総合開発機構（NEDO）による「次世代人工知能・ロボット中核技術開発」や「人と共に進化する次世代人工知能に関する技術開発」等の事業においてAIRCが中心的に取り組んでいるほか、文部科学省の2020年度戦略目標「信頼されるAI」とそれを受けた科学技術振興機構（JST）の戦略的創造研究推進事業（CREST等）でも基礎研究面が強化された。

（4）注目動向
［新展開・技術トピックス］
❶大規模言語モデル・基盤モデル

　［研究開発の動向］❸で述べたように、2018年にGoogleがBERTを発表して以降、トランスフォーマー型の大規模言語モデル（Large Language Model：LLM）をMLMや次単語予測による自己教師あり学習で構築することが主流になった。さらに、2020年にOpenAIがGPT-3[21]を発表し、学習に用いたデータ規模でBERTの約3000倍（45TB）、モデルのパラメーター数でBERTの500倍以上（1750億個）まで大規模化したことで、追加学習なしに少数の例示（Few-Shot学習/In-Context学習）だけで、さまざまな自然言語処理タスクに対応できることを示した。例えば、例示した文に続けてブログや小説を生成したり、簡単な機能説明文からプログラムコードやHTMLコードを生成したり、さまざまな質問文に対して回答を生成したりといった活用例が示された。さらに、2022年11月末に、GPT-3の改良版であるGPT-3.5に、人間のフィードバックを用いた強化学習RLHF（Reinforcement Learning from Human Feedback）[21]を加え（InstructGPT[52]）、対話システムとしてファインチューニングされたChatGPTがWeb公開された。チャットという分かりやすいインターフェースを介して、さまざまな用途に自然言語で応えることが可能なことから、幅広く大きな話題になり、史上最速（当時）2ヵ月でアクティブ利用者数が1億人を突破した。

　このような大量かつ多様なデータで訓練され、さまざまな下流タスクに適応できるモデルは「基盤モデル」（Foundation Model）[24]と呼ばれるようになった。計算リソース、学習（訓練）データ規模、モデル規模（モデルのパラメーター数）という3変数を大規模化するほど精度が高まるという「スケーリング則」（Scaling Law）[53]や、モデル規模が一定以上になると精度が急に高まるという「創発的能力」（Emergent Ability）[54]が観測されたことで[22]、GPT-3以降はモデルの大規模化に拍車がかかった。［研究開発の動向］❸でも述べた通り、2021年10月にMicrosoftとNVIDIAが発表したMT-NLG（Megatron-Turing Natural Language Generation）はパラメーター数が5300億個、2022年4月にGoogleが発表したPaLM（Pathways Language Model）はパラメーター数が5400億個にも及んでいる。

　さらに、OpenAIは、テキストだけでなく、画像と関連付いたテキストのペアを学習させたモデルCLIPを深層生成モデルと組み合わせて、テキストからの画像生成（Text-to-Image）も可能にした。2021年1月にDALL-E、2022年4月に改良版のDALL-E2が発表された。Googleからも、2022年5月にImagen、6月にParti、2023年1月にMuseが発表された（それぞれ異なる方式でText-to-Imageモデルを実現している）。画像生成AIの詳細は「2.1.1 知覚・運動系のAI技術」に記載している。

　従来、機械学習ベースのAIは、タスクごとに学習させることが必要な目的特化型AIだったが、基盤モデルを用いたAIは、汎用性やマルチモーダル性が高まり[23]、それ一つでさまざまなタスクに使えるようになりつつある。そのような発展として、Google DeepMindのFlamingo[28]やGato[29]が注目された（それぞれ2022年4月と5月に発表された）。Flamingoはテキスト・画像・動画を扱うことができ、Few-Shot学習で新しいタスクに適応できる（パラメーター数は800億個）。例えば、動画（画像の系列）とテキストのペアを例示して、その後に続くテキストを生成するというようなことが可能である。ここまで示してきたモデルが扱うタスクは、基本的にテキストや画像を生成・出力するものだったが、Gatoは一つのモデルで、テキストや画像の生成・出力から動作の生成・制御まで、さまざまなタスクを扱うことができる（604種類のタスクの実行例を学習、パラメーター数は12億個）。具体的には、ビデオゲームをプレーしたり、チャットをしたり、文章を書いたり、

21　その後、RLHFのようなインストラクションチューニング法として、DPO（Direct Preference Optimization）、KTO（Kahneman-Taversky Optimization）等も考案されている。
22　その後、この観測結果は、測定する指標の設定の仕方による等の疑問が示された[58]。
23　LLM（Large Language Model）に対して、LMM（Large Multimodal Model）と呼ばれたり、VLM（Vision-Language Model）やVLA（Vision-Language-Action Model）等のバリエーションもある。

画像にキャプションを付けたり、ロボットアームを制御してブロックを並べ替えたりすることができる。個々のタスクについては必ずしもトップ性能とは言えないものがあるが、一つのモデルでこれだけ多種多様なタスクをそこそこの性能で実行できる。

基盤モデル・生成AIの動向として、OpenAIのChatGPTは、2022年11月末に登場した時点ではGPT-3.5をベースとしていたが、2023年3月にはGPT-4[40]が登場し、オプションとしてGPT-3.5とGPT-4のどちらを使うかが選択できるようになった。さらに、OpenAIに投資しているMicrosoftは、検索エンジンBingにGPT-4を組み合わせて、チャットとWeb検索を連携させた機能を提供した。GPT-3.5やGPT-4は、それらのモデルの学習（訓練）に用いたデータ以降の出来事についての情報を持っていないが、検索エンジンと組み合わせることで、最新の情報にまで対応することが可能になった。一方、ChatGPTのような対話型生成AIは検索市場を脅かすと見られ、Googleはコードレッドを発して、対話型生成AIの開発に参入し、Bardを発表した。2023年2月に限定的な試験公開を行った後、5月に日本語にも対応したBardを一般公開した。Bardのベースとなる大規模言語モデルは、当初LaMDAが用いられたが、一般公開時にはPaLM2（2022年4月に発表されたPaLMの性能をさらに高めたもの）に置き換えられた。その後、2023年12月にはPaLM2の後継モデルとしてGeminiが発表され、2024年2月にはGeminiモデルの大きなアップデートが行われ、そのタイミングでモデルだけでなく、対話型生成AIのサービス名もBardからGeminiに変更された。Geminiモデルはマルチモーダルモデルとして強化されているのが特長であり、その規模や用途の異なる3種類のモデル（Gemini Ultra、Gemini Pro、Gemini Nano）が作られている。また、OpenAIも2024年5月に、最新モデルGPT-4o[41]を発表し、それを用いたChatGPT-4oを公開した。ChatGPT-4oでは、テキスト、音声、画像、映像がシームレスに扱われ、リアルタイム音声対話も可能になった。さらに2024年9月には論理推論機能が強化されたOpenAI o1[42]を公開した。このような大規模言語モデル・基盤モデル、対話型生成AIまわりでは、新たな参入とバージョンアップが次々とあり、オープンソース版も公開され、動きが活発かつ急速である。

日本国内での大規模言語モデル・基盤モデルの開発・活用は後追いとなった感は否めないが、国立情報学研究所（NII）を中核としたLLM-jpプロジェクト・LLM勉強会による研究開発や、経済産業省のGENIAC（Generative AI Accelerator Challenge）プロジェクトによる国産モデル開発の後押し等を通して、取り組みが活発化している。国産モデル開発のより詳しい状況は、1.1.1-（4）に記載している。

❷深層学習の発展・拡張による知能のモデル化

［研究開発の動向］❹で述べたように、パターン処理と記号処理を比較的疎な形で組み合わせたシステム化は以前から行われてきたが、深層学習が発展し、自然言語処理やナレッジグラフを用いた処理のような記号レベルの処理も深層学習によって再構成されるようになった。これにより、パターン処理と記号処理を統一的な考え方で統合する（共通の枠組み上に融合する）可能性が見えてきた。もともと深層学習や強化学習は、人間の知覚・運動系に類する学習モデルであり、その拡張として言語・知識系までカバーしようとするのは、自然な発展の方向である。その際、言語・知識系は二つの側面から位置付けられる。つまり、知覚・運動系からボトムアップに創発的に言語獲得・知識化が行われるという側面と、人間が他者から教えてもらったり本を読んだりするように外部の知識源から取り込むという側面がある。「2.1.7 計算脳科学」や「2.1.8 認知発達ロボティクス」の研究領域で人間の知能に関する研究が進展し、それに基づくニューロシンボリックAI（Neuro-Symbolic AI）、神経科学（脳科学）にインスパイアされたAI（Neuroscience-Inspired AI）、記号創発ロボティクス（Symbol Emergence in Robotics）といったコンセプトに基づく研究開発が進んでいる。

具体的な研究事例をいくつか挙げる。AI21 LabsのSenseBERT[30]は、深層学習ベースの言語モデル中

に外部知識（ナレッジグラフ、意味ネットワーク）を組み込んだ。Julassic-Xプロジェクトでは、言語モデルとデータベース等の外部情報システムの結合を提唱している。MIT他によるNS-CL（Neuro-Symbolic Concept Learner）[31]は、画像や環境・空間の認識と質問応答という2系統を持ち、画像・空間系統は教師あり学習、質問応答系統は強化学習を用い、2系統のマルチタスクのカリキュラム学習を通して、視覚的概念・単語・意味解析等を学習する。松尾豊（東京大学）の提案する知能の2階建てモデル[32]は、1階部分が深層学習をベースとした知覚・運動系で、その外界とのインタラクションを通して作られた世界モデルを介して、2階部分のトランスフォーマー的な言語・知識系が動くというものである。谷口忠大（立命館大学）らが提唱する記号創発ロボティクス[33]では、外界とのインタラクションを通して言語が創発的に形成されることを、確率的生成モデルをベースにモデル化することを試みている。

　大規模言語モデルは指示に合ったプログラム（ソフトウェアコード）を生成することも可能だが、大量のプログラムを学習した、プログラミングに特化したモデルも開発されている。Google DeepMindから2022年2月に発表されたAlphaCode[36]と、OpenAIから2021年8月に発表されたOpenAI Codex[37]は、トランスフォーマー型の言語モデルを用いてプログラムコードを生成する。その後、生成AIの応用として、ソフトウェア開発は特に活発に取り組まれている分野で、プログラム生成、デバッグ、テスト用プログラム生成、モダナイゼーション等、ソフトウェア開発プロセスの幅広いシーンに生成AIが適用されつつある。

　また、大規模言語モデルを人間とのインターフェースとしてさまざまな情報システムやAIシステムを結合・統合するようなアプリケーションの開発が急速に進みつつある[24]。実際、大規模言語モデル・基盤モデルや生成AIのAPIが公開された後、それらでは足りない機能を外部モジュールとして用意して組み合わせる仕組みが多数提供されるようになった。RAG（検索拡張生成）等もその一例である。さらに、与えられたゴールからそれを達成するための手順を計画し、大規模言語モデル・基盤モデルだけでなく、検索処理や蓄積処理等を含む複数の処理モジュールを組み合わせて実行することを自動的に行うAIエージェントの開発が急速に進みつつある（「2.1.3 エージェント技術」参照）。

　なお、関連する話題として、AIとシミュレーションの融合、科学・数学へのAI活用、ゲームAI等は、「2.1.6 AI・データ駆動型問題解決」で取り上げている。

[注目すべき国内外のプロジェクト]
❶ OpenAI o1/o3
　Open AIは、2024年9月に新しいタイプの基盤モデルOpenAI o1を公開した。さらに、2024年12月に、その後継モデルOpenAI o3に関する情報を発表した[25]。2024年12月時点で、o1は利用可能だが、o3はまだである。それ以前のOpenAIの基盤モデル（GPT3からGPT4oまで）は、確率モデルに基づく続きの予測を基本原理としているため（1.1.1-（2）参照）、数学の問題を含む論理的な推論が苦手だった（1.1.2-（1））。o1やo3ではこの点が大幅に改善されている[42]。1.1.1-（6）の図1-1-7に示したように、o1は、物理学、生物学、化学の問題でPhDレベル、米国数学オリンピック予選の問題で上位500人に相当する成績を収めたと報告されている。o3では、これをさらに上回る性能を達成しているという。この論理的な推論能力を高めるため、o1/o3では、モデルの学習に加えて、モデルを用いた応答生成（推論プロセス）に時間をかけている。これまでも思考の連鎖（Chain of Thought）と呼ばれる、推論プロセスを多段（Step by Step）に組み立てることで、応答精度が高まることが知られていたが、o1/o3ではこのプロセスを時間をかけて深めるこ

24　初期の事例として、Metaから2022年8月に発表されたAtlas[34]は、大規模言語モデル（BERT派生のT5）に外部の情報を検索する機構（Contriever）を組み合わせた。Googleから2022年10月に発表されたMind's Eye[35]は、大規模言語モデルに物理シミュレーター（DeepMindのMuJoCo）を組み合わせた。物理世界に対する動作計画・行動という面では、PaLM-SayCanやRT-1等の取り組みがある（「2.1.1 知覚・運動系のAI技術」参照）。その後、関連事例が多数開発されている。
25　名称をo2ではなくo3としたのは、o2は商標の問題があったためとのことである。

とで、複雑な論理推論の精度を高めた。また、o3では、応答の安全性・倫理性を高めるため、熟考的アラインメント（Deliberative Alignment）も導入された。なお、GoogleのGeminiについても、2024年12月に論理的な推論の機能を強化するGemini 2.0 Flash Thinkingが発表された。2025年1月には中国のDeepSeek（深度求索）がオープンソースモデルR1[57]を公開し、OpenAIに並ぶ性能をより低コストで実現したと話題になっている。

❷進化的モデルマージ

大規模な基盤モデルを構築するのではなく、異なる得意分野や個性を持った中小規模のモデルを組み合わせて使うアプローチも研究されている。その一つが「Mixture of Experts」[43]と呼ばれる手法で、モデル群の中から、タスクに応じて適したモデルを選択的に使用する。もう一つの手法が「モデルマージ」と呼ばれるもので、異なる複数のモデルをもとに、新たなモデルを作るというものである。

モデルマージでは、もとにする複数のモデルのどのモデルからどの部分を抽出して、どのように新しいモデルに反映するかを決めることが必ずしも容易ではない（設計者の直感や経験則に頼っていた）。これに対して、Sakana AI[26]は、進化的アルゴリズムを用いることで、より良いマージ方法を効率よく見つける「進化的モデルマージ（Evolutionary Model Merge）」[44]を開発した。この手法によって、基盤モデルを開発するために、膨大な学習データや計算資源を用いることなく、より少ない資源で効率よく基盤モデル開発が行える可能性が示された。

❸LLM-jpプロジェクト

国立情報学研究所（NII）を中心として、2023年5月にLLM勉強会が立ち上がった。参加者が1600名を超える規模（2024年7月時点の情報）になり、国内の産学結集の活動となっている。この活動をベースとして、大学・企業等から多数の研究者・開発者が参加して、オープンで日本語に強いモデル開発や原理解明に取り組むLLM-jpプロジェクトが推進されている。2023年10月にまずは130億パラメーター規模のモデルを公開し、2024年12月には1720億パラメーター規模（GPT-3級）のモデルを公開した。2024年4月には、NII内に大規模言語モデル研究開発センター（LLMC）が発足し、LLM-jpの運営組織として取り組みを牽引している。LLM-jpでは、コーパス構築WG、モデル構築WG、チューニング・評価WG、マルチモーダルWG、実環境インタラクションWG、安全性WG、原理解明WG等のワーキンググループ（WG）体制で研究開発が推進されている。

（5）科学技術的課題

❶大規模言語モデル・基盤モデルの課題と次世代AIモデルへの取り組み

スケーリング則を生かした超大規模深層学習に基づく基盤モデル・生成AIは、それ以前の深層学習モデルが特化型AIであったのに対して、高い汎用性とマルチモーダル性を実現する等、大きな発展を遂げた。これは衝撃的な成果で、非常に強力な道具になることは間違いないが、確率モデルに基づく予測を基本原理としていることから、特に以下のような点が課題になる[38],[39]。

- **資源効率**：極めて大規模なリソース（データ、計算機、電力等）を必要とする。
  超大規模深層学習は膨大な学習データと計算資源を用いる。最先端の基盤モデルは、1回の学習実行に百億円超の計算費用がかかり、電力消費面も懸念されている。人間の脳は20ワット程度で動いているといわれることから、電力効率には改善の余地があると考えられる。

26　Sakana AIは、元GoogleのDavid HaとLlion Jones、および、外務省やメルカリ等を経た伊藤錬の3名が日本で立ち上げたスタートアップ企業である。2023年7月創業、日本史上最速のユニコーン企業。

- **実世界操作（身体性）**：動的・個別的な実世界状況に適応した操作・行動が苦手である。
   基盤モデルの学習データは、いわば仮想世界での経験であり、実世界状況の動的な変化や個別性に必ずしも適応できていない。
- **論理性・正確性**：厳密な論理操作が苦手で、ハルシネーション（もっともらしく嘘を出力）を起こす。
   確率モデルに基づいて可能性の高い予測結果（応答）を返すものなので、厳密な論理構築・論理演算は行っていない。また、大きなタスクの解決方法は、さまざまな要因や取り組み方（分解と組み合わせ）があり得て、簡単に確率モデルに落とし込むことができない。
- **信頼性・安全性**：人間にとってブラックボックスに思え、動作や精度の100％保証はできない。
   基盤モデルはブラックボックスであり、人間と同じ価値観・目的を持って振る舞うと必ずしも信じられない。また、確率モデルに基づくので、どうしても不安定性は残り、どのような条件でどのような結果が得られるかを100％予測したり保証したりすることはできない。

これらの課題を克服するための取り組みとして、（a）現在の基盤モデルを出発点とした改良・発展の研究、（b）人間の知能からヒントを得た新原理研究、（c）他者・環境との関係性の中で発展する知能の研究、といったアプローチによる研究開発が進みつつある。その詳細は1.1.2にまとめた。

各アプローチによる課題克服は限定的だが、それらを融合することで克服すべき問題に広く対処できる可能性があることから、次世代AIモデルに向けたアプローチの可能性を幅広に認めつつ、それらの取り組みの間で融合・シナジーが生まれるような取り組みが有効と考えられる。その際、AI単独での高度化だけでなく、どのような人・AI共生社会を目指すのか、多様なAIと人々や社会との関係の在り方を考えていくことも必要である。より具体的な内容は1.2.1にまとめた。また、安全性・信頼性の課題については1.1.3、その課題克服への取り組みの方向性については1.2.2で述べている。

❷評価用データセットと真の意味理解

これまで、さまざまな言語モデルが提案され、それらの性能評価には共通のベンチマークが用いられてきた。代表的なタスクとして、テキストを読んだ上で、その内容に関する質問に答える文書読解タスクがあり、そのベンチマークとしてよく使われているのがSQuADである。また、単一タスクでなく多数のタスクを評価できるベンチマークのセットとして、GLUEもよく使われている。GLUEには含意関係判定、同義性判定、質問・回答解析、肯定的か否定的かの感情解析、文法チェック等の約10種類のタスクが用意されている。2022年には日本語版のJGLUE[45]も公開された。

言語モデルの改良により、これらのベンチマークでのスコアが人間の平均的スコアを上回ったという報告も出ている。しかし、文章の意味を理解しなくても、統計的な傾向を捉えれば正解を当てられるような問題が多かったため、見かけ上、高いスコアが得られただけで、本当に意味を理解しないと当たらないような問題に対してはスコアが低くなると指摘がなされた[46],[47]。自然言語処理研究の黎明期からその難しさも含めて認識されている常識推論に向けて、含意関係認識やストーリー予測等のサブタスクの設定、敵対的サンプル（Adversarial Examples）等も取り入れたベンチマークの構築が求められる[48]。その試みの一つとして、意味を理解しないと正答が難しい問題を多く含む文書読解タスクのベンチマークDROP（Discrete Reasoning Over the content of Paragraphs）[49]が作られた。SQuAD 2.0でのトップスコアが93％前後だったが、DROPでは人間のスコアが96.4％であるのに対して、BERTのスコアが32.7％と、機械にとって難しいベンチマークとなった（2022年末の時点でDROPのトップスコアは88％）。

大規模言語モデル・基盤モデルは汎用性が高く、非常に多くの分野の大量のデータを学習したものであるため、多面的な評価が不可欠である。複数のベンチマークデータセットを用いた評価が行われているが、ど

のような条件でどのような点を評価するのがよいのか自体を含めて、評価用データセットの在り方・作り方は引き続き重要な課題である[56]。

（6）その他の課題

❶新たな研究課題のための戦略的なベンチマーク環境・体制の構築

かつては形態素解析・構文解析等の自然言語処理のサブタスク別の精度評価が、技術改良における主たる目標になっていた。しかし、ニューラルネット自然言語処理では応用ごとのEnd-to-End最適化のアプローチが取られるため、サブタスクに注力することのウェートが下がってきた。このような状況で、近年は、GLUEやその日本語版のJGLUEのように問題ごとのベンチマークタスクを複数用意して、言語モデルの汎用性あるいは特定用途の有用性を評価するようになった。

同時に、AI分野では共通タスク・共通データセットでのコンペティション型ワークショップが盛んに実施されてきた。特に米国NISTが自然言語処理・情報検索領域でこれを推進してきたことは先駆的で、この分野の基礎研究の強化を大きく牽引した。このような活動の推進においては、タスク設定に関わる目利き人材がキーになる。取り組むことに大きな価値があり、しかも無理難題ではなく挑戦意欲をかき立てるようなタスク設定のさじ加減を適切にでき、コミュニティーをリードできるような人材が求められる。

このようなベンチマークやコンペティションのタスク設定・データセット構築は、米国がリードし、中心的に貢献してきたが、日本においても、データセット構築とコンペティション型ワークショップ運営に20年以上取り組んでいる国立情報学研究所のNTCIR（NII Testbeds and Community for Information access Research）プロジェクト等の実績がある。今後、言語・知識系と知覚・運動系の統合AIや、マルチモーダルAI・実世界連結応用等の新しい研究課題に取り組んでいくに当たっては、新たなタスク設定・データセット構築が重要である。日本としての戦略的取り組みが期待される。

その一方で、科学技術的課題❶で述べたように、最先端の基盤モデルは大規模化し、それを作れるのは、世界中でもごく一部の企業（いわゆるビッグテック企業）に限られる状況であり、その大規模データセットは公開されず、他者による再現性評価がされない。そのため、上で述べたようなベンチマークやコンペティションによる取り組みに限界が生じている。

また、基盤モデルは、頻繁に作り直すことは難しく、学習を実行した時期以降に起きた出来事に追従できないという問題に対する取り組みとして、RealTime QA[50]というベンチマークタスクが実施されている。ここでは、最新のニュース記事を用いた質問が出題される。

❷経済安全保障上の課題、および、大規模コンピューティング基盤と大規模データ構築エコシステム

科学技術的課題で述べたように、最先端の基盤モデルの開発には極めて大量の計算リソースと大規模データを必要とする。最先端の基盤モデルはGoogleやOpenAI等のビッグテック企業のみが開発でき、日本はそのAPI（Application Programming Interface）を利用させてもらっているという状況である。今後、基盤モデルがさまざまなタスクの高度な自動化に使われていくならば、このビッグテック企業依存の状況は、「2.1.1 知覚・運動系のAI技術」でも述べた通り、経済安全保障上の懸念点にもなる。

計算リソース面を考えると、その実行環境はもはや大学の一研究室で確保できる規模ではなくなっている。大規模コンピューティング基盤の共同利用施設が不可欠であり、産業技術総合研究所のAI橋渡しクラウドABCI（AI Bridging Cloud Infrastructure）や理化学研究所のスーパーコンピューター「富岳」がこの役割を担っている。特にABCIでは、BERTの事前学習済みモデルを共同利用できるように公開している。このような共同利用施設・計算資源の継続的な強化・整備が極めて重要である。

データ規模の面については、ビッグテック企業と並ぶのは難しいし、今後果てしなく大規模化が続くという

より、規模と質のバランスが重要になってくるであろう。日本として、何らかの付加価値の高いデータを構築・整備していくことを考えていくのがよい。そのためには、それを集中的に実行する組織を作るというよりも、さまざまな組織が何らかの形で貢献し合い、データの質や付加価値を高めていくような、データ構築エコシステムを考えていくべきかもしれない。

❸人間・社会面の深い理解・考察に基づく取り組み・人材育成

基盤モデルによって人間と区別できないような文章が生成されることが社会的懸念を生んでいるように、この研究分野から生み出される技術がもたらす社会的影響が増大している。また、今後の発展においては、人間の知能のメカニズムに学ぶという面が強くなりつつある。AI全般の倫理的・法的・社会的課題（Ethical, Legal and Social Issues：ELSI）面については「2.1.9 社会におけるAI」にて論じるが、この分野の技術の社会的影響や知能そのものに関する深い理解・考察とともに研究開発を進める必要があろう。人間の知能の情報処理メカニズムの理解という面では、「2.1.7 計算脳科学」や「2.1.8 認知発達ロボティクス」は日本が実績のある研究分野であり、その研究成果をこの分野の発展・強みに生かしていきたい。

1980年～2000年頃、ルールベース方式が主流だった時代は、カナ漢字変換、機械翻訳、サーチエンジン等をターゲットとして、電気系大手企業の各社が自然言語処理の研究開発に力を入れていた。しかし、機械学習を用いる方式では、大量のテキストデータを使うことが研究開発に不可欠で、多数の利用者を抱えるインターネットサービスを運営している企業において、自然言語処理への取り組みが活発になってきた。特にビッグテック企業は保有するデータ量やそれを処理する計算機パワーが圧倒的で、データ収集や実験が行いやすいことは研究者に魅力的である。AI分野の人材争奪戦が国際的に激しくなる中で、AI人材の教育・育成、幅広い人材の獲得や引き留めのための施策も重要である。

（7）国際比較

国・地域	フェーズ	現状	トレンド	各国の状況、評価の際に参考にした根拠等
日本	基礎研究	○	↗	「AI戦略」を推進しており、理研AIP、産総研AIRC、NICTの三つを中核的なAI研究機関と位置付けている。さらにNIIに大規模言語モデル研究開発センターが発足し、産学結集したLLM-jpプロジェクトを推進している。NEDO「次世代人工知能・ロボット中核技術開発」事業、「信頼されるAI」に関するJST戦略的創造研究推進事業でも基礎研究面が強化された。言語処理学会に活気があり、ACL・EMNLP等の国際的トップカンファレンスでも一定数の発表がなされている。
日本	応用研究・開発	○	→	自然言語処理の応用開発は国研NICTやIT大手企業で実績があるほか、AIスタートアップ企業も活発化してきている。基盤モデル・LLM開発は後追いとなったが、経済産業省のGENIACプロジェクトによる後押し等もあり、国産モデル開発が活発化している。
米国	基礎研究	◎	→	Google、Meta、OpenAI、Microsoft等、産業界による先進技術の研究開発・応用が活発である上に、技術政策として、国の安全保障目的も含めた自然言語処理の基礎研究への先行投資が際立っている。ACL、EMNLP等の有力な国際会議等での発表の多くは米国発である。もともとNISTによる情報検索・質問応答、DARPAによる情報抽出・文章理解、ARDAによる質問応答等、自然言語処理技術に関わる多くのプロジェクトやコンペティションが政府予算によって推進されてきた。
米国	応用研究・開発	◎	↗	上述した基礎研究が大学教員の移籍等によって、比較的短期間にGoogle、Microsoft、IBM、Meta、Amazon等の応用研究・開発に回るサイクルが確立している。これらの企業の研究開発への投資も大きく、また、AIスタートアップ企業による取り組みも活発である。

欧州	基礎研究	〇	→	欧州は多数の国にまたがることから、欧州フレームワークプログラムの中で、機械翻訳を中心に自然言語処理に継続的に投資を行ってきているが、突出した研究は少ない。
	応用研究・開発	〇	→	グローバル企業の研究所が存在し、一定のアクテビティーはあるが、米国主導による産業化の側面が強い。産業界では、DeepLの機械翻訳サービスが翻訳品質の高さで注目されている。
中国	基礎研究	◎	↗	北京大学・清華大学等の有力大学やMicrosoft Research Asia、Baidu等の民間企業の研究所を中心に基礎研究が進められている。ACL等のトップ国際会議でも論文採択数は米国に次いで中国が2位である。
	応用研究・開発	◎	↗	中国政府は2017年7月に次世代AI発展計画を発表し、AI産業を強力に推進している。自然言語処理分野ではMicrosoftやBaidu（百度）等で実績があるほか、さまざまな企業で基盤モデル・LLM開発と活用が活発化している。モデル規模は米国のモデルと遜色はないが、国策もあり、海外モデルではなく中国製モデルの利活用が活発である。
韓国	基礎研究	△	→	KAIST、ETRI、KISTI等の有力大学、国研を中心に基礎研究が進められている。ただ、ACL等のトップカンファレンスでの韓国発の発表は減少している。
	応用研究・開発	〇	↗	政府がNaver、サムソン、SK Telecom、Hyundai等とArtificial Intelligence Research Instituteを設立予定。Naver等によるチャットボットや機械翻訳のサービスの開始が相次ぐ。

（註1）フェーズ
基礎研究：大学・国研等での基礎研究の範囲
応用研究・開発：技術開発（プロトタイプの開発含む）の範囲

（註2）現状　※日本の現状を基準にした評価ではなく、CRDSの調査・見解による評価
◎：特に顕著な活動・成果が見えている　〇：顕著な活動・成果が見えている
△：顕著な活動・成果が見えていない　×：特筆すべき活動・成果が見えていない

（註3）トレンド　※ここ1〜2年の研究開発水準の変化
↗：上昇傾向　　→：現状維持　　↘：下降傾向

参考文献

1) Kahneman, D., Thinking, Fast and Slow (Farrar, Straus and Giroux, 2011).（邦訳：村井章子訳,『ファスト＆スロー：あなたの意思はどのように決まるか？』, 早川書房, 2014年）

2) Christopher D. Manning, "Computational linguistics and deep learning", *Computational Linguistics* Vol.41, No.4 (2015), pp.701-707. https://doi.org/10.1162/COLI_a_00239

3) Minh-Thang Luong, Hieu Pham and Christopher D. Manning, "Effective Approaches to Attention-based Neural Machine Translation", *Proceedings of the 2015 Conference on Empirical Methods in Natural Language Processing* (EMNLP 2015; Lisbon, Portugal, September 17-21, 2015), pp.1412-1421.

4) 久保陽太郎,「ニューラルネットワークによる音声認識の進展」,『人工知能』（人工知能学会誌）31巻2号（2016年3月）, pp.180-188.

5) 中澤敏明,「機械翻訳の新しいパラダイム：ニューラル機械翻訳の原理」,『情報管理』66巻5号（2017年8月）, pp.299-306. https://doi.org/10.1241/johokanri.60.299

6) 坪井祐太・海野裕也・鈴木潤,『深層学習による自然言語処理』（講談社, 2017年）.

7) 岡崎直観,「言語処理における分散表現学習のフロンティア」,『人工知能』（人工知能学会誌）31巻2号（2016年3月）, pp.189-201.

8) Anand Rajaraman and Jeffrey David Ullman, *Mining of Massive Datasets* (Cambridge University Press, 2012).（邦訳：岩野和生・浦本直彦訳,『大規模データのマイニング』, 共立出版,

2014年）

9）大塚裕子・乾孝司・奥村学,『意見分析エンジン―計算言語学と社会学の接点』（コロナ社, 2007年）.

10）Special Issue："This is Watson", *IBM Journal of Research and Development* Vol. 56 issue 3-4 (May-June 2012).

11）西田京介・斉藤いつみ,「深層学習におけるアテンション技術の最新動向」,『電子情報通信学会誌』101巻6号（2018年）, pp. 591-596.

12）Ashish Vaswani, et al., "Attention Is All You Need", *Proceedings of the 31st Conference on Neural Information Processing Systems* (NIPS 2017; Long Beach, CA, USA, December 4-9, 2017).

13）Jacob Devlin, et al., "BERT：Pre-training of Deep Bidirectional Transformers for Language Understanding", arXiv:1810.04805 (2018). https://doi.org/10.48550/arXiv.1810.04805

14）Yinhan Liu, et al., "RoBERTa：A Robustly Optimized BERT Pretraining Approach", arXiv:1907.11692 (2019). https://doi.org/10.48550/arXiv.1907.11692

15）Zhenzhong Lan, et al., "ALBERT：A Lite BERT for Self-supervised Learning of Language Representations", arXiv:1909.11942 (2019). https://doi.org/10.48550/arXiv.1909.11942

16）Yu Sun, et al., "ERNIE：Enhanced Representation through Knowledge Integration", arXiv:1904.09223 (2019). https://doi.org/10.48550/arXiv.1904.09223

17）Li Dong, et al., "Unified Language Model Pre-training for Natural Language Understanding and Generation", arXiv:1905.03197 (2019). https://doi.org/10.48550/arXiv.1905.03197

18）Jiasen Lu, et al., "ViLBERT：Pretraining Task-Agnostic Visiolinguistic Representations for Vision-and-Language Tasks", arXiv:1908.02265 (2019). https://doi.org/10.48550/arXiv.1908.02265

19）Weijie Su, et al., "VL-BERT：Pre-training of Generic Visual-Linguistic Representations", arXiv:1908.08530 (2019). https://doi.org/10.48550/arXiv.1908.08530

20）Yen-Chun Chen, et al., "UNITER：UNiversal Image-TExt Representation Learning", arXiv:1909.11740 (2019). https://doi.org/10.48550/arXiv.1909.11740

21）Tom Brown, et al., "Language Models are Few-Shot Learners", *Proceedings of the 34th Conference on Neural Information Processing Systems* (NeurIPS 2020; December 6-12, 2020).

22）Shaden Smith, et al., "Using DeepSpeed and Megatron to Train Megatron-Turing NLG 530B, A Large-Scale Generative Language Model", arXiv:2201.11990 (2022). https://doi.org/10.48550/arXiv.2201.11990

23）Aakanksha Chowdhery, et al., "PaLM：Scaling Language Modeling with Pathways", arXiv:2204.02311 (2022). https://doi.org/10.48550/arXiv.2204.02311

24）Rishi Bommasani, et al., "On the Opportunities and Risks of Foundation Models", arXiv:2108.07258 (2021). https://doi.org/10.48550/arXiv.2108.07258

25）科学技術振興機構 研究開発戦略センター,「戦略プロポーザル：第4世代AIの研究開発―深層学習と知識・記号推論の融合―」, CRDS-FY2019-SP-08（2020年3月）.

26）Yoshua Bengio, "From System 1 Deep Learning to System 2 Deep Learning", *Invited Talk in the 33rd Conference on Neural Information Processing Systems* (NeurIPS 2019; Vancouver, Canada, December 8-14, 2019). https://slideslive.com/38922304/from-system-1-deep-learning-to-system-2-deep-learning

27）東大TV,「深層学習の先にあるもの－記号推論との融合を目指して（2）」（2019年3月5日）. https://todai.tv/contents-list/2018FY/beyond_deep_learning
28）Jean-Baptiste Alayrac, et al., "Flamingo: a Visual Language Model for Few-Shot Learning", arXiv:2204.14198 (2022). https://doi.org/10.48550/arXiv.2204.14198
29）Scott Reed, et al., "A Generalist Agent", arXiv:2205.06175 (2022). https://doi.org/10.48550/arXiv.2205.06175
30）Yoav Levine, et al., "SenseBERT: Driving Some Sense into BERT", *Proceedings of the 58th Annual Meeting of the Association for Computational Linguistics* (ACL 2020; July 5-10, 2020).
31）Jiayuan Mao, et al., "The Neuro-Symbolic Concept Learner: Interpreting Scenes, Words, and Sentences From Natural Supervision", *Proceedings of the 7th International Conference on Learning Representations* (ICLR 2019; New Orleans, USA, May 6-9, 2019).
32）松尾豊,「知能の2階建てアーキテクチャ」,『認知科学』（日本認知科学会誌）29巻1号（2022年3月）, pp. 36-46. https://doi.org/10.11225/cs.2021.062
33）谷口忠大,『心を知るための人工知能：認知科学としての記号創発ロボティクス』（共立出版, 2020年）.
34）Gautier Izacard, et al., "Atlas: Few-shot Learning with Retrieval Augmented Language Models", arXiv:2208.03299 (2022). https://doi.org/10.48550/arXiv.2208.03299
35）Ruibo Liu, et al., "Mind's Eye: Grounded Language Model Reasoning through Simulation", arXiv:2210.05359 (2022). https://doi.org/10.48550/arXiv.2210.05359
36）Yujia Li, et al., "Competition-level code generation with AlphaCode", *Science* Vol. 378, Issue 6624 (December 8, 2022), pp. 1092-1097. https://doi.org/10.1126/science.abq1158
37）Mark Chen, et al., "Evaluating Large Language Models Trained on Code", arXiv:2107.03374 (2021). https://doi.org/10.48550/arXiv.2107.03374
38）科学技術振興機構 研究開発戦略センター,「科学技術未来戦略ワークショップ報告書：次世代AIモデルの研究開発 ～技術ブレークスルーとAI×哲学～（2023年11月23日・12月20日開催）」, CRDS-FY2023-WR-03（2024年2月）.
39）科学技術振興機構 研究開発戦略センター,「戦略プロポーザル：次世代AIモデルの研究開発」, CRDS-FY2023-SP-03（2024年3月）.
40）OpenAI, "GPT-4 Technical Report", arXiv:2303.08774 (March 15, 2023). https://doi.org/10.48550/arXiv.2303.08774
41）OpenAI, "Hello GPT-4o" (May 13, 2024). https://openai.com/index/hello-gpt-4o/
42）OpenAI, "Learning to reason with LLMs" (September 12, 2024). https://openai.com/index/learning-to-reason-with-llms/
43）Weilin Cai, "A Survey on Mixture of Experts", arXiv:2407.06204 (2024). https://doi.org/10.48550/arXiv.2407.06204
44）Takuya Akiba, et al., "Evolutionary Optimization of Model Merging Recipes", arXiv:2403.13187 (2024). https://doi.org/10.48550/arXiv.2403.13187
45）栗原健太郎・河原大輔・柴田知秀,「JGLUE：日本語言語理解ベンチマーク」,『自然言語処理』（言語処理学会誌）29巻2号（2022年6月）, p. 711-717. https://doi.org/10.5715/jnlp.29.711
46）Robin Jia and Percy Liang, "Adversarial Examples for Evaluating Reading Comprehension Systems", arXiv:1707.07328 (2017). https://doi.org/10.48550/arXiv.1707.07328
47）Saku Sugawara, et al., "What Makes Reading Comprehension Questions Easier?", *Proceedings*

of the 2018 Conference on Empirical Methods in Natural Language Processing （EMNLP 2018; Brussels, Belgium, October 31-November 4, 2018）, pp. 4208-4219.

48）井之上直也,「言語データからの知識獲得と言語処理への応用」,『人工知能』（人工知能学会誌）33巻3号（2018年5月）, pp. 337-344.

49）Dheeru Dua, et al., "DROP：A Reading Comprehension Benchmark Requiring Discrete Reasoning Over Paragraphs", Proceedings of the 2019 Conference of the North American Chapter of the Association for Computational Linguistics （NAACL 2019; Minneapolis, Minnesota, USA, June 2-7, 2019）.

50）Jungo Kasai, et al., "RealTime QA：What's the Answer Right Now?", arXiv:2207.13332（2022）. https://doi.org/10.48550/arXiv.2207.13332

51）岡崎直観・他,『IT Text 自然言語処理の基礎』（オーム社, 2022年）.

52）Long Ouyang, et al., "Training language models to follow instructions with human feedback", arXiv:2203.02155（2022）. https://doi.org/10.48550/arXiv.2203.02155

53）Jared Kaplan, et al., "Scaling Laws for Neural Language Models", arXiv:2001.08361（2020）. https://doi.org/10.48550/arXiv.2001.08361

54）Jason Wei, et al., "Emergent Abilities of Large Language Models", arXiv:2206.07682（2022）. https://doi.org/10.48550/arXiv.2206.07682

55）Yunfan Gao, et al., "Retrieval-Augmented Generation for Large Language Models: A Survey", arXiv:2312.10997（2023）. https://doi.org/10.48550/arXiv.2312.10997

56）森友亮（編）,「特集：生成AIとベンチマーク－データセット・評価手法」,『人工知能』（人工知能学会誌）39巻6号（2024年11月）, pp.786-843.

57）DeepSeek-AI, "DeepSeek-R1: Incentivizing Reasoning Capability in LLMs via Reinforcement Learning"（January 2025）. https://github.com/deepseek-ai/DeepSeek-R1/blob/main/DeepSeek_R1.pdf

58）Rylan Schaeffer, Brando Miranda, and Sanmi Koyejo, "Are Emergent Abilities of Large Language Models a Mirage?", arXiv:2304.15004（April 28, 2023）. https://doi.org/10.48550/arXiv.2304.15004

2.1.3 エージェント技術

(1) 研究開発領域の定義

自ら判断し行動する主体[1]をコンピューターシステムとして実現したものをエージェントと呼ぶ。広い意味では人工知能（AI）そのものであるが、特に自律性・自発性・社会性・反射性といった特性がエージェントの特徴として取り上げられる。すなわち、「自分自身の動作の目標を設定して動作したり（自律性、自発性）、他のエージェントと協力して組織を構成して問題解決を実行したり（社会性）、種々の変化や変動を察知して適応的に動作したり（反射性）する処理体」[2]がエージェントとみなされる。その自律的メカニズム（自律エージェント）、複数主体の協調（マルチエージェントシステム）、人間とのインタラクション（インターフェースエージェント）、社会的活動・現象のシミュレーション（マルチエージェントシミュレーション）等を実現しようとするのが、本研究開発領域である。

エージェントの定義・特徴
- エージェントは自ら判断し行動する主体をコンピューターシステムとして実現したもの
- 自分自身の動作の目標を設定して動作したり（自律性、自発性）、他のエージェントと協力して組織を構成して問題解決を実行したり（社会性）、種々の変化や変動を察知して適応的に動作したり（反射性）する特徴を持つ

政策的課題
- 大規模コンピューティング基盤・データ基盤の整備・強化
- 産学連携：実社会・実用現場でのデータ取得・検証
- さまざまな分野の学際的な研究
- マルチエージェント、対話エージェント、HAIの間の連携

	マルチエージェントシステムおよびシミュレーション	対話エージェント	ヒューマンエージェントインタラクション (HAI)
領域の意義	・さまざまな社会活動・現象のモデル化とそれを用いたシミュレーション・予測 ・それを通して、社会活動・現象のより正確な理解や制度設計・意思決定への活用	・普段使っている言葉(自然言語)でコンピューターに指示や意図を伝えられる ・ハンズフリー・アイズフリーで使える	・外見や応答の仕方も含めて、ユーザーそれぞれが心理的・認知的に受け入れやすいインターフェースエージェント設計 ・自然性・親密性・効率性等の向上
研究開発の動向	・1980年代は分散人工知能、1990年代にマルチエージェント、2000年代は経済パラダイム志向、2010年代は社会実装志向(電子商取引、電力・交通、災害対策等のシミュレーション) ・マルチエージェントシステムの合意形成のための交渉と協調：深層学習を用いた自動メカニズムデザイン、仲介均衡、自動交渉、不完全情報ゲーム、セキュリティーゲーム等 ・マルチエージェント深層強化学習・逆強化学習 ・マルチエージェント社会シミュレーション ・生成AIエージェント ・トップランク国際会議としてAAMAS、コンペティションANAC、国内ではJAWS等	・タスク指向型対話から非タスク指向対話(雑談)へ、言語・音声のみでなくマルチモーダル対話へと広がり ・パイプライン構成から深層学習ベース大規模言語モデルの対話エージェントへ：Google Meena、Meta Blender、OpenAI ChatGPT ・ChatGPTやGeminiの音声対話・マルチモーダル対話 ・SIGDIAL、ICMI等の国際会議のほか、コンペティションではAlexa Prize、日本発の対話ロボットコンペティションや対話システムライブコンペティションも	・人間の心理・認知、自然言語だけでなくエージェントの外見・非言語情報まで総合的なインタラクションに着目した日本発の研究領域 ・国内でHAIシンポジウム、日本発の国際会議HAI ・仮想エージェント、ロボット、人間同士のコミュニケーションを研究 ・HAI設計論：エージェントのデザイン、擬人化と適応ギャップ、メディアの等式、ナッジとブースト、意図スタンス
科学技術的課題	・生成AIエージェントによる高度化・精緻化、人・AI共生社会のデザインと課題解決 ・将来予測の精度よりもWhat-IF分析による起こり得る問題に対する事前対策を重視 ・深層強化学習・逆強化学習のマルチエージェント・多目的最適化問題へ適用拡大	・タスク指向型対話：多様な話題や不定形タスクへの対応 ・非タスク指向型対話：話題共有から情報共有・価値観共有した対話へ ・マルチモーダル対話データセット構築 ・大規模言語モデルベースの発展	・受け止め方の個人差を吸収する設計方法論・評価方法 ・キラーアプリケーションの探索 ・人間・エージェント間の信頼関係確立 ・HAIの知見をマルチエージェントシミュレーションや対話エージェントに展開

図2-1-5　領域俯瞰：エージェント技術

(2) キーワード

自律エージェント、マルチエージェントシステム、マルチエージェントシミュレーション、インターフェースエージェント、ヒューマンエージェントインタラクション、対話エージェント、対話システム、分散人工知能、AIエージェント、人・AI共生

（3）研究開発領域の概要

［本領域の意義］

「2.1.1 知覚・運動系のAI技術」と「2.1.2 言語・知識系のAI技術」が、「見る」「聴く」「考える」「話す」「動かす」「学ぶ」といった、一人一人の人間の知能が持つある側面を実現することに重点を置いているのに対して、本項の「エージェント技術」は、自律的に行動するAIをベースとして、それが他者（他のAIや人間）や社会・環境とインタラクションするという側面にアプローチしている。それによって、例えば、以下のようなことを期待できる。

複数のエージェントが相互にインタラクションするマルチエージェントシステムの枠組みを用いて、さまざまな社会活動・現象をモデル化することができる。そして、そのモデルを用いたシミュレーションを通して、起こり得ることを予測したり、モデルの妥当性を検証したりすることで、そのモデルが対象とする社会活動・現象に対するより正確な理解や意思決定への活用が可能になる。昨今、機械学習技術を用いたビッグデータ解析が予測や意思決定に盛んに活用されるようになったが、社会活動・現象のような複雑な振る舞いをする対象に対しては限界がある。その原因としてミクロ・マクロループの存在が指摘されている[3]。社会活動・現象におけるミクロ・マクロループとは、個人の行動の集積がマクロなレベルの社会全体の動きを生成し、さらに、社会全体の動きがミクロなレベルの個人の行動を変化させていくような循環を意味する。これが存在するため、ある期間のビッグデータから規則性を見いだしたとしても、将来の動きはその規則性から外れていってしまうということが起こる。この問題に対して、マルチエージェントシステムによるシミュレーションでは、構成論的アプローチを取ることで、よりダイナミックに動きを捉え、多面的な理解・予測をすることが可能になる。

また、インターフェースエージェントは、人間とのインタラクションや利用者インターフェースにおいて、自然性・親密性・効率性等を高める。例えば、普段使っている言葉（自然言語）でコンピューターに指示や意図を伝えられるインターフェース（対話エージェント）ならば、階層的なメニューから探したり、特別のコマンド入力・操作方法をあれこれ覚えたりする必要がない。しかも、ハンズフリー・アイズフリーで使える。さらに、自然言語での対話に限らず、人間とインターフェースエージェントあるいは物理的身体を持つロボットとの関係を総合的に考えるヒューマンエージェントインタラクション（HAI）に関する知見を取り込むことで、外見や応答の仕方も含めて、利用者それぞれが心理的・認知的に受け入れやすいインターフェースエージェントの設計が可能になる。

［研究開発の動向］

論文[1]では、エージェント技術に関する研究を次のような4種類に分類している。

一つ目は、実世界において自律的に環境を観測し、判断し、行動することを可能にする計算モデルの研究である。知能ロボットが典型的な応用例であり、BDI（信念、願望、意図）モデル、強化学習、サブサンプションアーキテクチャ等が研究されてきた。

二つ目は、多数のエージェントの協調や競争の計算モデルの研究である。電子商取引、電力マネジメント等に応用されている。黒板モデル/契約ネット、自動交渉、メカニズムデザイン等、マルチエージェントシステム研究として活発に取り組まれている。

三つ目は、人間（一人あるいはグループ）と言語的・非言語的な対話を行い、社会的役割を演じるインターフェースエージェントの研究である。自然言語による対話を実現する対話エージェントや、言語や擬人化のインターフェースに限ることなく、人間の心理・認知面を重視して総合的に人間とエージェントのインタラクションの在り方を考えるHAIの研究が進められている。

四つ目は、エージェントを用いたシミュレーションである。個々の行動主体を適切な粒度でモデル化し、そのインタラクションから生じる複雑な現象を観察する。

一つ目は二つ目の基礎にもなっており、四つ目は二つ目のマルチエージェントシステムを用いる。また、三つ目のうち対話エージェントは、自然言語処理（「2.1.2 言語・知識系のAI技術」で詳細記載）を基礎としており、HAIとは技術発展の流れが異なる。そこで、以下では、自律エージェントを含むマルチエージェントシステムおよびシミュレーション、対話エージェント、HAIに分けて、研究開発の動向を述べる[18]。

❶マルチエージェントシステムおよびシミュレーションの研究開発動向

初期のエージェントの研究分野は分散人工知能と呼ばれていた。1980年に米国で分散人工知能ワークショップDAI（Distributed Artificial Intelligence Workshop）の第1回が開催され、これは1994年までほぼ毎年開催された。当初は、分散した問題解決器の間で解くべき問題を共有し、協調しながら問題を解く分散協調問題解決の方法論に取り組みの中心があったが、その後、各問題解決器が自律性を備え、それぞれが独立の目標を持つようなケースへと取り組みが広がり、マルチエージェントシステムと呼ばれるようになる。1989年から欧州を中心にマルチエージェントに関するワークショップMAAMAW（European Workshop on Modelling Autonomous Agents in a Multi-Agent World）が開催されるようになった。1995年にはマルチエージェントシステム国際会議ICMAS（International Conference on Multi-Agent Systems）、1997年には自律エージェント国際会議AGENTS（International Conference on Autonomous Agents）が始まり、それらは2002年に統合されてAAMAS（International Conference on Autonomous Agents and Multi-Agent Systems）となり、この研究分野の中心的な国際会議となっている。日本国内でも1991年に日本ソフトウェア科学会に「マルチエージェントと協調計算」（MACC）研究会が立ち上がった。このMACC研究会を中心に、2002年からJAWS（Joint Agent Workshop & Symposium）がスタートし、現在では、電子情報通信学会「人工知能と知識処理」研究専門委員会、情報処理学会「知能システム」研究会、人工知能学会「データ指向構成マイニングとシミュレーション」研究会、IEEE Computer Society Tokyo/Japan Joint Chapterとの共同による学会横断的なイベントとして運営されている。他にも主要な国際会議として、PRIMA（International Conference on Principles and Practice of Multi-Agent Systems）、IEEE ICA（International Conference on Agents）、PAAMS（International Conference on Practical Applications of Agents and Multi-Agent Systems）がある。日本が主導して立ち上げたロボカップ[27]においても、サッカーシミュレーションやレスキューシミュレーションを中心に、マルチエージェント研究の応用の評価が進められている。PRIMAは当初の名称をPacific Rim International Workshop on Multi-Agentsとし、また、IEEE ICAはJAWSの国際セッションのコミュニティーによって創設されたものであり、日本が中心的な貢献をして、アジア地域におけるエージェント研究の活発化につなげてきた面を持つ。コンペティションを通した技術検証・改良では、上述のロボカップのほか、2000年代には電子商取引、オークション、サプライチェーンマネジメント等に関するTAC（Trading Agent Competition）が開催され、2010年からは自動交渉エージェントに関するANAC（Automated Negotiating Agents Competition）が開催されている。

このようにエージェント研究のコミュニティーが発展し、マルチエージェント間交渉、マルチエージェントシミュレーション、マルチエージェント学習、マルチエージェントプランニング、メカニズムデザイン、エージェント指向ソフトウェア工学等、マルチエージェントシステムをベースとした技術開発も広がりを見せている[28]。2000年〜2010年頃には、マルチエージェントが経済パラダイムと相性が良いことが注目され、ゲーム理論や

---

[27] 日本から1993年に提案され、1995年にスペシャルセッション、1996年にプレ大会が開催され、1997年を第1回として、以降毎年開催されている。

[28] マルチエージェントシステムやエージェントシミュレーションの技術開発や応用分野の広がりについては、人工知能学会誌や情報処理学会誌の特集号[4), 5), 39)]に掲載された一連の解説論文に詳しい。

計算論的メカニズムデザインがオークションやマッチング問題に適用されて、実用的な成果を上げた[29]。2010年代になると、社会活動・現象を扱い、実際に社会に実装することが強く目指されるようになってきた。電子商取引、電力マネジメント、交通シミュレーション、ワイヤレスセンサーネットワーク、災害対策（避難・群衆誘導）等への適用が行われている[6), 9), 29)]。

このようなモデル化や応用の対象が社会に広がるにつれて、マルチエージェント社会シミュレーション（Multi-Agent Social Simulation：MASS）の取り組みが進んできた。MASSは、人の行動や判断を模倣できるエージェントを多数用意し、コンピューター上に作った仮想的な都市や社会でそのエージェントたちを行動させ、集団としてどのような振る舞いが生じるかを分析・研究する取り組みである[29)]。さまざまな社会現象・社会活動の分析や理解に役立つとともに、起こり得るさまざまな可能性を事前に知ることで、適切な対策立案・社会制度設計や、多数のステークホルダー間の調整に活用できる。公共交通サービス、感染症対策、都市・地域設計、防災・減災、電力・金融・物流市場設計等、さまざまな分野への適用が進んでいる。具体的な事例として、オンデマンド交通サービスSAVS（Smart Access Vehicle System）や、内閣官房の「COVID-19 AI・シミュレーションプロジェクト」[30]が挙げられる。

さらに、生成AIが登場したことで、2023年以降、マルチエージェントの研究開発が新たな局面を迎えつつある[39)]。まず、従来、マルチエージェントシミュレーションでは、同種のエージェントを多数動作させるケースが中心だったが、生成AIをベースに一つ一つのエージェントを異なる個性や役割を持たせて動作させることが可能になった。また、社会活動・現象を扱う上で、マルチエージェントシステムの中に人間も含めて扱うことが必要である。生成AIは人間と極めて自然な言語による対話を行えるので、従来は難しかったエージェントと人間との自然なインタラクションが可能になる。[新展開・技術トピックス]❶の中で具体的な研究事例を紹介する。

❷対話エージェントの研究開発動向

音声対話技術を用いたインターフェースは、まず、タスクや利用シーンを限定した形で実用化が進んだ。このような限定によって、扱うべき語彙・文型・文脈を現実的な規模に抑えることができる。例えば、コンタクトセンターでの問い合わせ応答や、旅行会話の音声翻訳等が挙げられる。Nuance、IBM、NEC等から法人向けソリューションが提供されたほか、情報通信研究機構（NICT）で開発された個人旅行者向け多言語音声翻訳アプリケーションVoiceTraは、スマートフォンアプリケーションとして、民間企業や、スポーツイベントでの案内、病院診察での外国人対応等に使われている。

この間、スマートフォンが普及したことで、そのフロントエンドのインターフェースとして音声対話アシスタントが使われるようになった。2011年にリリースされたAppleのSiriや2012年にリリースされたNTTドコモの「しゃべってコンシェル」がその代表である。また、2014年にMicrosoftがWindowsのフロントエンドとして、対話インターフェースを持つCortanaをリリースした。同年にはAmazon Echo（アシスタントソフトウェアAlexa）が発売され、家庭向けの音声対話アシスタント内臓スピーカー（スマートスピーカーやAIスピーカーとも呼ばれる）という新しい製品形態が生まれた。同種の製品として、その後、2016年にGoogle Home（アシスタントソフトウェアGoogle Assistant）、2017年にLINE Wave（アシスタントソフトウェアClova）等が続いた。さらに、アシスタント型の対話（タスク指向型対話）よりも雑談型の対話（非タスク指向型対話）が中心の「チャットボット」（Chatbot）[31]と呼ばれるソフトウェアも利用が広がりつつある。企業に

29　マルチエージェントシステムにおいて、その系が複数の利己的なエージェントで構成される場合、系の設計者は個々のエージェントの行動を直接制御することはできない。その代わりに、エージェント間の関係、つまりゲームのルールを設計することで、間接的にエージェントを制御しようというのが、メカニズムデザイン[1), 6), 7), 8)]の考え方である。

30　プロジェクトによるシミュレーション結果や研究成果は https://www.covid19-ai.jp/ja-jp/ で公開されている。

31　会話（Chat）とロボット（Bot）を組み合わせた造語。

とっての新たな顧客接点として、SNSやメッセージアプリケーションでチャットボットが会話の相手になるという使われ方もされている。

以上のような対話インターフェースは、厳密な意味での自律性を必ずしも備えてはいないが、知識ベースを備えたり、擬人化された外見や性格を持っていたり、利用者との対話から学習したりといった知的な機能を持つことから「対話エージェント」とも呼ばれる。

技術面に目を向けると、近年はニューラルネットワーク・深層学習の適用が進んだ[10]。従来、音声認識、言語理解、対話制御、応答生成、音声合成というモジュールをパイプライン接続する構成が取られていたが、各モジュールを深層学習でモデル化するという置き換えが進んだ。さらに、パイプライン構成を取らずに、深層学習によって入力文から応答文を直接出力するEnd-to-End構成も取られるようになってきた。

このような対話エージェントは、自然言語処理分野で発展したトランスフォーマー（Transformer）という深層学習モデル（詳細は「2.1.2 言語・知識系のAI技術」参照）をベースとし、極めて膨大な量のテキストデータを学習に用いた。2020年1月にGoogleが発表したチャットボットMeena（ミーナ）[11]は、ソーシャルメディア上での会話データ341ギガバイトから、ニューラルネットワークのパラメーター26億個を学習した。Facebook（現Meta）が同年4月に発表したチャットボットBlender（ブレンダー）[12]は、掲示板サイトRedditの会話データ15億件から最大94億パラメーターを学習した。

さらに、2020年6月にはOpenAIから、3000億件のテキストデータから1750億個のパラメーターを学習した大規模言語モデルGPT-3が発表された[13]（Microsoftがその独占ライセンスを取得）[32]。2022年11月には、その改良版であるGPT-3.5を用いたChatGPTがWeb公開された。その後、OpenAI ChatGPTの大規模言語モデルはGPT-4（2023年3月）、GPT-4o（2024年5月）とバージョンアップされ、入力された質問（プロンプト）に対して、まるで人間が書いたかのような自然な文章で、詳しくもっともらしい説明を返してくれて、用途に応じたテキスト（論文・電子メール・プログラムコード等）の作成にも活用できる。これにより、対話エージェントの技術開発と応用開発は、大規模言語モデル（あるいは基盤モデルと呼ばれる）をベースとした対話型の生成AIが主流になった。OpenAIのChatGPTだけでなく、GoogleのGemini、AnthropicのClaude、さらに、MetaのオープンソースモデルLlamaを利用したもの等、多数の参入が起きている。

このような動向はテキスト対話にとどまらず、音声対話やマルチモーダル対話にも広がった。2024年に発表されたChatGPT Advanced Voice with VideoやGemini 2.0 Liveでは、スマートフォンのカメラ、マイク、スピーカーを通して、利用者と対面しつつ、あるいは、利用者が注視する対象物やシーンを共有しながら、対話エージェントと音声による会話をしたり、音声やジェスチャーによる指示・操作をしたりすることが可能になりつつある。

なお、対話エージェント技術に関する国際的な研究発表・議論の場としては、SIGDIAL（Annual Meeting of the Special Interest Group on Discourse and Dialogue）やICMI（ACM International Conference on Multimodal Interaction）があるとともに、ACL（Annual Meeting of the Association for Computational Linguistics）をはじめとする自然言語処理分野の国際会議や、NeurIPS（Conference on Neural Information Processing Systems）をはじめとする機械学習分野の国際会議で発表されている。また、共通タスクを設定して方式や性能を比較するコンペティション型のワークショップも活発に開催されている。近年は、非タスク指向型対話のコンペティション（Amazonが開催するAlexa Prize[14]等）や、日本発の取り組みである対話システムライブコンペティション、対話ロボットコンペティションも行われている。

32　言語モデルは大規模化が進んでおり、2021年10月にMicrosoftとNVIDIAが発表したMegatron-Turing Natural Language Generation（MT-NLG）は、GPT-3の約3倍となる5300億個のパラメーターを持つ。大規模言語モデル（基盤モデル）の動向については「2.1.2 言語・知識系のAI技術」で取り上げている。

❸ヒューマンエージェントインタラクション（HAI）の研究開発動向

HAIは人間とエージェントとのインタラクションに重点を置いている[15), 16), 17)]。マルチエージェントシステム研究と比べると、人間の心理・認知といった面からインタラクションを捉えている。対話エージェント研究と比べると、自然言語だけでなく、エージェントの外見や動き等の非言語情報や人間の心理・認知等も含めた総合的なインタラクションを扱っている。このような立場からHAIという新たな研究分野が日本発で立ち上がり、RO-MAN（IEEE International Symposium on Robot and Human Interactive Communication）、IROS（IEEE/RSJ International Conference on Intelligent Robots and Systems）、人工知能学会全国大会等でのオーガナイズドセッションやワークショップを経て、2006年に第1回のHAIシンポジウムが開催された。2013年からは国際会議HAI（International Conference on Human-Agent Interaction）も開催されている。

HAI研究において、人間とインタラクションするエージェントとして、主に三つの形態が考えられている。一つ目は仮想的なエージェントである。その分かりやすい例は、人間の外見を持つ擬人化エージェントであるが、利用者や目的によっては、必ずしも擬人化されたエージェントが最良のインターフェースであるとは限らない。二つ目は物理的な身体を持つエージェントであるロボットであり、センサーによって置かれた環境を把握し、アクチュエーターを介した動作によって環境に変化を及ぼすことも可能である。三つ目は人間である。HAI研究では、人間同士のコミュニケーションも研究対象の一つになっている。人間同士のコミュニケーションを解析・理解することは、一つ目や二つ目の形態をデザインする上で参考になるとともに、エージェントを介した人間同士のコミュニケーション（Agent-Mediated Communication）の改善支援にHAI研究を役立てることにもつながる。

HAIや対話エージェントに関する研究は、AIだけでなく、認知科学、心理学、哲学、ヒューマンインターフェース、ロボティクス等がクロスする学際的研究分野である。対話エージェントが既に実用の域にあるのと比較すると、HAIはまだ新しい研究分野だが、AI技術がさまざまなアプリケーション・サービスでさまざまな人間（利用者）に利用されていくことを考えると、HAI研究に基づくインターフェースエージェントの設計論は今後ますます重要になっていくと考えられる（［新展開・技術トピックス］❹を参照）。

（4）注目動向
［新展開・技術トピックス］
❶生成AIエージェント

生成AIが登場し、急速に発展していることで、エージェント技術の研究開発は新しい局面を迎えつつある。

2022年11月末に登場したChatGPTに代表される対話型の生成AIは、利用者からの入力（プロンプト）に対して応答を返す。入力と応答には自然言語テキストが用いられることが多いが、マルチモーダル対応も進んでいる。その先の展開として注目されているものとして、生成AIエージェントが挙げられる。各種タスクを遂行する上で、生成AIだけでは完結しないことが多々ある。例えば、生成AIが学習済みの情報では足りず、ネットから新しい情報を検索したり、組織内のデータベースを検索したりといった外部情報検索が必要になるタスクがある。ホテルや交通機関の予約サイトやショップサイトに予約や注文を行うことが必要なタスクもある。複雑なタスクでは、途中の状態を保存や読み出したりすることも必要になる。一方、生成AIは、遂行すべきタスクや目標が与えられたとき、それをサブタスクに分解し、どのような手順で実行すればよいかをプランニングすることができる。そこで、それらを組み合わせて、タスク実行に必要な手順をプランニングして自動実行する生成AIエージェントの研究開発が進められている。比較的初期の試みとして、AgentGPTやAutoGPTといったシステムが知られている。また、米国のスタートアップ企業Cognitionが開発したソフトウェアエンジニアに特化したAIエージェントDevin[30)] や、日本のスタートアップ企業Sakana AIが開発した

科学研究に特化したAIエージェントAI Scientist[31]等が注目されている。

また、マルチエージェントシステムやマルチエージェントシミュレーションにおいても、生成AIを用いることで、異なる個性や役割を持ったAIエージェントが混在する状況が作れるようになった。一般利用者向けのサービスとして、2023年11月にOpenAIはChatGPTにカスタムGPT機能を提供し始めた。これは、各利用者がChatGPTをカスタマイズすることで、独自のエージェントサービスを作って公開できる機能である。これによって、さまざまな個性・特性を持ったエージェントが多数乱立し、それらの間でインタラクションするようなマルチエージェント社会が予想される。

このような状況を想定したようなシミュレーション実験も行われている。例えば、2023年8月にスタンフォード大学とGoogleの研究者によって発表されたGenerative Agents実験[37]では、仮想空間内で、各個性を与えられた25体の生成AIエージェントが自然言語で対話しながら行動するという状況でシミュレーションを実施し、AIエージェントたちがパーティを企画して集まるといった振る舞いが観測されたという。さらに大規模化した後続研究（AIスタートアップ企業のAlteraによるProject Sid[38]）では、ゲーム「マインクラフト」内で1000体のエージェントが動き、仕事、宗教、税制までが作られたという。

❷マルチエージェントシステムの合意形成のための交渉と協調

マルチエージェントの交渉と協調は、ゲーム理論を重要な数学的基礎として発展しており、基礎理論面の発展として、深層学習を用いた自動メカニズムデザインと、仲介均衡（Mediated Equilibrium）が注目される。応用面の発展では、自動交渉、不完全情報ゲーム、セキュリティーゲームが注目される。

メカニズムデザインでは、真実申告最良（正直に申告すると一番得をする／損をしない）となるように設計するとメカニズムが安定する。これを制約としてメカニズムの設計を自動化する試みが自動メカニズムデザインであり、2019年に発表されたRegretNetという手法[19]がオークションの収入最大化問題で大きな成果を挙げた。この問題では単一財のケースが1981年に解かれたものの、複数財のケースは40年近く解けずにいた。RegretNetでは、この問題に対して、真実申告最良の制約充足をRegret値（ある行動を選択したときに他の行動を選択していたらこれくらい効用が得られたはずだという後悔を数値化したもの）の最小化問題として定式化し、深層学習を適用することで、データに基づいてメカニズムが自動設計されるようにした。

仲介均衡は「囚人のジレンマ」問題に仲介者（Mediator）を導入する。この問題では従来、それぞれのプレーヤーが合理的で、かつ、コミュニケーションができない状態だと、両プレーヤーとも裏切るという均衡に落ちてしまうことが知られていた。しかし、仲介者が入ると、両プレーヤーとも仲介者に合意することが均衡となり、協力するという可能性が示された。

自動交渉は、それぞれの効用関数（いわばそれぞれの価値観）を持った複数のエージェントが相対する状況において、一定の交渉プロトコルに従ってうまく合意案を見つける技術である。ある問題について、複数のステークホルダーの間で対立したり、協調しようとしたりするとき、交渉プロトコルや効用関数を定めてエージェントに代行させて自動交渉を行うならば、人間同士が交渉するよりも、その条件で考えられる最適な合意点に高速に到達できると期待される。交渉理論を踏まえたモデルベースの方式のほか、機械学習ベースの方式も開発されている[33]。国内では、産業競争力懇談会（COCN）による提言、新エネルギー・産業技術総合開発機構（NEDO）のプログラムや内閣府の戦略的イノベーション創造プログラム（SIP）によって取り組みが推進され[34]、衝突を回避して安全に飛行するドローンの運航管理や、サプライチェーンにおける受発注会

---

[33] 前述の国際自動交渉エージェント競技会ANACを共通の場として技術発展が進んできた[20]。

[34] COCNからは2018年に「人工知能間の交渉・協調・連携」の提言[21]が出された。NEDOプログラムでは「ロボット・ドローンが活躍する省エネルギー社会の実現プロジェクト」（2017年度〜2021年度）、SIPプログラムでは「AI間連携によるバリューチェーンの効率化・柔軟化」（2018年度〜2022年度）が実施された。

間の商取引条件の調整（SCM）等で実証実験も行われた。特に後者は、ANACでのSCMリーグの立ち上げ（2019年）、自律調整SCMコンソーシアムの発足（2021年）にも発展した。海外でも2019年創業の米国Pactum社が、取引条件交渉から契約文書の取り交わしまで一気通貫のソリューションを提供する自動交渉AIを開発し、2020年にウォルマートで試験運用を開始する等、国際的に取り組みが活発化している。

不完全情報ゲームは、プレーヤーがゲームの進行に必要な情報を全ては知ることができないタイプのゲームである。チェス・囲碁のような完全情報ゲームでは、ゲーム木（ゲームにおける可能な打ち手と状況を木構造で表現）における自分の位置が分かるが、不完全情報ゲームではその位置が一つに定まらないため、状況の評価がはるかに複雑で難しくなる。完全情報ゲームでは、囲碁においてGoogle DeepMindのAlphaGo[22] が2016年から2017年に世界トップランクプロに圧勝して大きな話題になったが、不完全情報ゲームについても、その代表であるポーカーにおいて、米国カーネギーメロン大学のLibratus[23] というソフトウェアが2017年に2人制ゲームで人間に勝利し、さらに、それを発展させたPluribus[24] というソフトウェアが2019年に6人制ゲームでもプロに圧勝した。ここでは、Regret値の最小化戦略が用いられ、反実仮想（観測され得たけれど実際には観測されなかった）Regret値を用いてモンテカルロ木探索を行うモンテカルロCFR（Montecarlo Counterfactual Regret Minimization）が開発・適用されている[25], [26]。

セキュリティーゲームについては［注目すべき国内外のプロジェクト］❶で取り上げる。

❸マルチエージェント深層強化学習・逆強化学習

マルチエージェントにおいて、各エージェントがどのように振る舞うかを決める意思決定規範の設計は、重要な課題である。この課題に有効な技術として、深層強化学習・逆強化学習が注目されている。強化学習（Reinforcement Learning）では、エージェントが、ある状態で、ある行動をしたとき、その結果に応じた報酬が与えられる。そして、行動と報酬の受け取りを試行錯誤的に重ねることを通して、より多くの報酬が得られるように行動を決定する意思決定方策を学習する。強化学習の中に深層学習を組み込んだものが深層強化学習（Deep Reinforcement Learning）であり、上述のAlphaGoに用いられた。囲碁のようなボードゲームでは、状態や行動に関する不確実性がないことや、過去の膨大な棋譜データに基づいた時系列行動と勝敗の蓄積があることから、報酬関数を定義することが比較的容易であるため、報酬関数に基づいた逐次的意思決定戦略（方策）を持つエージェントを設計できる。

しかし、報酬値はスカラー量として与える必要があるため、定性的な感覚の定量化や、複数の目的を両立させるような場合には、それぞれの目的に対する報酬値の重みを定義することは容易ではない。特に、複数の目的下での問題解決は、そのままマルチエージェント系の学習に大きく関わっており、実用に向けた課題として、報酬関数設計が重要となる。

報酬設計に有効な手法として逆強化学習（Inverse Reinforcement Learning）が注目されている。逆強化学習では、エキスパートの振る舞いの履歴等、良い見本となる意思決定系列から報酬関数を推定する。例えば、ロボットアームの制御、自動運転、人間や動物の行動解析等で報酬関数の推定が試みられている。また、エージェント単体だけでなく、2体系やN体系等マルチエージェントシステムへの拡張も行われている[27]。マルチエージェント強化学習においては、上述した複数の目的間にトレードオフがある場合（エージェント間の競合）の問題は顕著であり、加えて以前から議論されてきた同時学習の問題、スケーラビリティー等、単一エージェントの場合では生じない課題は、シミュレーション、合意形成等に応用する上でも重要であり、これに対する新たな理論、アルゴリズムの提案が見られる[28]。

❹HAI設計論

HAI研究の主要な目標の一つは、人間とインタラクションするエージェントの設計論である。 HAIは比較

的新しい研究分野であり、この設計論が確立されたとはまだ言えないが、エージェント自身の外観や機能、エージェントと人間の間でやり取りされる情報、エージェントと人間の関係等の観点から、設計において考慮すべき事項や指針が徐々に見いだされつつある[15), 16), 17), 32)]。そのいくつかを以下に示す。

a. エージェントのデザイン：外見の選択（人型・動物型等、人型の場合も性別・性格等、実写風・アニメ風等のどれを用いるか、親しみやすさと知性の印象が重要）、表出される情報の表現の選択（自然言語による発話、非言語な表情、ジェスチャー等のどれを用いるか、タスクの種類や環境にも依存）、機能レベル（学習機能や利用者の状態・意図の理解機能等）を適切に選択する必要がある。

b. 擬人化と適応ギャップ：擬人化エージェントは利用者がその機能や能力を推測しやすい反面、利用者が期待した機能・能力と実際との間に生じるギャップがリスクとなる。

c. メディアの等式（Media Equation）：メディアの世界と現実を無意識のうちに同一視してしまうという人間の心理が、エージェントに対しても起こり得る。

d. ナッジ（Nudge）とブースト（Boost）：行動経済学で提唱された概念で、ナッジはそっと行動を促すというもので[35]、ブーストはよく考えるように促すというものである。エージェントが人間に寄り添いながら、人間の意思決定・行動変容を支援しつつも、最終的には人間自身が判断してほしいという立場だが、悪用されるリスクもあり、倫理面の配慮や適正な選択構造の設計が求められる。

e. 意図スタンス：哲学者Daniel Dennettは、人間が対象の振る舞いを理解し予測する際に、物理スタンス（物理現象として振る舞いを理解）、設計スタンス（設計仕様から振る舞いを理解）、意図スタンス（振る舞いの目的・意図から理解）という三つの心的姿勢を使い分けるとしている。HAIは上記a～dのような点をコントロールしながら、意図スタンスにも踏み込んだ設計を行う。

[注目すべき国内外のプロジェクト]

❶セキュリティーゲームの社会適用

Milind Tambeらのチーム（Teamcore）[36]は、マルチエージェント技術・ゲーム理論に基づく「AI for social good」のための研究開発に取り組んでいる。特に有名なのは、セキュリティーゲームとしての定式化に基づくロサンゼルス空港の警備計画アプリケーションARMORの成功である。セキュリティーゲームは、テロリスト等の攻撃者から空港等の重要施設を守るために、適切な警備員配置を決定する警備計画問題である[1), 6), 7), 8), 33)]。警備側・攻撃側ともに人員リソースは有限であり、かつ、互いに相手の動きを読み合い、最も効果的な人員配置を行おうとする。これはゲーム理論におけるシュタッケルベルグ（Stackelberg）ゲームとして定式化でき、均衡を計算することで、効果的な警備員配置の計画が可能になるというものである。この研究成果をきっかけとして、セキュリティーゲームはマルチエージェントシステム研究におけるホットトピックとなり、理論展開と具体的応用が広く発展した。

Teamcoreでは、上述のような治安問題の他にも、次のような問題に取り組んでいる。公衆衛生問題では、HIVリスク行動削減、結核予防、母子保健等に対して、ソーシャルワーカーや公衆衛生のリソースに限りがある条件下で、社会的ネットワークの効果を最大化する取り組みが進められている。保全問題では、絶滅の危機にひんした野生動物を保護するためのレンジャー配置計画をセキュリティーゲーム（グリーンセキュリティーゲーム）として扱うシステムPAWS（Protection Assistant for Wildlife Security）が開発され、世界100

---

[35] ナッジのもともとの意味は「ひじで人を軽く突く」というものである。そこから、人々の行動を強制的に変えるのではなく、少しの刺激を与えることで自発的に望ましい行動を選択するように促すことを指すために使われるようになった。

[36] 以前は南カリフォルニア大学情報科学研究所（USC/ISI：University of Southern California/Information Sciences Institute）、現在はハーバード大学に属している。

カ所以上の国立公園で使われている。他にも、サイバーセキュリティー、森林保護、ウイルスに対する薬設計、ソフトウェアコードテスト、交通システム等への適用も考えられている。このようなさまざまな社会的課題に対して実用的な成果を展開していることは注目される。

❷ChatGPT・Geminiの音声対話・マルチモーダル対話

　OpenAIのChatGPTやGoogleのGeminiは、テキストベースの対話にとどまらず、音声対話やマルチモーダル対話にまで機能拡張を進めている。ChatGPTは2024年9月からAdvanced Voice Modeの提供を開始した。Geminiは同年8月にGemini Liveを発表し、10月にその日本語対応版の提供を開始した。これらでは、スマートフォンのマイクとスピーカーを通して、音声による対話が可能である。人との対話と同じように自然なやり取りができるように、リアルタイムに応答が返され、かつ、応答中に割り込んで次の発言をすることも可能になっている。応答の声のタイプを変えたり、声のトーンや抑揚の変化によって感情が込められたように応答したりすることも可能になった。

　さらに同年12月には、ChatGPT、Geminiとも音声対話時にビデオ共有も可能になった。ChatGPT Advanced Voice with Videoでは、スマートフォンのカメラを通して、利用者と対面しつつ、あるいは、利用者が注視する対象物やシーンを共有しながら、音声による会話をしたり、音声やジェスチャーによる指示・操作をしたりすることが可能である。

（5）科学技術的課題

❶マルチエージェントシステムおよびシミュレーションの技術課題

　近年、マルチエージェントシステムによるモデル化やそれを用いたシミュレーションでは、生成AIエージェントの導入によって、新たな局面に向かいつつある。より複雑な社会活動・現象への適用や、AIエージェントと人が共存・協働するような状況への適用が進むものと思われるが、現実の問題をどこまでうまくモデル化やシミュレーションできるのか、技術進展を期待したい。ただ、社会活動・現象に人間の行動が含まれる場合、その個々の人間の判断・行動を完全にモデル化することは簡単なことではないだろう。そのため、シミュレーションの位置付けは、将来予測を高精度に当てるというよりは、むしろ、さまざまな条件でシミュレーションを繰り返すことで、どんな条件・要因で何が起こり得るのかを知る「What-If分析」の手法を技術的に確立し、発生し得る問題を予見して事前に対策を打てることの意義が大きいことを理解しておくべきであろう。

　エージェントのモデル設計（意思決定規範の設計）の難しさに対しては、深層強化学習や逆強化学習が注目されている。その発展方向として、前述したエージェント単体からマルチエージェント（N体系）への適用拡大に加えて、複数の競合する目的を持つ多目的最適化問題へ適用を拡大する多目的強化学習・多目的逆強化学習が研究されている。また、エージェントが物理世界で動作する場合（ロボットや自動運転車等）、物理的な制約やノイズを考慮したモデル設計が必要になる。このような取り組みによって、より多様で複雑な現実世界の問題を扱うための枠組みへの発展が期待される。

　また、マルチエージェントシステムの枠組みを用いて、どのような社会課題解決や新たな価値創造に取り組むか、ということも重要な点である。人々の集合知を高める「ハイパーデモクラシー」[34]が提案されているほか、地球環境問題等も視野に入れた取り組みも期待される。

❷対話エージェントの技術課題

　タスク指向型対話・非タスク指向型対話ともに深層学習の適用が進み、対話における話題の広がりや対話の自然さが改善されてきた。さらに、生成AI・基盤モデルによって、自然な対話やマルチモーダル対話の品質が高まった。対話システムは、一問一答から話題の共有というレベルへ発展してきたが、さらに情報の共有、

そして価値観の共有への発展が求められる[10), 35)]。そのためには、互いの理解を積み重ねていくための共通基盤（コモングラウンド[36)]）の研究が重要になる。

マルチモーダル対話の研究では、音声・テキスト対話に比べて、対話研究用データセットの構築・公開が進んでいないことが課題である。シングルモーダルよりもコストがかかり、話者のプライバシーへの配慮も必要である。先駆的な取り組みとして対話相手をマルチモーダルで観測して対話する場合については、大阪大学産業科学研究所が構築したデータセットHazumiが2020年に公開された。対話相手と自分が同じ対象を観測しながら対話する場合については、ショッピングタスクのデータセットSIMMC（Situated and Interactive Multimodal Conversations）がFacebook Research（現Meta Research）から公開された。今後さらに対話研究用データセットの拡充が求められるとともに、どのような評価尺度を用いるべきかについての研究も重要である。

❸ HAIの技術課題

HAIは利用者の心理・認知特性と関わりが深く、受け止め方の個人差が大きいことが、設計論の確立という面では難しさがあると考えられる。この課題に対して、従来のHCI（Human-Computer Interaction）の方法論への批判的観点から、多くのHAI研究では大規模な参加者実験による一般性の評価を行うことで対応している。一方、HAIの重要課題として、基礎的な観点から、ケーススタディー研究が多く、統一的な設計論が確立されていないこと、工学的な観点からは、インパクトのあるキラーアプリケーションが見えていないこと等が挙げられる。AI技術がさまざまなアプリケーション・サービスで幅広く利用されていくことを考えると、インターフェースエージェントの設計におけるHAIの側面は今後ますます重要なものになっていく。［新展開・技術トピックス］❺で述べたような設計上の留意点や指針に関する基礎的な知見を、今後も積み上げていくことが必要である。併せて、心理学・哲学的な面からの理論構築も含めて、人間とエージェントの間の信頼関係確立のための設計技法も重要になるであろう。

また、HAIの考え方が効果的に働く応用分野として、医療、介護、福祉、教育、ビデオゲーム等が考えられる[15)]。このような応用を通して、設計論や要素技術を検証していくとともに、新たな技術課題や知見が生まれてくるものと思われる。さらに、既に実用化が進んでいるマルチエージェントシミュレーションや対話エージェントに対して、HAI研究から得られた知見を加えることで、新たな価値を生み出すという方向の展開が期待できる。

❹ 人・AI共生社会基盤

生成AIの発展により、AIは単なる道具から、人の知的活動を代行したり協働したりするパートナー（AIエージェント）になる。このような流れによれば、これからの情報社会は、多様で多数のAIエージェントと人々が共生・協働する人・AI共生社会に向かう[40)]。人々と高度なAIエージェントとの協働によって、これまで困難だった社会課題の解決が進み得るし、人口が減少する中でより最適な社会システムの実現が可能になると考えられる。そのようなポジティブな見通しを実現する研究開発の一方で、新たな脅威やリスクが生まれることをあらかじめ予見し、プロアクティブに対策技術を開発することも必要である。AIエージェント同士が勝手に物事を進めて暴走することを防いだり、本当に信じられてタスクや代行を任せられるAIエージェントであることを保証・検証したりするトラスト形成等も重要な技術課題になる。また、多数のAIエージェントが動作する分散計算環境やエネルギー消費問題への対処や、人と共生するAIエージェントと密接に関わるプライバシー問題や人とのインタラクション（認知面や心理面等も含む）も考えていく必要がある。

（6）その他の課題

❶ **大規模コンピューティング基盤・データ基盤の整備・強化（経済安全保障の観点も含む）**

　［注目すべき国内外のプロジェクト］❷に記載したように、最先端の対話エージェントの言語モデルは、膨大な量のテキストデータから学習したものである。この規模の学習処理を実行できるのは、OpenAI、Meta、Googleのような極めて大規模な計算資源を保有する組織だからこそである。また、マルチエージェント社会シミュレーションも、今後、エージェント数やシミュレーション条件のバリエーションが増えると、計算量が組み合わせ的に増大する。このようにエージェント研究には大規模なコンピューティング基盤やデータ基盤が必要になっており、これはもはや大学の一研究室で確保できる規模のものではなくなってきている。産業技術総合研究所のABCIや理化学研究所の富岳のように、国内の研究機関が共同利用できる大規模コンピューティング基盤・データ基盤の継続的な整備・強化が必要である。「2.1.1 知覚・運動系のAI技術」や「2.1.2 言語・知識系のAI技術」でも述べたように、経済安全保障の面からもこのような基盤強化が必要である。

❷ **産学連携および分野横断の研究開発推進**

　マルチエージェント社会シミュレーションや対話エージェントの研究開発では、実社会・実用現場でのデータ獲得や検証が不可欠であり、産学連携はそのための手段として、今後もいっそう推進されるであろう。また、HAIや対話に関する研究は、AI、ヒューマンインターフェース、ロボティクス、認知科学、心理学、哲学等、さまざまな分野の学際的な研究分野であり、分野横断の研究コミュニティーとして発展してきている。さらに、現状では、マルチエージェントシステム／シミュレーションと対話エージェントとHAIとの間の連携はまだあまり強くないが、今後、これらの間の知見共有・技術統合のための連携も有効なはずである。ここで述べた種類の分野横断の研究開発の推進体制の重要性が高まっていくと考える。

（7）国際比較

国・地域	フェーズ	現状	トレンド	各国の状況、評価の際に参考にした根拠等
日本	基礎研究	○	→	HAIは日本発の研究分野である。自動交渉エージェントに関するANACでも日本の貢献が見られる。対話分野の国際会議では一定数の論文が採択されているが、エージェント基礎研究全般として研究者層や国際学会での存在感はまだ弱い。
日本	応用研究・開発	○	↗	オンデマンド交通・避難計画等の交通・人流シミュレーションでの実用化が見られる。エージェント研究者も関わっている人狼ゲームやロボカップ、対話ロボットやマルチモーダル対話システム等のコンペティションも日本が先導している。
米国	基礎研究	◎	→	他のAI分野と同様に研究者層が厚く、エージェント分野のAAMASや対話分野のSIGDIALやICMIの採択論文数も圧倒的1位である。
米国	応用研究・開発	◎	→	セキュリティーゲームでの実用化をはじめ、エージェント技術の先端的な応用が進んでいる。大規模学習による対話エージェントでは圧倒的優位性を示しており、Meta、Amazon、Microsoft等からの論文発表も多い。
欧州	基礎研究	◎	→	米国に次いで研究者層が厚い。特に英国の存在感がある（AAMASの採択論文数では米国に次いで英国が2位をキープしている）。欧州はマルチモーダル対話も比較的強い。
欧州	応用研究・開発	○	→	DeepMindがマルチエージェントシステムのトップカンファレンスで発表しているほかは、企業から目立った研究成果の発表は見られない。

中国	基礎研究	○	↗	AAMASの採択論文数は徐々に増加している。自然言語処理・対話関連はACL・EMNLPで米国と並んで2強。
	応用研究・開発	○	↗	AI分野全体では米中2強の状況であるが、対話分野（タスク指向・非タスク指向）で企業（Tencent、Alibaba等）の取り組み・発表が活発であることを除いて、エージェント分野全般での中国の存在感はまだそれほどではない。しかし、中国のAI応用は急速に拡大しており、エージェント応用研究面も伸びつつある。
韓国	基礎研究	△	→	AAMASの採択件数もごくわずかである。SIGDIAL・ICMIでも目立った活動は見られない。
	応用研究・開発	△	→	目立った活動は見られない。
イスラエル	基礎研究	◎	→	バルイラン大学等はメカニズムデザインやゲーム理論等の基礎研究でトップレベルである。
	応用研究・開発	△	→	企業から目立った研究成果の発表は見られない。

(註1) フェーズ
　　　基礎研究：大学・国研等での基礎研究の範囲
　　　応用研究・開発：技術開発（プロトタイプの開発含む）の範囲
(註2) 現状　※日本の現状を基準にした評価ではなく、CRDSの調査・見解による評価
　　　◎：特に顕著な活動・成果が見えている　○：顕著な活動・成果が見えている
　　　△：顕著な活動・成果が見えていない　×：特筆すべき活動・成果が見えていない
(註3) トレンド　※ここ1～2年の研究開発水準の変化
　　　↗：上昇傾向　　→：現状維持　　↘：下降傾向

参考文献

1) 長尾確・大沢英一・伊藤孝行，「エージェント・マルチエージェントの過去と現在」，『人工知能』（人工知能学会誌）35巻3号（2020年5月），pp. 430-443.

2) 木下哲男・他，「分散協調とエージェント」，電子情報通信学会知識ベース「知識の森」7群7編. http://ieice-hbkb.org/portal/doc_673.html

3) 和泉潔，「ビッグデータとエージェントシミュレーション」，『情報処理』（情報処理学会誌）55巻6号（2014年6月），pp. 549-556.

4) 服部宏充・栗原聡（編），「特集：エージェント」，『人工知能』（人工知能学会誌）28巻3号（2013年5月），pp. 358-423.

5) 青木健児・浅井達哉（編），「特集：マルチエージェントシミュレーション」，『情報処理』（情報処理学会誌）55巻6号（2014年6月），pp. 528-590.

6) 伊藤孝行・他，「未来の社会システムを支えるマルチエージェントシステム研究（1）―経済パラダイム，交渉エージェント，交通マネジメント―」，『人工知能』（人工知能学会誌）28巻3号（2013年5月），pp. 360-369.

7) 松原繁夫，「マルチエージェントシステムにおける経済学的アプローチ」，『計測と制御』（計測自動制御学会誌）55巻11号（2016年11月），pp. 948-953.

8) 岩崎敦・東藤大樹，「ゲーム理論・メカニズムデザインに関する研究動向」，『人工知能』（人工知能学会誌）28巻3号（2013年5月），pp. 389-396.

9) 伊藤孝行・他，「未来の社会システムを支えるマルチエージェントシステム研究（2）―電力システムおよびワイヤレスセンサネットワークへの応用―」，『人工知能』（人工知能学会誌）28巻3号（2013年5月），pp. 370-379.

10）東中竜一郎,『対話システムの作り方』(近代科学社, 2023年).
11）Daniel Adiwardana, et al., "Towards a Human-like Open-Domain Chatbot", arXiv:2001.09977 (2020). https://doi.org/10.48550/arXiv.2001.09977
12）Stephen Roller, et al., "Recipes for building an open-domain chatbot", arXiv:2004.13637 (2020). https://doi.org/10.48550/arXiv.2004.13637
13）Tom Brown, et al., "Language Models are Few-Shot Learners", *Proceedings of the 34th Conference on Neural Information Processing Systems* (NeurIPS 2020; December 6-12, 2020).
14）Raefer Gabriel, et al., "Further Advances in Open Domain Dialog Systems in the Third Alexa Prize Socialbot Grand Challenge", *Proceedings of the Alexa Prize Socialbot Grand Challenge* 3 (2020).
15）大澤博隆,「ヒューマンエージェントインタラクションの研究動向」,『人工知能』(人工知能学会誌) 28巻3号（2013年5月）, pp. 405-411.
16）山田誠二・小野哲雄,『マインドインタラクション：AI学者が考える《ココロ》のエージェント』(近代科学社, 2019年).
17）山田誠二（編）,「特集：進化するHAI：ヒューマンエージェントインタラクション」,『人工知能』(人工知能学会誌) 24巻6号（2009年11月）, pp. 809-884.
18）科学技術振興機構 研究開発戦略センター,「俯瞰ワークショップ報告書：エージェント技術」, CRDS-FY2021-WR-11（2022年3月）.
19）Paul Dütting, et al., "Optimal Auctions through Deep Learning", *Proceedings of 36th International Conference on Machine Learning* (ICML 2019; June 9-15, 2019), pp. 1706-1715.
20）藤田桂英・森顕之・伊藤孝行,「ANAC：Automated Negotiating Agents Competition（国際自動交渉エージェント競技会）」,『人工知能』(人工知能学会誌) 31巻2号（2016年3月）, pp. 237-247.
21）産業競争力懇談会（COCN）,「人工知能間の交渉・協調・連携」,「産業競争力懇談会2017年度プロジェクト最終報告」(2018年2月21日).
22）David Silver, et al., "Mastering the game of Go with deep neural networks and tree search", *Nature* Vol. 529, No. 7587（2016）, pp. 484-489. DOI：10.1038/nature16961
23）Noam Brown and Tuomas Sandholm, "Superhuman AI for heads-up no-limit poker：Libratus beats top professionals", *Science* Vol. 359, Issue 6374（December 17, 2019）, pp. 418-424. https://doi.org/10.1126/science.aao1733
24）Noam Brown and Tuomas Sandholm, "Superhuman AI for multi-player poker", *Science* Vol. 365, Issue 6456（July 11, 2019）, pp. 885-890. https://doi.org/10.1126/science.aay2400
25）Martin Zinkevich, et al., "Regret minimization in games with incomplete information", *Proceedings of the 20th International Conference on Neural Information Processing Systems* (NIPS 2017; December 4-9, 2007), pp. 1729-1736.
26）Marc Lanctot, et al., "Monte Carlo sampling for regret minimization in extensive games", *Proceedings of the 22nd International Conference on Neural Information Processing Systems* (NIPS 2009; December 7-12, 2009), pp. 1078-1086.
27）荒井幸代,「複数の環境を利用した逆強化学習―推定報酬の精度向上と転移に向けて―」,『日本ロボット学会誌』39巻7号（2021年9月）, pp. 625-630.
28）Kaiqing Zhang, Zhuoran Yang, and Tamer Basar, "Multi-Agent Reinforcement Learning：A Selective Overview of Theories and Algorithms, A Selective Overview of Theories and

Algorithms", *Handbook of Reinforcement Learning and Control. Studies in Systems, Decision and Control* Vol. 325 (Kyriakos G. Vamvoudakis, et al. (eds.), Springer, 2021), pp. 321-384. https://doi.org/10.1007/978-3-030-60990-0_12

29) 野田五十樹,「マルチエージェント社会シミュレーションが浮き彫りにする緊急時避難の課題」,『学術の動向』23巻3号（2018年3月）, pp. 42-47. https://doi.org/10.5363/tits.23.3_42

30) The Cognition Team, "Devin is now generally available" (December 10, 2024). https://www.cognition.ai/blog/devin-generally-available

31) Chris Lu, et al., "The AI Scientist: Towards Fully Automated Open-Ended Scientific Discovery", arXiv:2408.06292 (2024). https://doi.org/10.48550/arXiv.2408.06292

32) 山田誠二・寺田和憲・小林一樹,「人を動かすHAIデザインの認知的アプローチ」,『人工知能』（人工知能学会誌）28巻2号（2013年3月）, pp. 256-263.

33) Milind Tambe, *Security and Game Theory : Algorithms, Deployed Systems, Lessons Learned* (Cambridge Press, 2011).

34) 伊藤孝行・他,「ハイパーデモクラシー：ソーシャルマルチエージェントに基づく大規模合意形成プラットフォームの実現」,『人工知能学会全国大会（第36回）予稿集』(2022年), 2H5-OS-11a-01.

35) 東中竜一郎,『AIの雑談力』(KADOKAWA, 2021年).

36) 西田豊明,『AIが会話できないのはなぜか：コモングラウンドがひらく未来』(晶文社, 2022年).

37) Joon Sung Park, et al., "Generative Agents: Interactive Simulacra of Human Behavior", arXiv:2304.03442 (Apr. 2023). https://doi.org/10.48550/arXiv.2304.03442

38) Altera.AL, "Project Sid: Many-agent simulations toward AI civilization", arXiv:2411.00114 (2024). https://doi.org/10.48550/arXiv.2411.00114

39) 栗原聡・福田直樹（編）,「特集：エージェント技術の過去・現在・未来」,『人工知能』（人工知能学会誌）39巻3号（2024年5月）, pp. 276-351.

40) 科学技術振興機構研究開発戦略センター,「俯瞰ワークショップ報告書：人・AI共生社会のための基盤技術」(2025年3月発行予定).

2.1.4 AIソフトウェア工学

(1) 研究開発領域の定義

AIソフトウェア工学は、AI（Artificial Intelligence：人工知能）応用システムを、その安全性・信頼性を確保しながら効率よく開発するための新世代のソフトウェア工学を指す[1]。

従来型のシステム開発においては、安全性・信頼性を確保し、効率よくシステム開発を行うための技術体系・方法論がソフトウェア工学の中で整備されてきた。ここでいう従来型とは、プログラム（手続き）を書くという演繹型のシステム開発方法を意味する。これに対して、AI応用システムの開発では、データを例示することによる、機械学習を用いた帰納型の開発方法が用いられる。AIソフトウェア工学は、従来の演繹型システム開発のためのソフトウェア工学から、AI応用システム向けの帰納型システム開発にも対応したソフトウェア工学へ拡張した技術体系・方法論である。なお、AIソフトウェア工学とほぼ等しい用語として、国内では「機械学習工学」[2],[3],[4]、海外では「Software 2.0」[5],[6] が用いられる。

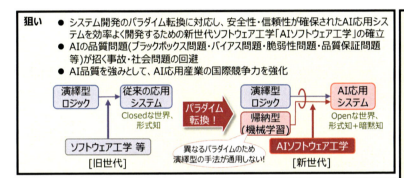

図2-1-6　領域俯瞰：AIソフトウェア工学

(2) キーワード

機械学習工学、Software 2.0、AI応用システム、機械学習応用、AI品質、AI信頼性、AI公平性、説明可能AI、XAI、ブラックボックス問題、バイアス問題、ソフトウェアテスティング、訓練済みモデル、自動機械学習、AutoML、MLOps、SOTIF、SaFAD

（3）研究開発領域の概要
[本領域の意義]

現在のAIブームを牽引しているのは、深層学習（Deep Learning）をはじめとする機械学習技術の進化である。機械学習技術はさまざまな製品・システムに組み込まれ、実社会での応用・実用化が急速に広がっている。しかし、機械学習による帰納型のシステム開発方法は、従来の開発スタイルとは大きく異なる。そのため、従来ソフトウェア工学として構築・整備されてきた技術・方法論（V字モデル等）は必ずしも適さず、システムの要件定義や動作保証・品質保証にも新しい考え方が必要になる。システム開発のパラダイム転換が起きているのである[1),2),3),4),5),6)]。

このパラダイム転換によって、システム開発に必要な人材スキルや方法論が刷新され、この変化に追従できないと、ソフトウェア産業やシステムインタグレーターは競争力を失いかねない。また、動作保証・品質保証等の考え方が整備されないまま、機械学習技術を組み込んだシステムが急激に社会に入っていくと、そこで発生した問題や事故が社会問題化する懸念もある。顕在化してきた問題として次のようなものが指摘されている[37]。

- ブラックボックス問題[7),8),9)]：判定理由について人間に理解可能な形で説明してくれない。事故発生時に原因解明や責任判断ができない。AIの解釈性・説明性が求められる。
- バイアス問題[10),11),12)]：訓練データ（学習データ）に偏見が含まれていると、判定結果に偏見が反映されてしまう。訓練データの分布の偏りが差別を生むこともある。AIの公平性が求められる。
- 脆弱性問題[28),29)]：訓練（学習）範囲外のデータに対して、どう振る舞うかは不明である。敵対的サンプル（Adversarial Examples）[13)]と呼ばれる画像認識等の誤認識を誘発する攻撃[38]や、悪意を持った追加学習によって、不適切な振る舞いが引き起こされ得る。AIの安全性・頑健性が求められる。
- 品質保証問題：仕様（正動作）が定義されないため、テストの成否が定まらない。精度100%は無理で間違いは不可避で、動作保証が難しい。AIの信頼性が求められる。

「2.1.1 知覚・運動系のAI技術」「2.1.2 言語・知識系のAI技術」「2.1.3 エージェント技術」で述べてきたように、機械学習技術を用いることで、さまざまな応用において人間の判断を上回る精度の分類・予測・異常検知等が可能になった。これは、人間が形式知化できていないような規則性が機械学習技術によって獲得可能になり、コンピューターによってシステム化・自動化できる機能が広がってきたということである。AIソフトウェア工学は、このような新たな価値を生み出すAI応用システムについて安全性・信頼性を確保するとともに、その効率の良い開発を可能にする。

[研究開発の動向]
❶学術界・産業界の動向

AIソフトウェア工学は、AIと、ソフトウェア工学（Software Engineering）や安全工学（Safety Engineering）がクロスする新しい技術領域である。国内では、2015年頃からシステム開発のパラダイム転換への対応が必要だという問題提起がされ始め、2017年初頭から学会・業界イベント（2017年2月の情報

---

[37] これはAI応用システムの安全性・信頼性等が本質的に低いということを意味するわけではない。パラダイム転換に対して、システム開発のための技術体系・方法論がまだ整備されていないためである。AIソフトウェア工学を確立していくことが、このような問題・懸念への対策になる。また、システムの安全性・信頼性の確保に向けては、開発者の視点だけでなく、システムの利用者や開発依頼者がAI応用システムの安全性・信頼性等に関する考え方や特性を理解し、どのように受け入れていくか、という側面も考えていく必要がある。

[38] コンピューターセキュリティーインシデントに関する情報提供・技術支援を行っているJPCERTコーディネーションセンターから、脆弱性関連情報としてAdversarial Examplesに対する注意が発信された（2020年3月25日 JVNVU#99619336）。通常は特定製品に関する脆弱性が報告されるのに対して、アルゴリズムそのものに関する注意喚起が行われたのは異例のことである。

処理学会ソフトウェアジャパン2017、同年8月の情報処理学会ソフトウェア工学シンポジウムSES2017、他多数）で基調講演や企画セッション等が立て続けに開催され、一気にホットトピック化した[1]。

さらに2018年4月に、日本ソフトウェア科学会に機械学習工学研究会MLSE（Machine Learning Systems Engineering）が発足した[4], [14]。MLSEは、機械学習応用システムの開発・運用にまつわる生産性や品質の向上を追求する研究者とエンジニアが、互いの研究やプラクティスを共有し合う場として、研究発表会、ワークショップ、勉強会等、さまざまな活動を展開しており、この分野における日本の中核的コミュニティーになっている。機械学習を用いたシステムの要件定義から設計・開発・運用まで、プロセス管理や開発環境・ツール、テスト・品質保証の手法、プロジェクトマネジメントや組織論も含めて、機械学習を用いたシステム開発全般について幅広いスコープで活動している[4]。

同じ2018年4月には、AIプロダクト品質保証コンソーシアムQA4AI（Consortium of Quality Assurance for Artificial-Intelligence-based products and services）も発足した[14]。AIプロダクトの品質保証に関する調査・体系化、適用支援・応用、研究開発を推進するとともに、AIプロダクトの品質に対する適切な理解を啓発する活動を行っている。2019年5月にはQA4AIの「AIプロダクト品質保証ガイドライン」（QA4AIガイドライン）[15]が公開された。また、2020年6月には産業技術総合研究所から「機械学習品質マネジメントガイドライン」（AIQMガイドライン）[16]が公開された。両ガイドラインとも継続的にアップデートされている。QA4AIガイドラインは、品質保証で考慮すべき五つの軸が定義され、それぞれに関してチェックリストが示されている。また、生成系システム、Voice User Interface（スマートスピーカー等）、産業用プロセス、自動運転、AI-OCR（機械学習を用いた光学文字認識）の5ドメインについて、個別のガイドラインも例示されている。一方、AIQMガイドラインは、利用時品質、外部品質、内部品質という三つを関係付けて、その向上のための要件を整理し、開発ライフサイクル全体としての品質管理の考え方を示している。相互に対応する部分は多く、二つのガイドラインは相補的な関係にある。いずれも産業界のメンバーを含めて検討・評価を行っており、産業界におけるAI品質管理の実践につながっている。これらのガイドラインは分野共通の基本的な考え方に重点が置かれており、産業界での実運用に際しては、分野ごとに具体化したガイドラインや事例集を用意するのが有効であり、そのような取り組みも行われている[39]。また、2022年には、AI品質管理に関わる法規・標準・ガイドラインの抽象的な要求事項を、AI品質管理の現場に迅速に適用し、AI品質を向上させる手法の開発を目的として、日本品質管理学会に「AI品質アジャイルガバナンス研究会」が発足した。

一方、海外でも2017年後半から、機械学習を従来型プログラミングに対する新しいパラダイムと捉える動きが見られた。新しいパラダイムは「Software 2.0」[5]とも呼ばれ、国際学会（2018年6月のISCA 2018、2018年12月のNeurIPS 2018等）で基調講演[6]も行われるようになった。カナダのモントリオール理工科大学にSEMLAイニシアチブ（The Software Engineering for Machine Learning Applications initiative）が発足し、2018年6月にキックオフシンポジウムが開催された。2018年9月にGoogle DeepMindが自社のAI開発ガイドラインを、仕様、頑健性、保証という3面からまとめたことを発表したのをはじめ、産業界でも自社のガイドラインを定める動きが国内外で広がっている。2021年7月にドイツのFraunhofer IAIS（Fraunhofer Institute for Intelligent Analysis and Information Systems）が公開したAI Assessment Catalog（Guideline for Designing Trustworthy Artificial Intelligence）は、日本のガイドライン（AIQM、QA4AI）と同様に詳細なガイドラインとして注目される。

以上に示したような取り組みが活性化してきた背景には、AI・機械学習技術の応用がさまざまな分野に急速に広がり、品質保証クリティカルな応用分野にも適用されるようになってきたことがある（図2-1-7）。安全性・信頼性に関する要求レベルは応用ごとに異なる。応用システムが持つ三つの性質「ミスの深刻性」「AI

---

[39] 例えば、石油・化学プラント向けガイドライン・事例集が策定されている。
https://www.meti.go.jp/press/2020/11/20201117001/20201117001.html

寄与度」「環境統制困難性」[40]に着目すると、一般に、ミスの深刻性が高く、AI寄与度が高く、環境統制困難性の高い応用ほど、品質保証がクリティカルになる[1]。機械学習の応用として、商品のレコメンド機能や、文字認識による郵便物の自動読み取り区分システム等は2000年以前に実用化されているが、これらはミスの深刻性や環境統制困難性が比較的低い応用である。これに対して、昨今注目される自動運転や医療診断といった応用分野は、ミスの深刻性や環境統制困難性が高い（ミスが人命に関わり、多様な環境条件で使われる）。そのため、事前（および運用時）の品質保証が極めて重要なものになっている。

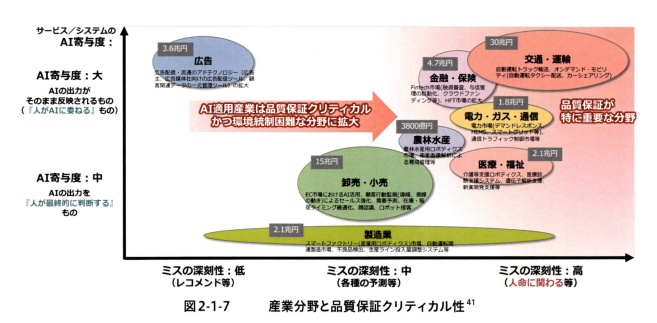

図2-1-7　産業分野と品質保証クリティカル性[41]

産業界の中でも特に問題意識が高く、検討が先行しているのが自動車業界である。自動運転の実現に向けてAI・機械学習技術の役割が増しており、上でも述べたように品質保証クリティカルな応用分野として具体的な検討が進められている[17], [35]。国際的には、ISO TC22等で自動運転の安全性規格の策定が進められている（詳細は［注目すべき国内外のプロジェクト］❶を参照）。国内でもデンソーが自動運転を含むAI搭載システムの品質保証のための仕組み作りや技術開発[36]を進めている等、取り組みが活発化している。

また、産業界では、品質管理・安全性確保という面にとどまらず、機械学習応用システム開発・運用のプロセス全体にわたって効率化・最適化していくため、新しい考え方・フレームワークが検討されている[18]。従来、開発側（Dev）と運用側（Ops）が協調した取り組み・フレームワークとしてDevOpsがあるが、これを機械学習（ML）応用システムの開発・運用に発展させたものがMLOpsと呼ばれている。機械学習型プロジェクトにおける要検討事項を整理した「機械学習プロジェクトキャンバス」[42]も活用されている。技術的には、

40　「ミスの深刻性」は、AI・機械学習が誤った判定結果を出したときに生じる問題がどれくらい深刻であるかを意味する。人命に関わるような場合は深刻性が高い。「AI寄与度」は、問題解決のために実行されるアクションの決定にAI・機械学習がどれくらい大きく寄与するかを意味する。AI・機械学習の出力（判定結果）がそのまま反映される場合は寄与度が高く、AI・機械学習の出力（判定結果）を参考にして人間が最終的に判断する場合は寄与度が低い。「環境統制困難性」は、AI・機械学習を実行する際の環境条件をコントロールすることの難しさを意味する。環境条件を列挙することが難しく想定外のことがいろいろ起こり得る場合は困難性が高く、環境条件を統制することが容易であれば困難性が低い。

41　文献[1]から再掲。図中の金額は2030年のAI適用産業の予想市場規模であり、EY総合研究所のレポート「人工知能が経営にもたらす創造と破壊」（2015年9月）をもとにした。
　　https://kyodonewsprwire.jp/prwfile/release/M103415/201509143541/_prw_OA1fl_O8ov31l1.pdf

42　ビジネスモデル構築における要検討事項を整理したものとしてよく知られた「ビジネスモデルキャンバス」を参考にしつつ、機械学習型プロジェクト向けに12の要検討事項が整理されている。三菱ケミカルホールディングスが自社の経験に基づいて体系的に整理し、2019年7月に一般に公開した。

さまざまな機械学習のアルゴリズムやそのパラメーターから、より良いものを選び、機械学習を用いた分析を自動化する自動機械学習（AutoML）も実用化されている。DataRobotや、NECからはカーブアウトしたdotDataをはじめ、Google Cloud AutoML、Microsoft Azure Machine Learning、H2O Driverless AI他、各社からAutoMLサービスが提供されている。また、設計ノウハウをデザインパターンとしてカタログ化して蓄積・活用する取り組みも進んでいる[19]。データに基づいてソフトウェアの生産性や信頼性の向上を図る実証的ソフトウェア工学のアプローチを、機械学習システムに適用する取り組み（例えばバグの実態調査・分析等）も行われている。

その一方、AI・機械学習の研究者は、機械学習の精度・性能を高める競争が激しく、総じて開発法自体への関心は低かったが、この4-5年で社会におけるAIについての議論が活発に行われるようになり、機械学習の脆弱性問題・バイアス問題・ブラックボックス問題等への対処を中心に取り組まれるようになった。2014年からFAT/ML（Fairness, Accountability, and Transparency in Machine Learning）ワークショップ、2018年からはACM FAT*が開催されているほか、AIの主要国際会議（AAAI・NeurIPS等）でも研究発表が増えている。また、2019年12月には、国内の機械学習の研究者コミュニティー（人工知能学会倫理委員会、日本ソフトウェア科学会機械学習工学研究会、電子情報通信学会情報論的学習理論と機械学習研究会）が共同で「機械学習と公平性に関する声明」を発表し、翌月それを受けたシンポジウムを開催した。

❷基準策定・標準化の動向

上述のような問題意識の急速な高まりと連動して、AI品質関連の標準化活動や安全基準策定活動が多数進められている。AIに関する主な標準化委員会としては以下が挙げられる[20]。

国際標準化機構ISO（International Organization for Standardization）と国際電気標準会議IEC（International Electrotechnical Commission）の第1合同技術委員会JTC1において、SC7がソフトウェア工学、SC42が人工知能を扱っており（JTC：Joint Technical Committee、SC：Subcommittee）、AIの品質や安全性・信頼性に関わる議論が進められている。特に2017年に立ち上がったSC42では、基盤的規格群に関するWG1、ビッグデータに関するWG2、Trustworthinessに関するWG3、ユースケースに関するWG4、計算的アプローチと特性に関するWG5、AIのガバナンスに関するSC40との合同WG、AIベースシステムのテスト法に関するSC7との合同WGが活動している（WG：Working Group）。これに対応するための国内のミラー委員会として、情報処理学会技術規格調査会に「SC42専門委員会」が設置されて活動している。前述のAIQMガイドラインもSC42の活動に反映されている。

また、米国電気電子工学会（IEEE）では、2019年3月に「倫理的に配慮されたデザイン（Ethically Aligned Design）」というレポートの第1版（EAD1e）を公表したが（詳細は「2.1.9 社会におけるAI」を参照）、これと連動する標準化プロジェクトとしてIEEE Standard Association（IEEE-SA）のP7000〜P7014が進められている。IEEE-SAの提案により、AIシステム開発のための標準規格に関心を持つ機関に議論や協調の場を与える国際フォーラムOCEANIS（The Open Community for Ethics in Autonomous and Intelligent Systems）も設立された。他にもIECで標準管理評議会（SMB）システム評価グループ（SEG）10「Ethics in Autonomous and AI Applications」が、AIアプリケーションの倫理的側面に関する（IEC委員会に広く適用される）ガイドラインの作成等を目的に設置された。

さらに、欧州委員会は2021年4月に「AI法案（Proposal for a Regulation of the European Parliament and of the Council Laying Down Harmonised Rules on Artificial Intelligence (Artificial Intelligence Act) and Amending Certain Union Legislative Acts）」を公表した。この法案では、AI応用システムをリスクの大きさに着目して四つのレベルに分け、そのレベルに応じて使用禁止や適合性評価の義務化等、かなり踏み込んだ規制（ハードロー）をかけるものである。意見公募を経た修正や生成AIに

対する規制の追加が加わり、AI法は2024年5月に成立した（詳細は「2.1.9 社会におけるAI」参照）。また、米国では、2023年1月に標準技術研究所（National Institute of Standards and Technology：NIST）から「AIリスク管理フレームワーク（Artificial Intelligence Risk Management Framework：AI RMF）」が発表された。AIのリスクに対する考え方（技術属性、社会技術属性、信頼原則に分けて考える等）やリスクに対処するための実務が示されている。これら欧州AI法と米国NIST AI RMF（「2.1.9 社会におけるAI」でも記載している）は、国際標準化への影響も見込まれる。

ドイツでは、ドイツ人工知能研究センター（The German Research Center for Artificial Intelligence：DFKI）とドイツの認証機関TÜV SÜDが共同で、TÜV for Artificial Intelligence策定の活動を行っている。欧州委員会のAI法が成立したことや、2023年末から2024年にかけて、英国・米国・日本等各国でAI Safety Institute（AISI：AI安全研究所）が設立されたことで、今後、AIに関する第三者認証制度・機関に関わる動きが活発化することが見込まれる。

また、日本国内では、ソフトウェア品質知識体系SQuBOK（Software Quality Body of Knowledge）が、2020年11月にV3に改訂され、新たにAI応用システムの品質に関わる内容が追加された[21]。特定業界の安全規格の策定は、自動運転分野が特に進んでいるが、その状況については［注目すべき国内外のプロジェクト］❶に記載する。

❸科学技術政策の動向

AIに関する科学技術政策は、いま各国が国としての戦略を掲げ、重点投資を進めている。その中で、AI・機械学習技術の性能・精度を高める技術開発競争が強く意識されてきたが、徐々に安全性・信頼性の面にも目が向けられるようになってきた。

わが国では、総理指示を受けたAI研究の体制として、2016年に「人工知能技術戦略会議」とその下での総務省・文部科学省・経済産業省の3省連携による推進体制が構築された。さらに、2018年6月の閣議決定を受けて「統合イノベーション戦略推進会議」が設置され、2019年3月に「人間中心のAI社会原則」、2019年6月に「AI戦略2019」が決定された。「人間中心のAI社会原則」では、AIの社会的・倫理的・法的な課題（Ethical, Legal and Social Issues：ELSI）を含む社会から見たAIへの要請[43]として、（1）人間中心の原則、（2）教育・リテラシーの原則、（3）プライバシー確保の原則、（4）セキュリティー確保の原則、（5）公正競争確保の原則、（6）公平性、説明責任および透明性の原則、（7）イノベーションの原則という七つを掲げた。「AI戦略2019」ではAI社会原則を受けて、「Trusted Quality AI」[44]がAI研究開発の中核的課題として位置付けられた。AI原則を満たす「信頼される高品質なAI」を実現するための技術開発、すなわちAIソフトウェア工学の必要性が認識され、国立研究開発法人科学技術振興機構（JST）や国立研究開発法人新エネルギー・産業技術総合開発機構（NEDO）の研究開発プログラムが推進されている（［注目すべき国内外のプロジェクト］❷を参照）。

AI社会原則・AI倫理指針として、欧州委員会の「信頼できるAIのための倫理指針」（Ethics Guidelines

---

43 社会から見たAIへの要請については、「人間中心のAI社会原則検討会議」（2018年4月発足）に先立ち、内閣府の「人工知能と人間社会に関する懇談会」、総務省の「AIネットワーク社会推進会議」、経済産業省の「AI・データ契約ガイドライン検討会」等で検討されてきており、それらを踏まえて「人間中心のAI社会原則」が検討された。特にAIネットワーク社会推進会議は、2017年7月に、連携、透明性、制御可能性、安全、セキュリティー、プライバシー、倫理、利用者支援、アカウンタビリティーという九つのAI開発原則を掲げた「国際的な議論のためのAI開発ガイドライン案」を公表し、2019年8月には「AI利活用ガイドライン」も公表した。なお、このような総務省と経済産業省での複数のAI関連ガイドラインは、2024年4月に第1.0版が公表された「AI事業者ガイドライン」に一本化された。

44 「AI戦略2019」に先立ち2019年2月に一般社団法人日本経済団体連合会（経団連）から発表された「AI活用戦略」にも「Trusted Quality AI」のコンセプトが示されている。AI戦略はその後「AI戦略2021」「AI戦略2022」とアップデートされたが、Trusted Quality AIは重要な研究開発課題として位置付けられている。

for trustworthy AI、2019年4月)、OECD（経済協力開発機構）の「人工知能に関するOECD原則」(OECD Principles on Artificial Intelligence、2019年5月、42カ国署名) がまとめられた。各国からも次々に発表があり、G20（主要20カ国・地域首脳会議）原則にもなった。ユネスコ（国際連合教育科学文化機関）の「AI倫理勧告」(first draft of the Recommendation on the Ethics of Artificial Intelligence、2021年11月、全193加盟国採択) 等が挙げられる（詳細および関連動向は「2.1.9 社会におけるAI」参照）。関連する具体的な研究開発投資では、米国の国防高等研究計画局（Defense Advanced Research Projects Agency：DARPA）が推進するXAI（Explainable AI）プロジェクト（2017年5月～2021年4月）と Assured Autonomyプロジェクト（2018年5月～2022年4月）がAIの安全性・信頼性に関するものとして知られている。XAIプロジェクトでは、人間の意思決定を支援するパートナーとしてのAIを、人間の兵士が理解・信頼し、管理することを目指し、具体的な目標として、マルチメディアデータからターゲットを選択する際の理由説明を扱うData AnalyticsタスクとドローンやロボットなどDの自律システムがどういう状況でどういう理由で次の行動を決定したかを説明するAutonomyタスクが設定された。Assured Autonomyプロジェクトでは、自動運転車やドローン等の自律システムの安全性確保が研究された。

その後、基盤モデル・生成AIの台頭を受けて、政策の強化・拡充が急ピッチで進められている。その概要は1.1.1-（8）と表1-1-6に示したが、特に、2023年5月に内閣府によって有識者によるAI戦略会議（座長：松尾豊）が立ち上げられ、同月に「AIに関する暫定的な論点整理」が発表された。日本政府は、AI戦略会議と連動しつつ、リスクへの対応、AIの利用促進、AI開発力の強化を柱とした方針のもと、G7の広島AIプロセスを主導した。AIの安全性・信頼性に関わる施策として、2024年2月にAI Safety Institute（AISI Japan）が独立行政法人情報処理推進機構（IPA）内に設置され、また、同年4月に総務省・経済産業省による「AI事業者ガイドライン」[45]が公表された。

（4）注目動向
［新展開・技術トピックス］
❶機械学習のテストおよびデバッグの技術

機械学習を用いて作られたシステムは、どれだけテストすれば十分なのか、テストの方法や品質指標がまだ確立されていない。従来型の簡単なテストのイメージは、「ボタンAを押したら光る」「ボタンBを押したら音が鳴る」というような動作ロジックに沿って、全てのケースと正しい結果を事前にリストアップすることができ、その通りの結果が得られるかを確認すればよいというものである。従来型でも、一定以上の規模や複雑さを持つシステムになると、全てのケースはリストアップできず、テストが難しくなるが、機械学習型の場合は、動作ロジックの記述ではなくデータ例示によって動作を定義するので、そもそも全てのケースをリストアップするための手掛かりがない。例えば、自動運転における環境認識では、「雨や霧のこともあるかもしれない」「物陰から人が飛び出すかもしれない」等、実世界で車が遭遇し得る環境の可能性をどう数え上げ、どれだけのケースをテストしておいたら十分安全なシステムだと言えるのか、という問題は機械学習型においていっそう難しい。

このことから、事前に想定していなかったケースに対するシステムの振る舞いが保証できず、脆弱性が生じる。この脆弱性を突く攻撃がAdversarial Examples攻撃[13]である。例えば、機械学習を用いた画像認識システムがそれまで正しく認識できていた画像に対して、人間には気にならない程度の小さな加工（ごく小さなノイズ等）を加えて、それまでと全く異なる誤認識結果を出させるというものである。道路標識を対象とした実験で、停止標識を速度制限標識と誤認識させた（停止しなければ事故を招く）と報告されている。

機械学習のテスティング技術は、AIソフトウェア工学分野で特に活発に取り組まれている研究テーマの一つである[22]。機械学習は訓練データによってシステムの動作が定まるが、起こり得る全てのケースを訓練データ

---

45 https://www.meti.go.jp/shingikai/mono_info_service/ai_shakai_jisso/20240419_report.html

やテストデータとして事前にカバーすることはできない。そのような前提のもと、テストデータのカバレッジやパターン量を適切かつ効率よく増やすためのさまざまな手法が開発されている[4),22),23]。具体的には、ニューロンカバレッジ、メタモルフィックテスティング、サーチベースドテスティング、データセット多様性等のアイデアが知られている。ニューロンカバレッジは、深層学習等ニューラルネットワーク系の機械学習において、ニューラルネットワーク内の活性化範囲を調べ、それを広げるようなテストパターンを生成しようという考え方である。メタモルフィックテスティングは、入力を変えると出力はこう変わるはずという関係を検証し、既存テストケースから多数のテストケースを生成する手法である。サーチベースドテスティングは、メタヒューリスティックを用いて、欲しいテストケースを表すスコアを最大化するようテストケースを生成する手法である。また、適用できるケースはまだ限定的だが、形式検証を深層学習のモデルにも適用する試みも進みつつあり、そのコンペティション（VNN-COMP）も開催されている。個別失敗ケースを見つけるのではなく、弱点領域・性能限界を追求するという取り組みもあり、機械学習のテスティング技術の研究は多様化している。その一方で、開発現場で十分な意義・効果が示されているか、費用対効果が妥当か等は、まだ十分に見極められていない。

また、時間の経過とともに、入力されるデータの傾向や形式が変化したり、結果を利用する側の評価基準が変化したりして、実質的な精度が低下してしまうことがよく起こることから、機械学習システムでは、導入前の評価・テストだけでなく、運用中の評価・テストも重要である。入力データや出力結果をモニタリング・評価して、その変化が許容できるレベルを超えたら、調整・再学習するような仕掛けも用いられている。

また、問題を見つけるだけでなく原因把握・問題箇所特定・デバッグの手法も検討されるようになった[24),25]。成功ケースと失敗ケースの比較からニューラルネットワークの再訓練箇所を決める方法、再訓練で追加すべきデータを選択する方法、再訓練ではなくパラメーターを直接修正する方法等が提案されている。機械学習システムは、ある問題に対処するために加えた部分的な修正が、そのシステム全体の動作に影響を与えてしまうというCACE性（Changing anything changes everything）があり、これがデバッグを難しいものにしているが、影響を与える範囲を絞りつつ、問題に効果的に対処するような修正を求める方法も追求されている。

❷機械学習における公平性・解釈性・透明性（FAT/ML）

上記❶で述べたようなさまざまなケースをテストすることに加えて、FATと呼ばれる公平性・解釈性・透明性を、機械学習の応用システムにおいてどう確保するか、というのも重要課題である。特に解釈性と公平性に対する技術的対策がホットトピックになっている。透明性に関しては、解釈性・公平性と併せて実装されるが、欧州で2018年5月に施行された一般データ保護規制（General Data Protection Regulation：GDPR）にAIの透明性を求める条文（GDPR第22条）が盛り込まれたことから、規制順守という面での対応も求められる。

公平性の確保、すなわちバイアス問題への対策では、公平性配慮データマイニング（Fairness-aware Data Mining：FADM）[12]あるいは公平性配慮機械学習（Fairness-aware Machine Learning）呼ばれる研究トピックが立ち上がっている。機械学習におけるバイアス問題は、主に訓練データの分布の偏りや正解ラベル付けへの偏見混入等によって、人種・性別のようなセンシティブ属性が判定結果に大きく関わることで起きる。例えば、特定人種の誤認識が多いとか、性別によって採用判定が左右されるとかの不公平な結果が生じる。人種・性別の属性を除外して機械学習にかけたとしても、他の属性に人種・性別と相関の高いものがあれば、不公平な結果になり得る。FADMでは、グループ公平性・個人公平性等の公平性基準を定義し、それを用いて不公平さを検出する手法や、不公平を防止する手法が提案されている。そのためのツールとして、MicrosoftのFairlearn、IBMのAI Fairness 360、GoogleのFairness Indicator等も提供されてい

る[46]。ただし、公平性を確保することで通常、精度は低下することや、どの公平性基準を採用するかによって結果が異なること等を理解し、応用ごとの要件を明確化して設計することが必要である。

　解釈性の向上、すなわちブラックボックス問題への対策は、XAI（Explainable AI：説明可能AI）[7],[8],[9]と呼ばれ、活発に取り組まれている研究トピックである。研究論文数が急増するとともに、OSS（Open Source Software）や商用ソフトウェアとして開発現場での活用も広がっている。XAI技術を大きく分けると、（A）深層学習のように精度が高いが解釈性が低いブラックボックス型の解釈性を高めるアプローチと、（B）決定木や線形回帰のような解釈性は高くても精度に限界のあったホワイトボックス型の精度を高めるアプローチがある。アプローチ（A）には複数のタイプがあり、その一つは（A-1）大域的な説明と呼ばれるもので、ブラックボックス型を近似するようなホワイトボックス型モデルを外付けするという方法である。例えば、深層学習の結果を決定木で近似するような試みがある（Born Again Trees等）。もう一つは（A-2）局所的な説明と呼ばれるもので、ブラックボックス型がある判定結果を出したときに、その結果が出た要因を示すという方法である。LIME、Influence、Attention Map等のツールがよく知られている。さらに（A-3）人間の知見を埋め込むという方法がある。人間が定めた分類の着眼点が分かっているとき等、人間の知見をモデルの制約として与えつつ学習させるというものである（例えばAttention Branch Network）。一方、アプローチ（B）の例としては、決定木的な場合分けと重回帰分析式を合わせて最適化する異種混合学習技術（因子化漸近ベイズ推論）が実用化されている。解釈性と精度もトレードオフ関係にあり、説明の目的も、製品・システムの品質保証、事故・問題発生時の説明責任、開発の効率化（デバッグ）、利用者から見た安心感・信頼の確保等、さまざまであるから、そこで求められる解釈性の要件に応じて適切な方法を選択することが必要である。また、解釈・説明は近似的なものになるので、だますような説明（Fairness Washing）も作れてしまう可能性がある[26]。そういった点も考慮し、XAIの評価についても検討されている。これに関連して、米国の国立標準技術研究所（National Institute of Standards and Technology：NIST）は、2020年8月に「Four Principles of Explainable Artificial Intelligence」と題したドラフトレポートを公開した[27]。このレポートでは、XAIの4原則として、Explanation（結果に対するエビデンスや理由を示すべき）、Meaningful（利用者に理解可能な説明を提供すべき）、Explanation Accuracy（説明は結果を出すプロセスを正確に反映すべき）、Knowledge Limits（システムは設計された条件下か、結果に十分な確信があるときのみ動作する）を挙げている。

❸ 機械学習システムセキュリティー（AIセキュリティー）

　機械学習システムには、それ特有の脅威がある。これを突く攻撃の種類として、以下のようなものがよく知られている[28],[29]（図2-1-8）。

　誤認識や想定外動作を誘発する攻撃として、学習データやモデルに細工をすることで誤動作をさせるポイズニング攻撃（Poisoning Attack）やバックドア攻撃（Backdoor Attack）、入力に悪意のある変更を加えることで誤動作をさせる敵対的サンプル（Adversarial Example）やプロンプトインジェクション（Prompt Injection）がある。ポイズニング攻撃は、データやモデルをある程度汚染して認識性能を低下させ、バックドア攻撃は、特定データをトリガーとして誤動作を引き起こすように仕込む。関連して、生成AIに画像を学習されることに反発して、画像の特徴表現をゆがめて画像生成AIに誤動作をさせるナイトシェード（Nightshade）というツールが開発された。敵対的サンプルは、入力データに人間には気にならない程度のノイズを加えることで、モデルの誤判断を誘発する。プロンプトインジェクションは、生成AIに意図的に誤

---

[46] このようなツールでよく活用されている公平性指標として、グループ公平性に基づくDemographic ParityやEqualized odds等がある。例えば、Demographic Parityでは「男女で採用率が同じ」、Equalized oddsでは「男女で判断基準が同じ」のようなことを意図した指標である。

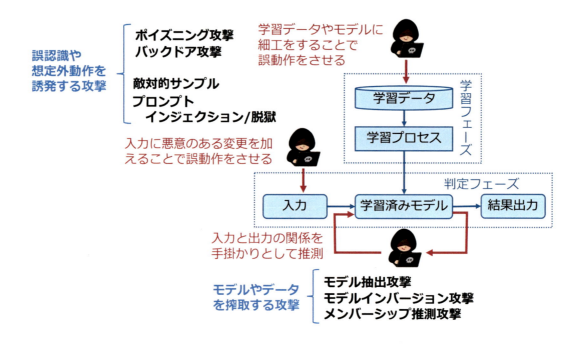

図2-1-8　AI特有の脆弱性に対する攻撃

動作させるようにプロンプトを入力するもので、特に、生成AIの倫理ガードをすり抜けて不適切な応答をさせる（例えば爆弾や毒薬の作り方を出力させる等）手法は「脱獄」（Jailbreak）と呼ばれる。プロンプトインジェクション[47]やナイトシェード[48]は生成AIの登場によって新たに生まれたものだが、それ以外は生成AI以前の機械学習応用システムにも共通のものである。

また、モデルやデータを窃取する攻撃として、モデル抽出攻撃（Model Extraction Attack）、モデルインバージョン攻撃（Model Inversion Attack）、メンバーシップ推測攻撃（Membership Inference Attack）等がある。これらは、対象とする機械学習モデルの入力と出力の関係を手掛かりとして、モデル抽出攻撃は同等の性能を持つモデルを作成し、モデルインバージョン攻撃は訓練データに含まれる情報を復元し、メンバーシップ推測攻撃はあるデータが訓練データ中に含まれるかを特定するものである。

こういった攻撃は、手動中心のものだけでなく、AI技術を用いて高度に自動化されたものも含まれる。

攻撃への対策としては、モデルの頑健性を評価して訓練方法を改良したり、差分プライバシー技術（「2.1.9 社会におけるAI」参照）や暗号化データ処理を用いてデータ内容を読み取り困難にしたり、攻撃を検知して対策を起動するシステムレベルの防衛機構を組み込んだりといった取り組みが行われている。

このような研究に基づき、機械学習システムの開発過程において、上記のような攻撃のリスク分析（影響分析や脅威分析）とその対策（攻撃の検知と対処）をどのように進めるべきかについて、ガイドラインの形で体系化が進められている。その代表的なものとして、機械学習工学研究会MLSEの「機械学習システムセキュリティガイドライン」[29]や、前述のAIQMガイドラインが挙げられる。

また、内閣府が主導する経済安全保障重要技術育成プログラム（K Program）において、個別研究型の課題として「人工知能（AI）が浸透するデータ駆動型の経済社会に必要なAIセキュリティ技術の確立」が実施されており、ここで述べたような研究開発課題への取り組みが強化されつつある。

47　https://www.trendmicro.com/ja_jp/what-is/prompt-injection.html
48　https://nightshade.cs.uchicago.edu/jp/whatis-jp.html

[注目すべき国内外のプロジェクト]

❶ 自動運転のAI安全性に関するプロジェクト

　自動運転の安全性評価に関わるプロジェクトとして、2016年1月～2019年6月に、ドイツ経済エネルギー省（Bundesministerium für Wirtschaft und Energie：BMWi）が主導して実施されたペガサスプロジェクトがある。しかし、ここで検討されたのは自動運転システム全体としてのシナリオベース検証であり、その中で使われるAI技術そのものの安全性要件は明に論じられていない。日本においても、戦略的イノベーション創造プログラム（SIP）で「自動運転」（SIP-adus）が推進されており、同様に自動運転システム全体としての安全性確保のための取り組みが進んでいる。

　AI技術が取り上げられたものとして、2019年6月にSaFAD（Safety First for Automated Driving）ホワイトペーパー[30]が公開された。Aptiv、Audi、Baidu、BMW、Continental、Fiat Chrysler Automobiles、Daimler、HERE、Infineon、Intel、Volkswagenの11社によるコンソーシアムが、安全性を考慮した自動運転システムを開発するための技術や検討事項について指針をまとめたものである。この中では、自動運転における機械学習ベースの画像認識システムを開発するときのプロセス・成果物・技術課題も取り上げられた。2020年には、SaFADをほぼ踏襲し、今後の自動運転安全性に関するISO標準化の基礎とする目的でまとめられた技術報告ISO TR 4804：2020が発行され、その後継となる技術標準ISO TS 5083（自動運転システムの安全）が検討されている。

　自動車業界の国際標準はISO TC22（自動車）で作られる。従来適用されているのは、故障時のリスクを回避・低減する機能安全の規格ISO 26262である。しかし、AI応用では、誤認識や未学習ケース等、故障以外の要因でリスクが多々発生する。そこで、2022年6月に、新たにISO 21448：2022（SOTIF）が発行された。SOTIF（Safety of the Intended Functionality）は、予期しないシナリオが発生したときの安全性確保を重視し、懸念されるケース・条件での動作が適切かどうかを一つ一つ検討するアプローチを取る。未知のシナリオと危害が及ぶシナリオを特定して検証する作業を反復的に実行し、それを既知かつ危害のないシナリオに変えていくことで安全性を確保する。さらに、AIの安全性に関する公開仕様書ISO PAS 8800が2023年10月頃の発行を目指して議論されている。

　なお、欧州では、前述の通りAI規制法案が定められつつあるが、厳格な既存規制が存在する応用分野では、その既存規制にAI要件を追加する形での運用が優先される見込みである。自動車業界については、車両型式認証がその既存規制に該当し、これにAI要件を加えていくことで、AI規制法案から除外されると考えられている。また、国連欧州経済委員会（United Nations Economic Commission for Europe）の自動車基準調和世界フォーラム（WP29）配下の自動運転技術分科会GRVA（Working Group on Automated/Autonomous and Connected Vehicles）からAIガイダンス案が発行され、それをたたき台としてAI用語定義等の議論が行われている。

　米国では、第三者認証機関であるUnderwriters Laboratoriesが2020年4月にUL4600を発表した。これはドライバーが操作しない状態を主とする自動運転レベル4以上を想定して、安全性評価のための原則とプロセスを示している。特定技術の使用は義務付けておらず、設計プロセスの柔軟性を許容している。また、安全性に関する合格/不合格といった基準や、実走行試験や倫理的側面の要件も定めておらず、急速に進歩する技術を過度に制約せずに安全性を確保する柔軟な規格としている。

　また、AI安全性に関する研究プロジェクトとしても、自動運転をターゲットあるいは具体的検討事例としたものが多く見られる（米国カリフォルニア大学バークレー校のVerifAI、英国ヨーク大学のSafe Autonomy、カナダのウォータールー大学のWiSE Drive、日本ではERATO MMSD等）。自動車業界と学術界の両面で活発に取り組まれている。

❷ JST・NEDOのAI信頼性関連のプロジェクト

国内では［研究開発の動向］で述べたように、国のファンドによるプロジェクトが、JSTやNEDOの研究開発プログラムとして推進されている。NEDOでは「次世代人工知能・ロボット中核技術開発」プロジェクト（2015年度～、プロジェクトマネージャー：渡邊恒文、プロジェクトリーダー：辻井潤一）において、2019年度に「人工知能の信頼性に関する技術開発事業」が実施され、「説明できるAI」で7件、「AI品質」で1件が採択された。これを引き継いで「人と共に進化する次世代人工知能に関する技術開発事業」（2020年度～2024年度）が立ち上がり、2020年度に19件のテーマが採択・実施されているが、そのうち6件が「説明できるAIの基盤技術開発」、1件が「実世界で信頼できるAIの評価・管理手法の確立」[49]に関するテーマである。

JSTでは、「ERATO蓮尾メタ数理システムデザイン（MMSD）プロジェクト」（2016年10月～2025年3月[50]、研究総括：蓮尾一郎）が、数理的基盤・形式手法等を活用して、物理情報システムや機械学習システムのような不確かさを内包する情報システムの安全性を保証する技術開発にチャレンジしている。自動運転システムの安全性保障が具体的ターゲットに設定されており、国際規格化（IEEE P2846）が議論されている責任感知型安全論（Responsibility-Sensitive Safety：RSS）を拡張することで、現実の複雑な運転シナリオに対しても、数学的な裏付けを持って、目標達成と安全性の両方を満たす枠組みGA-RSS（Goal-Aware RSS）[31]の開発等が進められている。

また、JST未来社会創造事業「超スマート社会の実現」領域で「機械学習を用いたシステムの高品質化・実用化を加速する"Engineerable AI"技術の開発」（2020年4月～、研究開発代表者：石川冬樹、略称：eAIプロジェクト）[51]が本格研究として採択され推進されている。医療や自動運転等の安全性・信頼性が重要となる応用分野を重点ターゲットとし、細やかなニーズに応えるAIシステムのためのeAI技術を研究開発している。特に、データが少ない状況でも安全性の観点で重要なケースに対応したり、前述したCACE性の問題に対して修正の影響範囲を少なく抑えたりする技術開発を進めている。

さらに、文部科学省の2020年度戦略目標の一つとして「信頼されるAI」が定められ、それを受けたJST CREST「信頼されるAIシステムを支える基盤技術」（研究総括：相澤彰子）、JSTさきがけ「信頼されるAIの基盤技術」（研究総括：有村博紀）も実施されている。

（5）科学技術的課題
❶ AIの品質や安全性・信頼性を支える技術開発

AI・機械学習の品質や応用システムの安全性・信頼性を確保するための技術開発は、いっそうの強化が望まれる。二つの品質管理ガイドライン（QA4AIとAIQM）がまとめられ、年々拡充されているが、実際に開発の現場での活用に十分か、あるいは、AI品質に関する第三者認証機関のような形で運用するのに十分か、AI品質に関しての社会受容を得るのに十分か等、実践しながらさらに内容が整備・拡充されていくことが期待される。

また、機械学習型コンポーネントは100%保証ができないものであることや、ブラックボックス型機械学習モデルの解釈性・説明性はあくまで近似的なものであることを踏まえると、機械学習型コンポーネント単体での保証は限界がある。従来型と機械学習型の混在システム全体としての安全性評価法やリカバリー処理設計

49　産業技術総合研究所の機械学習品質マネジメントガイドラインや機械学習品質管理テストベッドの研究開発は、NEDOの人工知能の信頼性に関する技術開発事業、人と共に進化する次世代人工知能に関する技術開発事業からファンドを受けている。
50　当初は2022年3月までのプロジェクトだったが、追加支援期間（機関継承型）の枠組みにより期間が3年間延長された。
51　2020年4月～12月の探索研究期間を経て、2021年1月より本格研究に移行した。また、このプロジェクトの前身として、探索研究「高信頼な機械学習応用システムによる価値創造」（2018年11月～2020年3月、研究開発代表者：吉岡信和）が行われた。

法が必要である。例えばSafe LearningやSafety Envelope[32), 33), 37)]のような従来型（演繹型）で安全性を確保した範囲内で機械学習（帰納型）を使う設計法や、機械学習型コンポーネントの入力・出力をモニタリングして例外処理・リカバリー処理を起動するシステム構成法が検討されている。

AIソフトウェア工学（機械学習工学）の研究開発分野が立ち上がったのは2018年頃だが、今日、生成AIが急速に発展し、利用場面を拡大したことや、複数の手順を組み立ててタスクを自動実行するAIエージェントの利用が広がりつつあることを踏まえると、より複雑で多様なケースを想定したテストや品質管理の手法が必要になると思われる。

さらに、今後のAIシステムの発展を考えるならば、オンライン学習によって動的にモデルが変化するシステムの品質保証も大きな課題となる。機械学習は、訓練データを与えてモデルを生成する訓練フェーズ（学習フェーズとも呼ばれる）と、その訓練済みモデルを用いて、新たに入力されたデータを判定する判定フェーズ（推論フェーズや予測フェーズとも呼ばれる）を持つ。これまで検討されてきた品質保証法は基本的に、訓練フェーズのバッチ的実行を想定している。すなわち、初期の訓練であれ、追加の訓練であれ、訓練フェーズを実行したら、判定フェーズに入る前に、必ず訓練済みモデルを評価・テストがされなければならない。しかし、機械学習の使い方として、オンライン学習によって、モデルを随時更新しながら、判定にも使っていく形があり得る。このような形の場合、システムの品質保証ははるかに難しく、新たな技術チャレンジが必要である。

❷体系的な方法論の確立と総合的な技術整備

システムの安全性・信頼性の確保や新たなパラダイムでの開発効率化は、一つの技術で解決・達成できるものではなく、体系的な方法論の確立とそこで必要になる技術のバランスの良い整備を進めていく必要がある。その際、開発・運用プロセスの全体像を押さえつつ、必要な技術群を多面的・総合的に整備していくべきであろう[1)]。SQuBOKやSWEBOKのようなソフトウェア工学の知識体系は参考になるであろうし、前述したように、デザインパターンの蓄積・活用や自動機械学習（AutoML）の活用による開発効率化、機械学習プロジェクトキャンパスやMLOpsの実践も進められている。また、機械学習ベースの帰納的開発では、従来の演繹型開発のような動作仕様が定められないことや、性能保証ができないこと等、要求分析時の不確実性が大きい[4)]。そのため、開発にかかる工数・費用の見積もりが難しく、開発完了に関わる出荷判定や検収条件でも問題が生じやすい。要求工学、契約ガイドライン[52]、保険等の面からも検討・整備が必要になっている。

また、従来のソフトウェア工学との対比で語られることが多いが、AI・機械学習の応用システム開発は、ソフトウェアだけに閉じず、ハードウェアやデータ管理も含めたシステムとして考える必要がある。狭い意味でのソフトウェア工学に限らず、安全工学やシステム工学も検討範囲に含まれる。例えば、エッジケースに着目したSOTIF・SaFADや、機能間の関係性を踏まえて制御系が環境と相互作用することで起き得る事故モデルを使った安全性分析・ハザード解析手法として知られるSTAMP/STPA[34)]（Systems-Theoretic Accident Model and Processes / System-Theoretic Process Analysis）やFRAM（Functional Resonance Analysis Method）等のAI・機械学習の応用システムへの拡張適用[14)]等も検討されている。このような多面的な取り組みを進めつつ、それらを体系的な方法論、総合的な技術群として整備していくことが望まれる。

さらに、AIシステムの安全性・信頼性等の品質マネジメントを含みつつ、より広くAIのELSIについて、原則レベルから実践フェーズへの移行が進み、AIガバナンスとしての取り組みも重要視されるようになってきた。AIガバナンスの考え方やフレームワークについては「2.1.9 社会におけるAI」で取り上げる。

---

52 経済産業省による「AI・データの利用に関する契約ガイドライン」、日本ディープラーニング協会による「契約締結におけるAI品質ハンドブック」が策定され公開されている。

❸擬人化インターフェース設計に関する方法論・技術

ここまで、AI応用システム開発における問題を、機械学習に起因するものにフォーカスして論じたが、機械学習以外にも問題になり得る要因が考えられる。その一つは擬人化インターフェースである。2次元（画面表示）にせよ3次元（ロボット形状）にせよ、人間の形状・表情・対話を模したインターフェース（擬人化インターフェース）を持つAI応用システムが提供されつつある。擬人化インターフェースの利点は、そのシステムと相対する利用者にとって、システムがどのような応答をするかのモデルを仮定しやすいことである。しかし、それは逆に、利用者が思い込みをしやすい面があり、利用者が仮定したモデルと、実際のシステムの応答モデルとの間のギャップが、想定外の状況を生む可能性を持つ。これはヒューマンエージェントインタラクション（HAI）の研究において「適応ギャップ」と呼ばれる問題である（「2.1.4 エージェント技術」を参照）。この適応ギャップを最小化するような設計手法が求められる。

❹生成AIを用いた開発手法や生成AIの安全性確保手法

「2.1.2 言語・知識系のAI技術」で述べたように、生成AI技術をソフトウェア開発に活用することが行われつつある。ChatGPTやText-to-Image等のテキスト・対話からの生成系AIをコード生成に応用できるほか、DeepMindのAlphaCodeやOpenAI Codex等のプログラムコード生成向けに事前学習したツールも提供されている。このような技術を使って開発効率を高める方法論や品質確保手法も今後の研究開発課題である。

また、生成AIへの入力できるプロンプトを操作することで、開発者が想定していなかった動作を生成AIに行わせるというプロンプトインジェクション（Prompt Injection）攻撃が可能であるとの指摘もあり、生成AI特有の脆弱性に対処し、その安全性を確保することも、重要な研究開発課題である。

（6）その他の課題

❶国として戦略的取り組みを推進する体制・仕組み作り

［研究開発の動向］❸や［注目すべき国内外のプロジェクト］❷で述べたように、国のAI戦略の中でも言及され、NEDOやJSTのプログラムが実施されている。産業界で活用できるガイドライン（QA4AIとAIQM）も公開された。MLSEやQA4AIでは実践的な知識やノウハウの共有も進みつつある。しかし、AIの品質や安全性・信頼性を確保し、Trusted Quality AIを日本の強みとして確立し、国際競争力を高めていくためには、国として戦略的取り組みを推進する体制・仕組みをいっそう強化していくことが必要と考える。AIソフトウェア工学の研究開発は、（1）学術研究と人材育成、（2）実応用での技術実証、（3）基準策定・標準化、という三つの活動を密連携させて推進することが不可欠であり、そのための司令塔の役割を持つ部門が重要になってくる。社会で受容される適切な品質基準・安全性基準を国として策定し、その認証を行う機関を設立・運用（評価のための適切なデータセットの構築・管理も含む）し、標準化活動とも連動させていくことが望まれる。

また、産業界を中心に問題意識が高まり、MLSEを中心に研究コミュニティーも活性化してきたが、その一方で、学術界での取り組みは、まだ一部の研究機関に偏っているように思える。実践に基づく産業界での取り組みと並行して、パラダイム転換に対する原理・理論の基礎的な研究も強化が望まれる。

❷機械学習活用に関わる知的財産権の整備

機械学習に用いるデータや解析結果に関わる知的財産権に加えて、機械学習固有の問題として訓練（学習）済みモデルの知的財産権の問題がある。訓練済みモデルの再利用のパターンは、（1）Copy：そのまま複製して使う、（2）Fine Tuning：ある訓練済みモデルにさらにデータを与えて追加訓練したものを行う、（3）Ensemble：複数の訓練済みモデルの出力を束ねて（平均・多数決等）使う、（4）Distillation：ある訓練

済みモデルの振る舞い（どんな入力を与えたときにどんな出力が得られるか）を訓練データとして作ったモデルを使う、という4通りがある[3]。このようなパターンを含めて、訓練済みモデルの知的財産権をどのように保護すべきかは課題である。

❸経済安全保障面からの位置付け

「2.1.1 知覚・運動系のAI技術」や「2.1.2 言語・知識系のAI技術」で述べたように、大規模モデル開発の国産化が経済安全保障面からも求められるが、単に大規模化して性能を高めるだけでなく、モデルの安全性・信頼性を確保することも、同時に取り組むことが不可欠であり、本項で述べたような技術開発は、経済安全保障面からも重要であり、かつ、日本の強みを生かせる分野でもある。

（7）国際比較

国・地域	フェーズ	現状	トレンド	各国の状況、評価の際に参考にした根拠等
日本	基礎研究	○	↗	国の「AI戦略2019」や経団連の「AI活用戦略」にTrusted Quality AIが掲げられ、高品質で信頼されるAIを日本の強みとして打ち出そうとする方針が示された。文科省の2020年度戦略目標として「信頼されるAI」が設定され、JSTプログラム（ERATO、MIRAI、CREST、さきがけ等）でAI信頼性に関する研究課題が推進されている。
日本	応用研究・開発	○	↗	2018年に機械学習工学研究会MLSEとQA4AIコンソーシアムが発足し、産業界からの多数の参画もあり、活発に活動が進められている。QA4AI・AIQM品質管理のガイドラインが公開された。NEDOプログラムとしてAI信頼性・説明可能AI等の研究開発が推進されている。
米国	基礎研究	○	↗	DARPAが2017年からXAIプロジェクト、2018年からAssured Autonomyプロジェクトをスタートさせており、基礎研究への比較的大型の政府投資がなされている。
米国	応用研究・開発	○	↗	ビッグテック企業はAI応用システム開発に関する実践的な手法や知見を保有している。米国の第三者認証機関Underwriters Laboratoriesから2020年に自動運転の安全規格UL4600が発表された。
欧州	基礎研究	○	↗	自動運転分野の安全性評価の基準や評価手法の開発のため、ドイツの産官学連携によるペガサスプロジェクトが2016年～2019年に実施された。
欧州	応用研究・開発	○	↗	英国のDeepMindが自社のAI開発ガイドラインをまとめ、公開している。ドイツではDFKIとTÜV SÜDが共同でAIに関する第三者認証の検討を始めた。
中国	基礎研究	○	↗	データ品質やアノテーションに関する品質特性や評価プロセス等、現実のAIモデルに即した観点からの検討も進められている。
中国	応用研究・開発	○	↗	多数の中国主要IT企業が参加して、中国のAI国内標準が作られているとともに、国際標準化にも力を入れている。
韓国	基礎研究	×	→	現状、特段の活動が見られない。
韓国	応用研究・開発	×	→	現状、特段の活動が見られない。

（註1） フェーズ
　　　基礎研究：大学・国研等での基礎研究の範囲
　　　応用研究・開発：技術開発（プロトタイプの開発含む）の範囲
（註2） 現状　※日本の現状を基準にした評価ではなく、CRDSの調査・見解による評価
　　　◎：特に顕著な活動・成果が見えている　○：顕著な活動・成果が見えている
　　　△：顕著な活動・成果が見えていない　×：特筆すべき活動・成果が見えていない
（註3） トレンド　※ここ1～2年の研究開発水準の変化
　　　↗：上昇傾向　　→：現状維持　　↘：下降傾向

参考文献

1) 科学技術振興機構 研究開発戦略センター,「戦略プロポーザル：AI応用システムの安全性・信頼性を確保する新世代ソフトウェア工学の確立」, CRDS-FY2018-SP-03（2018年12月）.

2) 丸山宏,「機械学習工学に向けて」,『日本ソフトウェア科学会第34回大会講演論文集』（2017年9月）.

3) 丸山宏・城戸隆,「機械学習工学へのいざない」,『人工知能』（人工知能学会誌）33巻2号（2018年3月）, pp. 124-131.

4) 石川冬樹・丸山宏（編著）,『機械学習工学』（講談社, 2022年）.

5) Andrej Karpathy, "Software 2.0", Medium (2017.11.12). https://medium.com/@karpathy/software-2-0-a64152b37c35

6) Kunle Olukotun, "Designing Computer Systems for Software 2.0", *Invited Talk (December 6, 2018) in the 32nd Conference on Neural Information Processing Systems* (NeurIPS 2018; Montréal, Canada, December 3-8, 2018).

7) 高野敦,「もうブラックボックスじゃない，根拠を示してAIの用途拡大」,『日経エレクトロニクス』2018年9月号（2018年）, pp. 53-58.

8) Amina Adadi and Mohammed Berrada, "Peeking Inside the Black-Box : A Survey on Explainable Artificial Intelligence (XAI) ", *IEEE Access* Vol. 6 (17 September 2018), pp. 52138-52160. doi : 10.1109/ACCESS.2018.2870052

9) Alejandro Barredo Arrieta, et al., "Explainable Artificial Intelligence (XAI) : Concepts, Taxonomies, Opportunities and Challenges toward Responsible AI", arXiv:1910.10045 (2018). https://doi.org/10.48550/arXiv.1910.10045

10) Kate Crawford, "The Trouble with Bias", Invited Talk (December 5, 2017) in *the 31st Conference on Neural Information Processing Systems* (NIPS 2017; Long Beach, Calfornia, December 4-9, 2017).

11)「AI and bias：人工知能は公平か？」,『MITテクノロジーレビュー Special Issue』Vol. 7（2018年）.

12) 神嶌敏弘・小宮山純平,「機械学習・データマイニングにおける公平性」,『人工知能』（人工知能学会誌）34巻2号（2019年3月）, pp. 196-204.

13) Kevin Eykholt, et al., "Robust Physical-World Attacks on Deep Learning Models", arXiv:1707.08945 (2017). https://doi.org/10.48550/arXiv.1707.08945

14) 進藤智則,「深層学習や機械学習の品質をどう担保するか？新しいソフト開発手法と位置付け「工学体系」構築へ」,『日経ロボティクス』2018年6月号（2018年）, pp. 3-10.

15) AIプロダクト品質保証コンソーシアム（QA4AIコンソーシアム）編,「AIプロダクト品質保証ガイドライン」（初版2019年5月17日公開, 以降改訂を重ねており2024年12月時点の最新版は2024年4月10日公開）. https://www.qa4ai.jp/download/

16) 産業技術総合研究所,「機械学習品質マネジメントガイドライン」（初版2020年6月30日公開, 以降改訂を重ねており2024年12月時点の最新版は2024年4月4日公開の4.2.0版）. https://www.digiarc.aist.go.jp/publication/aiqm/

17) 桑島洋・平田雄一・中江俊博,「自動車業界における機械学習システムの品質確保の事例」,『システム/制御/情報』（システム制御情報学会誌）66巻5号（2022年5月）, pp. 187-194. https://doi.org/10.11509/isciesci.66.5_187

18) 本橋洋介,『人工知能システムのプロジェクトがわかる本：企画・開発から運用・保守まで』（翔泳社, 2018年）.

19）Valliappa Lakshmanan, Sara Robinson and Michael Munn, *Machine Learning Design Patterns: Solutions to Common Challenges in Data Preparation, Model Building, and MLops* (Oreilly & Associates Inc., 2020).（邦訳：鷲崎弘宜・他3名訳,『機械学習デザインパターン：データ準備、モデル構築、MLOpsの実践上の問題と解決』, オライリージャパン, 2021年）

20）小川雅晴,「AIに関するルール・標準化の動向と今後の展望」, JEITA 国際戦略・標準化セミナー ～Society5.0を創造する新たな標準化の取組み～（2019年10月17日）. https://home.jeita.or.jp/press_file/20191023145047_3Ezs15ATUG.pdf

21）飯泉紀子・鷲崎弘宜・誉田直美（監修）, SQuBOK策定部会（編）,『ソフトウェア品質知識体系ガイド（第3版）－SQuBOK Guide V3－』(オーム社, 2020年).

22）Jie M. Zhang, et al., "Machine Learning Testing：Survey, Landscapes and Horizons", *IEEE Transactions on Software Engineering* (Early Access, 17 February 2020). https://doi.org/10.1109/TSE.2019.2962027

23）中島震,『ソフトウェア工学から学ぶ 機械学習の品質問題』(丸善出版, 2020年).

24）Shiqing Ma, et al., "MODE：automated neural network model debugging via state differential analysis and input selection", *Proceedings of the 26th ACM Joint Meeting on European Software Engineering Conference and Symposium on the Foundations of Software Engineering* (ESEC/FSE 2018, Lake Buena Vista, USA, November 4-9, 2018), pp. 175-186. https://doi.org/10.1145/3236024.3236082

25）石本優太・他,「ニューラルネットワークモデルのバグ限局・自動修正技術」,『情報処理』(情報処理学会誌) 63巻11号（2022年11月）, pp. e28-e33.

26）Ulrich Aivodji, et al., "Fairwashing：the risk of rationalization", *Proceedings of the 36th International Conference on Machine Learning* (ICML 2019; June 9-15, 2019), PMLR 97：pp. 161-170.

27）National Institute of Standards and Technology, "Four Principles of Explainable Artificial Intelligence", *Draft NISTIR 8312* (August 2020). https://doi.org/10.6028/NIST.IR.8312-draft

28）森川郁也,「機械学習セキュリティ研究のフロンティア」, 電子情報通信学会 基礎・境界ソサイエティ『Fundamentals Review』15巻1号（2021年7月）, pp. 37-46. https://doi.org/10.1587/essfr.15.1_37

29）日本ソフトウェア科学会機械学習工学研究会,「機械学習システムセキュリティガイドライン」(Version 1.03：2022年12月26日, 2024年12月時点で最新版はVersion 2.00：2023年9月25日). https://github.com/mlse-jssst/security-guideline

30）SaFAD members (Aptiv, Audi, Baidu, BMW, Continental, Fiat Chrysler Automobiles, Daimler, HERE, Infineon, Intel and Volkswagen), "Safety First for Automated Driving" (SaFAD White Paper, 2019).

31）Ichiro Hasuo, et al., "Goal-Aware RSS for Complex Scenarios Via Program Logic", *IEEE Transactions on Intelligent Vehicles* (July 5, 2022), pp. 1-33. https://doi.org/10.1109/TIV.2022.3169762

32）蓮尾一郎,「統計的機械学習と演繹的形式推論：システムの信頼性と説明可能性へのアプローチ」,『日本数学会 2018年度秋季総合分科会 数学連携ワークショップ』(2018年9月24日). http://group-mmm.org/~ichiro/talks/20180924okayama.pdf

33）Lukas Brunke, et al., "Safe Learning in Robotics: From Learning-Based Control to

Safe Reinforcement Learning", arXiv:2108.06266 (2021). https://doi.org/10.48550/arXiv.2108.06266

34）情報処理推進機構 技術本部ソフトウェア高信頼化センター,『はじめてのSTAMP/STPA ～システム思考に基づく新しい安全性解析手法～』『はじめてのSTAMP/STPA（活用編）～システム思考で考えるこれからの安全～』（情報処理推進機構, 2016年3月）.

35）中江俊博・桑島洋,「自動車業界におけるAIセーフティ動向」,『人工知能』（人工知能学会誌）38巻2号（2023年3月）, pp. 210-220.

36）Hiroshi Kuwajima, Hirotoshi Yasuoka and Toshihiro Nakae, "Engineering problems in machine learning systems", *Machine Learning* Vol. 109 (April 2020), pp. 1103-1126. DOI：10.1007/s10994-020-05872-w

37）Shangding Gu, et al., "A Review of Safe Reinforcement Learning: Methods, Theory and Applications", arXiv:2205.10330 (2022). https://doi.org/10.48550/arXiv.2205.10330

2.1.5 人・AI協働と意思決定支援

（1）研究開発領域の定義

「人・AI協働」は、何らかの目的達成に向けて、人とAIが協力して取り組むことを指す。国際規格であるISO/IEC 22989：2022「Artificial intelligence concepts and terminology」において、Human-Machine Teaming（HMT）という概念が「Integration of human interaction with machine intelligence capabilities」と定義されており、これが「人・AI協働」とほぼ同義である。Human-in-the-Loopと呼ばれる概念もHMTに含まれる。HMTは、人（Human）とAI（Machine）の上下関係に応じて五つのパターンに整理される[1]。人が上位となるタイプからAIが上位となるタイプの順に、Human Supervisor/User、Human Mentor、Peer、Machine Mentor、Machine Supervisorと呼ばれる（図2-1-9左）。

「意思決定」は、個人や集団がある目標を達成するために、考えられる複数の選択肢の中から一つを選択する行為である。その選択では個人の価値観がよりどころとなるが、集団の意思決定では、必ずしも関係者（メンバーやステークホルダー）全員の価値観が一致するとは限らない。関係者内で選択肢に関する意見が分かれたとき、その一致を図るためには「合意形成」も必要になる。近年、情報氾濫による可能性の見落としやフェイク生成等を用いた情報操作といった問題が顕在化し、意思決定ミスを起こすリスクが高まっている。このような問題・リスクを軽減するため、AI技術を活用した「意思決定支援」が期待されている[2], [3]。これはHMTの五つのパターンのうち、主にHuman Supervisor/UserやHuman Mentorに該当する（Humanが意思決定者）。

本領域は、「人・AI協働」のための、より良い枠組みと、そこで必要とされる技術を開発する研究開発領域である。その中でも特に「意思決定支援」のためのAI技術活用を重点的に取り上げる。

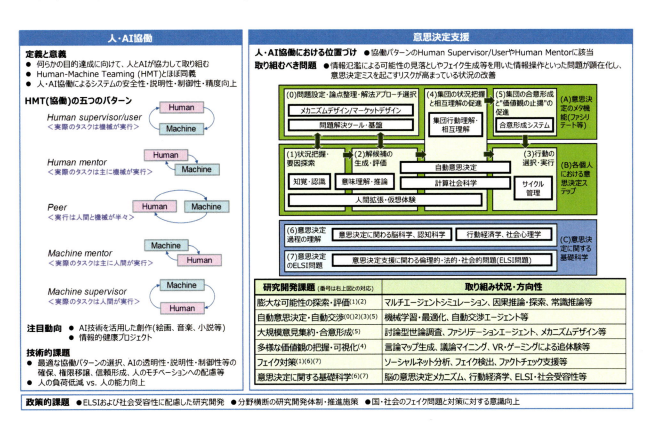

図2-1-9　　領域俯瞰：人・AI協働と意思決定支援

（2）キーワード

Human-Machine Teaming、Human-in-the-Loop、意思決定、合意形成、意見集約、フェイクニュース、フェイク動画、デジタルゲリマンダー、インフォデミック、議論マイニング、マルチエージェント、自動交渉、計算社会科学、行動経済学、処方的分析

（3）研究開発領域の概要

［本領域の意義］

われわれは日々さまざまな場面で意思決定を行っている。クリティカルな場面での意思決定ミスは個人や集団の状況を悪化させ、その存続・生存さえも危うくする。例えば、企業の経営における意思決定ミスは、企業の業績悪化・競争力低下を招き、国の政策決定・制度設計における意思決定ミスは、国の経済停滞や国民の生活悪化にもつながる。また、個人の意思決定における判断スキル・熟慮の不足は、その個人の生活におけるさまざまなリスクを誘発するだけでなく、世論形成・投票等における集団浅慮という形で、社会の方向性さえも左右する。

情報技術が発展し、社会に浸透した今日、情報の拡散スピードが速く、膨大な情報があふれ、影響を及ぼし合う範囲が思わぬところまで広がっている。そのような意思決定の行為自体の難しさが増していることに加えて、意思決定の際のよりどころとなる価値観の多様化[4]によって、合意形成の難しさも増している。さらには、価値観の対立から悪意・扇動意図を持った情報操作（フェイクニュース、フェイク動画等）まで行われるという問題も顕在化し[5],[6],[7],[61]、社会問題化している。さらに、それが国家の意思決定を誤らせたり、人々を混乱・対立させたりといった目的に使われるケースも起きており、新種のサイバー攻撃ともみなされる。さらに2020年に世界を一変させたCOVID-19パンデミックでは、インフォデミック[53]による社会混乱も発生した。

このような意思決定の困難化（意思決定ミスを起こすリスクの増大）という状況に対して、AI技術を活用することで、意思決定におけるさまざまな選択肢の探索や吟味を行いやすくしたり、悪意・扇動意図を持った情報操作に惑わされにくくしたりといった対策が考えられている。これによって、問題の全てを解決できるわけではなくとも、リスクを軽減し、状況を改善する手段になり得る。新種のサイバー攻撃やインフォデミックによる社会混乱への対策としての意義も高まりつつある。

以上では、特に人が主体となったAI技術活用による意思決定支援という面について述べたが、HMTのバリエーションとして、逆にAIによってフルに自動化されたプロセスに対して、人が参加すること（Human-in-the-Loop）の意義・効果についても述べる。AIが十分学習できていないケースや苦手なケースについて、人が参画することで、システムの安全性が確保されたり、人（特に専門家）からのフィードバックを通してAIの精度が向上したりといった効果が期待されている。また、AIによるフル自動化では結果の説明や制御が難しいという問題が指摘されているが、人が参画することで、説明性や制御性も改善され得る。

［研究開発の動向］

❶意思決定問題への取り組み

個人・集団の意思決定問題は古くから検討されてきた問題である。意思決定に関する先駆的な研究としては、1978年にノーベル経済学賞を受賞したHerbert A. Simonの取り組み[8]がよく知られている。Simonは意思決定プロセスを、(1)情報（Intelligence）活動、(2)設計（Design）活動、(3)選択（Choice）活動というステップで構成されるとした。(1)で意思決定に必要な情報を収集し、(2)で考えられる選択肢

---

53 インフォデミック（Infodemic）は「情報の急速な伝染（Information Epidemic）」を短縮した造語で、正しい情報と不確かな情報が混じり合い、人々の不安や恐怖をあおる形で増幅・拡散され、信頼すべき情報が見つけにくくなるある種の混乱状態を意味する。

を挙げ、（3）で選択肢を評価し、どれを選択するか決定する。これらのステップにおいて、必要な情報を全て集めることができ、可能性のある全ての選択肢を挙げることができ、各選択肢を選んだときに起こり得る全ての可能性を列挙して評価することができるならば、合理的に最良の選択が可能になる。しかし、現実にはそのような全ての可能性を考えて意思決定することはできず、人が合理的な意思決定をしようとしても限界がある。このSimonが導入した「限定合理性」（Bounded Rationality）と言う概念は、意思決定に関する研究発展の基礎となった。Simonは、経営の本質は意思決定だと考え、限定合理性を克服するための組織論も展開した。

そのように人の判断・行動が必ずしも合理的になり得ず、心理・感情にも左右されるものであることを踏まえて、行動経済学が発展し、その中では意思決定に関わる興味深い知見が示されている。特に有名なのは、Simonの後、行動経済学の分野でノーベル経済学賞を受賞した2人、Daniel Kahneman（2002年受賞）とRichard H. Thaler（2017年受賞）の研究である。Kahnemanは、直観的な「速い思考」のシステム1と論理的な「遅い思考」のシステム2から成るという二重過程モデル[9]や、人は利得面よりも損失面を過大に受け止めがちだといったプロスペクト理論[10]を提唱し、Thalerは、軽く押してやることで行動を促す「ナッジ」（Nudge）という考え方[11]を提唱した。

また、脳科学分野における脳の意思決定メカニズムの研究も進んでいる（詳細は「2.1.7 計算脳科学」を参照）。ドーパミン神経細胞の報酬予測誤差仮説等が見いだされ、モデルフリーシステムによる潜在的な意思決定と、モデルベースシステムによる顕在的な意思決定が協調および競合しつつ、人の意思決定が動作していることが分かってきた[12]。モデルフリーシステムは、事象と報酬との関係を直接経験に基づき確率的に結び付ける。モデルベースシステムは、事象と報酬との関係を内部モデルとして構築し、直接経験していないケースについても予測を可能にする。このような2通りのシステムは二重過程モデルとも整合しており、意思決定が合理性だけによるものではないことの裏付けにもなる。

このような人文・社会科学分野や脳科学分野における意思決定に関する研究が、主に人の側から掘り下げられてきた一方で、近年の情報技術の発展、Webやソーシャルメディアの普及は、意思決定を行う人の環境を大きく変化させた。その結果、意思決定問題は新たな様相を呈するようになり、以前とは異なる困難さが生じている。今日、意思決定問題は情報技術との関わりが大きなものになっている。

❷意思決定問題の新たな様相・困難さ

新たに生じている困難さを示す事象（問題）として顕著なものを四つ挙げる。

一つ目は、クリティカルな要因・影響の見落としの問題である。例えば、グローバル化したビジネス競争環境において、世界のあらゆる地域、思ってもいなかった業種から新たな競合が生まれ、想定していなかった法規制やソーシャルメディアで思わぬ切り口からの炎上も起こり得る。膨大な情報があふれ、社会がボーダーレス化した今日、意思決定に関連しそうな要因や意思決定結果の影響に膨大な可能性が生じ、人の頭でそのあらゆる可能性をあらかじめ考えるのは極めて難しい。Simonのいう限定合理性が極度に進み、問題として深刻化している状況である。

二つ目は、ソーシャルメディアによる思考誘導の問題である。Webやソーシャルメディアを用いた情報発信・交流が広がり、それが人々の意思決定や世論形成に与える影響は無視できないものになっている[13],[14]。2016年の米国大統領選挙はその顕著な事例であり[5],[6]、SNS（Social Networking Service）等のソーシャルメディアを用いた政治操作は「デジタルゲリマンダー」と呼ばれ[15]、フェイクニュースが社会問題化した。SNSでは、価値観が自分に近い相手としかつながらず、自分の価値観に沿った情報しか見ない、いわゆる「フィルターバブル」状態[16]に陥りやすいことも、SNSが思考誘導の道具になりやすい原因になっている。

三つ目は、価値観の対立激化、社会の分極化の問題である。集団の合意形成に難航し、対立が激化する

傾向が強まっている。価値観の対立は古くから起こってきた事象だが、社会のボーダーレス化に伴う関係者範囲の広がりや、SNSでの同調圧力やエコーチェンバー現象による意見同質集団の形成強化が、対立を強め、社会の分極化（Polarization）や政治的分断と言われる事態も引き起こされている[17), 18)]。

四つ目は、まるで本物のようなフェイク動画・画像の流通の問題である[61)]。前述のフェイクニュースは言葉（SNSテキスト等）で伝達されるものが主であったが、深層生成モデル（詳細は「2.1.1 知覚・運動系のAI技術」参照）によって、まるで本物のように見えるフェイク動画やフェイク画像が簡単に作れてしまうようになった（Deepfakes等）[19)]。特にフェイク動画は本物だと信じ込まれやすく、政治家や有名人の架空の発言・行為等を作るためにこれが悪用され、社会に流通すると、何が真実で何かフェイクか、真偽判断を見誤るリスクが増大し、さまざまな混乱が生まれると危惧される[17), 20)]。さらに2020年には、まるで人が書いたかのような自然なフェイク文章を生成することができるGPT-3[21)]というシステムも登場した。さらに2022年11月にはGPT-3.5をベースとして対話にチューニングされたChatGPTが一般に公開された。ChatGPTは、自然言語対話という分かりやすいインターフェースで、さまざまなタスクにまるで人間の専門家のような自然かつ詳細な応答をするので、大きな話題になっているが、もっともらしい応答に虚偽（ハルシネーション）が含まれることが多々あることから、人々に虚偽を教えたり、悪用されたりすることが、強く懸念されている。

以上の問題に見られるように、（1）意思決定に関わる要因や意思決定結果の影響に、膨大な可能性が生じるようになってしまったこと、（2）悪意・扇動意図を持った、他者の意思決定に作用する情報操作が容易になってしまったことが、意思決定の困難化の原因として顕著である。

❸意思決定支援のための技術群

図2-1-9の右上部に、個人・集団の意思決定プロセス（合意形成を含む）に対応させて、関連する技術群を示した。Simonの3ステップに相当する（B）各個人における意思決定ステップを中心に、（A）意思決定のメタ機能と（C）意思決定に関する基礎科学を上下に配置した3層構造で技術群を整理した[2), 3)]。以下、これらを六つの技術群に分けて、取り組みの現状と今後の方向性について述べる[20), 22)]。

a. 膨大な可能性の探索・評価

上記❷に示した原因への対策としてまず求められるのは、意思決定に関わる要因や意思決定結果の影響における膨大な可能性を探索し、それらの組み合わせの中から目的に合うものを評価して絞り込む技術である。マルチエージェントシミュレーションによるWhat-If分析（「2.1.3 エージェント技術」参照）、統計的因果推論による選択肢評価・反事実的予測（「2.2.1 因果推論」参照）、自然言語処理による因果関係探索[23)]等の研究開発が進められている。自然言語処理による因果関係探索を用いたシステムの例としては、情報通信研究機構（National Institute of Information and Communications Technology：NICT）で開発された、「なぜ？」「どうなる？」等の因果関係に関する質問応答を扱うことができるWISDOMX[24)]が挙げられる。しかし、さまざまな分野・文脈で推論が行えるようにするには、常識を含め推論に必要な知識の獲得や、推論が成立する前提条件の精緻化等、取り組まなくてはならない技術課題がまだ多く残されている。

b. 自動意思決定・自動交渉

米国Gartner社は、データ分析の発展を記述的分析（Descriptive：何が起きたか）、診断的分析（Diagnostic：なぜそれが起きたか）、予測的分析（Predictive：これから何が起きるか）、処方的分析（Prescriptive：何をすべきか）という4段階で自動化が進むとし、4段階目の処方的分析は「意思決定支援」と「自動意思決定」という2通りがあるとしている[25)]。この段階が進むほど、データ分析の顧客価値が高く、ビジネス上の競争も処方的分析へと進みつつある。「自動意思決定」はデータ分析の結果に基づき、何をすべ

きかというアクションまで自動決定するものであり、「意思決定支援」はアクションの候補を人に提示し、どんなアクションを実行するかは最終的に人が決定するものである。一見すると、意思決定支援よりも自動意思決定の方が、より発展したものであるかのように思えるが、現状、意思決定問題の性質が異なると考えるのが適切である。すなわち、コスト、精度、速度、売り上げ等のような明確な指標（いわば価値観に相当）が定められ、それを評価関数・効用関数として合理的に解が一つ定められる意思決定問題は、機械学習・最適化等のAI技術を用いて「自動意思決定」が可能になる。それに対して、さまざまな価値観が混在している状況下、あるいは、価値観が不確かな状況下での意思決定問題は、最終決定に人が関わる「意思決定支援」の形が基本になる。これに関しては、人参加型（Human-in-the-Loop）のAI・機械学習が考えられている[26]。

　自動意思決定には、強化学習や予測型意思決定最適化等、機械学習・最適化技術をベースとした方式が開発・適用されている。強化学習（Reinforcement Learning）[27]は、学習主体が、ある状態で、ある行動を実行すると、ある報酬が得られるタイプの問題を扱う機械学習アルゴリズムである。将来的により多くの報酬が得られるように行動を選択する意思決定方策を、行動選択と報酬の受け取りを重ねながら学習していく。囲碁で世界トッププロに勝利したGoogle DeepMindのAlphaGo[28]で使われたことがよく知られている。強化学習が適するのは、大量に試行錯誤することが可能な類いの意思決定問題である。一方、古典的なオペレーションズリサーチ（Operations Research：OR）で扱われているような類いの意思決定問題（例えば大規模システムの運用計画や小売業の商品価格設定戦略等）は、意思決定で失敗したときのダメージが大きく、大量の試行錯誤は難しい。このような類いの問題を、機械学習からの大量の予測出力（予測が当たるかは確率的）に基づくOR問題とみなした新しいアプローチが予測型意思決定最適化[29]である。

　さらに、集団の意思決定を、異なる価値観（効用関数）を持ったエージェント間の交渉として定式化した自動交渉技術の研究も注目される。自動交渉は、それぞれの効用関数（いわばそれぞれの価値観）を持った複数の知的エージェント（AIシステム）が相対する状況において、一定の交渉プロトコルに従ってうまく合意案を見つける技術である。ある問題について、複数のステークホルダーの間で対立したり、協調しようとしたりするとき、交渉プロトコルや効用関数を定めてエージェントに代行させて自動交渉を行うならば、人同士が交渉するよりも、その条件で考えられる最適な合意点に高速に到達できると期待される。2010年からは毎年、国際自動交渉エージェント競技会ANAC（Automated Negotiating Agents Competition）が開催されており[30]、これを共通の場として技術発展が進んできた。マルチエージェントシステムの考え方がベースにあり、応用事例を含めて「2.1.3 エージェント技術」で取り上げている。

c. 大規模意見集約・合意形成

　上述の自動交渉は異なる価値観を持つ者の間の勝負という面があり、集団の意見集約・合意形成を目的とするならば、建設的な議論の進め方や相手への共感による価値観の変化といった面、および、そこでのファシリテーターの役割[31]が重要なものになる。

　集団の意見集約・合意形成のために情報技術を活用するシステムは、古くはグループウェアやCSCW（Computer Supported Cooperative Work）の研究分野での取り組みが見られる。例えば、Issue（課題、論点）をベースに木構造の表現でまとめるファシリテーション技法であるIBIS（Issue Based Information Systems）法をグラフィカルに実現したgIBISという意思決定支援ツール[32]がよく知られている。一方、政治学の分野では、あるテーマについて回答を得る前に回答者にグループ討論をしてもらう討論型世論調査（Deliberative Poll）[33]が、熟議に基づく民主主義の方法論として有効だと認識されるようになった。

　近年は集合知の収集・活用の学際的研究が進んでおり、米国マサチューセッツ工科大学（MIT）に2006年に設立されたMIT Center for Collective Intelligence（集合知研究センター：CCI）が注目される。インターネットを使った大規模な議論を、その論理構造の可視化によって支援するシステムDeliberatorium[34]

や、地球温暖化問題を取り上げて、解決プランを協議するシステムThe ClimateCoLab等のプロジェクトを進めている。さらに、CCIのトップであるThomas W. Maloneは、2018年の著書[35]で、人の集合知にAIとの協働を含めたSupermindsの方向性を示した。

そのような方向に沿って伊藤孝行研究室[54]では、議論構造の可視化に加えて、エージェント技術によるファシリテーター機能を導入した大規模合意形成支援システムD-Agree[36]を開発し、大学発ベンチャーAgreeBit社も起業している。D-Agreeは、国内において名古屋市のタウンミーティング等で社会実験適用の実績を持つことに加えて（D-Agreeの前身Collagree[37]もその実績あり）、海外（アフガニスタンのカブール市等）にも展開されている。さらに、その発展としてAIエージェントと人間が一緒に参加する「ハイパーデモクラシー」[62]のコンセプトを提案し、そのためのプラットフォームの開発を進めている。これと方向性の近い取り組みとして、小さく専門性に優れて個性を持ったAIの集合知によって、社会や企業が抱える大規模化・複雑化する問題を解決する「AIコンステレーション」というコンセプトがNTTから提案されている[55]。

d. 多様な価値観の把握・可視化

多様な価値観が混在する状況下での意思決定・合意形成に向けては、その状況や価値観の違いを可視化する技術が有効である。賛成・反対の各立場から意見と根拠を対比する言論マップ生成[38]、主張・事実等への言明とその間の関係（根拠・支持、反論・批判等）を推定する議論マイニング（Argumentation Mining）[39]、議題に対して賛成・反対の立場でディベートを展開するシステム（IBMの「Project Debater」、日立の「ディベートAI」[40]等）が研究開発されている。より応用をフォーカスし、論理構築・推論を深める研究として法学AI[41]もある。これらは自然言語処理技術を用いた手法だが、集団の相互理解促進のためにはVR（Virtual Reality）技術やゲーミング手法を用いて相手の立場を追体験させるアプローチも効果がある。

Project Debaterは、2018年6月に米国サンフランシスコで開催されたイベントWatson Westにて、イスラエルの2016年度ディベートチャンピオンとライブ対戦[56]し、「政府支援の宇宙探査を実施すべきか否か」という議題で勝利して話題となった。ニュース記事や学術論文を3億件収集・構造化して用いており、2011年に米国のクイズ番組Jeopardy!で人のチャンピオンに勝利したIBM Watson[42]の自然言語処理に加えて、ナレッジグラフや議論マイニング等の技術が組み合わせて実現されたものと考えられる。

e. フェイク対策

ソーシャルメディア上での情報伝播の傾向や、そこで起きている炎上、フェイクニュース、エコーチェンバー、二極化等の現象を把握・分析すること[5),7),14),18),43),44)]は、フェイク対策のための基礎的研究となる。フェイクニュースへの対抗としては、発信された情報が客観的事実に基づくものなのかを調査し、その情報の正確さを評価・公表するファクトチェックという取り組みが立ち上がっている[5),45)]。ファクトチェックを行う団体として比較的早期に立ち上がった米国のSnopes（1994年〜）やPolitiFact（2007年〜）がよく知られている。この動きは世界的に広がっており、日本では2017年にFactCheck Initiative Japan（FIJ）、2022年にJapan Fact-check Center（JFC）が発足した。また、NPO法人アイ・アジアが2019年にファクトチェック部門を開設し、2020年からNPO法人インファクトとして活動している。2015年には国際的に認証されたファクトチェック団体から成るInternational Fact-Checking Network（IFCN）が発足し、日本は対応が遅れていたが、2023年5月にインファクトとJFCがIFCNに加盟した。

54　2020年9月まで名古屋工業大学、10月から京都大学。
55　https://group.ntt/jp/newsrelease/2024/10/17/241017a.html
56　ライブ対戦の進行は、対戦する両者が議題の肯定派と否定派に分かれ、まず4分間ずつ主張を述べ、次に4分間ずつ相手の主張に対する反論を述べ、最後に2分間ずつまとめを述べるという形で行われ、その勝敗は聴衆の支持数で決まる。ディベートの議題は直前に与えられ、その場で相手の主張も踏まえつつ、自分の主張を組み立てることになる。

ただし、大量に発信される情報を迅速にチェックするには人手では限界がある。そこで、コンピューター処理によってフェイクニュースの検出を効率化する試みが進められている（FIJでの取り組み[46]や2016年から始まった競技会Fake News Challenge[57]等）。また、フェイク動画・フェイク画像・フェイク音声等の判定については、オリジナルの動画・画像・音声から改ざんされていないか、当事者が実際に発話や行動をしていない虚偽の動画・画像・音声ではないか、といったことを動画・画像・音声の特徴分析によって判定することも行われている。フェイク検出技術の詳細は、［新展開・技術トピックス］で述べる。ただし、フェイクの検出技術とフェイクの作成法は往々にしていたちごっこになるため、技術開発だけでなく、メディアリテラシーの教育・訓練や、表現・言論の自由を損なわないように配慮しつつ法律・ルールの整備による対策も進めることが必要である[5),14),47),63)]。

f. 意思決定に関する基礎科学

情報技術によって人の意思決定を支援するに当たって、そもそも人の意思決定とはどういうものか、どうあるべきかを理解しておくことは重要である。既に言及した通り、行動経済学や脳科学の分野（「2.1.7 計算脳科学」を参照）で意思決定プロセスのモデルやメカニズムが研究されてきた。また、社会心理学・認知科学等の分野で研究されている確証バイアスを含む認知バイアス[48]も意思決定に大きく関わる。加えて、人の意思決定・合意形成を支援する機能がELSI（Ethical, Legal and Social Issues：倫理的・法的・社会的課題）の視点から適切であるかについても常に考えておかねばならない。

❹人とAIの協働

人がある目的を達成するために、一部のタスクをコンピューターで実行するというのは、コンピューターが発明された頃から行われていたことだが、それはコンピューターでできることがごく限られた処理だけだったため、それ以外は人が対応するしかなかったということである。しかし、AIに代表されるように、今日コンピューターでできることは飛躍的に拡大し、人が行うよりも高速・高精度にさまざまなタスクを実行できるようになった。そこで、目的に応じて、人とAIシステム（あるいはAI技術が組み込まれたロボット）とでどのような役割分担を行うのが最適であるか、人とAI（Artificial Intelligence、Machine Intelligence）の最適協働の在り方としてHMT（Human-Machine Teaming）が考えられるようになった。本項の冒頭でHMTには五つのパターンがあることを示したが、［新展開・技術トピックス］❷では、それらの各パターンの内容や状況について述べる。

（4）注目動向
［新展開・技術トピックス］
❶フェイク検出技術

フェイクニュース検出は次の四つの面から試みられている[44)]。一つ目は知識ベース検出方式で、従来の人手によるファクトチェックを強化するように、クラウドソーシング的な仕組みを使って専門家集団に検証してもらったり、あらかじめ蓄積された知識ベースと自動照合したりする取り組みがある。二つ目はスタイルベース検出方式で、誤解を生みやすい見出し表現や欺くことを意図したような言葉使い等に着目する。三つ目は伝播ベース検出方式で、情報拡散のパターン（情報伝播のグラフ構造やスピード等）に着目する。例えば、フェイクニュースは通常ニュースよりも速く遠くまで伝わる傾向があることが知られている。四つ目は情報源ベース検出方式で、ニュースの出典・情報源の信頼性やその拡散者の関係等から判断する。社会環境・文脈等によって真偽の捉え方が変わるし、科学的発見によって真理の理解が変わることもあり、真偽が定められない言説

57　http://www.fakenewschallenge.org/

も多いため、最終的には人による判断が不可欠だが、上に示したような技術は怪しいニュース・情報を迅速に絞り込むのに有効である。また、1件のニュース単独で真偽判定するよりも、複数の情報の間の関係比較や整合性判断、および、複数の視点からの複合的なチェックを行う方がより確かな判断が可能になる[49]。

また、動画・画像・音声等がオリジナルから改ざんされていないか、当事者が実際に発話や行動をしていない虚偽の動画・画像・音声ではないか、といったことを動画・画像・音声の特徴分析、ニューラルネットワーク・機械学習を用いて判定したり、改ざんの箇所や方法を特定したりといった技術が開発されている[20],[50],[51],[61]。例えば、不自然なまばたきの仕方、不自然な頭部の動きや目の色、映像から読み取れる人の脈拍数、映像のピクセル強度のわずかな変化、照明や影等の物理的特性の不自然さ、日付・時刻・場所と天気の整合等が手掛かりになる。フェイクの検出技術とフェイクの作成法はいたちごっこだとも言えるが、人の目・耳では見分けがつかないレベルのフェイク動画・画像・音声が作れてしまう事態において、コンピューターによる分析は不可欠である。さらに、動画・画像・音声の内容解析とは別に、ブロックチェーンを使って履歴を管理することで、改ざんが入り込むことを防ぐという方法もある。

フェイクは新種のサイバー攻撃として用いられ、社会混乱も引き起こすことから、安全保障上も対策が求められる。これに対して、米国は早い時期から研究投資を行っており、特に米国国防高等研究計画局（DARPA）は、画像・動画の改ざん検知を行うMedia Forensics（MediFor）プロジェクトや、その後継で、画像・動画の意味的不整合やフェイクの検知を行うSemantic Forensics（SemaFor）プロジェクトを推進している[58]。日本では、2020年度にJST CREST「信頼されるAIシステム」に採択された「インフォデミックを克服するソーシャル情報基盤技術」（CREST FakeMedia、研究代表者：越前功）が、フェイク問題に本格的に取り組むプロジェクトとして注目される[61]。この活動を推進する拠点として、国立情報学研究所（NII）にシンセティックメディア国際研究センター（SynMedia Center、センター長：越前功）が設立された。また、経済安全保障重要技術育成プログラム（K Program）において「偽情報分析に係る技術の開発」（2024年〜2027年）が採択され、実施事業者である富士通株式会社のもと、NII、NEC、慶應義塾大学SFC研究所、東京科学大学、東京大学、会津大学、名古屋工業大学、大阪大学の9者による共同研究開発も開始された。

❷ HMT（Human-Machine Teaming）の五つのパターン

本項の冒頭で述べたHMTの五つのパターンの概要・状況を簡単に述べる[1]。なお、Human（人）、Machine（AI）ともに単独のケースも複数のケースも考えられ、また、実際の問題では、複数のパターンが組み合わせられることもある。各パターンにおいて、人とAIが協働する中で、人・AIそれぞれの能力が高まって、関係性・パターンが変化していくこともある。

Human Supervisor/Userは、人がAIの上位に位置するパターンで、人が上司となるケース（Human Supervisor）と人が単なる利用者のケース（Human User）がある。実際のタスクはAIによって実行される。医療画像診断等がHuman Supervisorのケースであり、人が責任を持って監督・介入するHuman Oversightが重要な課題である。その前提としてAIの透明性・説明性・制御性等が求められる。Human Userのケースでは、人がそこまで深く関与せず、一般にHuman Machine Interfaceが重要である。

Human Mentorは、人がAIのやや上位に位置するパターンで、AIが実際のタスクを主に実行し、人はそ

---

[58] 米国DARPAでは、悪意を持ったオンラインやオフラインでの誘導・干渉によって人々の思考や行動に影響を与える問題に対処するための取り組みをCognitive Securityと総称し、MediFor、SemaFor以外にも、個人情報・プライバシーが目的外に使われないように管理するBrandies、状況を理解し、アクションするため、さまざまな情報源の間の矛盾・整合を踏まえながら仮説を生成するAIDA（Active Interpretation of Disparate Alternatives）、人の心理的な隙や行動のミスにつけ込んで個人が持つ秘密情報を入手する攻撃（ソーシャルエンジニアリング）を検知・防御するASED（Active Social Engineering Defense）、悪意のあるボットネットワークや大規模マルウェアに対抗する自律ソフトウェアエージェントHACCS（Harnessing Autonomy for Countering Cyberadversary Systems）等のプロジェクトを実施している。

のタスクを実行しようと思えば実行できるものの、主としてMentorとして機械を指導する。問い合わせや検査等について、AIで可能な範囲は自動処理して、難しいケースのみ人に対応させるというのが、その一例である。AIへの権限移譲や人へのエスカレーションの仕方が重要課題である。そのために、人・AI双方が相手のモデルを持つこと（Mutual Model）が必要だと言われる。

Peerは、人とAIが同格で、どちらもタスクを実行する能力を有している。ただし、条件によってどちらのパフォーマンスが優れているかが変わってくるため、状況に応じてどちらがタスクを実行するかを決める必要がある。人とAIがタスクを分担して並列に実行することもあり得る。自動運転のレベル3はPeerに該当する。権限移譲の管理やMutual Modelが重要である。特に、人がAIの能力を適切に把握していることが望ましく、過信や不信を避けるように信頼較正[52]という手法が考えられている。

Machine Mentorは、人が主としてタスクを実行するものの、一部のタスクに関してはAIが実行する。自動運転のレベル1や2はこれに該当する。AIが人の作業・行動をモニタリングしていて、危ない状況や不適切な状況が検知されたら、注意や助言を行うケースもこのパターンの一例である。人のモチベーションへの配慮が求められる。

Machine Supervisorは、人が専ら実際のタスクを実行し、上司の立場にあるAIはタスクの実行には携わらない。ライドシェアサービスUberが代表例である。また、クラウドソーシング[26]をAIで最適管理するようなケースも該当する。人のモチベーションを考慮したタスクアサインやフィードバックが課題として挙げられる。

❸ AI技術を用いた創作

深層生成モデルの発展によって、芸術作品（絵画・音楽等）や文学作品（小説・俳句等）の創作へのAI技術の活用が広がった[53],[54],[55],[56]。

まず絵画作品の生成では、2015年に、深層ニューラルネットワーク構造中の情報を操作することで、通常の画像を夢に出てくるような神秘的な画像に変換するDeepDreamが開発された。ゴッホやレンブラントらの絵画作品から画風を学習し、入力画像をそのような画風に変換するシステム等も開発され、深層生成モデルを学習したり、その内部情報を操作したりすることで、絵画的表現を生成したり変換したりする手法やツールが種々開発されるようになった。さらに、2021年に発表されたDALL-Eでは、簡単な文からそれを表現した画像が生成されるText-to-Imageが実現された。これに続いて、DALL-E2、Imagen、Perti、Muse等、より高品質な画像を生成できる技術が開発されるとともに、MidjourneyやStable Diffusion等、文を入力するだけで簡単に使えて、まるでプロが書いたようなテイストの画像が生成できるシステムが、インターネット上で使える形で公開され、Text-to-Imageは2022年に大きな話題になった（深層生成モデルと画像生成AIの技術面については「2.1.1 知覚・運動系のAI技術」に記載している）。

音楽作品の生成（作曲）は、メロディー、リズム、コード進行等に関する音楽理論の蓄積があり、音楽理論・ルールをベースとした生成手法が古くから取り組まれていたことから、絵画作品の生成とは異なる発展を示している。深層学習を用いてバッハ風やビートルズ風といった新曲を作る取り組み、歌詞を入力として音楽理論やルールに基づいて曲を付ける取り組み、既存曲を入力として遺伝的アルゴリズム（Genetic Algorithm：GA）等の進化計算によって新たな曲を作る取り組み等、さまざまなアプローチがなされている[57]。また、深層学習でもGANだけでなく、時系列データを扱いやすいLSTM（Long Short-Term Memory）ネットワークもよく用いられている。さらに最新の話題として、Text-to-Imageの技術を用いた音楽生成システムRiffusionが2022年12月に公開された。このシステムでは、Stable Diffusionに音楽のスペクトラム画像を追加学習させることで、テキストからスペクトラム画像を生成し、それを音楽として再生する。

文学作品の生成では、2012年にスタートした「きまぐれ人工知能プロジェクト：作家ですのよ」がよく知られている[53]。星新一のショートショート小説作品をコンピューターで解析して生成した作品を星新一賞に応

募する試みを行っている。ここでは、登場人物の設定や話の筋、文章の部品に相当するものは人間が用意しておき、それらを用いた文章生成という部分にAI技術を適用したというものである。さらに現在大きな話題になっているのが、前述のChatGPTである。簡単な例示や指示を与えて文章を生成することができる。人間が書いたような自然な文章だと言われており、文学的な文章の生成事例も報告されている（技術的面については「2.1.2 言語・知識系のAI技術」に記載している）。

人間の持つ創作欲求（美意識や自己表現等）そのものをAIが持つことは当分難しいとしても、表現の種や見本となるものがあるときに、そのスタイルをまねたり、新たな連想を生み出したりといったことにAI技術が活用できるようになってきた。実際、絵画・音楽の領域では、AI技術を用いて人間の創作活動を支援・活性化するさまざまなソフトウェアツール（ラフスケッチの写実画への変換、着色、作曲、画風・曲調の変換、前衛的・不気味な絵の生成等）が実用化されている。

「AI美空ひばり」「AI手塚治虫」といったプロジェクト[58]も、そのようなツールを活用したものだが、AI技術を用いて故人の名を冠した新作を創作するという行為、あるいは、AI技術を用いて故人を仮想的によみがえらせるというコンセプトに対して、倫理的な視点や社会受容といった面から議論が起きた。両プロジェクトとも、故人の遺族の了承・意向を踏まえつつ取り組まれたものだが、ELSI面からは引き続き議論を深めていくことが必要である。

また、画像生成や文章生成の技術が高品質化し、プロ並みのものが簡単に生成できるようになったため、人間による創作物かAIで自動生成したものかの区別が難しくなってきた。そのため、創作物の権利や偽作に関する問題や、プロのアーティストからの反発等も生じつつある。画像の特徴表現をゆがめて、画像生成AIがそれを学習すると誤動作が引き起こされるナイトシェード（Nightshade）[59]というツールも、その反発の一例である。

[注目すべき国内外のプロジェクト]
❶情報的健康プロジェクト

フェイクニュースやインフォデミック等による情報空間の混乱と、その背景にあるアテンションエコノミーの問題を、インターネットの発展がもたらした情報の「飽食」「偏食」と捉え、健全な情報空間に向けて、情報の適度なバランスを意識する「情報的健康（Information Health）」というコンセプトが、鳥海不二夫（東京大学）と山本龍彦（慶應義塾大学）によって共同提言された[47],[63]。このコンセプトに賛同する研究者によるプロジェクトとして取り組みが進展し、2024年12月に開催されたシンポジウムでは、海外の研究機関との「情報的健康に関する基本学術連携協定」も結ばれた。

❷ソニーのGT Sophy（Gran Turismo Sophy）

GT Sophyは、PlayStationのドライビングシミュレーター「グランツーリスモSPORT」において、世界最高峰のプレーヤーをしのぐドライビングスキルを学習したAIエージェントである[59]。深層強化学習によって訓練された自動意思決定AIだが、実在のレーシングカーやコースの見た目だけではなく、車体の重量バランスや剛性、空気抵抗やタイヤの摩擦等の物理現象に至るまで、現実のレーシング環境が限りなくリアルに再現された仮想環境で学習や自動制御が行われる。さらに、高速走行中の相手やコースのダイナミックな変化に応じたリアルタイム制御、スリップストリームやクロスラインからのオーバーテイクのような高度なレーシングスキル、レーシングエチケット等も獲得している。2022年2月10日発行のNature誌の表紙を飾った。

（5）科学技術的課題

59　https://nightshade.cs.uchicago.edu/jp/whatis-jp.html

❶意思決定支援AIの技術課題

［研究開発の動向］❸に挙げた、膨大な可能性の探索・評価（マルチエージェントシミュレーション、統計的因果推論等）、自動意思決定・自動交渉（強化学習、最適化等）、大規模意見集約・合意形成、多様な価値観の把握・可視化（言論マップ生成、議論マイニング等）、フェイク対策、意思決定に関する基礎科学（意思決定プロセスのモデル、ELSI等）のそれぞれは、さらなる研究開発が必要である。

それらの技術を用いての意思決定を支援する機能の提供形態としては、人（個人や集団）に寄り添うAIエージェントという形や、意見集約・合意形成のためのプラットフォームという形が考えられる。AIエージェントのデザインでは、HAI（Human-Agent Interaction、詳細は「2.1.3 エージェント技術」を参照）の設計方法論や、人とAIエージェントの間のトラスト形成（「2.4.7 社会におけるトラスト」を参照）という観点も踏まえる必要がある。また、意見集約・合意形成のためのプラットフォームでは、その健全性・公平性を確保するため、フェイク対策の取り込み、一次情報や意見根拠の追跡・確認、声の大きい意見だけでない意見集約の公平性確保等も課題となる。

❷HMTの技術課題

［新展開・技術トピックス］❷では、HMTの五つのパターンを示し、そのような人・AI協働の形に応じて、AIの透明性・説明性・制御性等の確保や、人からAIへの権限移譲の管理、AIに対する信頼形成、人のモチベーションへの配慮等に課題があることを述べた。また、各パターンでの協働を通して、人やAIそれぞれの能力が高まり、関係性・パターンが変化する可能性があることにも触れた。どのような問題に対して、どの協働パターンが適していて、協働することでどれほど全体パフォーマンスが高まるか、あるいは、人・AIそれぞれの能力がどう高まり得るか、といった分析や方法論も今後さらに探究されていくものと期待される。

関連して、上記の意思決定支援AIでは、それに人が依存しすぎると、人の判断能力自体が低下するという懸念がある。HMTでも同様の懸念は生じ得る。意思決定支援AIやHMTにおいて、人にとって負荷が減って楽になることと、人の能力が高まることの両面からどのようなバランスが望ましいかを考えていくことも必要であろう。

（6）その他の課題

❶ELSIおよび社会受容性に配慮した研究開発

意思決定支援AIは、倫理的・法的・社会的な視点（ELSI面）から適切であるかを常に考えておかねばならない。例えば、人の支援機能を意図したものが、思考誘導や検閲（表現・言論の自由の制限）と受け止められてしまう可能性もある。逆に、フェイク問題のようなケースに対しては法的規制をかけてしまえばよいのではないかという意見を聞くことがあるが、絶対的な真偽が定まらない言説は非常に多く、法的規制が強く働くと表現・言論の自由が制限されるリスクが高まることに注意を要する[20]。この点を踏まえて、法的規制の検討は、極めて慎重に行う必要がある。その一方、人のメディアリテラシーを高める教育が重要である。

HMTはより広い人・AI協働の概念であり、同様に配慮が必要であろう。このような面に対して、利用者から見た透明性を確保し、社会受容性に配慮した技術開発が求められる。そのためには、実社会の具体的な問題に適用して社会からのフィードバックを受けるプロセスを、短いサイクルで回しながら判断・改良していくのがよいと考える。

❷分野横断の研究開発体制・推進施策

本研究開発領域は、AI技術等の情報技術だけでなく、計算社会科学、脳科学、認知科学、心理学、経済学、政治学、社会学、法学、倫理学等が重なる学際的な領域であり、分野横断の研究開発体制・推進施策が必

要である。そのためには、初期段階から分野横断で研究者を共通の問題意識・ビジョンのもとに束ねる研究開発マネジメントが望ましい。現状、本研究開発領域の個々の技術課題・要素技術に関わる研究者は多いものの、研究者それぞれの取り組みは全体の問題意識に対してまだ断片的なものにとどまっている感が強く、分野横断の連携・統合による骨太化が求められる。その際、情報技術側で扱いやすい形の問題にしてしまうとか、人文・社会科学側から結果に対して駄目出しするとかではなく、具体的な問題に対する定式化において双方がコミットすべきである。実社会への適用において発生するさまざまな制約事項を、アルゴリズム・原理のレベルで扱うのか、運用上の制約（法規制等）の形で扱うのかによって、技術的なアプローチは変わってくる。

❸国・社会のフェイク問題と対策に対する意識向上

米国が国家安全保障の観点から重要な研究開発領域と位置付けて投資しているのに対して、日本ではその意識がまだ弱い。日本は米国の事例ほど、フェイク問題や社会分断が深刻化していないため、国・社会の危機感が薄いように思われるが、民主主義を揺るがし得る、社会の方向性を左右し得る、国・組織・個人に対する新しいサイバー攻撃になり得る、といった国・社会にとっての大きなリスクが生じることに備えておくべきである。フェイク問題への対策、フェイクによる攻撃への防御技術を育てておくことや、人々のメディアリテラシーを高めるための教育や啓発施策等を進めることを通して、健全な社会的意思決定・集合知を育てる意識・環境が、安全で信頼できる社会を発展させていくために極めて重要である。

❹経済安全保障面の課題

フェイク生成は新種のサイバー攻撃手段となっており、外国からの政治干渉や世論誘導に使われ得ることが日本社会にとって脅威となる。そのための防御技術は安全保障上、自国で育成・確保しておく必要がある。また、より広く意思決定の適切化・迅速化は、社会・生活のさまざまな場面で安全性・健全性および競争力を確保するために不可欠である。そのためのプラットフォームとして、SNSや検索エンジンは重要な役割を担っているが、これに関して海外プラットフォーマーに依存している部分が大きいことは懸念材料と考えられる。

（7）国際比較

国・地域	フェーズ	現状	トレンド	各国の状況、評価の際に参考にした根拠等
日本	基礎研究	〇	↗	マルチエージェントシステムの分野で、オークション・マッチングの理論研究やインセンティブメカニズムの研究が多い。HMTについては、SIP「ビッグデータ・AIを活用したサイバー空間基盤技術」で関連基礎研究を推進しており、日本発のHAI (Human-Agent Interaction) も強みとなる。
日本	応用研究・開発	〇	↗	大規模合意形成支援システム等で先端的な取り組みや、AI間の交渉・協調・連携に関するCOCNの取り組みが進展している。
米国	基礎研究	◎	↗	MIT CCIのDeliberatoriumやThe ClimateCoLab、Stanford Universityの討論型世論調査をはじめ、学際的な基礎研究が根付いている。AI・マルチエージェントシステムの分野で、メカニズムデザイン、オークション・マッチングの理論研究が広く行われている。HMTの基礎研究も実績がある[35), 60)]。
米国	応用研究・開発	◎	↗	上記基礎研究がそのまま応用研究やベンチャーによる産業化につながる傾向が強い。国および企業によるAI分野への大型投資が行われている（Metaの自動交渉エージェント等）。
欧州	基礎研究	◎	↗	Imperial College London、Oxford University、Delft University of Technology等、自動交渉の基礎研究が強く、論理的なアプローチによる自動交渉の研究も行われている。

欧州	応用研究・開発	◎	↗	市民からの意見集約や合意形成のためのシステム・応用に盛んに取り組まれている。自動交渉の応用ソフトウェア（電力売買等）への取り組みも見られる。
中国	基礎研究	◎	↗	Hong Kong Baptist Universityのメカニズムデザインや自動交渉の基礎理論研究をはじめ、取り組みが活発になってきている。
	応用研究・開発	△	→	顕著な活動は見当たらない。
韓国	基礎研究	△	→	顕著な活動は見当たらない。
	応用研究・開発	△	→	顕著な活動は見当たらない。

（註1）フェーズ
　　　基礎研究：大学・国研等での基礎研究の範囲
　　　応用研究・開発：技術開発（プロトタイプの開発含む）の範囲
（註2）現状　※日本の現状を基準にした評価ではなく、CRDSの調査・見解による評価
　　　◎：特に顕著な活動・成果が見えている　○：顕著な活動・成果が見えている
　　　△：顕著な活動・成果が見えていない　×：特筆すべき活動・成果が見えていない
（註3）トレンド　※ここ1～2年の研究開発水準の変化
　　　↗：上昇傾向　　→：現状維持　　↘：下降傾向

参考文献

1) 丸山文宏，「人とAIの関係性を考える」，『AIデジタル研究』第7号（2023年2月）．https://www.ccg.ac.jp/mirai/pdf/AIDigital07.pdf

2) 科学技術振興機構 研究開発戦略センター，「戦略プロポーザル：複雑社会における意思決定・合意形成を支える情報科学技術」，CRDS-FY2017-SP-03（2018年12月）．

3) 福島俊一，「複雑社会における意思決定・合意形成支援の技術開発動向」，『人工知能』（人工知能学会誌）34巻2号（2019年3月），pp. 131-138.

4) Edmond Awad, et al., "The Moral Machine experiment", *Nature* Vol. 563 (24 October 2018), pp. 59-64. https://doi.org/10.1038/s41586-018-0637-6

5) 笹原和俊，『フェイクニュースを科学する―拡散するデマ，陰謀論，プロパガンダのしくみ―』（化学同人，2018年）．

6) 湯淺墾道，「米大統領選におけるソーシャルメディア干渉疑惑」，『情報処理』（情報処理学会誌）58巻12号（2017年12月），pp. 1066-1067.

7) 藤代裕之，『フェイクニュースの生態系』（青弓社，2021年）．

8) Herbert A. Simon, *Administrative behavior : a study of decision-making processes in administrative organization* (Macmillan, 1947). （邦訳：二村敏子・桑田耕太郎・高尾義明・西脇暢子・高柳美香訳，『新版 経営行動：経営組織における意思決定過程の研究』，ダイヤモンド社，2009）．

9) Daniel Kahneman, *Thinking, Fast and Slow*, (Farrar, Straus and Giroux, 2011). （邦訳：村井章子訳，『ファスト＆スロー：あなたの意思はどのように決まるか？』，早川書房，2014年）

10) Daniel Kahneman and Amos Tversky, "Prospect Theory：An Analysis of Decision under Risk", *Econometrica* Vol. 47, No. 2 (March 1979), pp. 263-291.

11) Richard H. Thaler and Cass R. Sunstein, *Nudge：Improving Decisions About Health, Wealth, and Happiness* (Yale University Press, 2008). （邦訳：遠藤真美訳，『実践 行動経済学』，日経BP社，2009年）

12) 坂上雅道・山本愛実，「意思決定の脳メカニズム―顕在的判断と潜在的判断―」，『科学哲学』（日本科学哲学会誌）42-2号（2009年）．

13）遠藤薫,『ソーシャルメディアと〈世論〉形成』(東京電機大学出版局, 2016年).
14）山口真一,『ソーシャルメディア解体全書：フェイクニュース・ネット炎上・情報の偏りネット炎上の研究』(勁草書房, 2022年).
15）金子格・須川賢洋（編）,「小特集 ディジタルゲリマンダとは何か―選挙区割政策からフェイクニュースまで」,『情報処理』(情報処理学会誌) 58巻12号（2017年12月）, pp. 1068-1088.
16）Eli Pariser, *The Filter Bubble：What the Internet is Hiding from You* (Elyse Cheney Literary Associates, 2011).（邦訳：井口耕二訳,「閉じこもるインターネット」, 早川書房, 2012年）
17）「Politics and Technology テクノロジーは民主主義の敵か？」,『MITテクノロジーレビューSpecial Issue』Vol. 11（2018年）.
18）田中辰雄・浜屋敏,「ネットは社会を分断するのか－パネルデータからの考察－」,『富士通総研 経済研究所 研究レポート』No. 462（2018年）.
19）Ruben Tolosana, et al., "DeepFakes and Beyond：A Survey of Face Manipulation and Fake Detection", arXiv:2001.00179 (2020). https://doi.org/10.48550/arXiv.2001.00179
20）科学技術振興機構 研究開発戦略センター,「公開ワークショップ報告書：意思決定のための情報科学 ～情報氾濫・フェイク・分断に立ち向かうことは可能か～」, CRDS-FY2019-WR-02（2020年2月）.
21）Tom Brown, et al., "Language Models are Few-Shot Learners", *Proceedings of the 34th Conference on Neural Information Processing Systems* (NeurIPS 2020; December 6-12, 2020).
22）科学技術振興機構 研究開発戦略センター,「科学技術未来戦略ワークショップ報告書　複雑社会における意思決定・合意形成を支える情報科学技術」, CRDS-FY2017-WR-05（2017年10月）.
23）井之上直也,「言語データからの知識獲得と言語処理への応用」,『人工知能』(人工知能学会誌) 33巻3号（2018年5月）, pp.337-344.
24）水野淳太・他,「大規模情報分析システム WISDOM X, DISAANA, D-SUMM」,『言語処理学会第23回年次大会発表論文集』(2017年), pp. 1077-1080.
25）Yannick de Jong, "Levels of Data Analytics", *IThappens.nu* (20 March 2019). http://www.ithappens.nu/levels-of-data-analytics/
26）鹿島久嗣・小山聡・馬場雪乃,『ヒューマンコンピュテーションとクラウドソーシング』(講談社, 2016年).
27）牧野貴樹・澁谷長史・白川真一（編著）, 他19名共著,『これからの強化学習』(森北出版, 2016年).
28）大槻知史（著）・三宅陽一郎（監修）,『最強囲碁AI アルファ碁 解体新書（増補改訂版）』(翔泳社, 2018年).
29）藤巻遼平・他,「予測から意思決定へ ～予測型意思決定最適化～」,『NEC技報』69巻1号（2016年）, pp. 64-67.
30）藤田桂英・森顕之・伊藤孝行,「ANAC：Automated Negotiating Agents Competition（国際自動交渉エージェント競技会）」,『人工知能』(人工知能学会誌) 31巻2号（2016年3月）, pp. 237-247.
31）桑子敏雄,『社会的合意形成のプロジェクトマネジメント』(コロナ社, 2016年).
32）Jeff Conklin and Michael L. Begeman, "gIBIS：a hypertext tool for exploratory policy discussion", *Proceedings of the 1988 ACM conference on Computer-supported cooperative work* (CSCW '88：Portland, USA, 26-28 September 1988), pp. 140-152. https://doi.org/10.1145/62266.62278
33）James S. Fishkin, *When the People Speak：Deliberative Democracy and Public Consultation* (Oxford University Press, 2011).（邦訳：岩木貴子訳, 曽根泰教監修,『人々の声が響き合うとき：熟議空間と民主主義』, 早川書房, 2011年）
34）Mark Klein, "Enabling Large-Scale Deliberation Using Attention-Mediation Metrics",

Computer Supported Cooperative Work Vol. 21, No. 4-5 (2012), pp. 449-473. https://doi.org/10.2139/ssrn.1837707

35）Thomas W. Malone, *Superminds: The Surprising Power of People and Computers Thinking Together* (Little, Brown and Company, 2018).

36）Takayuki Ito, et al., "D-Agree：Crowd Discussion Support System Based on Automated Facilitation Agent", Proceedings of the 34th AAAI Conference on Artificial Intelligence (AAAI-20, New York, 7-12 February 2020), pp. 13614-13615. https://doi.org/10.1609/aaai.v34i09.7094

37）伊藤孝行・他,「エージェント技術に基づく大規模合意形成支援システムの創成 ―自動ファシリテーションエージェントの実現に向けて―」,『人工知能』（人工知能学会誌）32巻5号（2017年9月）, pp. 739-747.

38）水野淳太・他,「言論マップ生成技術の現状と課題」,『言語処理学会第17回年次大会発表論文集』（2011年）, pp. 49-52.

39）岡崎直観,「自然言語処理による議論マイニング」,『人工知能学会全国大会（第32回）』（2018年）1D2-OS-28a-a（OS-28招待講演）. https://www.slideshare.net/naoakiokazaki/ss-100603788

40）柳井孝介・他,「AIの基礎研究：ディベート人工知能」,『日立評論』98巻4号（2016年4月）, pp. 61-64.

41）佐藤健,「論理に基づく人工知能の法学への応用」,『コンピュータソフトウェア』（日本ソフトウェア科学会誌）27巻3号（2010年7月）, pp. 36-44. https://doi.org/10.11309/jssst.27.3_36

42）"Special Issue：This is Watson", *IBM Journal of Research and Development* Vol. 56 issue 3-4 (May-June 2012).

43）Robert M. Bond, et al., "A 61-million-person experiment in social influence and political mobilization", *Nature* Vol. 489 (12 September 2012), pp. 295-298. https://doi.org/10.1038/nature11421

44）Xinyi Zhou and Reza Zafarani, "A Survey of Fake News: Fundamental Theories, Detection Methods, and Opportunities", *ACM Computing Surveys* Vol. 53, No. 5 (September 2020), Article No. 109. https://doi.org/10.1145/3395046

45）立岩陽一郎・楊井人文,『ファクトチェックとは何か』（岩波書店, 2018年）.

46）Tsubasa Tagami, et al., "Suspicious News Detection Using Micro Blog Text", *Proceedings of the 32nd Pacific Asia Conference on Language, Information and Computation* (PACLIC 32, Hong Kong, 1-3 December 2018).

47）鳥海不二夫・山本龍彦,『デジタル空間とどう向き合うか：情報的健康の実現をめざして』（日経BP, 2022年）.

48）鈴木宏昭,『認知バイアス：心に潜むふしぎな働き』（講談社, 2020年）.

49）科学技術振興機構 研究開発戦略センター,「戦略プロポーザル：デジタル社会における新たなトラスト形成」, CRDS-FY2022-SP-03（2022年9月）.

50）Darius Afchar, et al., "MesoNet: a Compact Facial Video Forgery Detection Network", *Proceedings of IEEE International Workshop on Information Forensics and Security* (WIFS 2018, Hong Kong, 11-13 December 2018). https://doi.org/10.1109/WIFS.2018.8630761

51）Huy H. Nguyen, Junichi Yamagishi and Isao Echizen, "Capsule-forensics: Using Capsule Networks to Detect Forged Images and Videos", *Proceedings of IEEE International Conference on Acoustics, Speech and Signal Processing* (ICASSP 2019, Brighton, 12-17 May 2019).

https://doi.org/10.1109/ICASSP.2019.8682602

52) Kazuo Okamura and Seiji Yamada, "Adaptive Trust Calibration for Human-AI Collaboration," *PLOS ONE* Vol. 15, No. 2 (February 2020), e0229132. https://doi.org/10.1371/journal.pone.0229132

53) 竹永康彦・他（編），「小特集：創造性・芸術性におけるAIの可能性」，『電子情報通信学会誌』102巻3号（2019年3月），pp. 207-264.

54) David Foster, *Generative Deep Learning: Teaching Machines to Paint, Write, Compose, and Play* (O'reilly Media Inc., 2019).（邦題：松田晃一・小沼千絵訳,『生成Deep Learning：絵を描き、物語や音楽を作り、ゲームをプレイする』, オライリージャパン, 2020年）.

55) 徳井直生,『創るためのAI：機械と創造性のはてしない物語』(ビー・エヌ・エヌ, 2021年).

56) David Cope, *Computer Models of Musical Creativity* (The MIT Press, 2005).（邦訳：平田圭二監修, 今井慎太郎・大村英史・東条敏訳,『人工知能が音楽を創る』, 音楽之友社, 2019年）.

57) Jean-Pierre Briot, Gaëtan Hadjeres and François Pachet, "Deep Learning Techniques for Music Generation - A Survey", arXiv:1709.01620 (2017). https://doi.org/10.48550/arXiv.1709.01620

58) 折原良平（編），「特集：AIでよみがえる手塚治虫」,『人工知能』（人工知能学会誌）35巻3号, 2020年5月, pp. 390-429）．

59) Peter R. Wurman, et al., "Outracing champion Gran Turismo drivers with deep reinforcement learning", *Nature* No. 602 (2022), pp. 223-228. https://doi.org/10.1038/s41586-021-04357-7

60) National Academies of Sciences, Engineering, and Medicine, *Human-AI Teaming: State-of-the-Art and Research Needs* (The National Academies Press, 2022). https://doi.org/10.17226/26355

61) 笹原和俊,『ディープフェイクの衝撃：AI技術がもたらす破壊と創造』(PHP研究所, 2023年).

62) Takayuki Ito, "Towards Hypedermocracy: Case Studies on an Agent-powered Online Discussion Support Systems", The 2nd International Workshop on Democracy and AI (DemocrAI 2023) in conjunction with IJCAI 2023 (July 2023). https://doi.org/10.52731/liir.v003.065

63) 鳥海不二夫・山本龍彦, 共同提言「健全な言論プラットフォームに向けて－デジタル・ダイエット宣言 ver.1.0」（2022年1月）および「健全な言論プラットフォームに向けて ver2.0―情報的健康を、実装へ」（2023年5月）. https://www.kgri.keio.ac.jp/docs/S2101202201.pdf および https://www.kgri.keio.ac.jp/docs/S0120230529.pdf

2.1.6 AI・データ駆動型問題解決

（1）研究開発領域の定義

人工知能（Artificial Intelligence：AI）・ビッグデータ解析が可能にする大規模複雑タスクの自動実行や膨大な選択肢の網羅的検証等による、問題解決手段の質的変化、産業構造・社会システム・科学研究等の変革を生み出す研究開発領域である。本項では、「AI駆動」「データ駆動」を冠して呼ばれることが多い、さまざまな問題解決に共通的な考え方やフレームワーク・基盤技術を中心に俯瞰し、個別的・具体的なアプリケーションは最近の注目トピックのみ取り上げる。

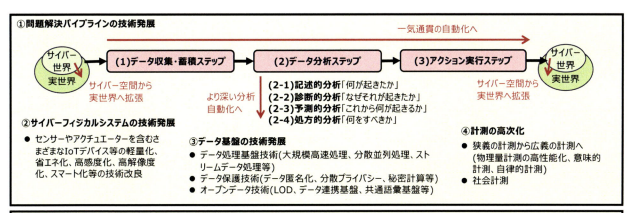

図2-1-10　領域俯瞰：AI・データ駆動型問題解決

（2）キーワード

ビッグデータ、Cyber Physical Systems（CPS）、IoT（Internet of Things）、データサイエンス、オープンデータ、データ連携基盤、データ駆動、AI駆動、デジタルトランスフォーメーション（DX）、計測、ゲームAI、AI・シミュレーション融合、AI駆動型科学、AIロボット駆動科学、AI for Science

（3）研究開発領域の概要
［本領域の意義］

ビッグデータ（Big Data）[1), 2)] は、元来は膨大な量のデータそのものを指す言葉だが、その収集・蓄積・解析技術は、大規模性だけでなくヘテロ性・不確実性・時系列性・リアルタイム性等にも対応できる技術として発展している。また、センサー、IoT（Internet of Things）デバイスの高度化と普及によって、さまざまな場面

で実世界ビッグデータが得られるようになり、その収集・解析技術は、実世界で起きる現象・活動の状況を精緻かつリアルタイムに把握・予測するための技術としても期待されている。今日、さまざまな社会課題が人間の手に負えないほどに大規模複雑化しており、実世界ビッグデータの収集・解析による状況の把握・予測は、そのような課題の解決に共通的に貢献し得る有効な手段になる。ここにさらにAI技術が加わり、AI技術とビッグデータ（データそのもの、および、処理技術）が深く関係し合いながら発展している。すなわち、ビッグデータが集められることでAI技術（特に機械学習技術）は高度化し、精度を高め、そのAI技術を用いて実世界のビッグデータを解析することで、実世界の現象・活動のより深く正確な状況把握・予測が可能になってきた。

具体的なアプリケーションは、当初、Google等のサーチエンジンにおける検索連動型広告や、Amazon等のショップサイトにおける商品レコメンデーションのように、インターネット上のサービスに集まるビッグデータを売上向上に活用するものが中心であった。しかし、現在は、実世界から集まるビッグデータを活用した社会課題解決へと広がってきており[1],[2]、その社会的価値はますます高まっている。例えば、電力・エネルギーの需要を予測して最適に制御したり、実店舗のさまざまな商品の品ぞろえや仕入れを最適化したり、防犯のため不審な人や振る舞いを検知・通知したり、病気の疑いや機器の異常を早期に検知したりといった実世界のアプリケーションが広がっている。

わが国がビジョンとして掲げる「Society 5.0」は、内閣府によると、「サイバー空間とフィジカル空間（現実）を高度に融合させたシステムにより、経済発展と社会的課題の解決を両立する、人間中心の社会（Society）」であり、サイバー空間とフィジカル空間の高度な融合は「フィジカル（現実）空間からセンサーとIoTを通じてあらゆる情報が集積（ビッグデータ）、人工知能（AI）がビッグデータを解析し、高付加価値を現実空間にフィードバック」によって実現するとされている。これにより、交通、医療・介護、ものづくり、農業、食品、防災、エネルギー等、さまざまな分野で新たな価値創出が目指されている。昨今、産業界を中心にデジタルトランスフォーメーション（DX）の推進が叫ばれているが、Society 5.0と方向性を同じくする動きであり、産業構造、社会システム、科学研究等に変革をもたらす。そして、これらをドライブするのが、本項で述べるAI・ビッグデータを活用した「AI駆動型」「データ駆動型」と呼ばれるアプローチである。

［研究開発の動向］

AI・データ駆動型の問題解決の基本的な枠組みを踏まえて、その研究開発の動向を、❶問題解決パイプラインの技術発展、❷サイバーフィジカルシステムの技術発展、❸データ基盤の技術発展、❹計測の高次化という4面から述べる。次に、このような発展が生み出す問題解決手段の質的変化が、産業構造の変革、社会システムの変革、科学研究の変革をもたらす可能性とその状況について述べる。

❶問題解決パイプラインの技術発展

AI・データ駆動型問題解決の基本的な処理の流れは、（1）データ収集・蓄積ステップ、（2）データ分析ステップ、（3）アクション実行ステップ、という順に進む。ここでは、これを「問題解決パイプライン」と呼ぶことにする。（2）のデータ分析ステップは、さらに、データ分析の深さによって段階がある。米国の調査・アドバイザリー企業であるGartnerは、データ分析の段階を、（2-1）記述的分析（Descriptive：何が起きたか）、（2-2）診断的分析（Diagnostic：なぜそれが起きたか）、（2-3）予測的分析（Predictive：これから何が起きるか）、（2-4）処方的分析（Prescriptive：何をすべきか）という4段階としている[3]。（2-4）によってアクションが計画され、（3）のアクション実行が可能になる。

問題解決パイプラインで、（1）→（2-1）→（2-2）→（2-3）→（2-4）→（3）とステップを深めるほど、問題の解決に近づき、社会価値・ビジネス価値が高くなる。つまり、例えば（1）（2-1）しか自動化されなければ、（2-2）以降は人間が行うことになるが、（1）から（3）まで一気通貫で自動化されれば、人間は実

行状況をモニタリングしていればよいことになる。電力マネジメントの例で具体的に説明するならば、前者のケースは、電力消費状況の計測・可視化までが自動化され、その状況に基づいて人間が今後の必要量を判断し、アクションを考えることになる。後者のケースは、電力消費状況を自動計測し、今後の必要量を自動予測し、最適な状況になるように自動制御も行われる（人間はその様子を見ていればよい）。

このような（1）から（3）まで一気通貫での自動化を可能にする方向で、技術開発が進められている。そのために使われる具体的な技術としては「2.1.1 知覚・運動系のAI技術」に記載されている機械学習・パターン認識・運動生成等の技術が挙げられる。

❷サイバーフィジカルシステムの技術発展

前述したように、問題解決パイプラインは、当初、インターネット上のサービスに集まるデータを収集・解析し、そのサービスを改良・強化するために使われた。つまり、サイバー空間に閉じたパイプラインであった。しかし、現在は実世界（フィジカル空間）からデータを収集し、その解析結果に基づいて、実世界のシステムにフィードバックをかけるような応用へも広がっている。つまり、サイバーフィジカルシステム（Cyber Physical Systems：CPS）としての問題解決パイプラインへと拡張されている。

この拡張は、問題解決パイプラインにおける、（1）データ収集・蓄積ステップと（3）アクション実行ステップが、サイバー空間から実世界に広がったということである。そのために、センサーやアクチュエーターを含むさまざまなIoTデバイス、あるいは、ロボットが（1）や（3）に導入されるようになった。軽量化、省エネ化、高感度化、高解像度化、スマート化等の技術改良が進められている。

❸データ基盤の技術発展

上記❶❷のような問題解決パイプラインを支える技術として、データ基盤の研究開発も進められている。ここでいうデータ基盤は、a.データ処理基盤技術、b.データ保護技術、c.オープンデータ技術を含む。

a.データ処理基盤技術

大規模なデータを高速に処理するための技術群である。ますます大規模化するデータを、より高速に処理するという要求が高まり、分散並列処理技術、圧縮データ処理技術、ストリームデータ処理技術等が発展している。その具体的な技術内容は「2.2.3 AIを支えるコンピューティングアーキテクチャー」に記載した。

b.データ保護技術

分析対象となるデータの保護のための技術群である。暗号化等のセキュリティー技術に加えて、分析対象データが個人属性や行動履歴のようなパーソナルデータである場合に、そのプライバシーを保護するための技術、さらには、データの分析と保護を両立させるプライバシー保護データマイニング技術が開発されている。匿名化、差分プライバシー、秘匿計算等の技術がある。それらの詳細は「2.1.9 社会におけるAI」に記載した。

c.リンクトオープンデータとデータ連携

最小限の制約のみで誰でも自由に利用、加工、再配布ができるデータのことである。さまざまな問題解決にデータ利用が促進され、また、他のデータと組み合わせた新しい価値創出・サービス創出が活性化される。そのために、共通的なデータ形式や付加的な情報（メタデータ等）の記述形式等がデザインされている。特に、セマンティックWeb分野で開発・標準化された技術を用いたリンクトオープンデータ（Linked Open Data：LOD）[4] がよく知られている。さらに、分野・組織をまたいだデータの連携を容易にするため、共通語彙の設定も含むデータ連携基盤の構築が推進されている。米国では2005年にNIEM（National Information

Exchange Model）、欧州では2011年にSEMIC（Semantic Interoperability Community）がデータ連携標準の取り組みとして始まった。わが国でも「未来投資戦略2018」で描くデータ駆動型社会の共通インフラとしてデータ連携基盤の構築が掲げられ、共通語彙基盤（Infrastructure for Multilayer Interoperability：IMI）が構築された[5]。IMI、NIEM、SEMICの間の国際的な相互運用性も検討されている。さらにその後の、2021年のデジタル庁の包括的データ戦略につながっている

❹計測の高次化

　計測は「科学の母」（Mother of Science）と言われ、さまざまな科学研究を支えている。また、現在の状況を計測（センシング）することは問題解決（ソリューション）の出発点であり、計測技術はさまざまなソリューションビジネスを左右する。今日、❶で述べた問題解決パイプラインに沿って、計測は「狭義の計測」から「広義の計測」へと概念を広げ、これがさまざまな研究やビジネスに波及している。

　「狭義の計測」は物理量計測である。従来の計測機器は、温度・重量等の物理量を直接計測して出力するものであった。しかし、いまでは、計測機器（あるいは計測システム）の中で、物理量データの統計処理・データ分析処理等の情報処理（AI・ビッグデータ技術の適用を含む）まで行い、その結果を計測結果として出力するものが増えている。そのような情報処理を加えることで、a.物理量計測の高性能化、b.意味的計測、c.自律的計測が可能になってきた。ここで、意味的計測と自律的計測が「広義の計測」に相当する。以下、これらa・b・cについて簡単に説明する（詳細は調査報告書[6]にまとめた）。

a. **物理量計測の高性能化**は、従来と同様に物理量を計測結果として出力するが、情報処理を加えることで、精度や効率を高めるものである。例えば、カメラ画像の超解像（画像処理によって解像度を高める）等がある。
b. **意味的計測**は、計測結果として得られた物理量データを分析することで、その計測結果に意味を与える（上位概念に変換する）ものである。位置の計測データ（座標）の住所・ランドマークへの変換や、指紋認証・顔認証等のバイオメトリクス認証機器・システムがその一例である。
c. **自律的計測**は、物理量データの分析結果に基づいて、次のアクションの決定・実行まで行うものである。例えば、現在の計測結果に基づいて、次に何を計測するかを決定するような、ロボットやドローンをベースとした自律的な計測システムがこれに該当する。

図2-1-11　　　計測の高次化と問題解決パイプラインとの対応

また、上記a・b・cは、物理量計測を出発点とした計測の高次化であるが、物理量計測だけでなく、人々がSNS（Social Networking Service）やCGM（Consumer Generated Media）で発信する情報も集めて、人々の行動や社会現象を把握しようというアプローチ（「社会計測」とも呼ばれる）も生まれている。さらに、「広義の計測」や「社会計測」で得られた人間や社会に関するビッグデータを分析して、人間の行動や社会の現象を定量的に理解しようとする計算社会科学も、近年、取り組みが活発になっている。このような計測の高次化と合わせて、その自動化によって、規模の大きな現象・活動のリアルタイムな計測という方向への発展も進んでいる。

❺問題解決手段の質的変化

❶❷❸❹で述べたようなAI・データ駆動型問題解決の枠組みの発展によって、大規模複雑タスクの自動実行や膨大な選択肢の網羅的検証等が可能になったことに加えて、生成AIによって専門的な知識・スキルによる支援が随時得られるような状況にもなり、問題解決手段の質的変化が起き、産業構造の変革、社会システムの変革、科学研究の変革にもつながる。

AI・データ駆動型問題解決の枠組みは、既に多くの業種・分野に広がっており、さまざまな種類、多数の事例が生まれている[7]。それらの事例では、従来人手で行っていた作業を自動化することで効率化が進んだり、自動化に加えて、膨大なデータを精緻に観察・分析することによる精度向上によって適用場面（ビジネス機会）が拡大したりと、効率化・機会拡大の効果がまずは見られる。しかし、それにとどまらず、産業構造・社会システム等の転換を引き起こすような質的変化も起こる。効率化（コスト削減等）と機会拡大（売上拡大等）は従来の土俵の上での競争だが、この質的変化は土俵を変える（ゲームチェンジが起きる）。このゲームチェンジに備えるための打ち手、さらには、ゲームチェンジを主導するための打ち手が、技術開発と制度整備の両面から求められる。以下、a.産業構造の変革、b.社会システムの変革、c.科学研究の変革という三つの面で、質的変化の可能性に着目する。

a. 産業構造の変革

産業構造の変革については、AI技術によって、各業界の専門的業務が自動化・効率化され得るが、これはその業界にとって業務効率化だが、業界外から見れば参入障壁の低下になるため、業界構造が変わり、ゲームチェンジが起こり得る。例えば、生成AIによって、以前は専門家・専門業者に依頼するしかなかった業務が、個人がスマートフォンで簡単にできるようになった。また、UberやLyftに代表されるような自家用車によるオンデマンドのライドシェアも、従来の業界構造を変えた事例だが、このゲームチェンジを可能にしたのは、一般ドライバー（自家用車の所有者）と車で移動したい一般利用者（乗客）とを、リアルタイムに把握して最適マッチングする仕組みが、AI・ビッグデータ活用によって実現されたからである。

なお、さまざまな産業分野の変革に影響を与えるようなAI技術については、新エネルギー・産業技術総合開発機構（NEDO）が2022年2月に発表した「人工知能（AI）技術分野における大局的なアクションプラン」が参考になる。

b. 社会システムの変革

AI・ビッグデータの活用によって、社会システムの部分最適から全体最適への移行が考えられる。IoT技術の進化と普及によって、社会のさまざまな事象がビッグデータとして精緻かつリアルタイムに観測できるようになる。その一方で、さまざまな社会システムが相互に接続し合ったり、影響を与え合ったりするようになり、大規模で複雑な系をAI技術で全体最適化する方向が考えられる。大規模複雑なシステムを個別で精緻な観測に基づきながら全体最適化を行うことは、人間には困難であり、質的変化が生まれると考えられる。何を

最適と考えるかという価値観は国・地域・文化や個人個人によって異なるため、電力・水道・交通等のライフライン系は共通的な方針のもとでの全体最適な供給制御が考えられるが、より個人の生活スタイルに関わる部分は各自の価値観に任せるべきものとなる。

c. 科学研究の変革

科学には四つのパラダイムがあると言われる[8]。第1のパラダイムは実験科学（あるいは経験科学）、第2のパラダイムは理論科学、第3のパラダイムは計算科学（あるいはシミュレーション科学）、第4のパラダイムはデータ駆動型科学（あるいはEサイエンス）と呼ばれる。データ駆動型科学は、データに基づいて科学的な知見や社会的に有益な知見を導き出そうとするアプローチを取る。これはAI・データ駆動型問題解決の発展によって生まれた新しい科学のパラダイムだと言える。以下、データ駆動型科学によってもたらされ得る科学の質的変化として考えられる点を挙げる。

第1点として、さまざまな現象・事象についてビッグデータが取得できると、従来は人間の主観や限られた観察に強く依存していたタイプの学問や施策設計が、データに基づく客観性の高い分析・検証を行えるようになる。計算社会科学[58]のような研究分野が立ち上がっているのがその一例である。

第2点として、AI技術とロボット・IoT機器等を活用した高度な自動化によって、人間には不可能なスケールとスループット、すなわち組み合わせ的に膨大な数の条件・ケースに対して高速な実験・仮説検証の繰り返しが可能になる。例えば、マテリアルズインフォマティクス[9]や計測インフォマティクス[6,10]と呼ばれる取り組みでは、このような面が生かされている。

第3点として、人間の認知限界・認知バイアスを超えた科学的発見がもたらされる可能性がある。科学研究においても、自分の研究に関連した全ての論文を読むことは不可能であり、自分の仮説に合うデータのみに着目したり、想定に合わなかったケースのみ厳しくチェックしたりといった認知限界や認知バイアスがあり、それが科学的発見の可能性を狭めているという指摘がたびたびなされている[11,12,14]。AI技術を活用すれば、このような限界・バイアスを超えた仮説探索・検証が可能になり、これまでと質的に異なる科学的発見が生まれるかもしれない。

この第3点（および第2点を含めることもある）を強調して「AI駆動型科学」[15]や「高次元科学」[14]という呼び方がされることもある。また、計算科学（シミュレーション科学）にAI技術を組み合わせた「AI・シミュレーション融合」も活発な取り組みと発展が見られる。これらについては［新展開・技術トピックス］❷で、最近の注目トピックを紹介する。

（4）注目動向

[新展開・技術トピックス]

❶ゲームAIの進化

チェス、将棋、囲碁のようなゲームは、問題を定式化しやすいことから、AI研究の対象として早い時期から取り上げられてきた。最近ではより複雑な問題設定も扱えるようになり、さまざまな現実の問題解決につながりつつある。

ゲームAI分野では、モンテカルロ木探索による膨大な先読みに機械学習が組み合わせることが行われ、チェスは1997年に、将棋は2015年に、人間のレベルを上回ったとみなされた後、囲碁はさらに10年かかると言われていたところ、Google DeepMindのAlphaGoは2016年〜2017年に世界トップランクプロに圧勝した。AlphaGoは、モンテカルロ木探索に組み合わせて、膨大なプロの棋譜を訓練データとした教師あり学習と、膨大な回数の自己対戦による深層強化学習を用いて訓練された[16]。その後、AlphaGoはAlphaGo Zero[17]、AlphaZero[18]、MuZero[19]へと進化した。AlphaZeroは、訓練データを必要とせず、自己対戦だ

けで成長することができ、囲碁だけでなく、チェスや将棋でも世界チャンピオンプログラムに勝利した。さらにMuZeroは、ゲームのルールすら与えられていない状態から学習し、AlphaZeroに匹敵する強さに至った。

以上は完全情報ゲーム[60]として定式化されるタイプの問題を扱ったものだったが、現在では不完全情報ゲームも扱われている。DeepMindはリアルタイムストラテジーと呼ばれるジャンルのゲームStarcraft IIでも、マルチエージェント強化学習等を用いたAlphaStar[20]というソフトウェアを開発し、2019年にプロのゲーマーに勝利した。また、ポーカーにおいて、米国カーネギーメロン大学のLibratus[21]というソフトウェアが2017年に2人制ゲームで人間に勝利し、さらに、それを発展させたPluribus[22]というソフトウェアが2019年に6人制ゲームでもプロに圧勝した（「2.1.3 エージェント技術」で関連技術を紹介している）。MetaとDeepMindは2022年にそれぞれ、Diplomacyという交渉ゲーム（複数プレーヤー間で外交交渉をしながら領土拡大を目指すゲーム）で人間並みのプレーをするAIを発表した[23], [24]。

このような技術は、ゲームにおいて効果を示した後、科学研究における探索問題、ビジネスや軍事等の戦略立案、マーケット等における交渉問題等の実問題への展開が進んでいる。

タンパク質構造予測問題では、DeepMindのAlphaFold2が驚異的なスコアを出した（これについては［注目すべき国内外のプロジェクト］❶で取り上げる）。DeepMindからは他にも、行列の積を計算するアルゴリズムという数学の問題について、従来知られていたものよりも高速なアルゴリズムを発見したAlphaTensor[25]が発表された。このAlphaTensorは、深層強化学習を用いた前述のAlphaZeroをベースとして「行列の積を計算する最適な方法を求める」というゲームを実行させたものである。同様にAlphaZeroをベースとしたAlphaDevは、ソートアルゴリズムを高速化する方法を発見した[43]。また、現状は数学定数に関する連分数式の形に限定されるが、膨大な組み合わせの探索によって、インドの天才的な数学者Srinivasa Ramanujanのように公式の候補を生成するRamanujan Machine[26]が、イスラエル工科大学の研究チームによって開発された。より幅広く、異なる数学的対象の間に潜むパターンや関係性を見つけて、人間の直感を導くことで、結び目理論における新たな定理発見につなげたという成果[54]がDeepMindから発表された。

なお、「2.1.1 知覚・運動系のAI技術」や「2.1.2 言語・知識系のAI技術」において、大規模学習による基盤モデル（Foundation Model）がさまざまなタスクに対応できるようになったことを述べた。これまでの基盤モデル・生成AIは、数学・物理学で扱うような定量的推論が苦手だと言われてきた。例えば、Googleの基盤モデルPaLMで、米国の高校レベルの数学問題を集めたMATH Datasetを解くと正答率は8.8%、PaLMに科学論文や数式が含まれる文書を大量に学習させたMinerva[27]でも正答率は50.3%だった。しかし、論理推論機能が強化されたOpenAI o1では、米国数学オリンピック予選の問題で上位500人に相当する成績を収めたと報告されている（ChatGPT 4oでの正答率13.4%に対してOpenAI o1の正答率は83.3%）[55]。OpenAI o3では、これをさらに上回る性能を達成しているという。OpenAI o1/o3については「2.1.2 言語・知識系のAI技術」に記載している。

❷ AI駆動型科学

上記❶で述べた通り、囲碁の世界において、AI技術を用いたAlphaGoが世界トップクラスの棋士に圧勝した。その際、AlphaGoが行っていた膨大な可能性の探索から導出された打ち手は、人間の棋士には思いもよらなかった手を含んでいたが、それはその後、新手として人間の棋士も取り入れるようになった。同様のことは、今後、科学的発見においても起こり得る。

このような科学的発見の可能性の拡大に向けてキーとなる技術チャレンジは、a.人間の認知能力を超えた仮説生成・探索のための技術開発と、b.仮説評価・検証のハイスループット化と考えられる[30]。aに関して

60　完全情報ゲームとは、全ての意思決定ポイントにおいて、これまでの行動や状態に関する情報が全て得られるタイプの展開型ゲーム（ゲーム木の形式で表現できるタイプのゲーム）である。

は、超多次元の現象（非常に多くのパラメーターで記述される現象）から規則性を見いだすことは人間には困難だが、深層学習を用いれば[14]、それが可能になりつつある。また、複数の異なる専門分野の知識をつなぎ合わせた推論による仮説の生成・探索は人間には困難だが、論理推論の枠組み[28]を分野横断で実行すれば、それが可能になるかもしれない。bに関しては、ロボット等による物理的な実験の自動化技術[29]も含め、科学的発見プロセスを構成するさまざまな技術を一つのプラットフォーム上に統合[12],[15]するとともに、計算量や物理的操作を抑える効率の良い処理フローや絞り込みアルゴリズムが必要になる。

このような方向のグランドチャレンジとして、「2050年までに生理学・医学分野でノーベル賞級の科学的発見をできるAIシステムを作る」ことを目標に掲げたNobel Turing Challengeが2016年に提唱された[12],[13]。このAIを活用した科学的発見のためのエンジンを作るというグランドチャレンジは国際的な目標になりつつあり、英国のアラン・チューリング研究所（The Alan Turing Institute）では、The Turing AI Scientist Grand Challengeプロジェクトを2021年1月にスタートさせた（グランドチャレンジ提唱者の北野もメンバーとして招聘されている）。日本国内でも、科学技術振興機構（JST）の未来社会創造事業で本格研究フェーズに移行した「ロボティックバイオロジーによる生命科学の加速」（研究開発代表者：高橋恒一）と「マテリアル探索空間拡張プラットフォームの構築」（研究開発代表者：長藤圭介）、ムーンショット型研究開発事業のムーンショット目標3に採択された「人とAIロボットの創造的共進化によるサイエンス開拓」（プロジェクトマネージャー：原田香奈子）と「人と融和して知の創造・越境をするAIロボット」（プロジェクトマネージャー：牛久祥孝）等が推進されている。2024年には、JSTさきがけ「研究開発プロセス革新」（研究総括：竹内一郎）もスタートした。理化学研究所では、特定科学分野に強みを有する研究機関と連携し、大規模言語モデル等の汎用的な基盤モデルを活用しつつ、科学研究データを系統的に学習させ各分野における科学研究向け基盤モデルを開発する「科学研究基盤モデル開発プログラム（Advanced General Intelligence for Science Program: TRIP-AGIS）」を立ち上げた。

材料科学（マテリアルズインフォマティクス）や生命科学・創薬の分野では、膨大な可能性から探索・絞り込みをするためにAIを活用して、科学的発見を実現することが試みられている。具体的には、計算コストが高いシミュレーションを機械学習で高速化し、目的とする新化合物を探索・絞り込みするバーチャルスクリーニングの取り組みが活発である。一方、物理学分野では、深層学習モデル、ニューラルネットワークを物理現象の理解のために用いるという取り組みが活発化し[31],[32],[33]、物性物理学や重力理論等の分野で成功事例が報告されている。国内では、学術変革領域研究（A）に「学習物理学の創成」（領域代表：橋本幸士、研究期間：2022年6月～2027年3月）が採択された。ここでは、機械学習と物理学を融合して基礎物理学を変革し、新法則の発見や新物質の開拓につなげることを目指している[56]。また、ボルツマンマシンや拡散モデル等、物理学のモデルが深層学習の発展につながる流れも見られる。

一方で、人間の認知能力を超えた超多次元の規則性の発見は、もし人間に理解できないとしたら、それを科学として許容してよいのかという議論も起きている[61]。科学とは何かという基本的な問題や、科学コミュニティーや社会による受容の問題も併せて考えていくことが必要である。

また、AI駆動型科学とシミュレーション科学が重なるAI・シミュレーション融合の開発・応用も取り組みが進んでいる。科学分野では、物理シミュレーションの結果を学習データに用いることで、従来の数値シミュレーションを機械学習で置き換え、処理の高速化・時間短縮や、調整の容易化が行われている。［注目すべき国内外のプロジェクト］❷に取り上げるMatlantisはその顕著な事例であるとともに、材料科学の進展に大

---

[61] 超多次元の現象に規則性を見いだすことは人間に困難であっても、発見されてしまえば、その規則性を人間は理解し得るのかもしれないという見方や、直感的理解が困難でも、その規則性に反するものが見つからなければ受容し得るのかもしれないという見方もある。いずれにせよ、研究コミュニティーや社会による受容という面から継続的に考えていく必要がある。また、この受容性を高めるための補助的な枠組み（モデルの解釈性、数学的な枠組み、能動的検証の仕組み等）も研究課題になり得る。

きく寄与し得る取り組みである。また、複雑系や社会科学系では、ミクロ・マクロループへの対応、個人データ利用回避（プライバシー保護）、希少事例対応（データ合成）等、機械学習で生じる課題に対してシミュレーションを組み合わせることで対処するアプローチが有効である（「2.1.3 エージェント技術」に関連動向を記載）。

❸タンパク質言語モデル

　深層学習による生物配列の解析技術の中でもタンパク質言語モデル（Protein Language Models）が急速に発達・普及している。言語モデルは、自然言語の文章を構成する各単語の特徴表現と文の生成確率関数を学習する統計モデルであるが、タンパク質言語モデルは各アミノ酸を「単語」とするタンパク質の一次配列という「文章」の特徴表現と文章の生成確率関数を学習する深層学習モデルである。これまでタンパク質言語モデルはword2vecや畳み込みニューラルネットワーク（CNN）等に基づくアーキテクチャーの提案がなされてきたが、近年のタンパク質言語モデルはTransformerベースが中心である。

　タンパク質の表現学習はこれまでアミノ酸配列の構造を反映したベクトル（記述子）や多重配列アラインメント（Multiple Sequence Alignment: MSA）等が用いられてきたが、タンパク質言語モデルではその特徴表現をデータから獲得する。約2400万配列からなるタンパク質配列データベースUniRefから学習したタンパク質言語モデルUniRepは、その埋め込みベクトルにアミノ酸の物理化学的性質が反映され、分類や変異導入効果の予測等の下流タスクに利用可能なことが示されている[44]。この表現学習は、アミノ酸配列のマスクされた部分を周辺のアミノ酸残基の情報（自然言語における「文脈」に相当）から推測させるタスクによる自己教師あり学習として行われ、アミノ酸配列中の残基の出現パターンの学習といえる。大規模なTransformerベースのタンパク質言語モデルとしてはESM（Evolutionary Scale Modeling）[45]、ProtTrans[46]、ProtT5[47]等さまざまなものが提案され、獲得された特徴表現は種の分類や変異導入効果の予測等の下流タスクに応用可能である。

　近年ではタンパク質言語モデルがMSAに似た情報を獲得していることを利用し、タンパク質の立体構造予測の高速化を狙う研究が盛んである。タンパク質立体構造予測ではAlphaFold2[48]やRoseTTAFold[49]等深層ニューラルネットを用いた高性能の予測モデルが既に標準的ツールとして利用されているが、いずれも入力としてMSAが必要であり、そこが処理時間上のボトルネックになっている。そこでMSAをタンパク質言語モデル（が保持するMSAに類する情報）で代替するという研究が生まれた。

　タンパク質言語モデルを利用したタンパク質立体構造予測モデルの代表的な事例としてRGN2（言語モデルはAmino BERT）[50]、HelixFold（DeBERTa）[51]、ESMFold（ESM2）[52]、EMBER3D（ProtT5）[53]が挙げられる。いずれのモデルもタンパク質言語モデルに基づく表現学習モジュールと構造予測モジュールに分かれた構造を持ち、タンパク質言語モデルから特徴ベクトルとアテンションマップが構造計算モジュールに受け渡される構成である。構造予測モジュールは多くの場合AlphaFold2で用いられたEvoformerというTransformerベースの深層学習モデルが元になっている。平均的な性能は単一入力配列（MSAを使わない）の場合のAlphaFold2と同程度〜高精度、実行速度では数ары高速になると報告されている[51]。大規模タンパク質言語モデルESM2ではモデルサイズが15Bを超えると急激にPerplexityが改善し、言語モデルにとっての下流タスクである立体構造予測の精度も改善する等基盤モデルの創発性と同様に、タンパク質言語モデルの大規模化にはメリットがあると示唆されている。

［注目すべき国内外のプロジェクト］
❶ AlphaFold

　AlphaFoldは、Google DeepMindが開発したタンパク質の立体構造予測を行うソフトウェアである[34], [35]。タンパク質構造予測の国際コンペティションCASP（Critical Assessment of protein Structure

Prediction）に参加し、2018年のCASP13で最初のバージョンAlphaFold1で1位を獲得し、2020年のCASP14では改良されたAlphaFold2でさらに飛躍的なスコア向上を達成した。タンパク質構造予測は、タンパク質についてアミノ酸の配列が分かったとき、その立体構造を高精度に予測するという問題である。既に発見されたタンパク質は2億種類以上あるが、その働きを理解して、病気に対処したり新薬を開発したりするためには構造を知ることが重要である。X線結晶構造解析、低温電子顕微鏡、核磁気共鳴等の実験的手法では膨大な時間とコストがかかる。AlphaFoldが参加する前のCASP12では構造予測スコアが40程度であったが、CASP14ではスコアが90前後まで向上した。AlphaFold2は、アテンション機構を持つトランスフォーマー型の深層学習を用い、既に明らかになっていた約17万種類のタンパク質の構造データを学習した。その後、2021年7月にはソースコードが公開され、2022年7月には既知のタンパク質の配列約2億種類に対する構造予測が行われたことがDeepMindから発表された。さらに2024年にはAlphaFold3が発表された。AlphaFold3では、タンパク質、DNAやRNA等の核酸、低分子リガンドを含む、さまざまな複合体の構造を高い精度で予測することができるようになった。

なお、AlphaFold開発チームのDemis HassabisとJohn Jumperは、「タンパク質の構造予測」の業績により2024年のノーベル化学賞を受賞した。

❷ Matlantis

Matlantisは、株式会社Preferred Networks（PFN）とENEOS株式会社（ENEOS）が共同開発した、新物質開発・材料探索を高速化する汎用原子レベルシミュレーターである。両社の共同出資によって2021年6月に設立された新会社Preferred Computational Chemistry（PFCC）からクラウドサービスとして契約利用者向けに提供されている。Matlantisでは、第一原理計算に基づく物理シミュレーションのために必要な密度汎関数理論（Density Functional Theory：DFT）計算に、従来は数時間から数週間を要していたのを秒・分レベルで実行できるまで高速化した[36]。物理シミュレーションと深層学習を統合しており、従来はデータセットが特定の原子構造・現象に絞って用意されていたが、より幅広く多様な元素・構造[62]を集めたデータセットを用意して汎用性を確保している。リチウムイオン電池のリチウム拡散、金属有機構造体の分子吸着挙動、金-銅合金の相転移現象ほか、多数の適用事例が発表されている[57]。秒・分レベルの高速化が実現されたことで、条件や観点を変えながらインタラクティブなシミュレーションが可能になり、研究開発の加速につながる。

❸ AIサイエンティスト

国内のスタートアップ企業Sakana AIから、2024年8月に「AIサイエンティスト（The AI Scientist）」[59]が発表された（1.1.4-（3）の図1-1-24）。このシステムは、研究のアイデア創出、実験の実行、結果の要約、論文の執筆、ピアレビューといった科学研究のサイクルを自動的に遂行する。大規模言語モデル（LLM）を用いて論文執筆役のLLMや査読者役のLLM等が実現され、最初の準備以外、一切人間の介入なしで、研究の全ライフサイクルが自律的に実行される。実際に、このシステムによって自動執筆された論文例も複数公開されている。現状、ロボットは導入・接続されていないので、実験は仮想世界内で完結するものであることが前提であるが、生成AI（基盤モデル、LLM）を用いた科学研究プロセスの自動化・自律化の可能性が示された。

❹ AIロボット駆動科学イニシアティブ

62　Matlantisは、2024年12月時点で96の元素をサポートしている。また、従来は既知の安定した原子構造データが主だったが、不安定な構造も含め、多様なパターンを集めている。

AI駆動型科学（[新展開・技術トピックス]❷）について、国内における代表的なプログラムとして、JST未来社会創造事業の「ロボティックバイオロジーによる生命科学の加速」（研究開発代表者：高橋恒一）と「マテリアル探索空間拡張プラットフォームの構築」（研究開発代表者：長藤圭介）、ムーンショット型研究開発事業の「人とAIロボットの創造的共進化によるサイエンス開拓」（プロジェクトマネージャー：原田香奈子）と「人と融和して知の創造・越境をするAIロボット」（プロジェクトマネージャー：牛久祥孝）が推進されている。この四つのプログラムの代表者4名を中心にAIロボット駆動科学イニシアティブの設立準備が進められている。シンポジウムや研究会等が開催されており、異なる科学分野での知見を共有し、研究コミュニティーを広げ、活性化することで、日本におけるAIロボット駆動科学への取り組みが加速・強化されることが期待される。

（5）科学技術的課題

❶データ駆動型社会システムのための開発方法論と社会データ基盤の確立

AI・データ駆動型問題解決は、データ駆動型の社会システムの開発方法論でもある。社会システム科学として広く捉えられるほか、サイバーフィジカルシステムの開発方法論としてのReality 2.0[37]や、AI応用システムの開発方法論としてのAIソフトウェア工学[38]も関わりが深い。

また、国連で採択されたSDGs（Sustainable Development Goals：持続可能な開発目標）に掲げられているさまざまな社会課題に対しても、AI・データ駆動型問題解決は共通的に貢献する手段となる。ただし、貢献できる程度は社会課題の種類によって異なる。その差が生まれる要因として大きいのは、その社会課題の状況に関わる実世界ビッグデータを取得できるかという点と、状況把握・分析の結果を実世界へフィードバックして状況改善に結び付ける制御手段が整っているかという点だと考える。そのため、そのような仕組みを強化した社会データ基盤の整備も重要課題である。

❷AI・データ駆動型科学の方法論・技術群の研究開発

本項に示したようなデータ駆動型やAI駆動型と呼ばれる問題解決の方法論・技術群をいっそう強化していくことが求められる。[研究開発の動向]❹で科学研究の変革について、科学の四つのパラダイムを取り上げた。実験科学・理論科学・計算科学がなくなることはないが、データ・AI駆動科学が、科学研究・技術開発の国際競争力を左右するものになりつつある。そして、産業構造の変革や社会システムの変革にもそれが及ぶ。米国エネルギー省（Department of Energy：DOE）は2020年2月に「AI for Science」と題したレポート[39]を公開し、AI技術がさまざまな科学分野に波及し、その戦略的強化の必要性を示した。日本国内でも2020年4月に科学技術振興機構研究開発戦略センターから「デジタルトランスフォーメーションに伴う科学技術・イノベーションの変容」と題する同様のレポート[40]を公開している。第6期科学技術・イノベーション基本計画においても、データ駆動型研究の推進が掲げられている。マテリアル[9]、バイオ[41]、物理学[56]等の科学分野を中心に、AI・機械学習技術の科学研究への活用が進んでいるが、[新展開・技術トピックス]❷で述べたように、人間の認知能力を超えた仮説生成・探索のための技術開発と、仮説評価・検証のハイスループット化をいっそう進めていくことが必要である。

❸人材の再教育システムに関する研究開発

社会や産業の質的変化が起こってくる中で、「なくなる職業・仕事」に関する報告書[42]が話題になった。なくなる職業・仕事の一方で、新たな生まれる職業・仕事があることも指摘される。しかし、なくなる職業・仕事から新たな生まれる職業・仕事へ、必ずしも同じ人間が移行できるわけではない。社会や産業の質的変化に伴い、そこで働く人々に求められる能力・スキルも変化する。しかも、その変化が速いため、人間の能力・スキル獲得のスピードが追い付かないことが問題になる。社会制度（ベーシックインカム等）や人材の再教

育機会の整備を検討していく必要があるが、人材の再教育に関して、制度面の施策だけでなく、情報技術を活用した、より的確で効率のよい再教育システムの研究開発も必要と考えられる。

（6）その他の課題

❶分野横断的な研究開発推進と人材育成・拠点構築

さまざまな技術分野・産業分野において、AI・データ駆動型問題解決のアプローチは必須のものだと言える。国の政策としても、「AI戦略2019」において、「数理・データサイエンス・AI」の基礎は、デジタル社会の「読み・書き・そろばん」と位置付けられ、AI人材の育成、教育改革の推進が打ち出され、小中高・大学での教育、社会人リカレント教育等で取り組みが強化されている。文部科学省による大学変革の2023年度施策として、数理・データサイエンス・AI教育を全国レベルで推進するために、（1）学部再編等による特定成長分野（デジタル・グリーン等）への転換等支援、（2）高度情報専門人材の確保に向けた機能強化支援、が掲げられた。一方、大学においても、情報学部・データサイエンス学部を設置するところが急増している。

各分野でAI・データ駆動型アプローチを実践する上では、各分野のもともとの知識・技術と、AI・ビッグデータ技術の両方が分かる人材・組織の育成が重要である。AI・データ駆動型問題解決において、データ分析やAI・ビッグデータ技術は手段であり、問題解決・価値創造の側からの発想が重要である。分野横断的な技術者・研究者と、価値創造を牽引するリーダー人材と両面から人材育成を進めていくことが求められる。前者については、研究分野の異なる学会間の交流[32], [33]が盛んになりつつあり、同様の動きの広がりが期待される。

また、さまざまな技術を統合し、科学的発見のプロセスや問題解決のプロセスの全体を一気通貫で動かすために拠点を構築することも有効と思われる。これは人材育成面にも寄与する。

❷制度設計・規制緩和

社会・産業等の質的変化に向けて、制度設計・規制緩和は必要になる。その際に、社会受容性に配慮した導入設計が重要になる。また、日本の社会適性という面だけでなく、グローバルな調和と競争環境も意識した設計が求められる。

❸経済安全保障面の課題

AI・データ駆動型問題解決の枠組みは、幅広い産業・応用シーンが広がり、その重要性はますます高まるものと考えられるが、特にAI・データ駆動型科学の枠組み・基盤は、国の科学研究力・産業競争力を左右するものであり、経済安全保障面でも極めて重要なものになる。日本は、コンセプト提唱で先行したが、その実践では必ずしも先行優位を確保できておらず、その強化は重要課題である。

（7）国際比較

国・地域	フェーズ	現状	トレンド	各国の状況、評価の際に参考にした根拠等
日本	基礎研究	○	↗	ノーベルチューリングチャレンジを提唱する中核的人材の存在や、AI戦略2019、第6期科学技術・イノベーション基本計画等で、AI人材育成やデータ駆動型研究推進が掲げられ、取り組みが強化されている。しかし、現時点では、人材育成やデジタル化の遅れが見られ、底上げが必要である。
日本	応用研究・開発	○	↗	実世界ビッグデータへの取り組みは強化されてきているが、社会・産業の変革に対する社会受容・制度設計等には課題がある。
米国	基礎研究	◎	↗	適切なグランドチャレンジの設定等、長期視点での変革につながる基礎研究への投資が国によって行われている（DARPA・DOEによる推進等）。
米国	応用研究・開発	◎	↗	ビッグテック企業を中心とした産業界がAI・ビッグデータ技術の開発と社会・産業等の変革を牽引している。
欧州	基礎研究	○	↗	英国のアラン・チューリング研究所でThe Turing AI Scientist Grand Challengeプロジェクトがスタートした。
欧州	応用研究・開発	○	→	インダストリー4.0等、ドイツでの取り組みが注目される。
中国	基礎研究	○	→	国がAI・ビッグデータ研究開発に大型投資を行い、強力に推進している。深層学習を中心としたAI研究は米中2強となっており、中国の基礎研究は強化されている。
中国	応用研究・開発	◎	↗	国がAI・ビッグデータ技術を活用した監視・管理社会の構築を推進している。日本・欧米とは異なる文化・価値観だが、独自の社会変革を推進している。
韓国	基礎研究	△	→	特筆すべき点はない。
韓国	応用研究・開発	○	→	特筆すべき点はないが、デジタル化は推進されている。

（註1）フェーズ
　　　　基礎研究：大学・国研等での基礎研究の範囲
　　　　応用研究・開発：技術開発（プロトタイプの開発含む）の範囲
（註2）現状　※日本の現状を基準にした評価ではなく、CRDSの調査・見解による評価
　　　　◎：特に顕著な活動・成果が見えている　○：顕著な活動・成果が見えている
　　　　△：顕著な活動・成果が見えていない　　×：特筆すべき活動・成果が見えていない
（註3）トレンド　※ここ1〜2年の研究開発水準の変化
　　　　↗：上昇傾向　　→：現状維持　　↘：下降傾向

参考文献

1) 喜連川優,「ビッグデータ」,『學士會会報』No. 918（2016年）, pp. 78-83.
2) 城田真琴,『ビッグデータの衝撃―巨大なデータが戦略を決める』(東洋経済新報社, 2012年).
3) Yannick de Jong, "Levels of Data Analytics", IThappens.nu (20 March 2019). http://www.ithappens.nu/levels-of-data-analytics/
4) 大向一輝,「オープンデータとLinked Open Data」,『情報処理』(情報処理学会誌) 54巻12号（2013年12月）, pp. 1204-1210.
5) 加藤文彦・他,「IMI共通語彙基盤」,『デジタルプラクティス』(情報処理学会デジタルプラクティス論文誌) 9巻1号（2018年1月）.
6) 科学技術振興機構 研究開発戦略センター,「調査報告書：計測横断チーム調査報告書 計測の俯瞰と新潮流」, CRDS-FY2018-RR-03（2018年12月）.
7) 情報処理推進機構 AI白書編集委員会（編）,『AI白書2022』(KADOKAWA, 2022年).

8) Tony Hey, Stewart Tansley and Kristin Tolle, *The Fourth Paradigm: Data-Intensive Scientific Discovery* (Microsoft Research, October 2009).
9) 岩崎悠真,『マテリアルズ・インフォマティクス：材料開発のための機械学習超入門』(日刊工業新聞社, 2019年).
10) 鷲尾隆,「計測指向情報処理技術と情報処理指向計測技術の共進化」,『Readout - HORIBA Technical Report』53号(2019年10月), pp. 62-67.
11) Regina Nuzzo, "How scientists fool themselves - and how they can stop", *Nature* Vol. 526, Issue 7572 (8 October 2015), pp. 182-186. https://doi.org/10.1038/526182a
12) 北野宏明,「人工知能がノーベル賞を獲る日, そして人類の未来－究極のグランドチャレンジがもたらすもの」,『人工知能』(人工知能学会誌) 31巻2号 (2016年3月), pp. 275-286.
13) Hiroaki Kitano, "Nobel Turing Challenge: creating the engine for scientific discovery", *npj Systems Biology and Applications* Vol. 7, Article No. 29 (18 June 2021). https://doi.org/10.1038/s41540-021-00189-3
14) 丸山宏,「高次元科学への誘い」, CNET Japanブログ (2019年5月1日). https://japan.cnet.com/blog/maruyama/2019/05/01/entry_30022958/
15) 高橋恒一,「AI駆動科学とその社会と人間性への影響」,『ここまで 来ました：右巻き左巻き・AI駆動科学・がん医療の革新』(武田計測先端知財団編, 丸善プラネット, 2020年), pp. 41-77 (第2章).
16) David Silver, et al., "Mastering the game of Go with deep neural networks and tree search", *Nature* Vol. 529, No. 7587 (2016), pp. 484-489. DOI: 10.1038/nature16961
17) David Silver, et al., "Mastering the game of Go without human knowledge", *Nature* Vol. 550, No. 7676 (2017) pp. 354-359. DOI 10.1038/nature24270
18) David Silver, et al., "Mastering Chess and Shogi by Self-Play with a General Reinforcement Learning Algorithm", arXiv:1712.01815 (2017). https://doi.org/10.48550/arXiv.1712.01815
19) Julian Schrittwieser, et al., "Mastering Atari, Go, chess and shogi by planning with a learned model", *Nature* Vol. 588 (2020), pp. 604-609. https://doi.org/10.1038/s41586-020-03051-4
20) The AlphaStar team, "AlphaStar: Grandmaster level in StarCraft II using multi-agent reinforcement learning", DeepMind blog (30 October 2019), https://deepmind.com/blog/article/AlphaStar-Grandmaster-level-in-StarCraft-II-using-multi-agent-reinforcement-learning
21) Noam Brown and Tuomas Sandholm, "Superhuman AI for heads-up no-limit poker: Libratus beats top professionals", *Science* Vol. 359, Issue 6374 (26 Jan 2018), pp. 418-424. https://doi.org/10.1126/science.aao1733
22) Noam Brown and Tuomas Sandholm, "Superhuman AI for multiplayer poker", *Science* Vol. 365, Issue 6456 (30 Aug 2019), pp. 885-890. https://doi.org/10.1126/science.aay2400
23) Anton Bakhtin, et al., "Human-level play in the game of Diplomacy by combining language models with strategic reasoning", *Science* Vol. 378, Issue 6624 (22 Nov 2022), pp. 1067-1074. https://doi.org/10.1126/science.ade9097
24) János Kramár, et al., "Negotiation and honesty in artificial intelligence methods for the board game of Diplomacy", *Nature Communications* Vol. 13, Article No. 7214 (6 December 2022). https://doi.org/10.1038/s41467-022-34473-5
25) Fawzi, Alhussein, et al., "Discovering faster matrix multiplication algorithms with

reinforcement learning", *Nature* Vol. 610, Article No. 7930 (5 October 2022), pp. 47-53. https://doi.org/10.1038/s41586-022-05172-4

26）Gal Raayoni, et al., "Generating conjectures on fundamental constants with the Ramanujan Machine", *Nature* Vol. 590 (3 February 2021), pp. 67-73. https://doi.org/10.1038/s41586-021-03229-4

27）Aitor Lewkowycz, et al., "Solving Quantitative Reasoning Problems with Language Models", arXiv:2206.14858 (2022). https://doi.org/10.48550/arXiv.2206.14858

28）井上克巳,「人工知能による科学的発見」,『電子情報通信学会誌』98巻1号（2015年）, pp. 35-39.

29）夏目徹・高橋恒一・神田元紀（企画）,「特集：新型コロナで変わる時代の実験自動化・遠隔化」,『実験医学』39巻1号（2021年1月）, pp. 1-52.

30）科学技術振興機構 研究開発戦略センター,「戦略プロポーザル：人工知能と科学 〜AI・データ駆動科学による発見と理解〜」, CRDS-FY2021-SP-03（2021年8月）.

31）田中章詞・富谷昭夫・橋本幸士,『ディープラーニングと物理学：原理がわかる、応用ができる』（講談社, 2019年）.

32）小林亮太・岡本洋・山川宏（編）,「特集：物理学とAI」,『人工知能』（人工知能学会誌）33巻4号（2018年7月）, pp. 391-448.

33）「シリーズ：人工知能と物理学」,『日本物理学会誌』74巻1号〜11号（2019年）. https://www.jps.or.jp/books/gakkaishi/seriesai.php

34）John Jumper, et al., "Highly accurate protein structure prediction with AlphaFold", *Nature* Vol. 596 (15 July 2021), pp. 583-589. https://doi.org/10.1038/s41586-021-03819-2

35）森脇由隆,「AlphaFold2までのタンパク質立体構造予測の軌跡とこれから」,『JSBi Bioinformatics Review』3巻2号（2022年11月）, pp. 47-60. https://doi.org/10.11234/jsbibr.2022.3

36）So Takamoto, et al., "Towards universal neural network potential for material discovery applicable to arbitrary combination of 45 elements", *Nature Communications* Vol. 13, Article No. 2991 (30 May 2022). https://doi.org/10.1038/s41467-022-30687-9

37）科学技術振興機構 研究開発戦略センター,「戦略プロポーザル：IoTが開く超スマート社会のデザイン －REALITY 2.0－」, CRDS-FY2015-SP-02（2016年3月）.

38）科学技術振興機構 研究開発戦略センター,「戦略プロポーザル：AI応用システムの安全性・信頼性を確保する新世代ソフトウェア工学の確立」, CRDS-FY2018-SP-03（2018年12月）.

39）Rick Stevens, et al., "AI for Science", Report on the Department of Energy (DOE) Town Halls on Artificial Intelligence (AI) for Science (February 2020).

40）科学技術振興機構 研究開発戦略センター,「デジタルトランスフォーメーションに伴う科学技術・イノベーションの変容」（－The Beyond Disciplines Collection－）, CRDS-FY2020-RR-01（2020年4月）.

41）科学技術振興機構 研究開発戦略センター,「AI×バイオ　DX時代のライフサイエンス・バイオメディカル研究」（－The Beyond Disciplines Collection－）, CRDS-FY2020-RR-03（2020年9月）.

42）Carl Benedikt Frey and Michael A. Osborne, "The Future of Employment: How Susceptible are Jobs to Computerisation?", (September 17, 2013). https://www.oxfordmartin.ox.ac.uk/downloads/academic/The_Future_of_Employment.pdf

43）Daniel J. Mankowitz, et al., "Faster sorting algorithms discovered using deep reinforcement learning", *Nature* Vol. 618 (7 June 2023), pp. 257-263. https://doi.org/10.1038/s41586-023-06004-9

44）Ethan C. Alley, et al., "Unified rational protein engineering with sequence-based deep representation learning", *Nature Methods*, 16 (12), 1315-1322 (2019). https://doi.org/10.1038/s41592-019-0598-1

45）Alexander Rives, et al., "Biological structure and function emerge from scaling unsupervised learning to 250 million protein sequences", *Proceedings of the National Academy of Sciences*, 118 (15), e2016239118 (2021). https://doi.org/10.1073/pnas.2016239118

46）Ahmed Elnaggar, et al., "Prottrans: Toward understanding the language of life through self-supervised learning", *IEEE Transactions on Pattern Analysis and Machine Intelligence*, 44(10), 7112-7127 (2022). https://doi.org/10.1109/TPAMI.2021.3095381

47）Colin Raffel, et al., "Exploring the limits of transfer learning with a unified text-to-text transformer", *The Journal of Machine Learning Research*, 21 (1), 140:5485-140:5551 (2020). https://doi.org/10.5555/3455716.3455856

48）John Jumper, et al., "Highly accurate protein structure prediction with AlphaFold", *Nature* 596, 583-589 (2021). https://doi.org/10.1038/s41586-021-03819-2

49）Minkyung Baek, et al., "Accurate prediction of protein structures and interactions using a three-track neural network", *Science*, 373 (6557), 871-876 (2021). https://doi.org/10.1126/science.abj8754

50）Ratul Chowdhury, et al., "Single-sequence protein structure prediction using a language model and deep learning", *Nature Biotechnology* 40, 1617-1623 (2022). https://doi.org/10.1038/s41587-022-01432-w

51）Xiaomin Fang, et al., "HelixFold-Single：MSA-free Protein Structure Prediction by Using Protein Language Model as an Alternative", arXiv:2207.13921 (2023). https://doi.org/10.48550/arXiv.2207.13921

52）Zeming Lin, et al., "Evolutionary-scale prediction of atomic-level protein structure with a language model", *Science* 379, 6637, 1123-1130 (2023). https://doi.org/10.1126/science.ade2574

53）Konstantin Weissenow, et al., "Ultra-fast protein structure prediction to capture effects of sequence variation in mutation movies", bioRxiv (2022). https://doi.org/10.1101/2022.11.14.516473

54）Alex Davies, et al., "Advancing mathematics by guiding human intuition with AI", *Nature* Vol. 600 (December 1, 2021), pp. 70-74. https://doi.org/10.1038/s41586-021-04086-x

55）OpenAI, "Learning to reason with LLMs" (September 12, 2024). https://openai.com/index/learning-to-reason-with-llms/

56）橋本幸士（編）,『学習物理学入門』(朝倉書店, 2024).

57）Preferred Computational Chemistry, Matlantisを用いた論文事例. https://matlantis.com/ja/publications

58）鳥海不二夫（編）,『計算社会科学入門』(丸善出版, 2021).

59）Chris Lu, et al., "The AI Scientist: Towards Fully Automated Open-Ended Scientific Discovery", arXiv:2408.06292 (2024). https://doi.org/10.48550/arXiv.2408.06292

2.1.7 計算脳科学

(1) 研究開発領域の定義

　脳を情報処理システムとして捉えて、脳の機能を調べる研究分野である。計算論的神経科学（Computational Neuroscience）とも称される。視覚の計算理論等で知られるDavid Marrは、情報処理システムを理解するに当たって、(A) 計算理論、(B) 表現とアルゴリズム、(C) ハードウェアという三つの水準を併存させた理解が重要であると述べているが[1]、脳という情報処理システムについて、(A) の明確化を行うことで、(A)(B)(C) の三つのレベルの理解を相互に深め、脳の情報処理の機能を理解しようとするのが計算脳科学の一つの側面である。また、脳計測技術の発展によって、脳に関するさまざまな計測データが大量に取得できるようになってきた。そこで、大量の計測データに基づいて脳の情報処理を理解しようという、データ駆動科学として取り組まれているというのが、計算脳科学のもう一つの側面である。

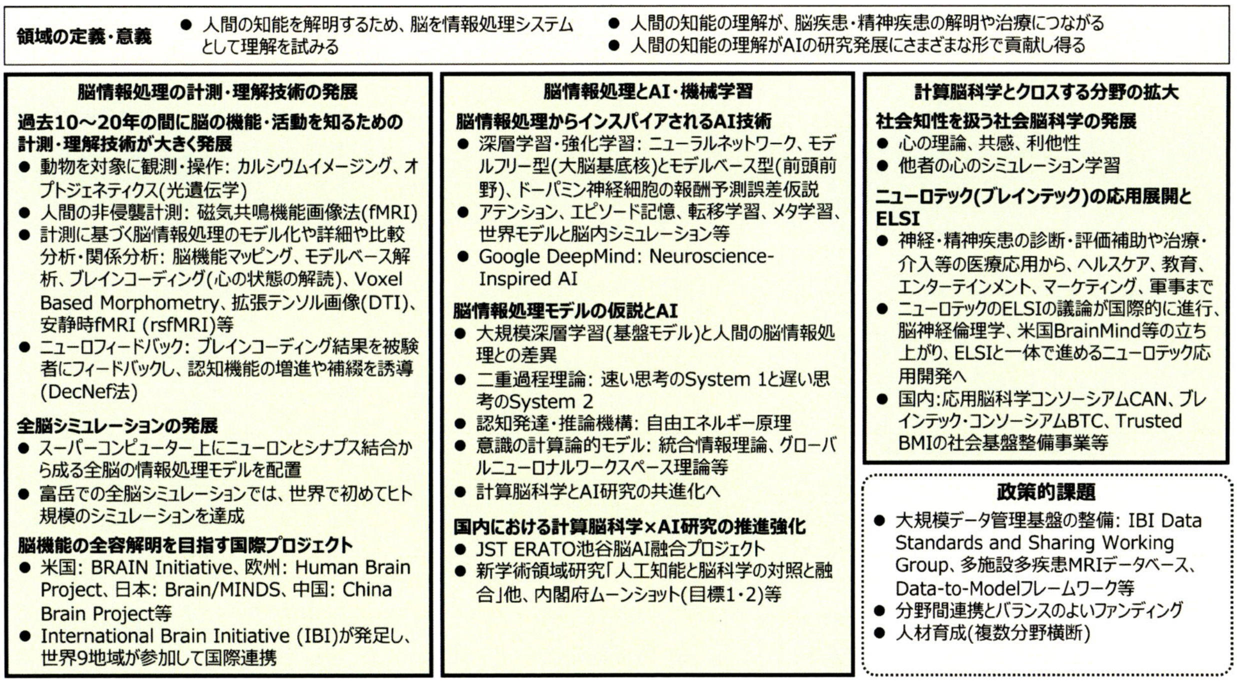

図2-1-12　　　領域俯瞰：計算脳科学

(2) キーワード

　計算脳科学、計算論的神経科学、脳情報処理、脳活動計測、ブレインデコーディング、ニューロフィードバック、深層学習、社会脳科学、計算精神医学、全脳シミュレーション、ニューロテック、ブレインテック、脳神経倫理学

(3) 研究開発領域の概要

[本領域の意義]

　第一に、人間の知能とはどのようなものかを解明するために、脳を情報処理システムとして理解しようという

ことが、計算脳科学の純粋に科学的なモチベーションとしてある。

第二に、人間の知能について情報処理システムとしての理解が進むことで、脳疾患・精神疾患の解明や治療につながるという医学的な貢献が期待できる。

第三に、人間の知能の理解が人工知能（AI）の研究発展にさまざまな形で貢献し得る。例えば、AIを創るために、人間の脳で行われている情報処理のメカニズムを知ることは、より高度な機能や高い処理性能を実現する方式のヒントになる。また別な面では、AI（あるいはその要素技術を組み込んだシステム）と人間がインタラクションをする際に、人間（特にその脳）の応答パターンを知ることは、より良いインタラクションを設計・評価することにつながる。

現在のAIブームを牽引している深層学習（Deep Learning）は、脳を構成するニューロン（Neuron：神経細胞）の結合を模した計算モデルをベースとしている。深層学習は、計算脳科学の成果に基づき、画像認識・音声認識等のパターン認識の機能において、さまざまな条件下で、既に人間を上回る認識精度を達成するようになった（詳細は「2.1.1 知覚・運動系のAI技術」）。さらに、強化学習（Reinforcement Learning）との組み合わせによって、行動決定・運動制御でも著しい性能改善を示した。これらの成果は素晴らしいものであるが、同時にこれは脳の知覚・運動系機能の部分的実現に相当するにすぎない。脳は、知覚・運動・認知・言語・感情・意識等のさまざまな優れた情報処理機能を実現しており、AI研究が脳研究から得られることはまだまだ多い。例えば、深層学習は大量の学習データを必要とするのに対して、人間は比較的少量のデータからでも学習できている。また、深層学習は大きな計算パワー（消費エネルギー）を必要とするのに対して、人間の脳の消費電力は約20ワット（薄暗い電球程度）である。これらは、計算脳科学がAIの研究発展に大きく貢献してきたこと、および、これからもさらに貢献し得ることを示す一例である。

[研究開発の動向]

❶脳情報処理の計測・理解技術の発展

過去10～20年の間に、脳の機能・活動を知るための計測・理解技術は大きく発展した。

その一つは、活動しているニューロンを観測できるカルシウムイメージング[2]である。カルシウムイオンはさまざまな細胞活動に関与しており、その動き・変化を観測することで、細胞活動の詳細を知ることができる。カルシウムイメージングでは、カルシウムイオンと結合すると蛍光強度が変化するようなタンパク質やカルシウム蛍光指示薬を細胞内に導入し、蛍光顕微鏡等を用いて、その蛍光強度の変化をもとにカルシウムイオンの濃度変化を検出する。蛍光が微弱である一方、強いレーザー光を当てると細胞が死んでしまうという問題への対処や2光子顕微鏡等の計測機器の技術発展が進み、従来の電極を使った方式に比べて桁違いの数のニューロンを、その種類を特定して計測可能になった。

また、光によって活性化されるタンパク分子を遺伝学的手法で特定の細胞に発現させ、その機能を光で操作するオプトジェネティクス（Optogenetics：光遺伝学）[3]という技術がある。従来の電気刺激を用いる手法や薬理学的手法では難しかったレベルの高い選択性を持ち、ミリ秒オーダーのタイムスケールで特定の神経活動のみを制御できるようになった。例えば、マウスを使った実験結果によると、記憶をスイッチしたり[4]、誤りの記憶を形成したり[5]といった操作が行える。このような操作とその結果の観察から、ニューロンの機能に関する理解につながる。なお、Nature Method誌が科学全分野の中から選ぶ「Method of the Year 2010」に選定されたことが、この技術が画期的であったことを示している。

これらの技術は動物に適用されるものだが、人間を対象に非侵襲で脳の活動を調べることができる計測法として、fMRI（Functional Magnetic Resonance Imaging：機能的磁気共鳴画像法）[6]が発展している。fMRIは、神経活動に伴う血管中の血液の流れ（血流量）や酸素代謝の変化を、磁気共鳴画像装置（MRI装置）を用いて計測・可視化する技術である。人間の脳の活動を頭皮の外から測定する方法として、従来は脳波測

定法や陽電子を用いるPET（Positron Emission Tomography：ポジトロン断層映像法）があったが、これらに比べてfMRIは空間分解能が高く、PETの課題である被ばくの心配もない。大きな病院に普及している臨床用の通常のMRI装置を活用できるという経済性もあり、fMRIは1990年代初頭に考案された後、急速に普及し、人間の高次の脳機能を調べるために活用されるようになった。

fMRIによって、人間の行動（心の状態を含む）と脳の活動の同時計測が可能になり、どのような行動や心の状態のときに、脳のどの部分が深く関わっているのか（脳機能マッピング）が調べられるようになった。さらに、マッピングだけでなく、脳の情報処理のモデル化や詳細な比較分析・関係分析等を可能にする手法の発展によって、脳の情報処理についての理解が進展した。以下、その主な手法を簡単に紹介する。

- モデルベース解析（Model-based Analysis）[7]：脳の情報処理モデルを行動と脳の活動の両面から検証するアプローチである。まず複数考えられる仮説について、それぞれの処理モデルがどれだけ行動データを説明できるかを調べる。次に、この行動データへのフィッティングを通してモデルの自由パラメーターを推定する。その結果から脳のどの部分での活動かを導出し、脳の活動データと照らし合わせて検証する。

- ブレインデコーディング（Brain Decoding）：fMRI等によって計測された人間の脳の活動データを、機械学習の手法を用いて解析することで、人間の心の状態を解読しようとする技術である。当初2005年頃は、fMRIの計測データのパターンと、少数のカテゴリーとの間の対応関係を学習するものであった[8]。その後、深層学習や分散表現（Word2Vec）等の機械学習の新たな手法も取り込み、脳に想起されたものを、1,000を超える数のカテゴリーと対応付ける一般物体デコーディング[9]や、対象物（名詞）やその動作（動詞）だけでなく、それらの印象（形容詞）のデコード[10]にも迫りつつある。

- Voxel Based Morphometry（VBM）[11]：MRI構造画像を用いた脳体積解析法である。脳全体を細かなボクセル単位（1～8mm3程度）で統計解析するので、全脳を客観的に捉えやすい。脳構造の個人差を踏まえた、さまざまな精神疾患との関係、男女差、タクシー運転手経験や朝食スタイルとの関係等の分析・理解が進展している。

- 拡散テンソル画像（Diffusion Tensor Image：DTI）[12]：水分子が神経線維の方向に沿って速く動くが、それと垂直な方向には動きにくいという拡散異方性を利用して、脳の神経線維の走行状態を可視化する技術である。臨床適用可能なシステム化が進み、人間の脳活動部位間の機能的な結合の解明や精神疾患の定量評価に使われるようになってきた。

- 安静時fMRI（resting-state functional MRI：rsfMRI）[13]：何らかのタスクを遂行しているときよりも安静時の方が、脳内の神経活動が上昇する領域があることが発見された。rsfMRIでは、神経活動に伴う血流の変化を反映した信号を測定し、脳領域間の機能結合や脳全体のネットワーク関係性を評価することができる。これは精神疾患の診断にも有用なことが分かってきた。

　さらに、特定の脳領域の活動をモニタリングして被験者にフィードバックし、被験者自身による脳活動の操作を促すことによって、その領域に対応した認知機能の増進や補綴を誘導するニューロフィードバック技術が開発された。国際電気通信基礎技術研究所（ATR）で開発されたDecNef（Decoded Neurofeedback）法[14]は、ブレインデコーディング結果を被験者にリアルタイムにフィードバックすることで、従来に比べて細かい脳領域の操作を可能にした。つらい記憶を思い出すことなく消すことの可能な、心的外傷後ストレス障害（Post Traumatic Stress Disorder：PTSD）の新しい治療法につながる可能性も見いだされた[15]。個人の記憶ごとに必要だった事前訓練をなくすために、他者の脳活動から推測するハイパーアライメント法[16]も組み合わせられるようになった[17]。さらに、脳の特定領域同士のつながり方を被験者にリアルタイムにフィードバックすることを繰り返すことで、特定の領域同士のつながり方

を増加させたり減少させたりできる、機能的結合ニューロフィードバック法（Functional Connectivity Neurofeedback）[18), 19)]が開発された。これは、精神疾患の治療や加齢による認知機能の低下回復等に役立つ可能性が期待されている。DecNef法、rsfMRI、機能的結合ニューロフィードバック法をはじめ、計算脳科学と精神医学を融合した計算精神医学[20), 21)]は重要性・期待が高まっている。

❷脳情報処理と機械学習

機械学習を中心とするAI技術の発展は、上記❶の発展を通して明らかになってきた脳情報処理の（A）計算理論や（B）表現とアルゴリズムと、結び付きが強いものになっている。前述した通り、深層学習は脳を構成するニューロンの結合を模した計算モデルをベースとしている。さらに、強化学習、アテンション、エピソード記憶、作業記憶、継続学習、世界モデルと脳内シミュレーション、メタ学習等についても、脳情報処理の知見・発見との結び付きが強いことが知られている[22), 23), 24)]。

脳情報処理への関心が触媒となっている機械学習の手法は大変多い。深層学習はもとより、その源流であるニューラルネットワーク、誤差逆伝搬法、自己組織化マップ、表現学習、独立成分解析、強化学習、情報幾何等がある。これらの研究の発展において、脳科学と機械学習の両方で、日本の研究は大いに貢献してきている。

例えば、強化学習（Reinforcement Learning）は、ドーパミン神経細胞の報酬予測誤差仮説によって、AI研究における強化学習と脳の強化学習とが強く結び付いている[25), 26)]。AI研究における強化学習は、学習主体が、ある状態で、ある行動をしたとき、その結果に応じた報酬が得られるタイプの問題を扱い、より多くの報酬が得られるように行動を決定する意思決定方策を、行動と報酬の受け取りを重ねながら学習していく機械学習アルゴリズムである。一方、中脳にあるドーパミン神経細胞は、報酬予測誤差（実際に得た報酬量と予測された報酬量との誤差）に基づいてドーパミンを放出し、これが大脳基底核に運ばれることで、脳における強化学習の学習信号として働くということが分かってきた。また、脳における学習・意思決定のプロセスにはモデルフリー型とモデルベース型があり、モデルフリー型では、刺激と反応の関係性を報酬の程度・確率に直結した形で学習し、モデルベース型では、刺激や反応の間の関係性を状態遷移等の内部モデルとして学習する。モデルフリー型は上述の大脳基底核、モデルベース型は大脳新皮質、特に前頭前野が重要な役割を果たしていると見られている。

このように、脳情報処理における科学的発見がAI的手法の理論的な裏付けになるとともに、脳情報処理の知見を取り込むことがAI技術の発展につながり得るという事例が、機械学習を中心に積み上げられつつある。DeepMind社は、AlphaGo、AlphaFoldをはじめ、革新的な機械学習技術を組み込んだソフトウェアを次々に開発して注目されているが、「知能の解明」を企業ビジョンとして掲げており、創業者Demis Hassabis自身は脳科学研究での高い実績も有する[63]。Neuron誌に発表した論文「Neuroscience-Inspired Artificial Intelligence」[22)]では、脳科学を重視したAIへの取り組み姿勢とその可能性を示した。海馬やメタ学習に関する新しいモデル等も提案しており、AI応用だけでなく計算脳科学の基礎的研究にも注力している。

2023年初めの大規模言語モデル等の生成AIの発展を受け、世界的に著名なAI研究者と神経科学者のグループが、次世代のAI研究の方向性として「NeuroAI」を示した論文を発行した。「NeuroAI」とは「神経科学とAIの交点に位置する新興分野」であるとし、昨今のAIはチューリングテストをパスしかけている（つまり人間と見まがう対話が可能になりつつある）ものの、ロボティクスにおける感覚運動能力は単純な動物にも劣ることを指摘し、動物のように実世界で振る舞えることを試す「Embodied Turing Test（身体化されたチューリングテスト）」をNeuroAIのグランドチャレンジとして提唱している[59)]。

63　海馬とエピソード記憶に関する研究成果でScience誌による2007年10大ブレークスルーの一つに選ばれた。

❸社会脳科学

　人間は社会の中で他者との関わりを持ちながら考え、行動している。このような社会行動の根幹には、人々が互いの心や振る舞いを推断するときに働かせる社会知性（Socio-intelligence）がある。この他者の行動を予測し、その予測を踏まえた意思決定をする脳機能は、しばしば「心の理論」（Theory of Mind）と呼ばれる。そこには、他者の気持ち・感情を感じ取る能力である「共感」（Empathy）や、自分の利益のみにとらわれず他者の利益を図るように行動する性向である「利他性」（Altruism）も関わる。この社会知性の脳科学（社会脳科学）がこの15年ほどで著しい発展を見せている。

　この計算理論は、❷で触れた脳の強化学習の計算理論をベースに発展させたものが考えられており、❶で述べたfMRIによる計測とモデルベース解析の手法を用いて、脳計算モデルの検証が行われている[7], [25]。この脳計算モデルでは、自己の行動選択を報酬予測誤差信号に基づいて学習することに加えて、同様のプロセスが他者の心の中でも行われているというシミュレーションを自己の心の中で行って学習する。この他者の心のシミュレーション学習は、シミュレーションにおける他者報酬予測誤差信号だけでなく、他者の観察から得られる他者の行動予測と実際の行動との差を示す他者行動予測誤差信号も用いたハイブリッドな構成で行われていることが明らかになってきた。

　この社会脳科学の研究は「2.1.5 人・AI協働と意思決定支援」との関わりが深い。複数の人間の間あるいは人間とAIエージェントの間で、相互理解・共感・説得等を生みつつ意思決定・合意形成が行われるように支援する上で、社会脳科学の研究成果・知見を取り入れていくことが重要になっていく。

❹国内外の政策・プロジェクト動向

　2013年〜2014年に、米国ではThe Brain Research through Advancing Innovative Neurotechnologies（BRAIN）Initiative、欧州ではHuman Brain Project（HBP）、日本では「革新的技術による脳機能ネットワークの全容解明プロジェクト」（Brain Mapping by Integrated Neurotechnologies for Disease Studies：Brain/MINDS、革新脳）という脳科学研究の大型プロジェクトが相次いで立ち上がった。BRAIN Initiativeはアポロ計画やヒトゲノム計画に匹敵する巨大科学プロジェクトとして構想されたといわれるが、いずれも脳機能の全容解明に向けて、国主導のトップダウン型で、国際連携にも重点を置いたプロジェクト推進が必要という共通的な認識がある。一方、米国のBRAIN Initiativeは技術開発、欧州のHBPは計算論に基づいた脳のモデル化、日本のBrain/MINDSは霊長類モデルを活用したマップ作成等、各国の取り組みの特色も出されている。前述のように、fMRI等の革新的な計測技術や、ビッグデータ解析・機械学習技術の進化が、脳機能の可視化の可能性を飛躍的に高めたことが、脳機能の全容解明を目指す方向性につながっており、これらのプロジェクトの中でも、脳情報処理の理論やデータ解析といった計算脳科学の側面は重きが置かれている。さらに2017年12月に日本・米国・欧州を含む9地域が参加して、International Brain Initiative（IBI）[64]が立ち上がった[27]。脳科学に関する国際連携のため、データや技術の交流をどう図るかが検討されている。国内では、国際連携とヒト脳研究を強化するため、2018年6月に革新脳と姉妹プロジェクトとなる「戦略的国際脳科学研究推進プログラム」（Brain/MINDS Beyond、国際脳）も開始された。米国のBRAIN InitiativeはBRAIN 2.0として、欧州のHBPはEBRAINSを受け皿として継続される見込みである。中国は少し遅れてChina Brain Project（CBP）を2016年から2030年までの15年計画で実施するという計画であったが、資金配分の調整で議論になった結果、2021年12月に最初の5年間で50億元（1100億円）を投資すると発表した。これは米国Brainや欧州HBPと並ぶ規模になる。

64　類似した名称でInternational Brain Laboratory（IBL）という別組織がある。IBLはWellcome TrustとSimons Foundationが主スポンサーとなって2017年9月に英国で発足した。マウスの意思決定モデルの共同研究を中心に、オープンソースデータアーキテクチャの開発等が進められている。

欧米ほど動物愛護の圧力がないことから、サル等の霊長類を用いた研究が見込まれている。

　米国・欧州・日本・中国以外に、カナダ・韓国・イスラエル・オーストラリア等でも国際的な脳科学プロジェクトが推進されているが、計算脳科学の面で特に注目されるのはカナダである。カナダには深層学習の研究でチューリング賞を受賞したGeoffrey HintonとYoshua BengioもいてAI研究のレベルも高く、Canadian Brain Research StrategyのもとThe Canadian Open Neuroscience Platform（CONP）によって、データ基盤の構築や研究コミュニティーでの共有も強化されている。

　国内においては、革新脳・国際脳に加えて脳科学研究戦略推進プログラム（脳プロ）も推進され、脳科学研究の強化が図られている。特に計算脳科学にフォーカスした新学術領域研究として、まず「人工知能と脳科学の対照と融合」（領域代表：銅谷賢治、研究期間：2016年6月30日〜2021年3月31日）が実施されたのに続き、「記憶・情動における多領野間脳情報動態の光学的計測と制御」（領域代表：尾藤晴彦、研究期間：2017年6月30日〜2022年3月31日）、「マルチスケール精神病態の構成的理解」（領域代表：林朗子、研究期間：2018年6月30日〜2023年3月31日）も立ち上がり、計算脳科学の基礎的研究に厚みが出てきている。新学術領域を衣替えした学術変革領域研究でも、「大規模計測・シミュレーションによる脳の全体性の理解」（領域代表：平理一郎、研究期間：2021年8月〜2024年3月）、「行動変容を創発する脳ダイナミクスの解読と操作が拓く多元生物学」（領域代表：松崎政紀、研究期間：2022年6月〜2027年3月）が実施されている。さらに、2020年度にスタートした内閣府のムーンショット型研究開発制度でも、計算脳科学との関わりが深いプロジェクトが推進されている[65]。

（4）注目動向

［新展開・技術トピックス］

❶脳情報処理モデルの仮説とAI

　［研究開発の動向］❷で述べたように、脳情報処理に関する知見・発見はAIの基本的なアルゴリズムや処理モデルに大きく関わってきた。「2.1.1 知覚・運動系のAI技術」や「2.1.2 言語・知識系のAI技術」で述べたように、この数年で深層学習モデルを大規模化するアプローチ（大規模言語モデル、基盤モデル）が大きな成果を挙げているが、それは人間が一生かかっても行えないような大量データの学習を必要とする。一方、人間はそれほど大量の教師データを必要とせずに発達・成長するし、学習したことを組み合わせて別な場面や状況にも応用できるし、脳のエネルギー消費もわずかである（20ワット程度）。そこで、脳情報処理のいくつかの側面をモデル化した仮説が、新しいAIの処理モデルやアルゴリズムにつながるものとして注目されている。例えば以下のようなものが挙げられる。

　まず、人間の思考は、直感的・無意識的・非言語的・習慣的な「速い思考」のシステム1と、論理的・系列的・意識的・言語的・推論計画的な「遅い思考」のシステム2とで構成されるという「二重過程理論」（Dual Process Theory）がある。社会心理学・認知心理学等の心理学分野で提案されていたが、ノーベル経済学賞を受賞したDaniel Kahnemanの著書「Thinking, Fast and Slow」[8]でよく知られるようになった。脳・神経科学の面からも論じられている[29]。従来の深層学習はシステム1に相当するものであり、システム2の実現・統合が課題と考えられる[30]。深層学習研究でACMチューリング賞を受賞したYoshua BengioはNeurIPS 2019で「From System 1 Deep Learning to System 2 Deep Learning」と題した招待講演[31]を行い、松尾豊は「知能の2階建てアーキテクチャ」[32]を提案しており、AI研究において「二重過程理論」

---

[65] 目標1「2050年までに、人が身体、脳、空間、時間の制約から解放された社会を実現」に「身体的能力と知覚能力の拡張による身体の制約からの解放」（プロジェクトマネージャー：金井良太）、目標2「2050年までに、超早期に疾患の予測・予防をすることができる社会を実現」に「複雑臓器制御系の数理的包括理解と超早期精密医療への挑戦」（プロジェクトマネージャー：合原一幸）が採択された。

の実装が活発に論じられるようになった（「2.1.2 言語・知識系のAI技術」を参照）。

また、認知発達・推論機構として注目されているのが、Karl J. Fristonの提唱する「自由エネルギー原理」（Free-Energy Principle）[33), 34), 35), 36)] である。これは「生物は感覚入力の予測しにくさを最小化するように内部モデルおよび行動を最適化し続けている」という仮説である。ここでいう「予測のしにくさ」は、内部モデルに基づく知覚の予測と実際の知覚の間の予測誤差を意味し、変分自由エネルギーと呼ばれるコスト関数で表現される。さまざまな推論・学習、行動生成、認知発達過程を統一的に説明できる原理として注目されており、実験データによる計算原理の検証を可能にする理論も示されている[57)]。「2.1.8 認知発達ロボティクス」の分野では、この原理に基づくロボット実装[37)] や発達障害支援への応用[38)] も進んでいる。

意識[39)] に関する計算論的なモデル化も検討されている。「意識する」という状態は主観的なもので、科学的に扱いにくいものだったが、Giulio Tononiの提唱する「統合情報理論」（Integrated Information Theory：IIT）[40)] では、情報の多様性と統合という観点から統合情報量を定義し、脳内ネットワーク構造において多様な情報が統合されている状態に意識が生じるとしている。また、Stanislas Dehaeneの提唱する「グローバルニューロナルワークスペース理論」（Global Neuronal Workspace Theory：GNW）[41)] では、無意識に処理される情報はワークスペースにとどまるが、注意が向けられるとグローバルワークスペースに入り、意識に上がってくるとされる。このような意識に関する理論をベースに、AI研究分野においても、人工意識（Artificial Consciousness、Machine Consciousness）に関する検討が行われている。また、教師なし機械翻訳等の観点からグローバルワークスペース理論の検討も行われている[58)]。

❷ニューロテック（ブレインテック）の応用展開とELSI[42)]

脳から情報を読み出したり、脳に介入したりする技術は、近年「ニューロテック」や「ブレインテック」と呼ばれ、神経・精神疾患の診断・評価補助や治療・介入等の医療応用から、ヘルスケア、教育、エンターテインメント、マーケティング、軍事まで、さまざまな応用が広がりつつある。2010年代頃から米国を中心に有力なスタートアップが増加し、ニューロテック企業への投資額は過去8年間で7倍に増加し、2021年に71億ドルに上った[43)]。多数の電極の高精度な埋め込みをロボット技術で可能にしたイーロン・マスクのNeuralink社をはじめ、血管からの電極挿入でBMIの治験を始めたSynchron社、非侵襲BMIデバイスを展開するKernel社等、業界を牽引するプレーヤーが複数登場している。

その一方で、さまざまな倫理的・法的・社会的課題（ELSI）が顕在化している。例えば、以下のような事象が現実に起こっている。

- 学校で脳波計を導入し、生徒の集中度を測る実験[44)]（2019年、中国）
- 工場で作業員に脳信号を読み取るヘルメットを装着させ生産性に影響する感情変化を検出するプロジェクト[45)]（2018年、中国）
- 埋め込み型の脳刺激デバイスによるうつ病治療[46)]（2021年、米国）
- 集中力向上等をうたうコンシューマー向け脳電流刺激デバイスの市販
- 兵士の戦闘力増強や、兵器のBMIによるコントロール等の研究推進（米国）

このような状況から、ニューロテックのELSIとして、以下のような観点が指摘されており、国際的なルール形成へ向けた議論が進行している。これらは必ずしも計算脳科学に直接起因する問題ではないが、広く脳科学に関わるELSIに配慮していくべきであろう。

- 脳情報とプライバシー：センシティブであり得る脳情報データの扱い

- エンハンスメント：人間の機能増強の是非を巡る問題
- 操作可能性と自律性：人々の監視や経済・政治的操作の道具に使われる可能性
- 消費者向け製品の効果：消費者向けに宣伝される製品の効果の有無
- デュアルユース：医療・消費者向け・軍事利用にまたがる技術
- DIYニューロテック：自作のニューロテックが規制をすり抜ける可能性
- 新たな格差：医療への不平等なアクセス、国家間の規制の差等による新たな格差が生まれる可能性

2000年代に脳神経倫理学（Neuroethics）が立ち上がり、Global Neuroethics Summit 2017で優先検討事項[47]が議論されたのをはじめ、OECD（経済協力開発機構）、欧州評議会、IEEE（米国電気電子学会）等の国際機関・学会でも議論されている。さらに、米国のBrainMindは、第一線の脳研究者、起業家、ベンチャーキャピタル、慈善家、アカデミック機関、脳神経倫理学者等が参加したコンソーシアムで、2023年にアシロマ会議[66]の開催を予定している。

[**注目すべき国内外のプロジェクト**]

❶ **JST ERATO池谷脳AI融合プロジェクト**

このプロジェクト（研究期間：2018年10月～2024年3月、研究総括：池谷裕二）は、AIを用いて脳の新たな能力を開拓し、脳の潜在能力はいったいどれほどなのかを見極めることを大きな目標に掲げ、以下の四つの研究課題に取り組んでいる[48]。

- 脳チップ移植：脳にコンピューターチップを移植することで、地磁気や血圧の変化といった本来人間が感知できない環境や身体の情報を脳にインプットする。それらの新たな知覚のインプットにより、脳の機能がどのように変化するかを調べていく。
- 脳AI融合：脳内に存在する情報をAIで分析して脳にフィードバックすることで、脳の機能を拡張する。例えば、わずかな音の高低やメロディーの違い等、本人が意識的には区別できない情報をAIが解読して脳にフィードバックすることで、これらの違いを知覚できるようになるかを調べる。
- インターネット脳：脳をインターネットや電子機器と連携させることで脳活動をもとにWeb検索や家電操作を行うというアプローチにより、脳と環境とをシームレスに接続することを目指す。
- 脳脳融合：複数の脳の情報をAI技術で連結し、個体間で情報を共有する。これにより、言葉やしぐさ等の古典的な手段を超えた未来のコミュニケーションの形を模索する。

脳AI融合の一例として、ネズミに英語とスペイン語を聞き分けさせる実験が行われた。ネズミは生来的に英語とスペイン語を聞き分けることはできないが、ネズミの耳の鼓膜には2言語で異なる振動が伝わっている。そこに機械学習を介在させた電気信号をネズミの脳にフィードバックして学習させた結果、そのネズミは英語とスペイン語を判別できるようになり、その効果は機械学習の介在を外しても継続した。これは脳機能が拡張され得ることを示している。

また、JST ERATO「池谷脳AI融合プロジェクト」（BRAIN-AI Hybrid）とJST RISTEX「人と情報のエコシステム」研究開発領域（HITE）が連携した「BRAIN-AI×HITE」も進められている。これは、脳とAIが融合する未来を科学と人文知から考察する越境型の連携活動であり、ELSI面の検討にも取り組んでいる。

❷ **富岳全脳シミュレーションプロジェクト**

---

66 米国アシロマは、1975年に遺伝子工学の倫理原則、2017年にAI倫理原則が議論された会議の開催地である。

脳情報処理についての理解の深まりとともに、スーパーコンピューターを用いた全脳シミュレーションへの取り組みが進んでいる。ニューロンやシナプス結合等で構成される全脳の情報処理モデルをスーパーコンピューター上に配置し、その振る舞いのシミュレーションを行い、その実行結果と、実際に全脳の活動を計測した結果とを比較することで、脳のより深く正確な理解が可能になる。さらに、パーキンソン病、てんかん、うつ病を含む多くの脳疾患は、複数の脳領域が直接的・間接的に影響し合っているといわれており、そのような脳疾患の解明には、全脳シミュレーションのアプローチが有効と考えられている。

2013年に日本とドイツの共同研究チーム（理化学研究所、ユーリッヒ研究所、沖縄科学技術大学院大学）によって、「京」コンピューターとNESTシミュレーターを用いた大脳皮質神経回路シミュレーション[49]で、17.3億個のニューロンと10.4兆個のシナプスのシミュレーション実行が確認された。2018年には電気通信大学のプロジェクトにおいて、JAMSTECの暁光システムを用い、80億の神経細胞からなる小脳モデルのリアルタイムシミュレーション[50]が実現された。これらのニューロン規模は小型のサル程度（マーモセット：約6億個、ヨザル：約14億個、マカクザル：約63億個）に相当する。

さらに、人間は約860億個の規模といわれており、「京」の100倍の性能を持つ次世代機「富岳」で人間の全脳シミュレーションを目指し、「ポスト京」萌芽的課題4「思考を実現する神経回路機構の解明と人工知能への応用」（2016年8月〜2020年3月、研究代表：銅谷賢治）、「富岳」成果創出加速プログラム「脳結合データ解析と機能構造推定に基づくヒトスケール全脳シミュレーション」（2020年4月〜、研究代表：山﨑匡）が実施されている。「富岳」の性能を引き出すシミュレーターMONETが開発され[51], [52]、950億個のニューロンと57兆個のシナプスという世界で初めてヒト規模のシミュレーションを達成した。大規模データの取得を自動化し、そこからシミュレーションやモデルのキャリブレーション・検証までのワークフローをどう作るかが重要になってきている。

（5）科学技術的課題

❶脳情報処理の計測・理解技術のさらなる革新と脳の多階層な構造・機能の解明

前述のように、オプトジェネティクス、カルシウムイメージング、脳波測定法、PET、fMRI等、脳の活動を計測する技術が発展し、低侵襲・非侵襲化、分解能向上が図られてきた。これにビッグデータ解析・機械学習技術を組み合わせて、ブレインデコーディング、モデルベース解析、ニューロフィードバック等、脳情報処理をより深く理解する手段も生み出されてきた。ニューロテック（ブレインテック）の応用も広がりつつあることから、計測技術の簡便化や機械学習統合による高次解釈、計測だけでなく介入技術の高精度化や安全化といったニーズも高まり、計測・介入技術の多様化が進むと思われる。脳の活動に関するさまざまな計測データが大量に得られるようになってきたことから、機械学習技術を用いたボトムアップな解析によって脳情報処理をモデル化しようというアプローチが活発になっている。

脳の構造・機能の解明は、個々のニューロンや脳内各部の神経回路といったミクロなレベルから、脳全体の活動を捉えるマクロなレベルまで、さまざまな階層で進められてきた。それら多階層の成果を統合し、脳情報処理を総合的に解明していく取り組みが今後いっそう重要になっていく。そのために、多階層でビッグデータを蓄積していくことや、前述した全脳シミュレーションのためのコンピューティング基盤の研究開発も重要である。

❷計算脳科学とAI研究の共進化

［研究開発の動向］❷、［新展開・技術トピックス］❶で述べたように、計算脳科学（および認知発達ロボティクス）とAI研究の間の距離は急速に近づきつつある。大規模言語モデルや基盤モデルと呼ばれる最新の深層学習モデルは、急速にその機能・性能と汎用性を高めつつあり、人間の能力を超えた点や人間に至らぬ

点等、人間との差異が強く意識されるようになってきた。その一方、計算脳科学についても、計測技術の進化や機械学習の活用による脳情報処理の理解が進展し、さまざまな新しい知見が得られるようになってきた。その結果、計算脳科学とAI研究の間のシナジーが高まり、共進化的な発展が進みつつある。新学術領域研究「人工知能と脳科学の対照と融合」から生まれた国際シンポジウムAIBS（International Symposium on Artificial Intelligence and Brain Science）等が、その一例であろう。

前述の二重過程モデルや自由エネルギー原理等に基づくAIモデルと、大規模言語モデル・基盤モデルとの関係がどのような方向に発展し、AIの汎用性・自律性・社会性が高まり、エネルギー効率・データ効率の問題が改善されるか、さらなる発展が期待される。また、人工意識や脳AI融合のような新たな可能性の開拓も期待される。

❸ ELSIと一体で進めるニューロテック応用開発

［新展開・技術トピックス］❷で述べたように、脳の計測や脳への介入を伴うニューロテック（ブレインテック）のさまざまな応用が広がりつつある。しかし、その研究開発や産業化では、倫理的・法的・社会的課題（ELSI）を常に考える必要がある。技術開発の後付けでELSIを考えるのではなく、ELSIと技術開発は一体的に取り組むべきである。

国内でも、脳関連プロジェクトの中でELSI面の検討は行われてきたが、海外での取り組みに比べると小規模にとどまっていた。しかし、応用脳科学コンソーシアムCAN（2010年発足、2020年に一般社団法人化）やブレインテック・コンソーシアムBTC（2021年発足）等、産業化を目指す企業や研究者から成るネットワークが形成されてきたことに加えて、ムーンショット目標1の金井プロジェクト中に法学者中心に立ち上がった「"Internet of Brains"-Society」や、エビデンス整備・構築を行う「Trusted BMIの社会基盤整備」事業等、研究開発とELSI検討を並走させる実践が進みつつある。このような取り組みを強化・拡大し、社会的にも国際的にも受容されるニューロテックの応用開発が望まれる。

（6）その他の課題

❶ 大規模データ管理基盤の整備

脳活動の計測技術の進化や、脳科学研究の大型プロジェクトの実施を背景として、脳活動に関わる大規模データが取得・蓄積されるようになってきた。データ解析が研究発展への貢献も高まってきており、大規模データの保管・共有・効率的解析のための基盤整備が、今後の研究加速のために求められる。これに関連する活動として、International Brain Initiative（IBI）は、IBI Data Standards and Sharing Working Groupを立ち上げ[67]、国際協力のもとでのデータガバナンスの強化を図っている[53]。国内では、国際電気通信基礎技術研究所（ATR）と東京大学が中心となり、多施設多疾患MRIデータベースを公開した[54]。また、実験データを集約するだけでなく、データからモデルの構築・検証・統合まで行って共有するData-to-Modelフレームワークも開発されている[55]。このような取り組みをいっそう強化・拡大していくことが求められる。

❷ 分野間連携とバランスのよいファンディング

脳の情報処理メカニズムは未知の部分が多く、その解明には長期的な基礎研究の継続が不可欠である。その一方で、コンピューターに実装され、さまざまな応用・ビジネスへと展開が進んでいる深層学習・強化学習技術は、脳の情報処理メカニズムとの関係が深い。また、脳の機能や情報処理メカニズムの理解には、認知科学・心理学等も関係が深く、ELSI（Ethical, Legal and Social Issues：倫理的・法的・社会的課題）

---

[67] 初顔合わせのラウンドテーブルは2020年1月に日本主催で東京にて実施された。

の面も考慮する必要がある。このような幅広い視点からの議論や分野間連携を促進するような研究プロジェクト体制も効果的である。長期的な基礎研究への継続投資を進めつつ、このような分野間連携の活動へもバランスよく研究投資していくことが重要である。

❸人材育成

上記❷で述べたように、計算脳科学の研究には、複数分野横断の幅広い視野・知見を持った人材が必要であるが、現状はそのような人材が非常に少ない。研究プロジェクトにおいて、複数分野の研究者を一つの拠点で共同・交流させるような体制を作ることが望ましい。さらに、AIや計算機科学そして計算脳科学と脳科学を同時に学べるような[56)]、新たな大学院研究科・学部創設も検討すべきである。また、医学系の学生はもともと数学の素養が高いので、プログラミングや統計・数理・データ解析等、コンピューター科学を学び、活用する機会を継続的に設けることは有効と考えられる。

❹経済安全保障上の位置付け

現在の大規模学習をベースとしたAIからさらに次世代のAIへの発展において、自律性や論理性は重要課題であり、人間の知能に関する研究成果の取り込みが有望なアプローチと考えられる。また、フェイクメディアを用いた人間の意思決定の誘導・干渉は、社会の安全性・健全性を棄損するリスクがあり、その防御・対策のためには、人間の認知メカニズムの理解は重要な基礎研究である。以上のような観点から、計算脳科学は経済安全保障の観点からも、自国で育成・確保が求められる。

（7）国際比較

国・地域	フェーズ	現状	トレンド	各国の状況、評価の際に参考にした根拠等
日本	基礎研究	◎	→	fMRI法、DecNef法、京による全脳シミュレーション等、脳情報処理を計測・理解するための基本的手法の創出を主導してきた。国として脳科学の基礎研究プロジェクトを多階層で推進し、革新脳・国際脳プロジェクト等、国際的にも認知されている。
日本	応用研究・開発	○	→	米国と比べると、民間財団・ベンチャー企業での取り組みが相対的に弱い。
米国	基礎研究	◎	→	BRAIN Initiativeをはじめ大型研究投資がなされており、分子細胞レベルからシステムレベルまで脳科学に関する層の厚い研究開発が進められている。
米国	応用研究・開発	◎	→	民間財団・ベンチャー企業での取り組みが活発で、基礎研究から応用への展開が円滑に進められる。大規模なデータベースやツール類の整備が進んでいる。
欧州	基礎研究	◎	→	Human Brain Project（HBP）で欧州連携の大型投資が進められている。英国DeepMindが、脳科学に基づく先進的AI技術開発に取り組んでいる。
欧州	応用研究・開発	◎	→	HBPでは脳科学と情報科学の融合分野を強化しており、計算脳科学のコンピューティング基盤の整備も進んでいる。
中国	基礎研究	◎	↗	第13次5カ年計画（2016年〜2020年）で特に成長が見込まれる5分野の一つとして脳科学が挙げられ、15年計画（2016年〜2030年）のChina Brain Project（Brain Science and Brain-inspired Intelligence）が立ち上げられた。上海の復旦大学が十数校および中国科学院（CAS）と脳科学共同イノベーションセンターを設立した。
中国	応用研究・開発	○	↗	中国はAI分野の研究開発・ビジネスで米国と2強になりつつあり、脳科学をAIと連携させて強化する方針が打ち出されている。

韓国	基礎研究	〇	→	韓国科学技術研究院（KIST）に機能的コネクトミクスセンターが設立された。さらに、Korean Brain Initiativeが10年計画（2018〜2027年）でスタート、さまざまな階層での脳マップの作製やAI関連研究等を推進している。
	応用研究・開発	〇	→	韓国脳科学研究所（KBRI）が主導し、脳研究のインフラ整備や連携・啓発等を行う韓国ブレインバンクプロジェクトを推進している。

（註1） フェーズ
　　　　基礎研究：大学・国研等での基礎研究の範囲
　　　　応用研究・開発：技術開発（プロトタイプの開発含む）の範囲
（註2）　現状　※日本の現状を基準にした評価ではなく、CRDSの調査・見解による評価
　　　　◎：特に顕著な活動・成果が見えている〇：顕著な活動・成果が見えている
　　　　△：顕著な活動・成果が見えていない　×：特筆すべき活動・成果が見えていない
（註3）　トレンド　※ここ1〜2年の研究開発水準の変化
　　　　↗：上昇傾向　　→：現状維持　　↘：下降傾向

参考文献

1) David Marr, *Vision：A Computational Investigation into the Human Representation and Processing of Visual Information* (W. H. Freeman and Company, 1982).

2) Christine Grienberger and Arthur Konnerth, "Imaging Calcium in Neurons", *Neuron* Vol. 73, Issue 5 (8 March 2012), pp. 862-885. https://doi.org/10.1016/j.neuron.2012.02.011

3) Karl Deisseroth, "Control the Brain with Light", *Scientific American* Vol. 303, Issue 5 (November 2010), pp.48-55. https://doi.org/10.1038/scientificamerican1110-48

4) Roger L. Redondo, et al., "Bidirectional reversal of the valence associated with the hippocampal memory engram", *Nature* Vol. 513 (18 September 2014), pp. 426-430. https://doi.org/10.1038/nature13725

5) Steve Ramirez, et al., "Creating a false memory in the hippocampus", *Science* Vol. 341, Issue 6144 (26 July 2013), pp. 387-391. https://doi.org/10.1126/science.1239073

6) Seiji Ogawa, et al., "Brain magnetic resonance imaging with contrast dependent on blood oxygenation", *Proceedings of the National Academy of Sciences of the United States of America* Vol. 87, No. 24 (December 1990), pp. 9868-9872.

7) 中原裕之・鈴木真介,「意思決定と脳理論：人間総合科学と計算論的精神医学への展開」,『Brain and Nerve』65巻8号（2013年8月）, pp. 973-982.

8) Yukiyasu Kamitani and Frank Tong, "Decoding the visual and subjective contents of the human brain", *Nature Neuroscience* Vol. 8 (24 April 2005), pp. 679-685. https://doi.org/10.1038/nn1444

9) Tomoyasu Horikawa and Yukiyasu Kamitani, "Generic decoding of seen and imagined objects using hierarchical visual features", *Nature Communications* Vol. 8, Article number 15037 (22 May 2017). https://doi.org/10.1038/ncomms15037

10) Satoshi Nishida and Shinji Nishimoto, "Decoding naturalistic experiences from human brain activity via distributed representations of words", *NeuroImage* Vol. 180, Part A (15 October 2018), pp. 232-242. https://doi.org/10.1016/j.neuroimage.2017.08.017

11) John Ashburner and Karl J. Friston, "Voxel-Based Morphometry—The Methods", *NeuroImage* Vol. 11, Issue 6 (June 2000), pp. 805-821. https://doi.org/10.1006/nimg.2000.0582

12) Denis Le Bihan, et al., "Diffusion Tensor Imaging：Concepts andApplications", *Journal of Magnetic Resonance Imaging* Vol. 13, Issue 4 (2001), pp. 534-546. https://doi.org/10.1002/jmri.1076

13) 小野田慶一・山口修平,「安静時fMRIの臨床応用のための基礎と展望」,『日本老年医学会雑誌』52巻1号（2015年）pp. 12-17.

14) Kazuhisa Shibata, et al., "Perceptual learning incepted by decoded fMRI neurofeedback without stimulus presentation", *Science* Vol. 334, Issue 6061 (09 Dec 2011), pp. 1413-1415. https://doi.org/10.1126/science.1212003

15) Ai Koizumi, et al., "Fear reduction without fear：Reinforcement of neural activity bypasses conscious exposure", *Nature Human Behaviour* Vol. 1, Article Bumber 0006 (21 November 2016). https://doi.org/10.1038/s41562-016-0006

16) James V. Haxby, et al., "A Common, High-Dimensional Model of the Representational Space in Human Ventral Temporal Cortex", *Neuron* Vol. 72, Issue 2 (20 October 2011), pp. 404-416. https://doi.org/10.1016/j.neuron.2011.08.026

17) Vincent Taschereau-Dumouchel, et al., "Towards an unconscious neural reinforcement intervention for common fears", *Proceedings of the National Academy of Sciences of the United States of America* Vol. 115, No. 13 (6 March 2018), pp. 3470-3475. https://doi.org/10.1073/pnas.1721572115

18) Fukuda Megumi, et al., "Functional MRI neurofeedback training on connectivity between two regions induces long-lasting changes in intrinsic functional network", *Frontiers in Human Neuroscience* Vol.9, Article 160 (30 March 2015), pp. 1-14. https://doi.org/10.3389/fnhum.2015.00160

19) Ayumu Yamashita, et al., "Connectivity neurofeedback training can differentially change functional connectivity and cognitive performance", *Cerebral Cortex* Vol. 27, Issue 10 (October 2017), pp. 4960-4970. https://doi.org/10.1093/cercor/bhx177

20) 国里愛彦・他,『計算論的精神医学：情報処理過程から読み解く精神障害』(勁草書房, 2019年).

21) 高橋英彦・山下祐一・銅谷賢治,「AIと脳神経科学―精神神経疾患へのデータ駆動と理論駆動のアプローチ」,『Clinical Neuroscience』Vol. 38（2020年11月）, pp. 1358-1363.

22) Demis Hassabis, et al., "Neuroscience-Inspired Artificial Intelligence", *Neuron* Vol. 95, Issue 2 (19 July 2017), pp. 245-258. https://doi.org/10.1016/j.neuron.2017.06.011

23) 銅谷賢治・松尾豊,「人工知能と脳科学の現在とこれから」,『BRAIN and NERVE』71巻7号（2019年7月）, pp.649-655. https://doi.org/10.11477/mf.1416201337

24) Brenden M. Lake, et al., "Building machines that learn and think like people", *Behavioral and Brain Sciences* Vol. 40, e253 (2017). https://doi.org/10.1017/S0140525X16001837

25) 中原裕之,「社会知性を実現する脳計算システムの解明：人工知能の実現に向けて」,『人工知能』（人工知能学会誌）32巻6号（2017年11月）, pp. 863-872.

26) 田中慎吾・坂上雅道,「推移的推論の脳メカニズム―汎用人工知能の計算理論構築を目指して―」,『人工知能』（人工知能学会誌）32巻6号（2017年11月）, pp. 845-850.

27) International Brain Initiative, "International Brain Initiative：An Innovative Framework for Coordinated Global Brain Research Efforts", *Neuron* Vol. 105, Issue 2 (22 January 2020), pp. 212-2168. https://doi.org/10.1016/j.neuron.2020.01.002

28) Daniel Kahneman, *Thinking, Fast and Slow* (Farrar, Straus and Giroux, 2011). (邦訳：村井章子訳, 『ファスト＆スロー：あなたの意思はどのように決まるか？』, 早川書房, 2014年)

29) Jeff Hawkins, *A Thousand Brains: A New Theory of Intelligence* (Basic Books, 2022). (邦訳：大田直子訳, 『脳は世界をどう見ているのか：知能の謎を解く「1000の脳」理論』, 早川書房, 2022年)

30) 科学技術振興機構 研究開発戦略センター, 「戦略プロポーザル：第4世代AIの研究開発－深層学習と知識・記号推論の融合－」, CRDS-FY2019-SP-08（2020年3月）.

31) Yoshua Bengio, "From System 1 Deep Learning to System 2 Deep Learning", *Invited Talk in the 33rd Conference on Neural Information Processing Systems* (NeurIPS 2019; Vancouver, Canada, December 8-14, 2019).

32) 松尾豊, 「知能の2階建てアーキテクチャ」, 『認知科学』（日本認知科学会誌）29巻1号（2022年）, pp. 36-46. https://doi.org/10.11225/cs.2021.062

33) Karl J. Friston, James Kilner and Lee Harrison, "A free energy principle for the brain", *Journal of Physiology-Paris* Vol. 100, Issues 1-3 (July-September 2006), pp. 70-87. https://doi.org/10.1016/j.jphysparis.2006.10.001

34) Karl J. Friston, "The free-energy principle：a unified brain theory?", *Nature Reviews Neuroscience* Vol. 11, No. 2 (January 2010), pp. 127-38. https://doi.org/10.1038/nrn2787

35) 磯村拓哉, 「自由エネルギー原理の解説：知覚・行動・他者の思考の推論」, 『日本神経回路学会誌』25巻3号（2018年）, pp. 71-85. DOI：10.3902/jnns.25.71

36) 乾敏郎・阪口豊, 『脳の大統一理論：自由エネルギー原理とはなにか』（岩波書店, 2020年）.

37) 尾形哲也, 「深層予測学習を利用したロボット動作学習とコンセプト」, 『人工知能』（人工知能学会誌）35巻1号（2020年1月）, pp. 12-17.

38) 長井志江, 「認知発達の原理を探る：感覚・運動情報の予測学習に基づく計算論的モデル」, 『ベビーサイエンス』15巻（2016年3月）, pp. 22-32.

39) 渡辺正峰, 『脳の意識 機械の意識』（中央公論新社, 2017年）.

40) Marcello Massimini and Giulio Tononi, *Nulla di più grande* (Baldini + Castoldi, 2013). (邦訳：花本知子訳, 『意識はいつ生まれるのか：脳の謎に挑む統合情報理論』, 亜紀書房, 2015年)

41) Stanislas Dehaene, *Consciousness and the Brain：Deciphering How the Brain Codes Our Thoughts* (Viking, 2014). (邦訳：高橋洋訳, 『意識と脳：思考はいかにコード化されるか』, 紀伊國屋書店, 2015年)

42) 科学技術振興機構 研究開発戦略センター, 「科学技術未来戦略ワークショップ報告書：ニューロテクノロジーの健全な社会実装に向けたELSI/RRI実践」, CRDS-FY2022-WR-06（2022年10月）.

43) NeuroTech Analytics, "Investment Digest NeuroTech Industry Overview 2021 Q4". https://www.neurotech.com/investment-digest-q4

44) "Why China Is Using A.I. in Class-rooms", *Wall Street Journal* (September 20, 2019).

45) Erin Winick, "With Brain-Scanning Hats, China Signals It Has No Interest in Workers' Privacy", *MIT Technology Review* (April 30, 2018).

46) Katherine W. Scangos, et al., "Closed-loop neuromodulation in an individual with treatment-resistant depression", *Nature Medicine* Vol. 27 (October 2021), pp. 1696-1700. https://doi.org/10.1038/s41591-021-01480-w

47) Global Neuroethics Summit Delegates, "Neuroethics Questions to Guide Ethical Research in the International Brain Initiatives", *Neuron* Vol. 100, Issue 1 (October 2018), pp. 19-36.

https://doi.org/10.1016/j.neuron.2018.09.021

48）紺野大地・池谷裕二,『脳と人工知能をつないだら、人間の能力はどこまで拡張できるのか：脳AI融合の最前線』（講談社, 2021年）．

49）Susanne Kunkel, et al., "Spiking network simulation code for petascale computers", *Frontiers in Neuroinformatics* 8：78 (10 October 2014). https://doi.org/10.3389/fninf.2014.00078

50）Tadashi Yamazaki and Wataru Furusho, "Realtime simulation of cerebellum", *International Symposium on New Horizons of Computational Science with Heterogeneous Many-Core Processors* (Riken Wako campus, Japan, February 27-28, 2018).

51）Jun Igarashi, Hiroshi Yamaura and Tadashi Yamazaki, "Large-Scale Simulation of a Layered Cortical Sheet of Spiking Network Model Using a Tile Partitioning Method", *Frontiers in Neuroinformatics* Vol. 13, Article 71 (29 November 2019). https://doi.org/10.3389/fninf.2019.00071

52）Hiroshi Yamaura, Jun Igarashi and Tadashi Yamazaki, "Simulation of a Human-Scale Cerebellar Network Model on the K Computer", *Frontiers in Neuroinformatics* Vol. 14, Article 16 (03 April 2020). https://doi.org/10.3389/fninf.2020.00016

53）Damian O. Eke, et al., "International data governance for neuroscience", *Neuron* Vol. 110, Issue 4 (February 2022), pp. 600-612. https://doi.org/10.1016/j.neuron.2021.11.017

54）Saori C. Tanaka, et al., "A multi-site, multi-disorder resting-state magnetic resonance image database", *Scientific Data* Vol. 8, Article No. 227 (August 2021). https://doi.org/10.1038/s41597-021-01004-8

55）Carlos E. Gutierrez, et al., "A Spiking Neural Network Builder for Systematic Data-to-Model Workflow", *Frontiers in Neuroinformatics* Vol. 16（July 2022）. DOI：10.3389/fninf.2022.855765

56）科学技術振興機構 研究開発戦略センター,「調査報告書：ドライ・ウェット脳科学」, CRDS-FY2019-RR-06（2020年3月）．

57）Takuya Isomura, Hideaki Shimazaki and Karl J. Friston, "Canonical neural networks perform active inference", *Communications Biology* Vol. 5, Article No. 55 (January 2022). https://doi.org/10.1038/s42003-021-02994-2

58）Rufin VanRullen and Ryota Kanai, "Deep learning and the Global Workspace Theory", *Trends in Neurosciences* Vol. 44, Issue 9 (September 2021), pp.692-704. https://doi.org/10.1016/j.tins.2021.04.005

59）Anthony Zador et al. "Catalyzing next-generation Artificial Intelligence through NeuroAI", *Nature Communications* Vol.14, Article No.1597 (March 2023). https://doi.org/10.1038/s41467-023-37180-x

2.1.8 認知発達ロボティクス

(1) 研究開発領域の定義

認知発達ロボティクスは、ロボットや計算モデルによるシミュレーションを駆使して、人間の認知発達過程の構成論的な理解と、その理解に基づく人間と共生するロボットの設計論の確立を目指した研究領域である。発達心理学や神経科学等の経験主義的な学問分野と、人工知能（AI）やロボティクス等の構成論的な学問分野が融合した学際的な研究領域として取り組まれている。なお、本研究領域の名称として、認知発達ロボティクス（Cognitive Developmental Robotics）のほか、認知ロボティクス（Cognitive Robotics）、発達ロボティクス（Developmental Robotics）、エピジェネティックロボティクス（Epigenetic Robotics）が用いられることもある。

目標	取り組み状況の国際比較
ロボットや計算モデルによるシミュレーションを駆使して、人間の認知発達過程の構成論的な理解と、その理解に基づく人間と共生するロボットの設計論の確立を目指す	● 日本発の研究領域、日本と欧州が中心で米中は現状関心が薄い ● ただし、深層学習が言語獲得等に発展、認知発達に近づきつつある

研究開発動向

研究コミュニティーの形成
- 人間は教師あり学習のみをしているわけではなく、身体性と身体的・社会的相互作用を通して理解し、自律的にさまざまな認知能力を発達させている
- このような「発達」の重要性認識に基づいて2000年頃に日本から提唱
- 2000年WDLワークショップをきっかけとして、二大国際会議ICDLとEpiRobが発足、2011年に2つはIEEE ICDL-EpiRobに統合
- 国内ではJST ERATO浅田共創知能システムプロジェクトが研究発展を牽引

研究領域の広がり
- 個体単体での認知発達：身体の運動能力の発達を身体・外界の力学的な相互作用から理解、胎児や新生児の発達過程をシミュレーション検証
- 個体間の相互作用を通じた認知発達：生態的自己→対人的自己→社会的自己という3段階、ミラーニューロン（ある行動を自分で行う場合と他者が行う場合の双方に反応する神経細胞）が重要な役割
- 予測符号化：現時刻・空間の信号から将来や未知空間の信号を予測できるように、予測誤差最小化原理に基づき、その対応関係（内部モデル）を学習
- 記号創発ロボティクス：身体性に基づく言語獲得プロセスを機械学習のモデルを用いて表現し、ロボットに実装して構成論的に理解

研究開発のためのプラットフォーム
- 子供サイズのヒューマノイド型のロボットプラットフォームiCubやNAO、国内では、トヨタHSRやロボットシミュレーターSIGVerse、コンペティション等の基盤に

注目される技術トピックス
- 予測符号化・自由エネルギー原理：認知発達の共通メカニズムとして期待
- 自他認知と共感・意識：身体性・他者との関係の中で情動・主観面に対して構成論的にアプローチ
- 他者・環境とのインタラクションによる記号創発・言語獲得、集合的予測符号化

科学技術的課題

①認知発達のさまざまな側面の原理探究
- 感覚・運動・社会性・言語・推論・共感・意識等の認知発達の各側面の解明はまだ部分的で、基礎的な実験・試作が継続して必要
- 深層学習ベースの大規模な基盤モデルとの対比、身体性や環境との相互作用という面からの探究が重要

②総合的な認知発達モデルの構築と自律・発達するロボットの設計論の開発
- 部分的に分かってきた原理を組み上げ、総合的な認知発達モデル、自律・発達するロボットの設計論を構築、それを牽引する新たなフラグシッププロジェクト

③認知発達ロボティクスの応用開発
- 人間との親和性・共生能力の高いAI応用システムやロボットの実現
- 発達障害(ASD)、精神・神経疾患の解明や治療・予防への貢献

政策的課題

①学際的な研究推進・人材育成
- 発達心理学・神経科学等とAI・ロボティクス等の融合
- ソフトウェアからハードウェアやデバイスまでのシステム的な垂直統合

②倫理的・法的・社会的課題（ELSI）
- 自律的発達に関わる安全性・制御可能性の懸念
- 人間の認知発達過程の理解が進んだとき、その活用に関する倫理的な配慮が必要になること
- 人間に特徴的な言語獲得を含む自律的な認知発達を伴うロボットやAIシステムが実現されたときに、人間はそれをどう受け止めるかという心理的な問題

③長期的基礎研究投資のマネジメント
- 基礎科学的側面と工学的側面のバランス

図2-1-13　領域俯瞰：認知発達ロボティクス

(2) キーワード

認知発達、身体性、社会的相互作用、知覚・運動能力獲得、言語獲得、記号創発、予測符号化、予測誤差最小化原理、自由エネルギー原理、ミラーニューロンシステム、共感、意識、発達障害、構成論的手法、ロボット設計論、集合的予測符号化

(3) 研究開発領域の概要

[本領域の意義]

現在実用化されているAI・ロボティクスの応用システムと人間の知能を比べると「発達」という面に大きな

ギャップがある。例えば、現在多くのAI応用システムで用いられているのは教師あり学習技術であるし、現在の産業用ロボットの動作はプログラムで明示的に規定されたことを繰り返しているにすぎない。それに対して人間は、生まれてから幼児期に、明示的な刺激と認識結果の対応関係としての教師データを与えられずとも、外界のものを認識して行動する能力や、言語を話し理解する能力を獲得していく。そのような人間の知能の発達という面が、現在のAI・ロボティクスの技術ではまだほとんど実現できていない。そして、この発達に大きく関わるのが身体性や身体的・社会的相互作用だと考えられている。

　認知発達ロボティクスは、この点に着目し、身体性や身体的・社会的相互作用を持つ人間の知能の発達メカニズムの解明と実装を目指している。この取り組みによって上述のギャップが縮められれば、自律的にさまざまな認知能力を発達させることができ、人間との親和性・共生能力の高いAI応用システムやロボットが実現可能になる。例えば、家庭・工場等の各環境において、個別に事前設定・事前学習をせずとも、人間との対話を含む日々のマルチモーダルなインタラクションを通して、扱える語彙や認識できる対象を増やし、より適切な応答・行動ができるように発達するロボットやAI応用システムが実現可能になるであろう。

　また、人間の知能の発達メカニズムの理解が進むことで、人間に関わるさまざまな学問の発展にもつながる。特に、発達障害、精神・神経疾患の解明や治療・予防への貢献が期待される。他にも、言語学・心理学等との関わりも深く、また、育児・保育・教育等への示唆も得られるかもしれない。

　脳科学が発展し、脳の状態に関するさまざまなデータ取得と分析、および、それに基づく脳機能の詳細把握が進みつつあるが、人間の知能という複雑なシステムを分析的アプローチだけで捉えるのには限界がある。そこで、対象を観測・分析して記述する分析的アプローチだけでなく、対象を模したシステムを作って動かしてみることで理解する構成論的アプローチとして、認知発達ロボティクスの役割は重要である。

[研究開発の動向]

❶研究コミュニティーの形成

　認知発達ロボティクスは、上で述べた「発達」の重要性認識に基づいて2000年頃に提唱され、AI・ロボティクスと発達心理学・神経科学等の学際的研究領域として発展してきた[1), 2), 3)]。この提唱・立ち上げの段階から、浅田稔、石黒浩、國吉康夫、谷淳をはじめとする日本の研究者が大きな役割を果たしてきた。

　研究コミュニティーの立ち上がりと言える最初のイベントは、2000年4月に開催されたWorkshop on Development and Learning（WDL）である。AI・ロボティクス側から発達に興味を持つ研究者と、人間の側の発達心理学に取り組む研究者が会する機会となった。このWDLをきっかけとして、国際会議International Conference on Developmental Robotics（ICDL）が設立された。「発達ロボティクス（Developmental Robotics）」という言葉が公式の場で初めて使われたのがこのときだと言われている。

　続いて、2001年9月に第1回のInternational Workshop on Epigenetic Robotics（EpiRob）が開催され、ICDLとEpiRobが認知発達ロボティクスの二大国際学術イベントとなった。その後、2011年にこの二つは統合され、International Conference on Developmental and Learning and on Epigenetic Robotics（IEEE ICDL-EpiRob）が組織され、この研究領域の中心的な研究コミュニティーとなっている。

　認知発達ロボティクスの日本国内における研究発展を牽引したのが、JST ERATO浅田共創知能システムプロジェクト（研究総括：浅田稔、研究期間：2005年9月〜2011年3月）である[4)]。身体的共創知能、対人的共創知能、社会的共創知能、共創知能機構という四つのグループで取り組まれ、いくつかの認知発達過程のモデル化と関与する脳内基盤の対応付けが行われ、また、2歳児までの運動発達プロセスの機能が実装され、ロボット研究者のみでなく幅広い分野の研究者が使用可能な各種ロボットプラットフォームが開発された。

❷研究領域の広がり

　このような取り組みの中で、人間の知能の発達のさまざまな側面が研究対象として扱われてきている。まず個体単体での認知発達という側面と、個体間の相互作用を通した認知発達という側面がある。前者については、例えば、はいはい、寝返り、つかまり立ち、2足歩行、走行、ジャンプ等の身体の運動能力の発達を、身体の特性・制約や外界との力学的な相互作用との関わりから捉えたり、胎児や新生児の発達過程をシミュレーションによって検証したりといったことが取り組まれている。後者については、個体間の相互作用を通した認知発達の段階として、生態的自己、対人的自己、社会的自己という3段階があると考えられている。生態的自己は身体と環境の同調を通した自己の萌芽、対人的自己は養育者からの同調を通した自他の同一視、社会的自己は複数者との同調・脱同調を通した自他分離という段階である。このような自他認知の発達においては、ミラーニューロン[5]と呼ばれる脳内の要素[68]が重要な役割を果たしていると考えられ、これを鍵としたメカニズムの理解が進んでいる。

　また、他者との相互作用においては、コミュニケーションの発達が重要な側面になる。養育者の働きかけによるコミュニケーション発達では、音声模倣、共同注意、共感発達、応答的視線等が着目されている。さらに、人間の社会的コミュニケーションにおいて特に重要なのは言語獲得である。言語は、他者とのコミュニケーションに用いられるだけでなく、推論や想像といった高次の思考に用いられるという点でも、人間の認知発達において重要な役割を持っている。認知発達に対する構成論的アプローチにおいて、特に言語獲得や社会における言語形成にフォーカスした取り組みは、記号創発ロボティクス（Symbol Emergence in Robotics）[6], [7]と呼ばれる。記号創発とは、環境や他者との相互作用を通して、記号系をボトムアップに組織化していくプロセスのことであり[69]、身体性に基づく言語獲得プロセスということもできる。この記号創発のプロセスを機械学習のモデルを用いて表現し、ロボットに実装して構成論的に理解しようという取り組みが進められている。

　以上のような認知発達の原理・理論の検討と並行して、研究開発を推進するための共通基盤として、ロボットプラットフォームやシミュレーターの整備も進められてきた。特に認知発達ロボティクスの研究では、子供サイズのヒューマノイド型のロボットプラットフォームが開発されている[2]。イタリア技術研究所（IIT）を中心とした欧州の共同研究によって開発されたiCubは、オープンソースプラットフォームとして世界30以上の機関で利用されている。フランスのAldebaran Robotics社（現在はSoftBank Robotics Europe）によって開発・市販されたNAOは、2008年からRoboCup（ロボットによるサッカー競技会）の標準プラットフォームにも採用され、最も広く普及しているロボットプラットフォームとなっている。国内では、JST ERATO浅田共創知能システムプロジェクトで開発されたCB2があり、認知発達ロボティクス研究用途に特化され、柔らかいシリコン皮膚を持つことが特徴で、胎児・新生児シミュレーターも開発されている。また、トヨタ自動車（株）の生活支援ロボットHSR（Human Support Robot）が、研究機関（HSR開発コミュニティー）向けに貸与されており、ヒューマノイド型ではないが、認知発達ロボティクス研究にも活用されている。ロボットシミュレーターとしては、国立情報学研究所（NII）の稲邑研究グループで開発されたSIGVerseが広く活用されており、RoboCup@HomeやWorld Robot Summit等、研究発展に大きく寄与してきたコンペティションイベントでも使われている。

68　ミラーニューロン（Mirror Neuron）は、他者がとった行動を見ても、自分が同じ行動をしても、同じように反応する神経細胞である。詳細は［新展開・技術トピックス］❷で説明する。

69　AIの基本問題として記号接地問題（Symbol Grounding Problem）が知られているが、この場合、記号系が先にありきで、それを現実世界に関係付ける問題と捉えているようなところがある。それに対して記号創発は、記号系ありきではなく、現実世界のものにどうラベル（記号）を与えるかは環境依存で創発的だと考える。実際に地域・環境によって違いが生じる言語の多様性にも馴染む認知発達視点の考え方である。谷口忠大はこれを記号創発問題[8]として再定義している。

❸海外動向

認知発達ロボティクスは日本発の研究領域であり、国際的な研究コミュニティーの中核となっている研究者が多く、研究領域を先導する取り組みがなされている（具体的な取り組み事例は［新展開・技術トピックス］の項を参照）。

海外では、イタリア、英国、ドイツ、フランス等、欧州で取り組みが進められている。イタリアには、上で述べたようにiCubの中核研究機関となっているIITがある。英国は、EU FP7プログラムの中でITALKプロジェクト（Integration and Transfer of Action and Language Knowledge in Robots、2008年3月～2012年2月）を実施し、特に言語発達の側面に重きを置いて取り組んでいる。ドイツでは、ビーレフェルト大学が2007年に認知インタラクション技術分野で国の研究拠点CITEC（Cluster of Excellence Cognitive Interaction Technology、日本のCOEプログラムに相当）に選ばれ、CSRAプロジェクト（The Cognitive Service Robotics Apartment as Ambient Host、2013年10月～2018年12月）が実施された。フランスには、上で述べたNAOの開発元であるAldebaran Robotics社（現在はSoftBank Robotics Europe）があることに加えて、国立情報学自動制御研究所（INRIA）で内発的動機付けを含む基礎研究に取り組まれている。

米国・中国は、認知発達ロボティクス分野で目立った取り組みが見られない。深層学習を中心とする現在のAI技術開発では米中2強といわれるほど、研究投資額・国際学会採択件数等で米中が圧倒的な状況にあるが、逆にその競争が非常に激化していることが、当分野への関心が薄い要因になっているのかもしれない。ただし、深層学習研究の発展として、言語獲得・記号推論まで統合的に扱えるような枠組みへの拡張が検討され始めており[9]、認知発達的な面への取り組みと見ることができる（米国・カナダ等）。また、AI関連のトップランク国際会議の一つであるICLR（International Conference on Learning Representations）で、言語学習や内部表現の学習、発達的な機械学習に関する研究成果が発表されるようになってきていることも、同様の動きを表している。

（4）注目動向

［新展開・技術トピックス］

ニューラルネットワークがAIの基本的なモデルとなり、「知覚・運動系のAI技術」（2.1.1）、「言語・知識系のAI技術」（2.1.2）、「計算脳科学」（2.1.7）と、本項で扱う「認知発達ロボティクス」の間で共通する話題が増えている。それを踏まえて、ここでは認知発達ロボティクスらしい身体性に基づく話題として、予測符号化と自由エネルギー原理、自他認知と共感・意識、他者や環境とのインタラクションによる記号創発・言語獲得に注目する。

❶予測符号化と自由エネルギー原理

乳幼児は生後数年の間に、自己の認知や物体操作、他者とのコミュニケーション等、さまざまな認知機能を獲得する。これらの認知発達には一見別々のメカニズムが働いているように思われるが、実は感覚・運動情報の予測符号化という共通メカニズムによって理解できそうだということが分かってきた[10]。予測符号化（Predictive Coding）[11]とは、現時刻・空間の信号から、将来や未知空間の信号を予測できるように、その対応関係（内部モデル）を学習することである。そこでは予測誤差最小化原理が働き、身体や環境からの感覚信号と、脳が内部モデルをもとにトップダウンに予測する感覚信号との誤差を最小化するように、内部モデルを更新したり、環境に働きかけるような運動を実行したりする。

このような考え方は、自由エネルギー原理（Free-Energy Principle）[12],[13],[14],[15]としてより一般化されている。これは「生物は感覚入力の予測しにくさを最小化するように内部モデルおよび行動を最適化し続けて

いる」という仮説であり、ここでいう「予測のしにくさ」は、内部モデルに基づく知覚の予測と実際の知覚の間の予測誤差を意味し、変分自由エネルギーと呼ばれるコスト関数で表現されるというものである。さまざまな推論・学習、行動生成、認知発達過程を統一的に説明する原理になり得ると注目されている。

予測符号化の具体的な応用として、ロボットの動作制御[16], [17]や発達障害の理解と支援[10]への取り組みが知られている。前者については「2.1.1 知覚・運動系のAI技術」で取り上げているので参照いただきたい。後者については、自閉スペクトラム症（ASD）を予測誤差に対する感度の面からモデル化し、非ASD者がASD者の視覚を模擬体験できるASDシミュレーターが開発された。これにより、ASD者は予測誤差に対する感度が過小もしくは過大であることが、環境変化に対する過敏さや鈍感さを生み、社会的コミュニケーション・対人関係に支障を生んでいるという理解が促された。

❷ 自他認知と共感・意識

予測符号化が認知発達をもたらす際には、ミラーニューロンシステムの働きが関わっていると考えられる。ミラーニューロン[5]は、他者が取った行動を見ても、自分が同じ行動をしても、同じように反応するニューロン（神経細胞）であり、サルや人間で発見されている。生後間もない乳幼児は感覚・運動能力が未熟なため、ミラーニューロンの反応で自己と他者が未分化な状態にあるが、感覚・運動情報の予測符号化を通して、自己と他者を予測誤差の大きさに基づいて識別するようになる。さらに、自己を認知できるようになると、身体を意図的に動かすことを学び、物体操作の能力を獲得する。この際にも予測誤差最小化原理に基づいて、目的指向動作を学習する。続いて、自己の運動経験に基づいて内部モデルが形成され、それを用いた他者の運動の予測が可能になっていく。そして、他者運動の予測と、他者起因の予測誤差を引き金とした運動の生成が、利他的行動にもつながると考えられるようになった。他者起因の予測誤差の最小化のための自己運動として、他者の模倣や援助行動が生まれるというものである。

さらに、自他認知の発達と並行して起こる共感の発達のモデル化が試みられ、人工共感の設計が論じられている[18]。まず物理的身体性に基づく他者運動の「ものまね」から自動的・無意識的な情動伝染が引き起こされる。情動伝染からさらに自身への気付きに基づき、他者の情動状態とは必ずしも一致するとは限らない情動的共感や認知的共感が生まれる。情動的共感は、身体化シミュレーションを通じて生まれ、認知的共感は、他者視点獲得や他者の心の理解に基づいて生まれる。

また、「意識」に関する計算論的モデルとして「統合情報理論」[19]や「グローバルニューロナルワークスペース」[20]等が提案されていることを「2.1.7 計算脳科学」の中で述べた。これに対して、認知発達ロボティクスにおいては、身体性を踏まえた他者の痛覚への共感という面から「意識」を捉えようとする試みがある[21]。

このように、身体性に基づく他者との関係の中で、共感や意識等の情動・主観面に対して構成論的にアプローチする試みは、認知発達ロボティクスらしい取り組みとして注目される。

❸ 記号創発・言語獲得

［研究開発の動向］❷の中で言及した通り、身体性に基づき、実世界における環境や他者やとのマルチモーダルな相互作用から言語獲得する過程のモデル化が、記号創発ロボティクスの研究[6], [7]として取り組まれている。ここでは、恣意性を基本的性質として持つ記号（言語を含む）の体系が、環境や他者との相互作用としてのマルチモーダル情報から、ボトムアップなクラスタリングによって創発的に形成される過程が、深層確率的生成モデルを用いたモデル化するアプローチ等が採られている。例えば、ロボット等で自己位置推定とその置かれた環境の地図構築を同時に行う技術SLAM（Simultaneous Localization and Mapping）を拡張して、ボトムアップに場所概念・語彙を獲得するSpCoSLAM（Online Spatial Concept and Lexical Acquisition with SLAM）が開発された。「2.1.1 知覚・運動系のAI技術」では、環境との相互作用として

得られる限られた感覚・運動情報をもとに、主観的な世界のモデル化・表現学習を行う「世界モデル」（World Models）の研究[22), 23), 24)]が活発化していることを述べたが、これと重なる取り組みと考えられる。

加えて、記号創発・言語獲得においては、記号体系・語彙セットが他者[70]と共有されることが本質的に重要である。この点に関して、集団による表現学習（その試みとしてメトロポリスへイスティング名付けゲーム）や集合的予測符号化仮説が提案されており[25)]、注目される。この仮説によれば、言語そのものが集合的な予測符号化によって形成されるため、世界の情報が分布意味論の中にコーディングされていると捉えることができ、大規模言語モデル（LLM）は記号創発システムの社会的な表現学習装置として理解される。それゆえ、LLMはまるで身体を持っているかのように世界を理解しているのだという。さらに、二重過程理論（システム1＋システム2）を拡張し、知能の3層モデル[29)]が提案された。このモデルでは、開かれた環境のもと、物理的で動的な系を通して身体システム（システム0：Super fast dynamics）、さらに非表現系を通して世界モデル（システム1：Fast dynamics）、さらに内的表現系を通して言語モデル（システム2：Slow dynamics）、さらに外的表現系を通して創発的記号システム（システム3：Super slow dynamics）が階層的に積み上げられたと考える。また、科学的知識の形成もシステム3の階層に位置付けられると考える。

[注目すべき国内外のプロジェクト]
❶国内における認知発達ロボティクス関連プロジェクト

国内では、[研究開発の動向]❶で述べたように、JST ERATO 浅田共創知能システムプロジェクト（2005年9月～2011年3月）が認知発達ロボティクス研究の立ち上げを牽引したのに続いて、近年は同じ科学技術振興機構（JST）の戦略的創造研究推進事業CRESTの中で、以下のプロジェクトが推進されてきた。

- 「記号創発ロボティクスによる人間機械コラボレーション基盤創成」（研究代表者：長井隆行、2015年度～2020年度）：記号創発ロボティクスのアプローチに基づき、人間とロボットの調和的協働による日常的タスク実行。
- 「認知ミラーリング：認知過程の自己理解と社会的共有による発達障害者支援」（研究代表者：長井志江、2016年度～2021年度）：予測符号化に基づき発達障害を理解、ASDシミュレーターを開発。
- 「脳領域/個体/集団間のインタラクション創発原理の解明と適用」（研究代表者：津田一郎、2017年度～2022年度）：認知発達ロボティクスにおける重要な概念である機能分化の創発原理を探究。
- 「知覚と感情を媒介する認知フィーリングの原理解明」（研究代表者：長井志江、2021年度～2026年度）：マルチモーダルな知覚と情動的感覚の動作原理を予測情報処理理論に基づいて統一的に解明。

上記2件目の研究が4件目へつながったほか、1件目の研究は、新エネルギー・産業技術総合開発機構（NEDO）の「人と共に進化する次世代人工知能に関する技術開発事業」（PL：辻井潤一、2020年度～2024年度）に採択された「説明できる自律化インタラクションAIの研究開発と育児・発達支援への応用」や、ムーンショット目標1のプロジェクト「誰もが自在に活躍できるアバター共生社会の実現」（PM：石黒浩、2021年度～）における課題4「CA協調連携の研究開発」につながっている。

❷INRIAのFlowersプロジェクト

フランスの国立情報学自動制御研究所（INRIA）のPierre-Yves OudeyerをヘッドとするFlowersプロジェクトでは、発達のメカニズムに関する基礎的な理解を深めるため、発達心理学や神経科学との強い連携のもと、内発的動機付けによる深層強化学習等の高度な機械学習技術を活用した計算モデルの開発を進めている。

70　同質な集団ではなくヘテロ性を持つ集団の中の他者。

特に、好奇心駆動型学習と呼ばれる内発的動機付けによる学習・探索のモデルに着目し、エージェントが自らの目標を表現・生成したり、限られた時間・エネルギー・計算機リソースの中で世界モデルを学習したり言語能力等を獲得したりするメカニズムを研究している。

置かれた環境の中でロボットやエージェントがなぜ学習するのか、という根源的な問いは認知発達において重要である。特に、外部からの報酬を獲得する動機付けだけでなく、自身で内部から報酬を生成するメカニズムとなる内発的動機付け（Intrinsic Motivation）は、近年注目される研究課題である[26), 27)]。

（5）科学技術的課題
❶認知発達のさまざまな側面の原理探究

本研究開発領域は、基礎的な研究として、感覚・運動・社会性・言語・推論・共感・意識等の認知発達のさまざまな側面について、その原理を探究する取り組みが進められているが、まだ分かってきたことは部分的である。ここまで動向・トピックとして挙げたような研究開発をいっそう発展させる中で、発達のさまざまな側面をより広く正確にカバーする原理を考え、それを検証する基礎的な実験・試作に引き続き取り組んでいくことが必要である。

2020年前後から深層学習モデルの超大規模化とそれによる汎用性の向上が著しい。これは大規模言語モデル（LLM）や基盤モデル（Foundation Model）[28)]と呼ばれている（詳細は「2.1.2 言語・知識系のAI技術」を参照）。LLMは大量の学習データの統計に基づくものであり、必ずしも言語の意味は理解していないといわれる。また、認知発達ロボティクスは、身体性に基づく環境との相互作用や認知発達という「子供の学習過程のモデル」に重点を置いているのに対して、LLMは、大量データによる一括学習が完了した状態の「大人の学習結果のモデル」と捉えられるかもしれない。LLMでは、超大規模学習による抽象化や推論的な面が、それまでの深層学習モデルよりも格段に高まっているようにも見える。前述の集合的予測符号化仮説[29)]によれば、LLMは記号創発システムの社会的な表現学習装置とみなされる等、LLMの性質に関する認知発達・記号創発の観点からの分析も興味深い。

また、認知発達研究において、これまで中心的に扱われてきた外受容感覚・固有感覚に加えて、内受容感覚も含めた多感覚統合も残された重要課題の一つであろう。内受容感覚は快・不快等の感情面に関わると考えられ、内受容感覚の予測符号化の枠組みでの理解や、多感覚予測情報処理としてのメカニズムの統合等が見込まれる。

［新展開・技術トピックス］の冒頭で述べたように、機械学習や計算脳科学との重なりが大きくなってきている中で、認知発達ロボティクスは身体性や環境との相互作用を扱っている点が大きな特徴であり、この点からのさらなる発展が期待される。

❷総合的な認知発達モデルの構築と自律・発達するロボットの設計論の開発

認知発達のさまざまな側面に関してこれまでに得られている原理・理論はまだ部分的・断片的なものである。つまり、発達過程の時系列の一断面を扱って、その時刻における発達課題を取り上げてきたものの、時系列を通した本来の意味での発達そのものは、まだ本格的に扱えていない。上記❶を探究しつつ、それらを組み上げることで、総合的な認知発達モデルを構築することは、今後の大きな課題である。そして、その総合的な認知発達モデルに基づき、自律・発達するロボットの設計論を作り上げていくことが、認知発達ロボティクスの中長期的な大目標である。

また、［注目すべき国内外のプロジェクト］❶に示したように、現在、認知発達ロボティクス関連で取り組まれている国内プロジェクトは、認知発達ロボティクス研究のある側面を取り出したもので、上に書いたような総合的なモデル・設計論を牽引するものではないように思える。上記❶に書いたような基盤モデルのような

方向性との対比や、後述する社会的な視点を考えていくべきフェーズであることを考えると、認知発達ロボティクスの立ち上げフェーズをJST ERATO浅田共創知能システムプロジェクトが牽引したように、新たなフラグシッププロジェクトが望まれる段階なのかもしれない。

❸認知発達ロボティクスの応用開発

認知発達ロボティクスの原理を用いることで、個別に事前設定・事前学習をせずとも、置かれた環境の中でのインタラクションを通して自律的に能力を発達させることができ、人間との親和性・共生能力の高いAI応用システムやロボットが実現可能になると期待される。最終的に総合的な認知発達モデルやロボット設計論ができるのを待たずとも、発達のある側面を捉えた部分的な原理であっても、産業の現場や家庭での応用場面を限定すれば、適用できるシーンがあるかもしれない。さらには、前述した発達障害（ASD）の支援のような形で役に立つシーンも広がり得る。このような応用・活用の可能性を見いだし、そのためのシステムを開発し、効果を検証していく取り組みも重要である。

また、ロボティクス分野で注目されているソフトロボティクスとの関りも深い。従来の硬いロボットの制御では、絶対座標系を想定したトップダウンな制御則をベースにしているが、ソフトロボティクスをその枠組みで扱うのは難しい。しかし、実はこの難しさを生み出しているダイナミズムや多様性が、インタラクションを豊かなものにし、認知発達を可能にしているのである。環境とのインタラクションからボトムアップに創発・学習する認知発達ロボティクスの枠組みが、ソフトロボティクスの発展にも大きく寄与するはずである。

（6）その他の課題

❶学際的な研究推進・人材育成

認知発達ロボティクスは、発達心理学や神経科学等の経験主義的な学問分野と、AI・ロボティクス等の構成論的な学問分野が融合した学際的な研究領域である。また、実際にシステムを開発して動かす上では、ソフトウェアからハードウェアやデバイスまでのシステム的な垂直統合も必要になる[71]。従来と異なるタイプのシステムができることから、人間・社会的側面からの検討も求められる。このようなさまざまな技術・知識が必要になることから、分野横断・学際的な研究の推進やそのための人材育成が重要になる。

❷倫理的・法的・社会的課題（ELSI）

認知発達ロボティクスの研究に関わるELSI面の課題も考えていく必要がある[72]。「2.1.9 社会におけるAI」で述べるように、AI技術全般に関して、説明性・公平性・透明性・安全性・信頼性等の社会からの要請（AI社会原則・AI倫理指針といった形で文章化されるようになった）を充足することが求められているが、認知発達ロボティクスに関して特に検討が必要になると思われる点を以下に挙げる。また、このような議論の基礎として、人間やロボットの自律性そのものに関する考察[31),32)]や人間・社会とロボットの間のトラスト構築[33)]も重要である。

第1点は、自律的発達に関わる安全性・制御可能性の懸念である。AIシステムやロボットが自律的に発達できるようになったとき、その発達が人間や社会にとって好ましくない方向に進んでしまう可能性はないのか、その方向を人間が制御することは可能かという問題への対処を考えていく必要がある。

---

71 このような面に取り組んだプロジェクトとして、新エネルギー・産業技術総合開発機構（NEDO）の「高効率・高速処理を可能とするAIチップ・次世代コンピューティングの技術開発」事業のファンドによる「未来共生社会にむけたニューロモルフィックダイナミクスのポテンシャルの解明」（研究代表者：浅田稔、研究期間：2018年10月〜2023年3月）がある。

72 このような面に取り組んだプロジェクトとして、JST RISTEX「人と情報のエコシステム」事業のファンドによる「自律性の検討に基づくなじみ社会における人工知能の法的電子人格」（研究代表者：浅田稔、研究期間：2017年10月〜2021年3月）がある[30)]。

第2点は、人間の認知発達過程の理解が進んだとき、その活用に関する倫理的な配慮が必要になることである。既に取り組まれている発達障害（ASD）に対する支援は社会的に意義のある活用先だが、それとは異なる活用の仕方として、例えば、乳幼児の発達過程に対して何らかの操作を行おうとしたら、倫理的に許容されるレベルについて議論になるかもしれない。

第3点は、人間に特徴的な言語獲得を含む自律的な認知発達を伴うロボットやAIシステムが実現されたときに、人間はそれをどう受け止めるかという心理的な問題である。人間と類似することで、人間が共感や親しみやすさを感じる可能性がある反面、「不気味の谷」といわれるギャップも感じ得る。また、発達によってその振る舞いが決まっていくということは、人間にとってブラックボックスで理解できない不安な相手となるかもしれない。何か問題が発生したときに、その責任を、人間は自律性を持ったロボット側（ひいては開発者側）に負わせようとする心理が働くといった懸念もあり[32]、第1点と合わせて法的な面にも関わりが生じる。

❸長期的基礎研究投資のマネジメント

（5）科学技術的課題の項でも述べたように、認知発達過程の全般の解明・理解や自律的に発達するロボットの設計論の構築は、長期的な取り組みを必要とする基礎研究テーマである。その一方で、AI・ロボティクスは産業応用も含めて技術開発競争が激化しており、認知発達ロボティクスの研究成果や知見の取り込みに期待を寄せるが、短期的な成果の刈り取りを求めがちである。また、基礎的な実験を行いながら認知発達の原理を探究する基礎科学的な側面と、ロボットの上に実装して動かすことで新たな知見を得たり、現システムの課題を解決したり、応用の可能性を見いだしたりといった工学的な側面がある。このような異なる性格・側面を有する研究領域に対して、どのようなバランスで研究投資を行い、マネジメントしていくのが適切かについても考えていく必要がある。

❹経済安全保障上の位置付け

現在の大規模学習をベースとしたAIからさらに次世代のAIへの発展において、自律性や論理性は重要課題であり、人間の知能に関する研究成果の取り込みが有望なアプローチと考えられる。また、フェイクメディアを用いた人間の意思決定の誘導・干渉は、社会の安全性・健全性を棄損するリスクがあり、その防御・対策のためには、人間の認知メカニズムの理解は重要な基礎研究である。以上のような観点から、計算脳科学（2.1.7）と同様に、認知発達ロボティクスに関する研究開発も、経済安全保障の観点から、自国で育成・確保が求められる。

（7）国際比較

国・地域	フェーズ	現状	トレンド	各国の状況、評価の際に参考にした根拠等
日本	基礎研究	〇	↗	認知発達ロボティクスの提唱国であり、研究コミュニティーを主導する中核研究者が複数いて、重要な研究成果も出されている。認知発達過程の解明に向けては、現状まだ部分的な成果にとどまっているが、JST CREST等を活用した複数のプロジェクトが推進されている。
日本	応用研究・開発	〇	↗	日本に限らず自律的に発達するロボットの実現にはまだ遠い状況だが、予測誤差最小化原理に基づく発達障害（ASD）の支援のような応用事例は注目される。
米国	基礎研究	△	→	深層学習を中心とする現在のAI技術開発でリードしており、AI基礎研究への大型投資（DARPAのAI Next等）も行われているが、認知発達過程を探究しようというプロジェクトはほとんど見当たらない。ただし、深層学習研究の発展として、言語獲得・記号推論まで統合的に扱えるような枠組みへの拡張が検討され始めており、認知発達的な面への取り組みと見ることができる。また、脳科学の知見をAIに生かそうとする取り組みは見られる。
米国	応用研究・開発	△	↘	上記の傾向から、認知発達的な視点からの応用研究はまだ見られない。
欧州	基礎研究	〇	→	イタリア技術研究所（IIT）、フランスでFlowersプロジェクトを進めている国立情報学自動制御研究所（INRIA）、英国でTHRIVE++プロジェクトを進めているマンチェスター大学、ドイツのビーレフェルト大学CITEC等で認知発達の基礎研究が取り組まれている。
欧州	応用研究・開発	〇	→	フランスのAldebaran Robotics社（現在はSoftBank Robotics Europe）のNAOは、認知発達ロボティクスの実装プラットフォームとして、世界で最も広く活用されている。イタリアのIITが中心となって開発したiCubもロボットプラットフォームとしてよく知られている。NAOがRoboCupに使われているように、ロボットプラットフォームを保有していることは、応用開発・展開において優位なポジションと言える。
中国	基礎研究	△	↘	AI分野の国際学会での論文採択数は米中2強となっており、深層学習を中心とした現在のAI技術開発には大規模な研究投資が行われている。しかし、米国と同様に、認知発達過程を探求しようという取り組みはほとんど見られない。
中国	応用研究・開発	△	↘	基礎研究の項と同様である。ただし、中国は応用開発のスピードが極めて速く、認知発達の応用が開けてくると、急参入の可能性がある。
韓国	基礎研究	△	↘	特筆すべき取り組みは見られない。
韓国	応用研究・開発	△	↘	特筆すべき取り組みは見られない。

（註1）フェーズ
　　　基礎研究：大学・国研等での基礎研究の範囲
　　　応用研究・開発：技術開発（プロトタイプの開発含む）の範囲
（註2）現状　※日本の現状を基準にした評価ではなく、CRDSの調査・見解による評価
　　　◎：特に顕著な活動・成果が見えている　〇：顕著な活動・成果が見えている
　　　△：顕著な活動・成果が見えていない　×：特筆すべき活動・成果が見えていない
（註3）トレンド　※ここ1～2年の研究開発水準の変化
　　　↗：上昇傾向　　→：現状維持　　↘：下降傾向

参考文献

1) 浅田稔, 『ロボットという思想：脳と知能の謎に望む』(NHK出版, 2010年).

2) Angelo Cangelosi and Matthew Schlesinger, *Developmental Robotics: From Babies to Robots* (The MIT Press, 2015). (邦訳：岡田浩之・谷口忠大・他,『発達ロボティクスハンドブック：ロボットで探る認知発達の仕組み』, 福村出版, 2019年)

3) Angelo Cangelosi and Minoru Asada (editors), *Cognitive Robotics* (The MIT Press, 2022).

4) 浅田稔,「共創知能を超えて―認知発達ロボティクスによる構成的発達科学の提唱―」,『人工知能』(人工知能学会誌) 27巻1号 (2012年1月), pp. 4-11.

5) Giacomo Rizzolatti and Corrado Sinigaglia, *Mirrors in the Brain: How Our Minds Share Actions and Emotions* (Oxford University Press, 2008). (邦訳：柴田裕之・茂木健一郎,『ミラーニューロン』, 紀伊國屋書店, 2009年)

6) 谷口忠大,『記号創発ロボティクス：知能のメカニズム入門』(講談社, 2014年).

7) 谷口忠大,『心を知るための人工知能：認知科学としての記号創発ロボティクス』(共立出版, 2020年).

8) 谷口忠大,「記号創発問題―記号創発ロボティクスによる記号接地問題の本質的解決に向けて―」,『人工知能』(人工知能学会誌) 31巻1号 (2016年1月), pp. 74-81.

9) 科学技術振興機構 研究開発戦略センター,「戦略プロポーザル：第4世代AIの研究開発―深層学習と知識・記号推論の融合―」, CRDS-FY2019-SP-08 (2020年3月).

10) 長井志江,「認知発達の原理を探る：感覚・運動情報の予測学習に基づく計算論的モデル」,『ベビーサイエンス』15巻 (2016年3月), pp. 22-32.

11) Rajesh P. N. Rao and Dana H. Ballard, "Predictive coding in the visual cortex: a functional interpretation of some extra-classical receptive-field effects", *Nature Neuroscience* Vol. 2 (1999), pp. 79-87. https://doi.org/10.1038/4580

12) Karl J. Friston, James Kilner and Lee Harrison, "A free energy principle for the brain", *Journal of Physiology-Paris* Vol. 100, Issues 1-3 (July-September 2006), pp. 70-87. https://doi.org/10.1016/j.jphysparis.2006.10.001

13) Karl J. Friston, "The free-energy principle: a unified brain theory?", *Nature Reviews Neuroscience* Vol. 11, No. 2 (January 2010), pp. 127-38. https://doi.org/10.1038/nrn2787

14) 磯村拓哉,「自由エネルギー原理の解説：知覚・行動・他者の思考の推論」,『日本神経回路学会誌』25巻3号 (2018年), pp. 71-85. https://doi.org/10.3902/jnns.25.71

15) 乾敏郎・阪口豊,『脳の大統一理論：自由エネルギー原理とはなにか』(岩波書店, 2020年).

16) 尾形哲也,「深層予測学習を利用したロボット動作学習とコンセプト」,『人工知能』(人工知能学会誌) 35巻1号 (2020年1月), pp. 12-17.

17) 尾形哲也・他,「特集：予測に基づくロボットの動作学習」,『日本ロボット学会誌』40巻9号 (2022年11月), pp. 701-806.

18) 浅田稔,「情動発達ロボティクスによる人工共感設計に向けて」,『日本ロボット学会誌』32巻8号 (2014年), pp. 555-577.

19) Marcello Massimini and Giulio Tononi, *Nulla di più grande* (Baldini + Castoldi, 2013). (邦訳：花本知子訳,『意識はいつ生まれるのか：脳の謎に挑む統合情報理論』, 亜紀書房, 2015年)

20) Stanislas Dehaene, *Consciousness and the Brain: Deciphering How the Brain Codes Our Thoughts* (Viking, 2014). (邦訳：高橋洋訳,『意識と脳：思考はいかにコード化されるか』, 紀伊國屋書店, 2015年)

21) Minoru Asada, "Artificial Pain May Induce Empathy, Morality, and Ethics in the Conscious Mind of Robots", *Philosophies* Vol. 4, Issue 3 (2019). https://doi.org/10.3390/philosophies4030038
22) David Ha, Jürgen Schmidhuber, "World Models", arXiv:1803.10122 (2018). https://doi.org/10.48550/arXiv.1803.10122
23) Karl Friston, et al., "World model learning and inference", *Neural Networks* Vol. 144 (December 2021), pp. 573-590. https://doi.org/10.1016/j.neunet.2021.09.011
24) 谷口忠大・他,「世界モデルと予測学習によるロボット制御」,『日本ロボット学会誌』40巻9号(2022年11月), pp. 790-795.
25) 谷口忠大,「分散的ベイズ推論としてのマルチエージェント記号創発」,『日本ロボット学会誌』40巻10号(2022年12月), pp. 883-888.
26) 浅田稔,「内発的動機付けによるエージェントの学習と発達」,『計測と制御』(計測自動制御学会誌) 52巻12号(2013年12月), pp. 1129-1135. https://doi.org/10.11499/sicejl.52.1129
27) Pierre-Yves Oudeyer, Frdric Kaplan, and Verena V. Hafner, "Intrinsic Motivation Systems for Autonomous Mental Development", *IEEE Transactions on Evolutionary Computation* Vol. 11, Issue 2 (April 2007), pp. 265-286. https://doi.org/10.1109/TEVC.2006.890271
28) Rishi Bommasani, et al., "On the Opportunities and Risks of Foundation Models", arXiv:2108.07258 (2021). https://doi.org/10.48550/arXiv.2108.07258
29) 谷口忠大(編),『記号創発システム論:来るべきAI共生社会の「意味」理解にむけて』(新曜社, 2024).
30) 浅田稔,「なじみ社会構築に向けて:人工痛覚がもたらす共感,道徳,そして倫理」,『日本ロボット学会誌』37巻4号(2019年5月), pp.287-292. DOI:10.7210/jrsj.37.287
31) 浅田稔,「再考:人とロボットの自律性」,『日本ロボット学会誌』38巻1号(2020年1月), pp.7-12. https://doi.org/10.7210/jrsj.38.7
32) 河合祐司,「ロボットへの原因と責任の帰属」,『日本ロボット学会誌』38巻1号(2020年1月), pp. 32-36. https://doi.org/10.7210/jrsj.38.32
33) 科学技術振興機構 研究開発戦略センター,「戦略プロポーザル:デジタル社会における新たなトラスト形成」, CRDS-FY2022-SP-03(2022年9月).

2.1.9 社会におけるAI

（1）研究開発領域の定義

人工知能（AI）技術が社会に実装されていったときに起こり得る、社会・人間への影響や倫理的・法的・社会的課題（Ethical, Legal and Social Issues：ELSI）を見通し、あるべき姿や解決策の要件・目標を検討し、それを実現する制度設計および技術開発を行うための研究開発領域である。

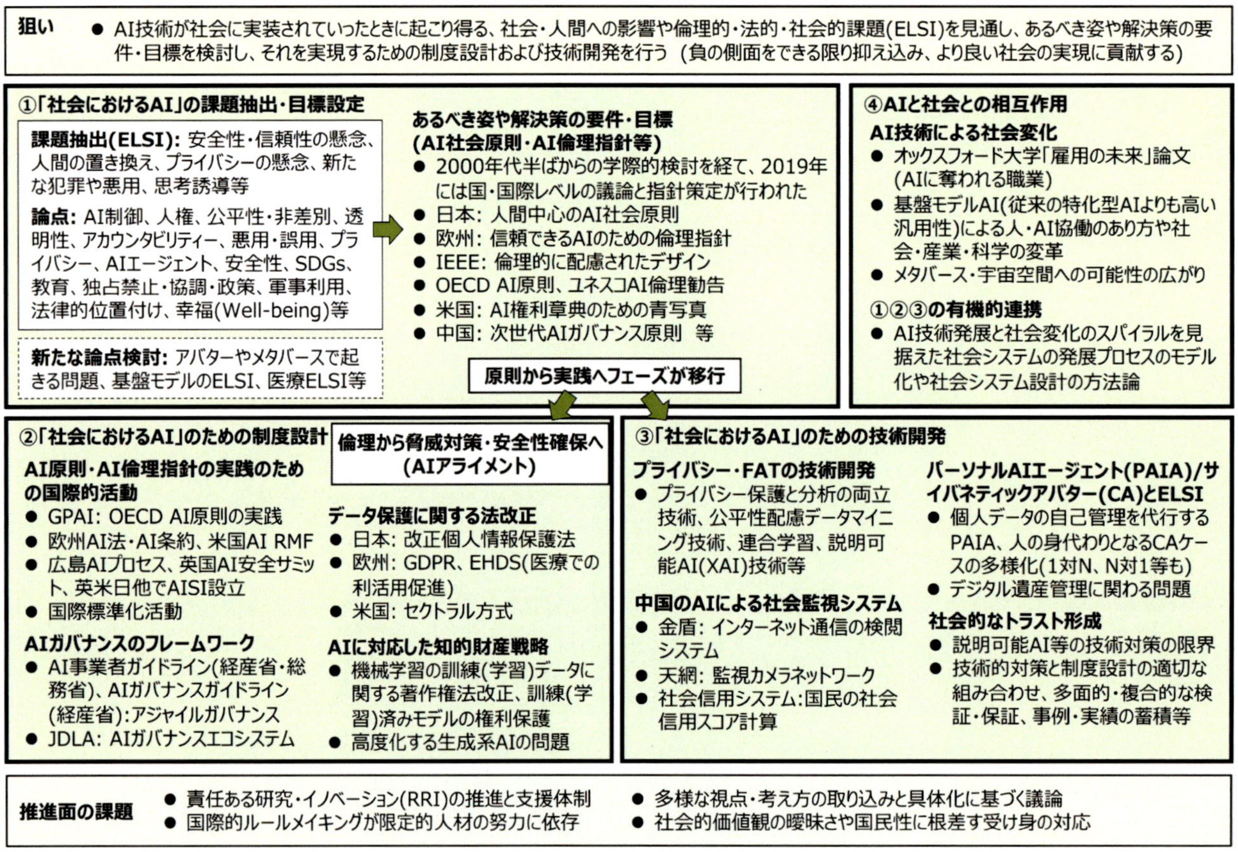

狙い
- AI技術が社会に実装されていったときに起こり得る、社会・人間への影響や倫理的・法的・社会的課題（ELSI）を見通し、あるべき姿や解決策の要件・目標を検討し、それを実現するための制度設計および技術開発を行う（負の側面をできる限り抑え込み、より良い社会の実現に貢献する）

①「社会におけるAI」の課題抽出・目標設定

課題抽出（ELSI）：安全性・信頼性の懸念、人間の置き換え、プライバシーの懸念、新たな犯罪や悪用、思考誘導等

論点：AI制御、人権、公平性・非差別、透明性、アカウンタビリティ、悪用・誤用、プライバシー、AIエージェント、安全性、SDGs、教育、独占禁止・協調・政策、軍事利用、法律的位置付け、幸福(Well-being)等

新たな論点検討：アバターやメタバースで起きる問題、基盤モデルのELSI、医療ELSI等

あるべき姿や解決策の要件・目標（AI社会原則・AI倫理指針等）
- 2000年代半ばからの学際的検討を経て、2019年には国・国際レベルの議論と指針策定が行われた
- 日本：人間中心のAI社会原則
- 欧州：信頼できるAIのための倫理指針
- IEEE：倫理的に配慮されたデザイン
- OECD AI原則、ユネスコAI倫理勧告
- 米国：AI権利章典のための青写真
- 中国：次世代AIガバナンス原則等

原則から実践へフェーズが移行

④AIと社会との相互作用

AI技術による社会変化
- オックスフォード大学「雇用の未来」論文（AIに奪われる職業）
- 基盤モデルAI(従来の特化型AIよりも高い汎用性)による人・AI協働のあり方や社会・産業・科学の変革
- メタバース・宇宙空間への可能性の広がり

①②③の有機的連携
- AI技術発展と社会変化のスパイラルを見据えた社会システムの発展プロセスのモデル化や社会システム設計の方法論

②「社会におけるAI」のための制度設計

AI原則・AI倫理指針の実践のための国際的活動
- GPAI: OECD AI原則の実践
- 欧州AI法・AI条約、米国AI RMF
- 広島AIプロセス、英国AI安全サミット、英米日他でAISI設立
- 国際標準化活動

AIガバナンスのフレームワーク
- AI事業者ガイドライン(経産省・総務省)、AIガバナンスガイドライン(経産省):アジャイルガバナンス
- JDLA: AIガバナンスエコシステム

倫理から脅威対策・安全性確保へ（AIアライメント）

データ保護に関する法改正
- 日本：改正個人情報保護法
- 欧州：GDPR、EHDS(医療での利活用促進)
- 米国：セクトラル方式

AIに対応した知的財産戦略
- 機械学習の訓練（学習）データに関する著作権法改正、訓練(学習)済みモデルの権利保護
- 高度化する生成系AIの問題

③「社会におけるAI」のための技術開発

プライバシー・FATの技術開発
- プライバシー保護と分析の両立技術、公平性配慮データマイニング技術、連合学習、説明可能AI(XAI)技術等

中国のAIによる社会監視システム
- 金盾：インターネット通信の検閲システム
- 天網：監視カメラネットワーク
- 社会信用システム：国民の社会信用スコア計算

パーソナルAIエージェント(PAIA)/サイバネティックアバター(CA)とELSI
- 個人データの自己管理を代行するPAIA、人の身代わりとなるCAケースの多様化(1対N、N対1等も)
- デジタル遺産管理に関わる問題

社会的なトラスト形成
- 説明可能AI等の技術対策の限界
- 技術的対策と制度設計の適切な組み合わせ、多面的・複合的な検証・保証、事例・実績の蓄積等

推進面の課題
- 責任ある研究・イノベーション(RRI)の推進と支援体制
- 国際的ルールメイキングが限定的人材の努力に依存
- 多様な視点・考え方の取り込みと具体化に基づく議論
- 社会的価値観の曖昧さや国民性に根差す受け身の対応

図2-1-14　領域俯瞰：社会におけるAI

（2）キーワード

ELSI、RRI、FAT、AI倫理、AI社会原則、公平性、アカウンタビリティー、透明性、トラスト、ガバナンス、法制度、プライバシー、知的財産権、AIエージェント、AIアライメント

（3）研究開発領域の概要

[本領域の意義]

AI技術は、人間の知的作業をコンピューターで代行する可能性を広げることで、社会における人間の役割を変え、人間の働き方やモチベーションにも影響を及ぼし、社会の仕組み・在り方も変貌させる可能性を持っている。これによって、便利で効率的な社会を築くことができ、人間は快適な生活を過ごせると期待される一方で、AIが職業を奪うとか、プロファイリング（個人の性格・特徴を分析する技術）によってプライバシーを侵害されるとか、負の側面に対するさまざまな不安・懸念が指摘されている。2022年からの生成AIの普及はさらに多くの論点を噴出させた。本研究領域の取り組みは、それら起こり得る影響・課題を事前に把握し、その対策を

制度と技術の両面から実現することによって、負の側面をできる限り抑え込み、より良い社会を実現するために貢献する。

[研究開発の動向]

本領域の取り組みを、❶「社会におけるAI」の課題抽出・目標設定、❷「社会におけるAI」のための制度設計、❸「社会におけるAI」のための技術開発、❹AIと社会との相互作用、という四つに分け、その概要と動向を述べる。

❶「社会におけるAI」の課題抽出・目標設定

❶はAI技術が社会に実装されていったときに起こり得る、社会・人間への影響や倫理的・法的・社会的課題（ELSI）を抽出し、あるべき姿や解決策の要件・目標を定める活動である。

人間が行っていた知的判断のタスクがAIによって代替・自動化され、人間を上回る精度・規模・速度で処理されるようになってきた。これによって、さまざまなシーンで効率化・最適化、人間の負荷軽減がなされることは大きなベネフィットであるが、反面、AIによるタスク代替は人間の役割や心理に急激な変化をもたらすことでネガティブインパクトも生む。これがAIのELSIとして論じられてきた[1], [2], [3], [4]。その代表的なものとして、以下のような問題が挙げられる。

- **安全性・信頼性の懸念**：機械学習は原理的に動作保証や精度保証が難しいこと（品質保証問題）、結果についての理由説明がされないこと（ブラックボックス問題）、偏見・差別を含んだ学習をしてしまうこと（バイアス問題）、Adversarial ExamplesのようなAI特有の脆弱性が存在すること（脆弱性問題）等、システムの安全性・信頼性に対する懸念が指摘されている[5]。
- **人間の置き換え**：従来は人間が行っていたタスクがAIによって自動化されることで人間の失業が増えるという懸念、大量に生まれ得るAIによる生成物に関わる著作権の問題、AIによって故人（のある一面）を複製する行為の倫理問題、擬人化されたAIエージェントに心理的に依存するケース等の懸念が指摘されている。
- **プライバシーの懸念**：さまざまな行動履歴データを解析することで、個人行動が追跡されやすい状況であることや、映像解析やバイオメトリクス解析によって個人の感情・心理状態等が読み取れるようになりつつあること等、AI技術の発展に伴うプライバシー侵害の懸念が高まっている。
- **新たな犯罪や悪用**：AI技術を用いることで、本物と区別困難なフェイク画像・音声・映像が簡単に生成できるようになり、まるで人間が書いたかのような自然な文章生成や対話応答が可能になったことで、なりすましや偽装への悪用や、詐欺のような犯罪行為の巧妙化を招いている。
- **思考誘導**：AIによるリコメンデーションへの依存が高まると意思決定の主体性が低下していく懸念、情報のパーソナライズやソーシャルネットワークにおけるフィルターバブルやエコーチェンバー現象、フェイクニュースを用いた政治操作・プロパガンダ等、人々の思考が誘導されやすいというリスクが高まっている[6], [7]。

次に、このような問題を議論し、あるべき姿や解決策の要件・目標を定めようとする取り組みが国内外で推進されている[1], [8], [9], [10], [11], [12], [13]。以下にその代表的なものを挙げる。また、これらで重視されている論点を表2-1-1に挙げた[73]。

---

[73] 表2-1-3の論点項目は、主要なAI倫理指針を参照して文献[11]で整理されたものである。同文献では、主要なAI倫理指針のそれぞれでどの項目が重視されているかについても比較表にまとめている。

表 2-1-1　AI ELSIの主要な論点 [11]

論点	説明
AI制御	AIは人間によって制御可能でなくてはならない
人権	AIは人権を尊重するように設計されるべき
公平性・非差別	AIの処理結果によって、人々が不当に差別されないように配慮すべき（主にAIが用いるデータやアルゴリズムにバイアスが含まれることに起因する）
透明性	AIの動作の仕組みは開示されるべき、AIの動作の仕組みや処理結果は人々が理解できるレベルで説明可能であるべき
アカウンタビリティー[74]	AIが事故等を引き起こした際に、その原因や責任の所在を明らかにできるべき
トラスト	AIは人々が信頼できるものであるべき（AIの動作を予想できるとか、処理結果を受容できるとかいったことを含む）
悪用・誤用	AIの悪用・誤用を防ぐような対策を考えるべき
プライバシー	AIの開発時・利用時に人々のプライバシーを侵害してはいけない（開発時の学習データの個人属性や、利用時の内面や機微な情報に立ち入る分析等）
AIエージェント	AIエージェントは、その利用者の個人データの管理代行をするが、利用者の意思に沿った処理（プライバシー保護も含む）を行わねばならない
安全性	AIはその利用者および他の人々の生命・身体・財産等に危害を及ぼさないように設計されるべき
SDGs	SDGsで掲げられているような環境・社会等の課題にAIによる貢献を目指す
教育	AIについての理解や倫理・リテラシーを含む分野横断・学際的教育が求められる
独占禁止・協調・政策	特定の企業や国によるAI技術やデータ資源の独占は望ましくない、人材・研究の多様化・国際化や産学連携、国際協調・開発組織間協調が望まれる
軍事利用	自律型致死兵器システム（LAWS）に代表されるAIの軍事利用を制限すべき
法律的位置付け	AIを法律的にどのように位置付けるべきか（例えばAIに人格権等を与えるか）
幸福（Well-being）	AIは人々の幸福のために用いる

　欧州では、比較的早い時期から、特に英国の大学・研究機関を中心に取り組まれてきた。まず、2005年にオックスフォード大学の哲学科の下部組織としてFuture of Humanity Institute（FHI）が設立された。FHIは、技術変化によってもたらされる倫理的ジレンマやリスクに対して、長期的にどう選択・対処していくべきか、学際的な研究を進めている。また、ケンブリッジ大学では、2012年に人文・社会科学部局の下部組織としてCambridge Center for Existential Risk（CSER）が設立された。CSERでは、AI、バイオ、ナノ等の先端技術のリスクに対する哲学的・倫理的研究が行われており、産官学ワークショップ等を実施している。2019年4月に欧州委員会のAI HLEG（High-Level Expert Group on Artificial Intelligence）

74　Accountability（アカウンタビリティー）の和訳として「説明責任」が用いられることが多い。「説明責任」という言葉から、説明すればよいと解釈されやすいが、Accountabilityには本来、説明に加えて、法的あるいは経済的な責任を取ることも含まれているということを踏まえておくべきである[4]。

が「信頼できるAIのための倫理指針（Ethics Guidelines for Trustworthy AI）」を公表した。さらに、欧州委員会は2020年2月に「AI白書」（White Paper on Artificial Intelligence - A European approach to excellence and trust）を発表して、市民の価値観と権利を尊重した安全なAI開発の「信頼性」と「優越性」を実現するための政策オプションを示し、2021年4月に「AI法案（Proposal for a Regulation of the European Parliament and of the Council Laying Down Harmonised Rules on Artificial Intelligence (Artificial Intelligence Act) and Amending Certain Union Legislative Acts）」を公表するに至る。その後、意見公募を経た修正や生成AIに対する規制の追加が加わり、AI法は2024年5月に成立した。これは❷「社会におけるAI」のための制度設計の段階に入るものであり、その内容は❷にて後述する。

米国では、産業界や非営利組織が主導する形で取り組みが始まり、それを追うように学術界での取り組みや国の政策が立ち上がった。2014年3月設立のThe Future of Life Institute（FLI）、2015年12月設立のOpenAI[75]、2016年9月設立のPartnership on AI等の非営利組織がよく知られている。特にFLIは、2017年1月に5日間にわたるアシロマ[76]での会議の結果として、AIの研究課題、倫理と価値観、長期的な課題を含む23項目のガイドライン「アシロマAI原則」（Asilomar AI Principles）を公表し、多くの署名賛同を得ている[77]。2018年10月には、電子プライバシー情報センター（Electronic Privacy Information Center：EPIC）によって設立された団体であるPublic Voiceが「AIユニバーサルガイドライン（Universal Guideline for Artificial Intelligence）」を公表し、AIの設計や利活用の改善を目的として12の原則を提案した。AIシステムに関わる主な責任は、同システムに資金を供給し、開発し、展開する機関にあるべきと言及している。

一方、米国の学術界での取り組みとしては、スタンフォード大学のOne Hundred Year Study on Artificial Intelligence（AI 100）、IEEE（The Institute of Electrical and Electronics Engineers：米国電気電子学会）の自律インテリジェントシステムの倫理に関するIEEEグローバルイニシアチブ（The IEEE Global Initiative on Ethics of Autonomous and Intelligent Systems）がよく知られている。特に注目されるのはIEEEグローバルイニシアチブで「倫理的に配慮されたデザイン（Ethically Aligned Design）：自律インテリジェントシステムで人間の福祉を優先するためのビジョン」と題されたレポートを作成し、2016年12月にVer.1（EADv1）、2017年12月にVer.2（EADv2）を経て、2019年3月に1st Edition（EAD1e）をリリースした。EADはデザインという言葉を使っている通り、倫理そのものではなく、設計論・設計思想、それをどのように技術に落とし込めるかといった論点が整理されていることが特徴である[14)]。EADv2では自律型兵器システムのような問題にも踏み込んで論点を広げたが、最終的なEAD1eでは八つの原則に絞り込んだ。さらに、これらの原則を実践に結び付けるため、IEEE-SA（Standard Association：標準規格）のP7000シリーズとして標準化活動が進められている。米国政府からは2022年10月に「AI権利章典のための青写真（Blueprint for an AI Bill of Rights）」が公開された。

日本では、学会・政府主導のガイドライン策定が推進されている。学会では2014年に人工知能学会が倫

---

75 OpenAI Inc. は、AI の発展がもたらす可能性とリスクを考えて、人類全体の利益に貢献するように AI を発展させるための研究開発を行う非営利団体として、2015 年 12 月に Samuel Altman や Elon Musk らによって設立された（Elon Musk は 2018 年 2 月に辞任）。その後、2019 年 3 月に、利益に上限を設けた営利企業として OpenAI LP が設立された。基盤モデルの大規模化とその安全性確保のための研究開発と人材確保のために資金が必要なわけで、2024 年 12 月時点、OpenAI の営利・非営利の組織構造の見直しも考えられているようである。

76 米国カリフォルニア州のアシロマは、遺伝子組み換えに関するガイドラインが議論されたアシロマ会議が、1975 年に開催された場所である。このアシロマ会議は、科学者自らが研究の自由を束縛してまで自らの社会的責任を表明したもので、科学史に残る象徴的な場所で再び AI に関して同様の議論がなされた。

77 2023 年 2 月 2 日時点の公開情報として、AI・ロボット工学研究者 1797 名、その他 3923 名がこの原則に署名したとのことである。

理委員会を立ち上げ、同委員会での議論や公開討論を経て、2017年2月に「人工知能学会 倫理指針」を公開した。9項目から成り、主に研究者倫理に焦点が置かれているが、第9条「人工知能への倫理遵守の要請」はAI自体が倫理的であるべきということを掲げたのが特徴である。また、政府主導の活動としては、内閣府の「人工知能と人間社会に関する懇談会」、総務省の「AIネットワーク社会推進会議」[78]、経済産業省の「AI・データ契約ガイドライン検討会」等が進められてきたが、それらを踏まえた活動として、内閣府の「人間中心のAI社会原則検討会議」が2018年5月に始まり、2019年3月に「人間中心のAI社会原則」が決定・公表された。人間中心のAI社会原則は、人間の尊厳が尊重される社会（Dignity）、多様な背景を持つ人々が多様な幸せを追求できる社会（Diversity & Inclusion）、持続性ある社会（Sustainability）という三つの価値を基本理念とし、「AI-Readyな社会」をビジョンに掲げ、人間中心の原則、教育・リテラシーの原則、プライバシー確保の原則、セキュリティー確保の原則、公正競争確保の原則、公平性・説明責任・透明性の原則、イノベーションの原則という七つをAI社会原則として挙げている。

AI原則に関して、2019年は国際的な協調が議論された年でもあり、経済協力開発機構（Organisation for Economic Co-operation and Development：OECD）は5月に「人工知能に関するOECD原則（OECD Principles on Artificial Intelligence）」をまとめ、42カ国[79]が署名した。6月に日本で開催されたG20貿易・デジタル経済大臣会合では、「人間中心」の考えを踏まえたAI原則「G20 AI原則」に合意がなされた。さらに、ユネスコ（国際連合教育科学文化機関、United Nations Educational, Scientific and Cultural Organization：UNESCO）での検討も2019年から始まり、2021年11月に「AI倫理勧告（first draft of the Recommendation on the Ethics of Artificial Intelligence）」が全193加盟国によって採択された[80]。この勧告では、AIを開発・利用する際に尊重すべき価値として「人権」「環境保全」「多様性」「平和や公正さ」を掲げ、プライバシー保護や透明性確保等の守るべき10の原則を規定している。このような国際的な動き[15)]と連動するように、上に述べた以外にも各国からAI原則が発表された。中国では、2019年5月に北京智源人工智能研究院（Beijing Academy of Artificial Intelligence：BAAI）が「北京AI原則（Beijing AI Principles）」を公表、6月には中国国家次世代AIガバナンス専門委員会が「次世代AIガバナンス原則―責任あるAIの発展」を公表、さらに中国AI産業発展連盟が「AI業界自律公約」を定めた[81]。また、企業や企業グループが自社の取り組みとしてAI原則・AI倫理指針を掲げるという動きも国内外で広がった。さまざまな国・組織からAI原則・AI倫理指針が出されたが、OECDやG20のような国際的な場での議論も行われており、それらで取り上げられている事項には共通点が多く見られる。

1.1.3-（1）の図1-1-17には、AI関連ガイドラインに関する取り組みを中心に示したが、全体傾向としては「原則から実践へ」「倫理から脅威対策・安全性確保へ」とシフトしてきている[82]。

2022年末から2023年にかけては、とりわけOpenAIのChatGPTの一般利用が広まったことで、従来のELSI論点に加えた生成AIならではの懸念や、より深刻化しかねない懸念についての議論が活発化している。1.1.1-（7）の表1-1-4に挙げたように、生成モデルの構築時に生じ得る問題、利用時に生じ得る問題、利用しない人も含む社会全般に与え得る影響、さらに今後の技術発展次第で引き起こされ得る予期せぬ挙動や制御不能な状況等、論点は多岐にわたる。

---

78 「人間中心のAI社会原則」に先立ち、2017年7月に「国際的な議論のためのAI開発ガイドライン案」、2018年8月に「AI利活用原則案」を公開している。後者はさらに「人間中心のAI社会原則」の発表後、2019年8月には「AI利活用ガイドライン」としてリリースされた。
79 OECD加盟36カ国に、アルゼンチン、ブラジル、コロンビア、コスタリカ、ペルー、ルーマニアを加えた42カ国。
80 米国は含まれていない。中国は含まれている。
81 「次世代AIガバナンス原則」が国家戦略「次世代AI発展計画」を受けたもの、「北京AI原則」は北京の研究機関が中心となって発信したもの、「AI業界自律公約」は産業界の順守を期待するものとなっている。
82 世界のAI規制やガバナンス政策の最近の動向は、市川類の資料[42)]等が詳しい。

2023年に入ると、OpenAIのChatGPTの衝撃に端を発し、生成AI（基盤モデル）規制を巡る議論が沸騰した。既存の枠組みとの継続性を意識しながらも、新しい検討体制の構築が相次いだ。1.1.1-（8）の表1-1-6にも記載した通り、2023年における特に顕著な動きとして、日本がG7議長国として主導した広島AIプロセスと、英国主催で開催されたAI安全サミットが挙げられる。広島AIプロセスでは、2023年10月にG7首脳共同声明、国際指針、国際行動規範が公表され、12月に包括的政策枠組みが承認された。AI安全サミットは2023年11月1-2日に英国ロンドン近郊にて開催され、米国・中国・日本を含む28カ国が参加し、ブレッチリー宣言を採択した。2019年頃のAI原則では倫理的であることに主眼が置かれていたが、2023年には、AIの脅威への対策や安全性評価とそのための協調が国際的論点となった。2019年以降、原則から実践へとフェーズが移行したものの、生成AIが急速に発展する中で、人権の確保から人類の安全へと、再び原則レベルの見直しが必要になったということである。

生成AIにも対応したハードロー（AI規制法）制定に突き進むEU、有力企業を巻き込んで実効性のある規制を模索する米国、イノベーション推進（Pro-innovation）を強調する英国等、トーンの違いは見られるものの、❷で述べる制度設計・ルール形成の動きが活発化している。

❷「社会におけるAI」のための制度設計

❶で導出した要件・目標の実現に向けて、制度設計面の取り組みが進められている。主な取り組みとして、a. AI原則・AI倫理指針の実践のための国際的活動、b. AIガバナンスのフレームワーク、c. プライバシー・個人情報保護等のデータ保護に関する法改正、d. AIに対応した知的財産戦略、が挙げられる。以下ではa～dそれぞれの動向について述べる。なお、ここでは取り上げないが、他に自動運転・自律飛行や医療AIといった個々のAI応用ごとの制度整備等も進められている[16]。

a. AI原則・AI倫理指針の実践のための国際的活動

❶に示したようなAI原則・AI倫理指針は国や組織でさまざまな形で実践に結び付ける取り組みが進みつつあるが、特に国際的な活動としてGPAI（Global Partnership on AI）が挙げられる。GPAIは、前述の「人工知能に関するOECD原則」を実践段階に進めるため、政府・国際機関・産業界・有識者等マルチステークホルダーによる国際連携組織として2020年6月に発足した。2024年6月までに29の国・地域が参加し、さらに同年7月のGPAI 2.0（OECDとの事務局統合）への移行により、参画数は45に拡大した。日本はGPAI発足時からのメンバーであり、2022年11月から1年間、議長国も務めた。2024年7月には、GPAI東京専門家支援センター（東京ESC：Tokyo Expert Support Center）が情報通信研究機構（NICT）内に設置された。同センターは、GPAIにおいて生成AIの商用化時の安全性を保証する実践的なアプローチの展開を支援するSAFE（Safety and Assurance of Generative AI）プロジェクトの支援を中核的な業務とする。

また、欧州では前述の通り、欧州委員会が2019年4月に公表した「信頼できるAIのための倫理指針」から、2020年2月の「AI白書」を経て、2021年4月には「AI法案（AI Act）」が公表され、2024年5月に成立した。このAI法には、AI応用システムをリスクの大きさに着目したレベルに分けに基づく規制や、生成AI（汎用目的AIモデル）に対する規制が盛り込まれている。さらに欧州では、人権・民主主義・法の支配を掲げる欧州評議会（Council of Europe：CoE）[83]のCAI（Committee on Artificial Intelligence）において、欧州主要国（独仏をはじめとするEU加盟27か国、欧州委員会、英国、スイス等）に加え、日本、米国、カナダ、イスラエル等が交渉に参加し、リスクベースの考え方に基づく枠組み条約としてAI条約の起草が進められ、

---

[83] 欧州連合（EU）とは別の機構である。現在、46カ国が加盟しており（欧州で未加盟なのはベラルーシと2022年3月に除名されたロシアの2カ国のみ）、日本・米国等5カ国がオブザーバー国となっている。

2024年5月にはAI条約の採択に至った。24年9月には、署名が開放され、これまでEU、米国、英国ほか計10カ国が署名している。

一方、米国では、「2020年国家AIイニシアチブ法（National Artificial Intelligence Initiative Act of 2020）」を受けて、2022年10月に前述の「AI権利章典のための青写真」が公開された。さらに、国家標準技術研究所（National Institute of Standards and Technology：NIST）から2023年1月に「AIリスク管理フレームワーク（Artificial Intelligence Risk Management Framework：AI RMF）」が発表された。この中では、AIのリスクに対する考え方やリスクに対処するための実務が示されている。

欧州のAI法と米国のAI RMFについては、［新展開・技術トピックス］❶でもう少し詳しい内容を記載するが、これらは国家レベルの政策として、原則から実践へトップダウンに落とし込む流れである。それに対して日本では、産業界や研究開発の現場主体のボトムアップな取り組みによって、AIシステムの安全性・信頼性の確保のための方法論が検討され、具体的応用を踏まえた開発者目線の実践的なAI品質管理ガイドラインが作られている。AIプロダクト品質保証（QA4AI）コンソーシアムによる「AIプロダクト品質保証ガイドライン」や、産業技術総合研究所による「機械学習品質マネジメントガイドライン」がその代表例である。これらについては「2.1.4 AIソフトウェア工学」の中で取り組みを紹介している。

上記のような欧州・米国の政策は、その国・地域内にとどまらず国際的に大きな影響力を持つ。ただし、これと並行して、AI倫理・AIガバナンスを含むAIに関する国際標準化活動が進められており、その中では、欧州・米国だけでなく、中国・日本を含む各国の考え方を交えて活発な議論が行われている。標準化活動では、抽象的な理念だけでなく、システム開発に直結する面も大きいため、日本で検討してきた実践的なガイドラインも重要な貢献を示している。なお、標準化活動は開発方法論との関係が深いので「2.1.4 AIソフトウェア工学」に記載した。

b. AIガバナンスのフレームワーク

原則から実践へという動きは、国・国際レベルに限らず、個々の企業・組織の現場での実践が重要になる。これに関して、AIガバナンスという言葉がよく使われ、その実践のためのフレームワークやガイドラインの整備が求められている。

国内では、経済産業省から「我が国のAIガバナンスの在り方」（Ver. 1.1、2021年7月）、「AI原則実践のためのガバナンス・ガイドライン」（Ver. 1.1、2022年1月）、「AI・データの利用に関する契約ガイドライン」（Ver. 1.1、2019年12月）が公開されている。「我が国のAIガバナンスの在り方」では、AIガバナンスとは「AIの利活用によって生じるリスクをステークホルダーにとって受容可能な水準で管理しつつ、そこからもたらされる正のインパクトを最大化することを目的とする、ステークホルダーによる技術的、組織的、及び社会的システムの設計及び運用」と定義している。「AI原則実践のためのガバナンス・ガイドライン」は、企業ガバナンスとの親和性に配慮し、アジャイルガバナンスの考え方をベースとしていることや、法的拘束力のないガイドラインとしていることが特徴である[17]。アジャイルガバナンスは、政府、企業、個人・コミュニティーといったさまざまなステークホルダーが、自らの置かれた社会的状況を継続的に分析し、目指すゴールを設定した上で、それを実現するためのシステムや法規制、市場、インフラといったさまざまなガバナンスシステムをデザインし、その結果を対話に基づき継続的に評価し改善していくアプローチである。その運用から受ける評価を速やかに反映するだけでなく、より大きな外部状況変化に対する環境・リスク分析によるゴール自体の見直しも行う。

また、日本ディープラーニング協会に「AIガバナンスとその評価」研究会が発足し、そこでの検討に基づき、2021年7月に報告書「AIガバナンス・エコシステム―産業構造を考慮に入れたAIの信頼性確保に向けて―」が公開された。従来はAIガバナンスが1組織・1企業における内部ガバナンスの在り方という限定的な意味

で用いられがちであったが、日本におけるAIサービスは、開発者、サービス提供者や運用者、利活用者等にわたるサプライチェーンが非常に長い構造を持つことから、組織を超えたガバナンスの仕組みを考えていくべきということが提言されている。日本ディープラーニング協会は2023年5月に、各組織が生成AIの利用を進めるためのガイドラインのひな型として「生成AIの利用ガイドライン」を作成して公表した[84]。

c. データ保護に関する法改正 [18],[19]

日本におけるデータ保護の法制度としては、まず2003年に公布、2005年に施行された、個人情報保護法を含む個人情報保護関連5法がある。その後、改正が議論され、改正個人情報保護法が2015年に公布され、2017年5月に施行された。この改正では、事業者間での転々流通が認められる匿名加工情報の新設、要配慮個人情報の導入、高い独立性を持つ個人情報保護委員会の設立等が行われた。3年ごとの見直し規定も定められ、これに基づき、再度改正法が2020年に提出、成立、公布され、2022年に施行されている。この改正には、第三者への提供禁止請求・提供記録開示請求等本人の権利保護の強化、データの利活用の促進のため制約を緩和した仮名加工情報[85]の新設、その一方で法令違反に対する罰則の強化等が盛り込まれている。

欧州（EU）では、1995年に制定されたデータ保護指令（Data Protection Directive：95/46/EC）が存在したが、2012年からインターネット、デジタル化といった技術進化やグローバル環境変化を踏まえた全面的な見直しが進められた結果、パーソナルデータの取り扱い（Processing）と移転（Transfer）に関わる規則（Regulation）を定めた一般データ保護規則（General Data Protection Regulation：GDPR）が2016年4月に成立し、2018年5月から適用が開始された[86]。先のデータ保護指令は、各国に一定の法律の制定を義務付けているが、指令（Directive）が各国に直接適用されるわけではない。それに対してGDPRは、各国に直接適用されるため、運用面での位置付けが大きく異なる。規則の内容の面では、特にAIとの関係が深いものとして、プロファイリングに基づく自動意思決定に対する説明責任・透明性を要求していること（GDPR第22条）が挙げられる。その他にも「削除権」（「忘れられる権利」、同第17条）、「開示請求権」（同第15条）、「データポータビリティー権」（同第20条）、罰則の強化等にも特徴がある。

米国では、公的部門については1974年のプライバシー法が存在するものの、民間部門については包括法がなく、自主規制を基本としている。すなわち、企業が自ら公表しているプライバシーポリシーに違反した場合、公正取引委員会（Federal Trade Commission：FTC）がFTC法第5条「不公正または欺瞞的行為の禁止」に照らして取り締まる。規制対象を限定して個別領域ごとに個別法が制定されるセクトラル方式がとられている。ただし、Google、Meta、Amazon、Apple等のビッグテック企業に膨大な利用者データが集まる状況に際して、2012年に「ネットワーク化された世界における消費者データプライバシー」という政策大綱が公表され、その中で、事業者によるインターネット上の追尾・追跡（トラッキング）を消費者が拒否（オプトアウト）できる「Do Not Track（DNT）」という概念を明確化して基本方針とした「消費者プライバシー権利章典」が提案された。また、「急変する時代の消費者プライバシー保護」レポートで、Privacy by Design、単純化した消費者の選択、透明性という3条件が枠組みとして勧告された。2015年には権利章典をもとにした「消費者プライバシー権利章典法案」が公開された。また、州法レベルでのさまざまなプライバシー保護法が制定されているが、特にカリフォルニア州は先進的な法律を制定してきた。例えば、2002年に

84　https://www.jdla.org/news/20230501001/
85　仮名加工情報とは、他の情報と照合しない限り、特定の個人を識別できないように個人情報を加工したものである。加工によって一定の安全性を確保しつつ、匿名加工情報よりもデータの有用性を保ち、詳細な分析が可能になった。仮名加工情報を、他の情報と照合して、特定の個人を識別することは禁止される。
86　GDPRでは、EU域内の個人に関するデータをEU域外へ移転することを原則として認めていないが、十分なデータ保護政策がとられている国であれば、十分性認定を受けることで、移転が認められる。日本は十分性認定を受けている。米国は認められていない。

同州が最初に制定したセキュリティー侵害通知法（California Security Breach Notification Act：情報漏洩が発生した場合に事後的な通知・報告を義務付け）は、その後、ほぼ全州が同様の法律を制定した。さらに、カリフォルニア州は2018年6月に新たに消費者プライバシー法（California Consumer Privacy Act：CCPA）を制定した（2020年1月施行）。CCPAはGDPRと同様にパーソナルデータの保護を強く打ち出しているが、GDPRと比べて、対象となる企業や個人の範囲は狭いものの、個人に付与される権利はより幅広い。

また、GDPRのようなデータ保護を強化する施策だけでなく、保護しつつもデータ利活用を進めやすくするような施策も考えられつつある。その一例として、2022年5月に公表された欧州ヘルスデータスペース規則案（European Health Data Space：EHDS）が挙げられる。現状は国ごとに取り扱いルールが異なっているヘルスデータについて、国内や国を超えて自分のヘルスデータの管理を可能にし、安全性を保ちつつ研究・イノベーション・公衆衛生・政策立案等への活用を可能にすることが目指されている。

d. AIに対応した知的財産戦略

国内では、内閣の知的財産戦略本部での議論の中で、AIに対応した知的財産戦略・法改正等が議論されている。2017年3月に関連する報告書[20]が公表された。

まず、機械学習の訓練（学習）データに関わる著作権法が改正され、機械学習のために、よりデータを利活用しやすくなった。もともと日本の著作権法は、コンピューターによる情報解析を目的とした複製等を許容する権利制限規定を有しており（旧47条の7）、営利目的であっても、第三者の著作物が含まれていても、一定限度で著作権者の許諾なく著作物を利用することが可能とされている。さらに、2019年1月1日施行の改正著作権法では、旧法では制限がかかっていたと解釈されるいくつかのケースに関して制限が緩和された（新30条の4第2号）。すなわち、旧法では訓練データを作成する主体と機械学習を実行する主体が同一であることを前提としていたのに対して、新法ではその前提が排除された。すなわち、作成した訓練データセットを他者に提供することも許容され、その利活用がいっそう促進される。

次に、訓練（学習）済みモデルの権利保護の課題について述べる。訓練済みモデルの再利用の仕方は、単純にモデルをそのままコピーして使うケース（複製）だけでなく、追加学習して使うケース（派生）、複数個の訓練済みモデルを組み合わせて使うケース（アンサンブル：Ensemble）、訓練済みモデルの振る舞い（どんな入力に対してどんな出力を出すか）の観測データを別のニューラルネットワークに学習させて新たなモデルを作るケース（蒸留：Distillation）が知られている[21]。このうちアンサンブルで使うモデルは複数個だが、一つ一つは複製モデルに相当するので、権利保護を考えるべきモデルの種類は複製モデル・派生モデル・蒸留モデルの3種類である。このうち、派生モデルと蒸留モデルは、もとの訓練済みモデルとの関係性の立証が難しいことが権利保護上の課題である。契約・特許権・著作権等でどこまで保護できるか、新しい権利による保護が必要か、営業秘密として不正競争防止法で保護できるケースはどのようなケースか、といった検討がなされている[20]。

また、AI生成物の著作権については、次のような解釈がされる[10]。人間がAI技術を道具として利用した創作物は、その人間に創作意図と創作的寄与があれば、その創作物は著作物であると認められる。一方、人間に創作的寄与が認められないケースは、AI創作物とされ、現行の著作権法では著作物と認められない。AIはパラメーターを少しずつ変えながら休むことなく膨大なバリエーションの生成物を出力することが可能なので、それらに著作権を与えたら、大きな弊害を生む。ただし、ここでいう創作的寄与というのがどの程度のものならば該当するのかは、今後の課題として残っている。加えて、AI創作物を人間による創作物だと偽られる懸念や、機械学習を用いた場合に生成物が訓練データと類似してしまう問題等も課題である。知的財産として新たな保護を与えるかは、そのメリットとデメリット、それが市場に与える影響等のバランスも考えておく必

要がある[87]。2022年には、一見するとプロが描いたようなテイストの画像が簡単な説明文から生成できる画像生成AI（Text-to-Image）が、一般にも利用可能な形で提供され、大きな話題になった（「2.1.1 知覚・運動系のAI技術」参照）。この技術を用いた作品がアートコンテストで1位になったこと等もあり、アーティストやクリエーターからの反発も生じており、上述の課題が急速に顕在化している。2023年10月に「AI時代の知的財産権検討会」が発足し、2024年5月に中間取りまとめが公表された。また、文章生成AI（ChatGPT等）を用いて、文学作品や論文・レポートを作ることも行われ始めている。ChatGPTは米国のMBA、法律、医療の試験に合格できるレベルにあるという報告もあり、論文や試験レポートへの使用を禁じる動きが出てきている。

❸「社会におけるAI」のための技術開発

❶で導出した要件・目標の中には、その実現のために新たな技術開発が必要なものが含まれている。特に活発に取り組まれている技術課題として、機械学習における公平性や解釈性を確保するための技術開発や、プライバシー保護のための技術開発が挙げられる。公平性・解釈性に関する代表的な技術としては、公平性配慮データマイニング技術（Fairness-Aware Data Mining：FADM）や説明可能AI技術（Explainable AI：XAI）等の開発が進められている。FADMでは、グループ公平性・個人公平性等の公平性基準を定義し、それを用いて不公平さを検出する手法や、不公平を防止する手法が開発されており、XAIでは、深層学習のように精度が高いが解釈性が低いブラックボックス型モデルに近似的な説明を外付けする方式や、決定木や線形回帰のような解釈性は高くても精度に限界のあったホワイトボックス型モデルを場合分け等によって精度を高める方式が開発されている（詳細は「2.1.4 AIソフトウェア工学」を参照）。

プライバシーを保護しながらデータ分析を可能にする技術は、プライバシー保護データマイニング技術（Privacy-preserved Data Mining：PPDM）やプライバシー強化技術（Privacy Enhanced Technology）と呼ばれる。これを支える代表的な技術としては、a.解析対象データにおけるプライバシー保護のためのデータ匿名化技術、b.データベース問い合わせにおけるプライバシー保護のための差分プライバシー技術、c.計算過程におけるデータ内容の漏洩防止のための秘匿計算（秘密計算と呼ばれることもある）技術、d.拠点に分散する学習データのプライバシー保護のための連合学習等がある[36], [37], [38], [47]。

a. 匿名化技術

匿名化（Anonymization）は、データとデータ主体（あるいは所有者）との間の相関を取り除く技術である。パーソナルデータの収集において、姓名等の識別子を削除しただけでは、上記の相関は完全には取り除けず、他の属性情報・履歴情報を束ねて見ることで個人が特定され得るリスクがある。このようなリスクを定式化し、低減するための考え方としてk-匿名性がよく知られている。具体的には、表形式データについて、パーソナルデータの属性値の組み合わせが同じであるデータが、パーソナルデータ集合中にk個以上存在している状態が、k-匿名性が成立した状態である。データの正確性は犠牲になるが、パーソナルデータを改変することで、k-匿名性を成立させ、個人特定を困難にする。その後、k-匿名性を基礎概念として、匿名化対象を表形式データからグラフや時系列データに拡張する研究や、k-匿名性モデルにおいて十分にプライバシーを保護できない状況下におけるより強力な匿名性定義の研究等が進められてきた（l-多様性、t-近似性等）。改正個人情報保護法で新設された匿名加工情報の実装において実務上重要な技術であるが、事前の想定に基づいて設計さ

---

[87] 文献6)の11章「ロボット・AIと知的財産権」（福井健策）に詳しい。また、その中ではロボット・AIによるコンテンツ生成に伴って考えられるメリットとして、（1）大量化・低コスト化による知の豊富化、（2）テーラーメイドでの個別ニーズの汲み取り、（3）侵害発見・権利執行の容易化によるフリーライドの抑制、（4）新たな体験・発見・感動、その一方でリスク要因として、（1）価格破壊による創造サイクルの混乱、（2）知のセグメント化の進行・集合体験の欠落、（3）フリーライドの多発・プロセス複雑化による権利関係の混乱、（4）コピーの連鎖による知の縮小再生産、が挙げられている。

れ、プライバシー侵害のあらゆるケースに有効というわけではない。

b. 差分プライバシー技術

　差分プライバシー（Differential Privacy）は、データセットについて開示された統計情報（クエリーに対する応答値等）からパーソナルデータが推測されるリスクの大きさを、理論的に定義した指標である。このリスクを低減するために、統計情報をノイズによって摂動させて開示する攪乱的手法等の対策技術も併せて開発されている。例えば、あるパーソナルデータ1件を含むか含まないかだけが異なる二つのデータセットの間で、攪乱結果の統計情報がほとんど区別できなければリスクは小さい。差分プライバシーは攻撃者の背景知識によらない指標であるため、k-匿名性よりも高い一般性を持ってリスクを評価できる。

　また、もともとはデータ収集者が対策を行うことが想定されていたが、データ収集者（例えばGoogle、Amazon等のビッグテック企業）も完全に信頼できるとは限らないと考え、個人がデータを提供する際に対策を行い、その個人に関する情報が推測されることを防ぐ局所差分プライバシー（Local Differential Privacy：LDP）が提案された。データセット全体で見ると、差分プライバシーよりも多くのノイズが加えられるため、実用性が低下しやすいが、仕組みの単純さとプライバシー保証の強力さに利点があり、GoogleやApple等がデータ収集にLDPを取り入れ始めている。

c. 秘匿計算技術

　秘匿計算（Secure Computing：秘密計算とも呼ばれる）は、データを秘匿したまま処理できる技術である。Multi-Party Computation（MPC）の枠組みが用いられ、複数の参加者（Party）が、各参加者が持つ秘密情報を他の参加者に開示することなく、それらの秘密情報に対するあらかじめ決められた処理を行い、その処理結果だけを出力することができる。主な実現方式として、秘匿回路を用いた方式、準同型暗号を用いた方式、秘密分散を用いた方式が知られている。

　秘匿回路方式は、1982年に秘匿計算の概念が提案されたときに示されたアイデアで、二者間で一方が暗号化された秘匿回路（Garbled Circuit）を構築し、両者がおのおののデータを暗号化した上で回路に入力すると、回路による演算処理の結果が他方に渡されるというものである。論理回路で記述可能な任意の関数を秘匿計算として実装することが可能で汎用性が高いが、計算時間・通信量が大きい（通信回数は少なくできる）。

　準同型暗号とは、暗号化したまま復号することなく（秘密鍵の知識なしに）、加法・乗法等の演算が可能な暗号系である。加法または乗法のいずれかに対応した準同型性暗号系は以前から知られていたが、2009年に加法と乗法の両方で同時に準同型性を満たす暗号「完全準同型暗号」が発表されたのがブレークスルーとなり、研究が進展した。秘匿回路評価と比較すると、算術演算をベースとしているため、数値データ解析や行列演算をベースとするアルゴリズムに適している（これに対して秘匿回路方式は文字列操作等の離散的な処理の方が向く）。

　これらに対して、秘密分散は暗号系を用いない秘匿計算手法である。秘密情報を複数の情報の断片（シェアと呼ぶ）に分散させる。単独のシェアからは秘密情報を復元することはできないが、複数のシェアを集めることで秘密情報を復元することができる。秘密情報を複数の者にランダムシェアとして分散させ、ランダムシェア同士の演算によって秘匿計算を実現する。実現可能な関数の種類は限定されるが、暗号処理を含まないので一般に計算効率がよい。

　いずれの方式も当初は膨大な計算時間を要したが、近年、高速化改良が進み、実用性が高まっている。秘匿計算ライブラリーが公開されるようになり、また、秘密分散方式を中心に秘匿計算を用いたサービスが企業から提供され始めている（エストニアのCyberneticaによるSharemind、デンマークのPartisia、イスラ

エルの Unbound 等）。

d. 連合学習（Federated Learning）

連合学習は、各拠点に分散している学習データを一カ所に集約することなく学習を行う方法である。従来、AIの学習は、拠点に分散している学習データを一カ所に集約して行っていた。一方で、学習データを一カ所に集約するためには大量の学習データの送信や保存が必要となるとともに、パーソナルデータを扱う場合にはプライバシー保護が必要となる。連合学習では、各拠点は拠点の持つ学習データで学習を行い、学習データそのものではなく学習モデルの変更点だけを集約拠点に送る。集約拠点は各拠点からの学習モデルの変更点を使ってモデルを更新し、更新したモデルを各拠点に配布する。連合学習は、AIを使ったパーソナルデータの活用とプライバシー保護を両立する点でも注目されている。

❹AIと社会との相互作用

AI技術は社会を変え、変わった社会がさらに発展あるいは安定化するために、また新たなAI技術を要求する、というような連鎖（AI技術→社会変化→AI技術→社会変化→…）が起こってくる。そのような社会変化やAI技術の発展から、人間の在り方や思考の仕方も影響を受ける。連鎖のスピードや方向に、必ずしも全ての人々が追従できるわけではない。連鎖がどのような方向へ進むかを迅速に予測・把握し、連鎖の進行をうまくコントロールするための対策を的確に講じていくことが望ましい。

社会への影響に関する話題の一例として、英国オックスフォード大学から2013年に発行された「雇用の未来（The Future of Employment）」と題する論文[22]が挙げられる。「今後10〜20年程度で、米国の総雇用者の約47%の仕事が自動化されるリスクが高い」という予想を示したことから、AI技術による職業や雇用機会の変化が盛んに論じられるようになった。さまざまなタスクで、特化型AIが人間を上回る精度・性能を示していることに加えて、大規模言語モデル・基盤モデルによって、人間によるものか判別困難な品質で多数のタスクに対応できるという汎用性の向上も示され（「2.1.2 言語・知識系のAI技術」参照）、AIの社会に与える影響が急激に拡大しつつある。このような状況から、「2.1.5 人・AI協働と意思決定支援」で述べるような、人・AI協働の在り方や、人の意思決定への影響を考えていくことや、「2.1.6 AI・データ駆動型問題解決」で述べるような、AI技術による社会・産業・科学の変革をより良い方向に進めていくことが重要になる。

また、人々がアクセスできる空間の広がりとして、メタバースや宇宙が注目されている。このような新たな活動空間において、自律性の高いAIや人間の能力を拡張するようなAIへのニーズは高く、AIの技術発展と社会の発展・拡大の相互作用を適切にコントロールしていくことは、ますます重要な課題になっていく。

（4）注目動向
[新展開・技術トピックス]
❶欧州のAI法と米国のAIリスク管理フレームワーク

［研究開発の動向］❷aで述べたように、原則から実践へのトップダウン政策として、欧州のAI法（AI Act）と米国のAIリスク管理フレームワーク（AI RMF）が特に注目される。ここでは、これら二つの内容を簡単に紹介する。

欧州のAI法は、2021年6月に法案が発表された後、新たな論点として浮上した生成AIに対する規制が盛り込まれて2024年5月に成立、8月に発効となった。規制内容に応じて2030年末までに段階的に施行される。AIをリスクの大きさによって、（a）容認できないリスク、（b）ハイリスク、（c）限定的なリスク、（d）最小限のリスク/リスクなし、という4段階に分類し、（a）に該当するAIは使用禁止とされ、（b）は事前に適合

性評価、（c）は透明性の確保が必要とされる。生成AIに相当する汎用目的AIの一部については、透明性の確保、システミックリスクの評価、サイバーセキュリティー対策、重大インシデント発生時の報告義務等が定められた。違反すると、巨額の制裁金や欧州でのビジネスに制約がかかる可能性がある。なお、この法令には域外適用条項があり、日本企業が、日本からEU域内の消費者等に対して商品やサービスを提供する場合にも適用される。

一方、米国AI RMFは、2部構成になっており、第1部でAIに関わるリスクの考え方と信頼できるAIシステムの特徴を概説し、第2部でAIシステムのリスクに対処するための実務を説明している。この第2部では、具体的な対処の仕方を、マップ（リスクの特定）、測定（リスクの分析・評価等）、管理（リスクの優先順位付けやリスクへの対応）と、それらの統治（組織におけるリスク管理文化の醸成等）という四つの機能に分けて解説している。2022年3月に初期ドラフト、8月に第2ドラフトが公開され、2回の意見公募を経て、2023年1月に第1版（AI RMF 1.0）として発表された。2024年4月には、生成AIのリスク管理に特化したガイドラインである「Generative AI RMF Profile」が公開された。AI RMFは、欧州AI法のような強い規制をかけるものではなく、AIシステムを設計・開発・導入・使用する者が自主的に参照できるものとされているが、米国NISTから発表され、業界への影響力が大きいため、今後、AI標準化の有力なベースとなっていくものと考えられている。

❷パーソナルAIエージェント/サイバネティックアバターとELSI

各個人に関わるデータ（パーソナルデータ）は、サービス運営企業のところに、利用者データとして集められ管理される形態が大半であった。しかし、パーソナルデータの漏洩事故や利用者の意図せぬ利用等の懸念も生じ、パーソナルデータの管理を個人主導の形態へ移行させようという動きが進みつつある[18]。自分のパーソナルデータがどこまでどの企業に開示されているのかを、自分自身で把握し、コントロールしたい（すべき）という考えである。そのために法律面では、欧州のGDPRのように、自己情報コントロール権（開示請求権、削除権・訂正権、データポータビリティー権等が含まれる）の確保が考えられている。一方、技術・システム面では、自分の管理下にパーソナルデータを集約・管理するPDS（Personal Data Store）や、その管理を委託する情報銀行（情報信託銀行の略称）等の仕組みが考えられている。

しかし、このような個人主導のパーソナルデータ管理では、各個人の管理能力・情報リテラシーが低いとかえってリスクが高まる恐れがあることに加えて、管理すべき相手・情報量の増大や条件・関係の複雑化によって、人間には管理しきれないという状況も予想される。これに対して、前述のIEEE EAD1eでは、各個人とサービス運営企業（事業者）との間に入り、個人の代理として、事業者の提示するパーソナルデータの利用方法とサービスが各個人の決めた条件に合致するかどうかを判断し、事業者にパーソナルデータを渡してその事業者からサービスを受けるかどうかを決定する「パーソナルAIエージェント」（PAI Agent）の概念が導入された。

また、ムーンショット目標1において、身代わりとしてのロボットや3D映像等を示すアバターに加えて、人の身体的能力、認知能力および知覚能力を拡張するICT技術やロボット技術を含めた概念が「サイバネティックアバター」（Cybernetic Avatar：CA）と称されている。CA（具体的にはOriHimeのようなアバターロボット）を使うことで、身障者が遠隔で職業に従事するといった社会的な取り組みも行われている。CAとそれを使う人間の関係は、1対1とは限らず、一人の人間が複数のCAを使うパターンもあれば、複数の人間で一つのCAを共同で操作するパターンもある。必ずしもCAの一挙一動を人間がコントロールするわけではなく、CAの振る舞いはある程度の自律化・自動化がなされたものになっていく。その意味で、PAI AgentとCAの役割はかなり近いものになる。

これらPAI AgentやCAと人間の関係は、これまでの社会にはなかった新しい様相をもたらし、ELSIの観

点からさまざまな課題が生じるため、検討が進められている[11), 23), 24), 25), 26)]。例えば、PAI AgentやCAがそれを使う人間の意図通りに振る舞わないかもしれない。それで事故や問題が起きたときの責任の所在はどこにあるのか。CAを操る人間をじかに確認することができない状態で、CAに相対する人間はCAをどうすればトラストできるのか。人間、CA、PAI Agentの間でなりすましやのっとりが起きていないことはどうすれば確認できるのか。一人で同時に複数のCAを使ったり、一つのCAを複数人で共同操作したりするとき、人間の心的面にどのような影響が生じるのか。さまざまな面から分析や実験を進めていくことが望まれる。

　また、個人のライフサイクルとPAI Agentが代理を果たすべき期間に関わる問題も考えておく必要がある。個人のパーソナルデータが発生し、それが存続する期間に対して、その個人が自分自身でそのデータを管理できる期間は限定される。胎児・幼児期にはパーソナルデータを自分で管理できないことはもちろん、身体的な死を迎える以前に認知症等によって自分では管理できなくなる可能性がある。さらに死後もパーソナルデータ管理（特に故人がSNS上に発信していた情報やデジタル的に管理していた情報、いわばデジタル遺産管理）の問題は残る。このような期間のパーソナルデータ管理について、PAI Agentに代理を委ねることが考えられるが、技術的な実現方法の問題だけでなく、法的な位置付け、プライバシーの扱い、代理の権限移譲の方法等も重要な課題であり、併せて検討されている[23), 24), 26)]。

❸ AIアライメント

　近年、とりわけ生成AIのELSIへの技術的対応における中核的な概念に「AIアライメント」がある。AIアライメントは、人間・社会の価値観にAIを整合（Align）させることを意味する。早くから一部の研究者が議論してきた[88]が、2020年の書籍「The Alignment Problem」[39)]等によって認知が広がった。

　AIアライメントの必要性は、将来AIが自律性を高め、いわゆる汎用人工知能（Artificial General Intelligence：AGI）となったり、人間を超えた「超知能（Superintelligence）」となったりしたときに人間を脅かす存在になるのではないかという問題意識から生じている。そこでは人間が必ずしも言語化できるとは限らない価値観をAIが理解して行動する価値整合（Value Alignment）が必要であり、この問題を早くから提唱してきたStuart Russelは、その手法の一つとして逆強化学習（Inverse Reinforcement Learning）を提示した[40)]。一方で、昨今は、より直近のAIシステムがもたらす問題への対応もAIアライメントの問題として論じられる[89]。OpenAIは、人間によるフィードバックのみならずAI自体を使ったアライメント研究を行っていくと表明しており、実際GPT-4の公開に当たってはRed Teamingと呼ばれる各種専門家によるシステム挙動の検証等、アライメントのための種々の手段を講じている[41), 46)]。

　また近年、Anthropic（2021年創業、米国）やConjecture（2022年創業、英国）等、AIアライメント（およびそれを含むAI Safety）の研究開発を事業の主軸に掲げる有力なスタートアップも登場している。日本においては、2023年9月に一般社団法人AIアライメントネットワーク（ALIGN）が設立された。それに先立ち、2023年1月に国際ワークショップJapan AI Alignment Conference 2023が開催され[90]、2024年9月にはAIアライメント設立記念シンポジウムが開催された。

［注目すべき国内外のプロジェクト］

❶ AI Safety Institute

　2023年11月1-2日に英国主催で開催されたAI安全サミットのタイミングで、英国と米国はAI Safety Institute（AISI：AI安全研究所）の設立を発表した。日本も2023年12月に発表し、2024年2月にIPA

88　例えばEliezer Yudkowsky[44)]等。
89　例えばScott Aaronson[45)]等。
90　https://jac2023.ai/

内にAISI Japan（所長：村上明子）が設置された。AISI Japanでは、AIの開発者・提供者・利用者が、関係法令や国内のAI事業者ガイドライン等に従って、信頼できるAIの開発・提供・利用を行えるように、国研等から知見提供等の協力を得ながら、AIの開発・提供・利用の安全性向上に資する基準・ガイダンス等の検討、AIの安全性評価方法等の調査、AIの安全性に関する技術・事例の調査等の業務を行う。また、他国の関係機関（英米のAISI等）との国際連携に関する業務も担う。

英米日のAISI設立に続いて、欧州委員会、フランス、カナダ、シンガポール、韓国でも、類する組織が設置され、さらにこの動きは各国に広がりつつある。AIの安全性確保に向けては、国際的な連携が重要であり、AI安全研究所国際ネットワーク（International Network of AI Safety Institutes）が創設され、2024年11月に米国サンフランシスコにて第1回会合が開催され、ミッションステートメントが採択された。

❷中国のAIによる社会監視システム

中国では、従来の「金盾」（Great Firewall）システムに加えて、「天網」（Sky Net）システムと「社会信用システム」の構築を進めており、政府による社会や国民の監視・管理が、AI技術を用いて強化されている。「金盾」はインターネット通信の検閲システムであり、Web検索エンジンの検索語、電子メールやインスタントメッセンジャーの通信内容、WebサイトやSNS（Social Networking Service）のコンテンツ等に対して検閲・遮断が行われる。2003年頃から稼働し、その後も段階的に強化されている。「天網」は監視カメラネットワークで、2012年に北京市に本格的に導入され、2015年には中国内の都市エリアが100%カバーされた。2019年には監視カメラ27億台の規模になっている。顔認証技術が組み込まれており、人混みの中から指名手配犯を見つけ、逮捕できたという実績も上げている。深圳市では、交差点に設置された監視カメラから信号無視等の違反者を見つけ、警告する試みも実施された。

さらに中国政府は「社会信用システム」の構築計画（2014年～2020年）を発表した。所得・社会的ステータス等の政府が保有するデータに加えて、インターネットや現実社会での行動履歴も含めて評価し、各国民の社会信用スコアを計算するという計画である。しかし、実際には、政府によるものではなく、民間の電子マネー運営企業・電子決済運営企業において、利用者のプロファイルや行動履歴から独自に信用スコアを算出し、そのスコアに応じて利用者に優遇や制限を与える（公共交通機関の割引・制限、病院診察やビザ取得手続きでの優遇等）ことが行われている。特にAlibaba（阿里巴巴）が展開する信用スコア「芝麻信用」は中国内で利用者が5億人を超えるという電子決済サービスAlipayと連動しており、大きな存在感を示している。

このようなさまざまな行動の監視や信用スコアに基づく賞罰によって、品行方正に振る舞う人々が増え、犯罪・違反の抑制や迅速な逮捕にもつながるという効果が得られているという。中国の「金盾」「天網」「社会信用システム」そのものは、表現の自由やプライバシーを重んじる欧米・日本には適合しないシステムであるが、AIが組み込まれた社会の一形態として非常に興味深い。なお、中国も参加しているユネスコの第41回総会で2021年11月に満場一致で採択された「AI倫理勧告」では、人権を守り、社会監視や社会的格付けのためにAIを使用すべきでないとしており、中国はここに挙げた社会監視システムを今後どうしていくのか注目される。

（5）科学技術的課題

❶「社会におけるAI」の課題抽出・目標設定に関わる研究開発課題

AI社会原則・AI倫理指針がさまざまな国・機関から出され、国際的な議論もなされたことから、高い抽象度で記述される原則のレベルにおいては、世界共通の意識が持たれつつある。しかし、より具体化された場面、細則においては、国・地域固有の文化や社会の価値観には違いが表れる。その一例を示したのが、米国マサチューセッツ工科大学（MIT）メディアラボのモラルマシン実験である。これは自動運転車版のトロッコ問題（倫理的ジレンマ）に関する思考実験で、自動運転車にブレーキ故障等が生じ、事故で犠牲者が出る

ことが避けられない状況を示し、その中で一部の人だけ免れるとしたとき誰が優先されるべきかを、さまざまな人々に問い、233の国・地域、230万人からのべ4000万件の回答を得た。2018年10月に発表された分析結果[27]によると、例えば、個人主義的な文化を持つ地域では、より多くの人数を救うことが優先される傾向や、一人当たりのGDPが低く、法の規律も低い地域では、法順守違反に寛容だという傾向や、経済格差の大きい地域では、社会的な地位の高さが優先される傾向等が見られ、地域の文化的背景との相関、各地域の特徴、地域間の類似性等が示された。

ここで示されたような倫理観の多様性に対して、倫理ルール作りをどのように進めていくべきか、あるいは、ある倫理観に従って作られた製品・サービスの地域ごとの受容性をどう考えていくか等、より検討を深めていくことが望まれる。そのためには、技術者・利用者・政策関係者・企業経営者等、さまざまな立場の視点を盛り込み、具体的な問いを立てて論じていくことが有効と思われる[1]。デザイン、アートの分野で注目されているスペキュラティヴ・デザイン（問いを立てるデザイン）[28], [29]の取り組み・考え方も参考になる。

また、AIの軍事利用問題もAI倫理に関わる重要課題であるが[4]、前述の国際的なAI社会原則・AI倫理指針においては、EADv2以外では踏み込んだ記載は見られなかったものの、2023年11月に米国主導で発表された「AIと自律性の軍事利用における政治宣言」に46カ国が署名した。自国第一主義が台頭してきている世界情勢の中で、重要だが取り組み方の難しい問題である。軍事利用の観点で一番の懸念と思われるのは、人間の関与なしに自律的に攻撃目標を設定することができ、致死性を有する自律型致死兵器システム（Lethal Autonomous Weapons Systems：LAWS）である。これについては、特定通常兵器使用禁止制限条約（CCW）の枠組みに基づき、CCW締結国の中で2014年から会合が持たれ、2019年11月には11項目から成る「LAWSに関する指針」が示された[91]。引き続き、LAWSの定義（特徴）、人間の関与の在り方、国際人道法との関係、既存の兵器との関係等、規制の在り方が主要論点とされており、規制に対する推進派・穏健派・反対派に各国の立場が分かれている。ロシアによるウクライナ侵攻をはじめ国際的対立が先鋭化する状況において、ますます重要でありながら、合意の難しい問題と思われるが、国連総会において、2023年12月にはLAWSに関する報告書の作成を国連事務総長に求める決議案が採択され、2024年11月にはLAWSの課題について各国による協議の場を設ける決議案が採択された。

また、2023年に入ると生成AIのルール作りを巡り、各国・各セクターの主体がさまざまなワークショップやパブリックコメントを実施している。

❷「社会におけるAI」のための制度設計に関わる研究開発課題

研究開発の動向や注目動向のパートで取り上げたように、一部は日本としての戦略・制度改革方針に沿って手が打たれつつあるが、制度設計が追い付いていない課題も多く残され、新たな課題も生まれており、引き続き検討・施策推進が求められる。特にAIにはブラックボックス性があるため、予見可能性に基づく過失責任主義（ハザードベース規制）に馴染みにくい。そこで、厳格責任を含むリスクベース規制の考え方を取り入れることや、大きな罰則・制裁を加えるより操作や原因究明への協力を促進する訴追延期合意制度（Deferred Prosecution Agreements：DPA）の適用等が考えられている。

また、AIエージェントとサイバネティックアバターとロボットの間の境界は薄れつつあり、制度設計ではそれらを合わせて検討していく必要があろう[10], [30]。

国の制度設計においては、他国の動きもウォッチし、国際的な方向性との整合性・連動性も考慮していくことも必要である。欧州は各個人の権利を重視し、法制度でAIをコントロールしようとする傾向が見られる。

91　外務省「自律型致死兵器システム（LAWS）について」（2020年11月4日）
　　https://www.mofa.go.jp/mofaj/dns/ca/page24_001191.html

米国はAI技術がもたらすベネフィットとリスクのバランスを法制度で調整しようとしている[92]。中国は［注目すべき国内外のプロジェクト］❷に示したように、AI技術と法制度を用いて、国による監視・管理を強めている。

このような中、欧州がGDPRやAI法等ハードローに踏み込んで、国際的ルールメイキングを先導している。日本は国際的ルールメイキングに関わる人材が限定的であることが大きな課題であり、また、人権や正義に根差した理念重視の議論を行う欧州に対して、日本は社会的価値観の曖昧さや議論を避けがちな国民性から受け身の対応になりがちである。そのような状況の中でもGPAIやISO/IEC JTC 1/SC 42国際標準化活動等では健闘していると言える。そこでも見られるが、理念から論ずるよりも、むしろ、具体的なケースから実践的なルール作りやトラスト形成を積み上げるというのが日本らしいアプローチかもしれない。

❸「社会におけるAI」のための技術開発に関わる研究開発課題

既に技術開発が推進されているプライバシー保護技術や機械学習の公平性・解釈性を確保する技術に関しては、［研究開発の動向］❸のほか、「2.1.4 AIソフトウェア工学」でも、今後の研究開発の方向性や課題を述べている。システム開発の観点では、従来のITリスクだけでなくAI ELSI面も含んだ、より複雑なAIリスクを考えていくべきということが指摘されている[31)]。

また、❷と❸の両方に関わる課題、すなわち、制度設計と技術開発の両面から取り組む必要がある課題として、社会的なトラスト形成[32), 33)]が挙げられる。AIのブラックボックス問題に対して、説明可能AI（XAI）の技術開発は重要であるが、説明は近似なので、そこから外れる現象はどうしても残る（公平性を偽装するFairwashing[34)]も可能だと指摘されている）。高度化するフェイク生成を見破るために技術的なアプローチは不可欠であるが、全てを見破ることができるわけではない。技術開発だけでは限界があり、技術開発による対策と制度設計の適切な組み合わせによるトラスト形成が重要になる。断片的な情報だけから判断したり、ある一面だけを見て信じ込んだりすることはとても危うく、多面的・複合的な検証・保証で支えていくことが必要になる。また、ある程度の時間をかけて事例・実績が蓄積されたり、万が一のケースが保険等で補償されたりといったことを通してトラストが形成され、社会に受容されていくという側面もある。その具体的な取り組みや動向については「2.2.4 社会におけるトラスト」に記載しているので参照いただきたい。生成AIのアライメントに関する研究開発も今後重要である。

❹AIと社会との相互作用に関わる研究開発課題

AI技術発展と社会変化のスパイラルを見据え、そのようなスパイラルを組み入れた社会システムの発展プロセスのモデル化や社会システム設計の方法論の研究開発にも取り組んでいく必要がある。その中で、上記の❶「社会におけるAI」の課題抽出・目標設定、❷「社会におけるAI」のための制度設計、❸「社会におけるAI」のための技術開発を有機的に連携させていくことが重要である。また、職業の変化や人材育成・教育への取り組みも、その中で描いていくことが必要である。

（6）その他の課題
❶RRIの推進と支援体制

「社会におけるAI」への取り組みではRRI（Responsible Research and Innovation：責任ある研究・イノベーション）の考え方が不可欠である。RRIとは、新しい技術の創出・展開を進めるに当たって、生み出される成果が倫理的・法的・社会的に受容可能で、社会的価値・持続可能性等の面でも好ましいもの

---

92 米国ホワイトハウスによるAIガイドライン「Guidance for Regulation of Artificial Intelligence Applications」（Memorandum for the Heads of Executive Departments and Agencies）では、重要な価値・権利を保護することが大切だとしつつも、過度の規制によってイノベーションの促進が阻害されることは避けるという考えが示されている。

であることを担保しながら取り組むことである。RRIは2000年代前半から欧米で議論されており、欧州のHorizon 2020においても政策的課題として重視されている。RRIを成り立たせる要件として、予見的であること（Anticipatory）、応答的であること（Responsive）、熟議的であること（Deliberative）、自己反省的であること（Reflective）が挙げられている[14), 35)]。

ELSIやRRIに関する研究者の取り組みを強化するためには、個々の研究者に自覚を持たせるための継続的な教育・啓発とともに、事前検証と事後対応の両面で相談機会を促進し、ELSI問題を適切に解決するための仕組み作りも重要である。つまり、ELSIガイドライン等を設定して研究者本人に任せるというだけでなく、知的財産センターが研究者の知的財産の創造・保護・活用を多面的に支援・促進するのと同じような、組織的な支援体制作りが求められる。

なお、戦略的な科学技術ガバナンスのためのELSI/RRIについての報告書[43)]も公開しているので、参照いただきたい。

❷多様な視点・考え方の取り込みと具体化に基づく議論

AI・ロボティクスに関わる情報科学・工学分野の研究者・技術者だけでなく、倫理学者、哲学者、法学者、憲法学者、社会学者、政治学者、経済学者等の人文社会科学の研究者も検討に参画し、また、研究者・技術者だけでなく、利用者、政策関係者、企業経営者等、さまざまなステークホルダーの視点も取り込んで議論・検討を進めていくことが望ましい。その際、さまざまな人々の間で、高い抽象度の総論で意見の一致を見るというレベルにとどまらず、具体化された問題・シーンに踏み込んで議論を深めることが、実施における具体的な問題が何か、施策として何が足りないか等を見極めるために効果的である。深い議論につながるような問いを立てることや特区制度の活用等も今後重要になってくると思われる。

❸経済安全保障上の位置付け

社会におけるさまざまな産業・場面で活用されるAIシステムについて、単に機能・性能を高めるだけでなく、社会から見た安全性・信頼性を確保することは、同時に取り組むことが不可欠であり、このようなAIの安全性・信頼性を確保するための技術開発や制度設計は、経済安全保障面からも重要な取り組みと位置付けられる。

（7）国際比較

❶「社会におけるAI」の課題抽出・目標設定、❷「社会におけるAI」のための制度設計、❸「社会におけるAI」のための技術開発、❹AIと社会との相互作用という四つの活動のうち、❶❷を基礎研究、❸❹を応用研究・開発として扱い、下表にまとめる。

国・地域	フェーズ	現状	トレンド	各国の状況、評価の際に参考にした根拠等
日本	基礎研究	◎	→	人工知能学会、内閣府、総務省、経済産業省等による学会・政府主導のガイドライン策定が推進されてきた。内閣府「人間中心のAI社会原則」を発信し、G20等での国際的議論に反映させた。データ保護では、事業者間での輾転流通が認められる匿名加工情報の新設等を盛り込んだ改正個人情報保護法を施行（その後、仮名加工情報も導入）。
	応用研究・開発	○	↗	プライバシー保護技術やPDS・情報銀行への取り組みに加えて、パーソナルAIエージェントの検討等も進められている。

米国	基礎研究	◎	→	産業界主導で取り組み（FLI、Open AI、Partnership on AI等）が始まり、それを追うように学術界での取り組み（AI 100、IEEE EAD等）が立ち上がった。EADはIEEE標準化を並行して進めており、NIST AI RMFを含め、国際的な影響力が大きい。
	応用研究・開発	◎	→	プライバシー保護技術に関わる理論的アイデア、機械学習の解釈性に関するXAI研究等、米国の大学・企業の研究者から提案され、実装への取り組みも活発で、研究者層も厚い。
欧州	基礎研究	◎	→	オックスフォード大学のFHI、ケンブリッジ大学のCSER等、英国の大学・研究機関を中心に、比較的早い時期から取り組まれており、Ethics Guidelines for TrustworthyからさらにAI規制法案等のハードロー化を推進。データ保護では、AI処理の説明責任・透明性の要求や忘れられる権利等を盛り込んだ一般データ保護規則GDPRを施行。
	応用研究・開発	◎	→	プライバシー保護の基礎研究や自動運転の制度設計への取り組みで実績がある。
中国	基礎研究	△	→	個人情報保護も含む中国インターネット安全法（中華人民共和国網絡安全法）の制定、次世代AIガバナンス原則等の公表が行われたものの、その実践面においては顕著な進展は見られない。
	応用研究・開発	△	↗	倫理・プライバシー保護面の取り組みは弱いが、AI技術開発とその社会実装への取り組みは急成長している。中国独自のAI監視・管理社会のための技術開発・システム化も注目される。
韓国	基礎研究	△	→	ロボットと人間との関係について定めたロボット倫理憲章の草案が2007年に産業資源部によって発表された。
	応用研究・開発	△	→	特に目立った活動は見られない。

（註1）フェーズ
　　　基礎研究：大学・国研等での基礎研究の範囲
　　　応用研究・開発：技術開発（プロトタイプの開発含む）の範囲
（註2）現状　※日本の現状を基準にした評価ではなく、CRDSの調査・見解による評価
　　　◎：特に顕著な活動・成果が見えている　○：顕著な活動・成果が見えている
　　　△：顕著な活動・成果が見えていない　×：特筆すべき活動・成果が見えていない
（註3）トレンド　※ここ1〜2年の研究開発水準の変化
　　　↗：上昇傾向　　→：現状維持　　↘：下降傾向

参考文献

1) 江間有沙,『AI社会の歩き方：人工知能とどう付き合うか』(化学同人, 2019年).
2) Mark Coeckelbergh, *AI Ethics* (The MIT Press, 2020). (邦訳：直江清隆訳,『AIの倫理学』, 丸善出版, 2020年)
3) 保科学世・鈴木博和,『責任あるAI：「AI倫理」戦略ハンドブック』(東洋経済新報社, 2021年).
4) 中川裕志,『裏側から視るAI：脅威・歴史・倫理』(近代科学社, 2019年).
5) 科学技術振興機構 研究開発戦略センター,「戦略プロポーザル：AI応用システムの安全性・信頼性を確保する新世代ソフトウェア工学の確立」, CRDS-FY2018-SP-03（2018年12月）.
6) Shoshana Zuboff, The Age of Surveillance Capitalism：*The Fight for a Human Future at the New Frontier of Power* (PublicAffairs, 2019). (邦訳：野中香方子訳,『監視資本主義：人類の未来

を賭けた闘い』, 東洋経済新報社, 2021 年）

7）科学技術振興機構 研究開発戦略センター,「戦略プロポーザル：複雑社会における意思決定・合意形成を支える情報科学技術」, CRDS-FY2017-SP-03（2018 年 12 月）.

8）松尾豊・他,「人工知能と倫理」,『人工知能』（人工知能学会誌）31 巻 5 号（2016 年 9 月）, pp. 635-641.

9）江間有沙,「「人工知能と未来」プロジェクトから見る現在の課題」,『人工知能学会第 29 回全国大会』2I5-OS-17b-1（2015 年）. https://doi.org/10.11517/pjsai.JSAI2015.0_2I5OS17b1

10）弥永真生・宍戸常寿（編）,『ロボット・AI と法』（有斐閣, 2018 年）.

11）中川裕志,「AI 倫理指針の動向とパーソナル AI エージェント」,『情報通信政策研究』（総務省学術雑誌）3 巻 2 号（2020 年）, pp. I-1-23. https://doi.org/10.24798/jicp.3.2_1

12）福島俊一,「AI 品質保証にかかわる国内外の取り組み動向」,『情報処理』（情報処理学会誌）63 巻 11 号（2022 年 11 月）, pp. e1-e6.

13）中川裕志,「デジタル社会における AI ガバナンス―倫理と法制度―」,『情報処理』（情報処理学会誌）62 巻 6 号（2021 年 6 月）, pp. e34-e39.

14）江間有沙,「倫理的に調和した場の設計：責任ある研究・イノベーション実践例として」,『人工知能』（人工知能学会誌）32 巻 5 号（2017 年 9 月）, pp. 694-700.

15）デロイトトーマツコンサルティング合同会社,「AI のガバナンスに関する動向調査 最終報告書（公開版）」, 令和元年度内外一体の経済成長戦略構築にかかる国際経済調査事業（2020 年）.

16）情報処理推進機構 AI 白書編集委員会（編）,「制度改革（国内）」,『AI 白書 2022』（KADOKAWA, 2022 年）, pp. 368-396（4.3 節）.

17）橘均憲,「「人間のための AI（human-centric AI）」を実現する社会実装の道筋 ～AI 社会原則と AI ガバナンス・ガイドライン～」,『情報処理』(情報処理学会誌) 63 巻 9 号（2022 年 9 月）, pp. e1-e7.

18）中川裕志・他,「特集：パーソナルデータの利活用における技術および各国法制度の動向」,『情報処理』(情報処理学会誌) 55 巻 12 号（2014 年 11 月）, pp. 1333-1380.

19）総務省,『情報通信白書（令和 4 年版）』（2022 年）.

20）知的財産戦略本部 検証・評価・企画委員会 新たな情報財検討委員会,「新たな情報財検討委員会報告書－データ・人工知能（AI）の利活用促進による産業競争力強化の基盤となる知財システムの構築に向けて－」（2017 年 3 月）.

21）丸山宏・城戸隆,「機械学習工学へのいざない」,『人工知能』（人工知能学会誌）33 巻 2 号（2018 年 3 月）, pp. 124-131.

22）Carl Benedikt Frey and Michael A. Osborne, "The Future of Employment: How Susceptible are Jobs to Computerisation?", (September 17, 2013).
https://www.oxfordmartin.ox.ac.uk/downloads/academic/The_Future_of_Employment.pdf

23）加藤綾子・中川裕志,「パーソナル AI エージェントの社会制度的位置づけ」,『電子化知的財産・社会基盤（EIP）研究報告』2020-EIP-90（25）（2020 年 11 月 18 日）.

24）中川裕志,「ディジタル遺産のパーソナル AI エージェントへの委任」,『電子化知的財産・社会基盤（EIP）研究報告』2020-EIP-90（26）（2020 年 11 月 18 日）.

25）中川裕志,「AI エージェント、サイバネティック・アバター、自然人の間のトラスト」,『情報通信政策研究』（総務省学術雑誌）6 巻 1 号（2020 年）, pp. IA-45-60. https://doi.org/10.24798/jicp.6.1_45

26）Hiroshi Nakagawa and Akiko Orita, "Using deceased people's personal data", *AI & Society* (2022). https://doi.org/10.1007/s00146-022-01549-1

27) Edmond Awad, et al., "The Moral Machine experiment", *Nature* Vol. 563 (2018), pp. 59-64. https://doi.org/10.1038/s41586-018-0637-6
28) Anthony Dunne and Fiona Raby, *Speculative Everything : Design, Fiction, and Social Dreaming* (The MIT Press, 2013).（邦訳：久保田晃弘・千葉敏生訳,『スペキュラティヴ・デザイン：問題解決から、問題提起へ。―未来を思索するためにデザインができること』, ビー・エヌ・エヌ新社, 2015年）
29) 長谷川愛,『20XX年の革命家になるには―スペキュラティヴ・デザインの授業』（ビー・エヌ・エヌ新社, 2020年）.
30) Ugo Pagallo, *The Laws of Robots: Crimes, Contracts, and Torts* (Springer, 2013).（邦訳：新保史生・松尾剛行・工藤郁子・赤坂亮太訳,『ロボット法』, 勁草書房, 2018年）
31) 中島震,『AIリスク・マネジメント：信頼できる機械学習ソフトウェアへの工学的方法論』(丸善出版, 2022年).
32) 科学技術振興機構 研究開発戦略センター,「戦略プロポーザル：デジタル社会における新たなトラスト形成」, CRDS-FY2022-SP-03（2022年9月）.
33) 科学技術振興機構 研究開発戦略センター,「俯瞰セミナー＆ワークショップ報告書：トラスト研究の潮流～人文・社会科学から人工知能、医療まで～」, CRDS-FY2021-WR-05（2022年2月）.
34) Ulrich Aivodji, et al., "Fairwashing : the risk of rationalization", *Proceedings of the 36th International Conference on Machine Learning* (ICML 2019; June 9-15, 2019), PMLR 97：pp. 161-170.
35) 平川秀幸,「責任ある研究・イノベーションの考え方と国内外の動向」, 文部科学省 安全・安心科学技術及び社会連携委員会（第7回）資料4-3（2015年4月14日）.
36) 小澤誠一（編）,「特集：プライバシー保護データマイニング」,『システム/制御/情報』(システム制御情報学会誌) 63巻2号（2019年2月）, pp. 43-84.
37) 袖美樹子（編）,「小特集：差分プライバシ」,『情報処理』(情報処理学会誌) 61巻6号（2020年6月）, pp. 584-606.
38) 竹之内隆夫・高橋克巳・菊池浩明（編）,「特集：安全なデータ活用を実現する秘密計算技術」,『情報処理』(情報処理学会誌) 59巻10号（2018年10月）, pp. 872-915.
39) Brian Christian, *The Alignment Problem : Machine Learning and Human Values* (Atlantic Books, 2020).（未邦訳）
40) Stuart Russel, *Human Compatible : Artificial Intelligence and the Problem of Control* (Viking, 2019).（邦訳：松井信彦訳『AI新生』みすず書房、2021年）
41) OpenAI, "GPT-4 Technical Report", arXiv:2303.08774 (2023). https://doi.org/10.48550/arXiv.2303.08774
42) 市川類,「生成AI時代の世界のAI規制・ガバナンス政策動向」（2024年12月12日）. https://drive.google.com/file/d/1w7UXEcyEcXb7uGHctrB9eC5aX1fNkSGU/view?usp=sharing
43) 科学技術振興機構 研究開発戦略センター,「科学技術・イノベーションの土壌づくりとしてのELSI/RRI：戦略的な科学技術ガバナンスの実現に向けて」, CRDS-FY2023-SP-01（2023年5月）.
44) Eliezer Yudkowsky, "AI Alignment: Why It's Hard, and Where to Start" (December 28, 2016). https://intelligence.org/2016/12/28/ai-alignment-why-its-hard-and-where-to-start/
45) Scott Aaronson, "Reform AI Alignment" (November 22, 2022). https://scottaaronson.blog/?p=6821
46) OpenAI, "Our approach to alignment research" (August 24, 2022). https://openai.com/blog/

our-approach-to-alignment-research

47）Jakub Konečný, et al., "Federated Learning：Strategies for Improving Communication Efficiency", arXiv:1610.05492 (2016). https://doi.org/10.48550/arXiv.1610.05492

2.2 関連の深い研究開発領域

　本節は2.1節と同様に【資料4-1】からの転載である。【資料4-1】の人工知能・ビッグデータ区分以外で、2.1節の内容と関連が深い研究開発領域をピックアップして転載した。「2.1.1 因果推論」と「2.2.2 意思決定と最適化の数理」は数理科学区分から、「2.2.4 社会におけるトラスト」はセキュリティー・トラスト区分からピックアップした研究開発領域である。「2.2.3 AIを支えるコンピューティングアーキテクチャー」は、コンピューティングアーキテクチャー区分の記載の中からAIと関係が深いと思われるパートを切り出して再編集して掲載した。

2.2.1 因果推論

（1）研究開発領域の定義

　因果推論とは、物事や事象が起こる因果を調べるための数学的・統計学的方法論である。さらに、問題とする課題に対して、数理科学的に述べられた因果関係の推定・理解により課題解決を目指して意思決定を支援する手法を提示するための研究領域である。数学的方法論としては、a）因果性に関するさまざまな概念を記述するための数理的枠組み作り、b）その枠組みにおいて定式化された因果的特性がどのような仮定の下でデータから推定可能か、c）推定可能であるなら、どうすれば精度よく推定できるか、そして、d）仮定の妥当性をどう検討するか等に関する研究開発が含まれる。さらに、それらの方法論により領域知識とデータを組み合わせて因果関係等を調べることにより、科学や社会（経済、金融、保険等）における課題解決のための意思決定支援を行うことが含まれる。

（2）キーワード

　統計学、機械学習、人工知能、確率解析、グラフ理論、反事実モデル、潜在反応モデル、構造的因果モデル、介入効果、反実仮想、交絡、無作為化（RCT）、標本選択バイアス、因果的機械学習、計量経済、金融工学、保険数理

（3）研究開発領域の概要
[本領域の意義]

　因果関係（原因と結果の関係）の解明は科学の主目的の一つである。注意すべきは因果関係を知ることは相関関係を見ることとは異なる点である。さらに、それら因果関係に基づいて介入の効果等を評価することは、社会における課題解決のための意思決定に必要であることが多い。そのため、データから因果関係を推測するための数学的方法論を研究開発し体系化し、実際の問題解決のために効果的に用いることが、学術的にも社会的にも求められている。例えば、経済学や金融もしくは保険分野では、政策、社会制度、経営方針の変更等が何にどのような変化をもたらすかを数理の観点から予測することは、十分な情報に基づいた意思決定を行う上で必要不可欠である[1]。実際ノーベル経済学賞の対象となるほど因果推論手法は経済学において根付いている。また、保険分野でも因果推論や機械学習等データサイエンスと切り離すことができない。金融分野においては例えば時系列データ分析を用いて市場変動やデフォルト率変動等の要因を探ることは重要視されている。さらに、医学分野での病気・疾病と原因を探る営みはまさに因果効果を探ることにほかならないが、ここに言う因果推論はこうした分野での期待や需要も大きい。

　一方、深層学習を含む機械学習が成熟したことにより、それに関する理論研究だけでなく、科学や工学のさまざまな分野において機械学習を課題解決に利用する研究が盛んに行われている。そこで研究開発された技術

の実用化は、Webサービスを展開する企業や新薬や新材料探索を効率化したい企業を含め多くの企業や大学・研究機関で進んでいる。そして、文部科学省が大学レベルで「数理・データサイエンス・AI教育プログラム認定制度」をスタートさせる等、機械学習は全国的な教育カリキュラムにも取り入れられ始めている。

全国的な教育に組み込まれるほど機械学習はなくてはならない手法となってきたが、それに伴い、現在の機械学習が「できること」と「できないこと」の区別も多くの人に認識されるようになった。また、機械学習技術がコモディティ化したことにより、自社サービスに独自性を出したい企業等が、機械学習が「できないこと」を実現する他の技術に興味を示している。従来の機械学習ができないことの代表例が、因果関係を推測することである。そのための方法論が、統計的因果推論である。

そのような背景があり、現在は、因果推論ブームにあると言われ、関連の書籍やセミナーが国内外で多数出版および開催されている。それに伴い、実際の適用事例も、従来の医学や経済学、金融等だけなく、Webサービス関連、マーケティング、政治学、政策科学、化学、材料科学、気候学、農学、製造業等多様な領域で数多く見られる。

● 歴史的な流れ

Jerzy Neyman（1923）[2]により、無作為化実験の文脈で潜在反応という因果関係を定式化するためのアイデアが提案された。また、Ronald Fisher（1925）[3]は無作為化実験の重要性を広めることに貢献した。Donald B. Rubinは、潜在反応のアイデアを無作為化実験以外も含めて、潜在反応モデルとして一般化した[4]。Rosenbaum and Rubin（1983）[5]により提案された傾向スコアは、複数の交絡要因を一つの変数にまとめることで、要因の組み合わせによっては条件に該当する対象者が少なくなりすぎる問題等を和らげ、因果分析の普及に貢献した。さらに、時間的に処置が変化する場合への対処は、James M. RobinがG-推定法を提案した[6]。一方、Judea Pearlは、Sewall Wrightが提案したパス解析[7]をもとに計量心理学で発展した構造方程式モデリングや数学分野のグラフ理論を結び付け、仮定を視覚的に表現する因果グラフを特徴とする構造的因果モデルを提案した[8]。そして、交絡要因を選択する際のよりどころとしてdo計算法を考案した[8]。また、Peter Spirtesらにより、因果グラフをデータから推測する因果探索も分野として成立した[9]。それらと並行して、操作変数法[10]や差分の差分法[11]、回帰不連続デザイン[12]、標本選択バイアスへの対処法[13]等が経済学分野から提案され、潜在反応モデルや構造的因果モデルの枠組みで裏付けされ精緻化された[14],[8]。歴史については、8)、15)、16)、17)、18）がより詳しい。

［研究開発の動向］

❶ 数学的方法論に関する動向：因果性に関するさまざまな概念を記述するための数理的枠組み作り
（反事実モデルで因果を定義）

現在の因果推論では、反事実モデルと呼ばれる考え方に基づいて因果を定義する。例えば、「私」が薬を飲んで病気が治ったことを観測しただけでは、薬が原因で病気が治ったと言うには不十分であり、時間を巻き戻して「私」がもし薬を飲まなかった場合に病気が治らなかったことを観測すれば、薬が原因で病気が治ったと考えることができる。この2人の「私」は、同じ「私」のため、薬を飲んだか飲まなかったかのみが異なるから、病気の経過に違いが出れば、それは唯一の違いである薬を飲んだか飲まなかったかのせいだと考えるのである。ただし、実際には「私」は一人しかいないため、薬を飲んだ場合と飲まなかった場合の両方について病気が治ったか否かを観測することはできず、必ず一方は観測できない。観測できた方を事実、そうでない方を反事実と呼ぶ。それら二つの場合を比較することにより因果を定義するため、この考え方を反事実モデルと呼ぶ。

この定義から分かるように、個人レベルの因果効果をデータから知ることは原理的に不可能である。その

ため、集団レベルの因果効果を調べることが基本となる。上述の薬の例であれば、薬を飲んだか否か以外は、集団としての性質が同じ二つの集団を比較し、病気が治った割合に違いがあるかを調べる。この集団レベルの因果効果を、端に因果効果あるいは介入効果と呼ぶ。

なお、反事実モデル以外にも、因果を定義する試みとしてグレンジャー因果や移動エントロピー、Convergent cross mapping[19],[20] 等があるが、少なくとも現状では、定義としての採用は推奨されていないと思われる。これらは変数間の統計的関連性に基づいて定義されているが、それら定義を満たす関係を見つけたとしても、必ずしも因果関係にはないからである。例えば、グレンジャー因果の場合であれば、分析に含まれていない変数が共通原因（交絡要因）となる場合が考慮されていない[8]。ただし、これら方法を用いた際、結果的に、反事実モデルに基づいて定義される因果関係を推定できる場合はある。

（潜在反応モデル）

反事実モデルと言う考え方を数学的に表現するための代表的なフレームワークに潜在反応モデルがある[4],[14]。このフレームワークでは、観測されるかどうかにかかわらず薬を飲んだ場合の「私」と飲まなかった場合の「私」について病気が治るか否かをそれぞれ別々の変数で表し、潜在反応と呼ぶ。個人でなく集団を対象に薬を飲んだ場合と飲まなかった場合を比較する場合は、個人の添え字を落として病気が治ったかを確率変数として扱う。この記述の仕方を用いて、因果に関する概念や因果に関して調べたいことを表現する。例えば、介入効果や原因の確率等である。介入効果とは例えば、被検薬と偽薬を服用してもらうことで被検薬がどのくらい効果があるかであり、反事実の確率とは例えば、ワクチンを接種せずに新型コロナに感染しなかった人が、もしもワクチンを接種していたとしたら感染したであろうと考えられる確率である。潜在反応モデルの提案者は統計学者のDonald B. Rubinであり、特に統計学分野で広く研究され、経済学や医学を始め広く用いられている。

（構造的因果モデル）

もう一つの代表的なフレームワークに、構造的因果モデルがある[8]。このフレームワークでは、潜在反応モデルとは違い、薬を飲んだ場合の「私」と飲まなかった場合の「私」の病気が治ったかを別々の変数で表すことから始めるのではなく、まずデータの生成過程を構造方程式と呼ばれる数式を用いて表し、変数に介入することは、その変数の値を生成する構造方程式を変更することであると考える。そして、構造方程式を用いて潜在反応を求める。例えば、薬を飲ませるという介入を行う場合は、薬を飲んだか否かを表す変数を生成する方程式を、常に薬を飲むように変更する。その変更した新しいデータ生成過程において病気が治るかどうかを表す変数の値が、薬を飲むという処置を受けた場合の潜在反応となる。構造的因果モデルの提案者は計算機科学者のJudea Pearlであり、特に計算機科学や人工知能の分野で広く研究されている。条件付き独立性とグラフ理論を結び付けるグラフィカルモデルのアイデアや計量心理学で発展した構造方程式モデリング[21]で蓄積されたアイデア（例えば、仮定を幾何学的に図示すること）も取り込まれている。なお、Peter Spirtesらによって、介入を因果グラフで表現するアイデアも同時期に発表されている[9]。応用面では、歴史的に後発であるため、現状では潜在反応モデルの方が用いられている領域が多いと思われる。しかし、構造的因果モデルには、因果グラフと呼ばれる図示によって、仮定を視覚的に表現できるという利点がある。この利点により、分析者が仮定の妥当性を検討したり領域知識を取り込んだりすることが、潜在反応モデルより容易になる。そのため、両方のフレームワークを適宜使い分ける分析者が増えている。なお、フレームワークの違いにより、データ分析の結論が異なることはないことが知られている[8]。

● **定式化された因果的特性がどのような仮定の下でデータから推定可能か**

　例えば、興味の対象となる代表的な因果的特性である介入効果をデータから推定するためには、集団としての性質が同質の集団をいかに用意するかが鍵となる。無作為化実験では、対象集団を無作為にグループ分けすること（無作為化/ランダム化）により、そのような集団をあらかじめ用意することができる。しかし、無作為化実験によらずに収集されたデータにより因果推論を行う際には、多くの工夫が必要となる。典型的な工夫としては、原因候補の変数の値を決定するような変数を全て列挙し、それら変数に基づいて対象集団をグループ分けすることにより、同質の集団を用意する。例えば、重症かどうかのみによって薬を飲んだかどうかを決めているとしよう。重症かどうかによって病気が治るかどうかも変わるだろう。この場合は、重症度によってグループ分けすることによって、重症度について等質であって薬を飲んだかどうかのみが異なる集団を用意する。それができないと、病気にかかる割合に違いが出たとしても、薬を飲んだかどうかで違いが出たのか、重症かどうかで違いが出たのか区別できなくなる。これを交絡の問題と呼び、重症度のような因果関係を調べたい変数ペアに共通する原因を交絡要因と呼ぶ。交絡の問題を避けるために、どの変数についてグループ分けすべきかを判断することが、介入効果を推定する上で鍵となる。交絡の問題以外にも、特定の変数の値に依存して対象者を選んでしまうことにより対象集団には本来存在しない変数間の関連性が現れてしまうと言う標本選択バイアスの問題がある。

　そのため、どのような条件で介入効果等の因果的特性を偏りなく推定できるかを数学的に明らかにすることが、因果推論において最も重要な研究項目の一つとなり、多くの研究が行われている。なお、データからそのような推定が可能であることを、識別可能であると言う。この識別性そのものに焦点を当てた研究が因果推論の大きな特徴である。潜在反応モデルの枠組みでは、強く無視できる割り当て条件がこれに対応する。また、構造的因果モデルの枠組みでは、Judea Pearlらによる因果グラフに基づくdo計算法がこれに対応し、その特殊形であるバックドア基準が特に有名である[8]。また、時間的に処置が変化する場合については、計量生物学者のJames M. RobinのG-推定法等の成果が知られている[6]。標本選択バイアスの問題への対処については、経済学者James Heckmanの成果が知られている[13]。

● **推定可能であるなら、どうすれば精度（推定値が真値に近い）よく推定できるか**

　興味のある因果的特性がデータから推定可能であれば、つまり識別可能であれば、次は、どのように精度よく推定するかが焦点となる。例えば、グループ分けに用いる変数が多数になると、グループの数が多くなりすぎて、各グループに該当する対象者の数が少なくなりすぎ、推定が不安定になる恐れがある。多数の変数を一つの変数にまとめる代表的な方法に傾向スコア[5]があり、それを用いたさまざまな提案がある。

● **仮定の妥当性をどう検討するか**

　推定したい因果的特性が推定可能な条件を満たすかどうかは、分析者が採用した領域知識と設定した仮定による。そのため、分析者が設定した仮定に対してその妥当性の検討を行う。例えば、交絡の問題への対処としては、交絡要因の全てを漏れなく分析に含めることが肝要であるが、漏れてしまう可能性は拭えない。その際、漏れてしまったかもしれない未観測の交絡要因によって分析の結論が覆るかどうかについてが関心事となる。そのため、このような未観測交絡要因による偏りの程度を見積もる感度分析を行う[22]。また、分析者が設定した因果グラフから導かれる変数間の条件付き独立性が実際にデータで現れるかを調べることで、因果グラフに誤設定があるかを検討できる[8]。

❷**因果推論による意思決定支援に関する研究動向**

　因果推論は、疫学や経済学を始め、幅広い領域で課題解決のための意思決定支援に利用されている[1], [23],

24)。医学分野等では、治療法の効果の検証等に標準的に用いられている。また、ビジネス分野でもオンラインで行う無作為化実験（A/Bテスト）を含め盛んに利用されるようになってきている。例えば近年では、コロナワクチンの集団予防接種の有効性の評価[25]を始め、Obama元米国大統領がWebサイトの改善に利用しメール会員登録者を増やすことに役立てたとする事例等も社会の注目を集めた。これらに関する和文の教科書として、26)、27)、28)等がある。

また、操作変数法や差分の差分法、回帰不連続デザイン等、人為的でなく自然に生じた環境の変化を利用する自然実験に基づく手法も、潜在反応モデルや構造的因果モデルの枠組みの中で精緻化が進み、適用例が増加している。例えば、11)では、「最低賃金を上げることは雇用を減らすか？」というリサーチクエスチョンに答えるために、最低賃金を引き上げた州とそうでない州が存在することを利用している。引き上げた州がもし引き上げなかった場合の雇用の時間的変化が引き上げなかった州の雇用の時間的変化と同じという仮定の下、引き上げた州の雇用の変化と引き上げた州がもし引き上げなかった場合の雇用の変化の比較を行い、因果効果を計算した。12)では、選挙において現職が有利かどうかを調べるために、前回選挙で当落線上に近かった議員は、現職かどうか以外に差がないと仮定し、当落線上では、現職だった場合、（そうでない場合より）どのくらい当選しやすくなるかと言う因果効果を計算した。金融分野においては、例えば29)は、欧州の上場銀行において資産の担保差し入れが銀行の信用リスクを変化させるかを、操作変数法を用いて調べた。30)は、主要層ストラテジー[31]と呼ばれる方法を用いてデビッドカードを持っていても使用しない人がいることを考慮しつつ、イタリアの家計においてデビットカードの使用が現金需要を減少させるかを、傾向スコアを用いて調べた。32)では、Bitcoin等の暗号通貨に関して差分の差分法による因果分析が行われている。また、33)は、米国の中央銀行の判断と経済の状況との因果関係を調べるために、政策金利等の政策に関する変数、GDPやダウジョーンズコモディティ指数等を経済状況に関する変数として用いて因果探索による分析を行った。

定性的な因果関係（因果グラフ等）が領域知識から既知の場合に、直接観測可能な変数について因果関係を推論するための方法論は、成熟期を迎えたと言えるだろう。1970年前後から因果推論の発展に貢献した世代が現役を退き名誉教授等になる時期を迎え、それら因果推論に関する成果がチューリング賞（2011）やノーベル経済学賞（2000、2019、2021）の対象にもなった。チューリング賞受賞理由はベイジアンネットワーク[34]であり、保険数理へ広く応用されている[35]。これらノーベル経済学を受賞した開発経済学や労働経済学における因果推論の手法は、その後も隣接する教育経済学や公共経済学、都市経済学、さらにはそれ以外の分野へと拡大し、実証研究において何を外生要因とするかを明確に意識するようになった。さらに、アカデミアや産業界、官公庁等を含め広い領域で、因果推論が問題解決のために用いられている。

（4）注目動向

2010年頃から、ビッグデータやデータサイエンス、AI等をスローガンに、統計学や機械学習に関する学術的成果が、科学や社会においてさらに広く使われるようになった。因果推論は、それより前から、医学や経済学等の分野で利用されていたし、それら領域科学における需要を念頭に置いた方法論に関する研究も計量生物学、計量経済学、計量心理学、統計学、計算機科学、哲学等の研究者を中心に盛んに行われていた。ただ、それらスローガンの登場により、因果推論と機械学習の動機や技術の交流や相互乗り入れ、そして適用される領域の拡大等の変化があったように推測される[36],[37]。

実際まず、i) 機械学習関連の研究者や実務家がアカデミアや産業界で大きく増えたこと、ii) そして機械学習が社会で広く利用されることにより、伝統的な機械学習の手法では答えられないリサーチクエスチョンが方法論者以外の科学者や実務家に認知されたこと、また iii) 機械学習の成熟により、同領域に閉じた重要な研究トピッ

クの減少等を背景にして、多くの機械学習の研究者が因果推論の研究も行うようになったことが挙げられる。また、因果推論の研究者も機械学習の成果を積極的に取り入れるようになってきている。

産業界では、米国や欧州、中国ではMicrosoftやAmazon、Google、Alibaba、Huawei等の大企業が因果推論に関するサービスを提供したり、分析パッケージを公開したり、そのために同分野の研究者の採用を積極的に行い、研究グループを形成し論文発表等にも力を入れる等をしている。これら人材を継続的に輩出する因果推論に関する研究拠点が米国や欧州にはそれぞれ複数ある（Carnegie Mellon University、University of California, Los Angeles、Harvard University、Max-Planck-Institut、ETH Zürich等）。中国でも清華大学がDonald B. Rubinを2018年より教授として迎える等、因果推論に関する人材育成に力を入れていることが伺える。また、深層学習等の機械学習技術に基づくサービスだけでなく因果推論に基づくサービスを売りにする企業も、スタートアップを含め国内外で散見されるようになった。

[新展開・技術トピックス]
❶因果推論のアイデアによる機械学習の改善

深層学習等の機械学習技術に基づくAIが社会実装されるに伴い、その信頼性の確保が重要となっている。当初は因果推論のアイデアはさほど使われてはいなかったと思われるが、信頼性の中でも公平性や説明性は因果推論の枠組みで定義され議論されてきた性質であったため、それを利用したAIの公平性や説明性を評価し向上させるための研究が盛んに行われている[36]。

また、機械学習による予測性能は格段に向上したが、大きな課題の一つとして、環境が変化すると予測精度が低下する問題があり、共変量シフトや転移学習、ドメイン適応等の名で研究されている[38]。環境が変わっても予測精度を維持させるためには、環境が変わっても不変な特徴を利用する必要がある。そのような不変な特徴として、定性的な因果関係を利用することが注目を集めている。環境が変わり、因果の大きさや分布が変わっても、原因と結果の関係は変わらないだろうというアイデアである[36]。因果推論の文脈では、外的妥当性の問題として研究されているが、技術交流が進んでいる[39]。

❷機械学習のアイデアによる因果推論の改善

因果推論の理論によって、興味のある因果的特性、例えば、介入効果がデータから推定可能であると分かった後、それを実際に推定する際に、機械学習の技術を使い推定精度を向上させようという試みがある。機械学習技術は予測を目的にしているため、何らかの補正をする必要があるが、特に高次元データを扱う際には有効である可能性がある[40]。

また、分析者が設定した仮定、例えば、因果グラフの妥当性を検討する目的で変数間の条件付き独立性を調べることがある。その際、変数がガウス分布以外に従う場合や非線形の場合を扱う上で、カーネル法による独立性評価等の機械学習の技術が使われている[41]。

❸因果推論と機械学習の融合による高次の知能を持つAIの実現へ

深層学習の登場により人間のような知能を持つ自律的なシステムが実現するのではないかという期待が高まっている。しかし、人間のような知能を持つには、因果の推定（推測）をAIがなせることが必要であるとして[42]、深層学習を含む機械学習と因果推論の融合を目指す流れがある[43]。実際に介入する前に、もし介入したらどのくらいの効果があるかを予測したり、実際には起きていないことがもし起きたらどうなるかといった反実仮想によるシミュレーションを行えたりすることが、従来の機械学習に基づくAIをより高次のレベルへ引き上げるために必要だという考え方である（反実仮想機械学習）。これにより、例えば、環境や状況の変化に適応し、未知の新しい状況でも適切な予測を行えるAIが実現するのではと期待されている[15]。例えば、動

画等から因果関係や変数定義を学習し、それを別のタスクへ生かすこと等が挙げられている（因果表現学習）[37]。反実仮想機械学習や因果表現学習等は総じて因果的機械学習と呼ばれている[36]。

仮にそのようなAIが実現し、領域知識やデータを自動的に収集する術が備われば、領域知識とデータに基づき、因果関係を踏まえた仮説構築や検証をAIが自動的に行うことができるだろう。実現のためにまず必要なのが、潜在反応モデルや構造的因果モデル等の因果関係を記述するための数学的フレームワークであった。そうしたことから、それらフレームワークの中で、リサーチクエスチョン、仮定、データの三つが与えられたときに、リサーチクエスチョンに答えることが可能か、可能なら答えは何かを計算するための原理や推定アルゴリズムに関する数理科学的研究が盛んに行われてきている。このような自律的なAIシステムは、Society 5.0におけるスマートシティー構想やデジタルツイン構想の実現を含め、人間が科学や社会における問題解決を行う際に大きな助けとなるだろう。

[注目すべき国内外のプロジェクト]

❶因果推論に関する国際学会、国際雑誌、国際会議が設立

- The Society for Causal Inference（SCI）が2021年に設立された（https://sci-info.org）。設立前から毎年開催されていたAtlantic Causal Inference Conferenceを母体としている。年1回American Causal Inference Conferenceと週1回程度公開でOnline Causal Inference Seminarを開催している。
- 北京国際数学研究中心（Beijing International Center for Mathematical Research）の中で、清華大学と北京大学が主催して、Pacific Causal Inference Conferenceを2020年から国内外の研究者を年1回開催している。上記のAtlanticと対比させてPacificと銘打っているのだろう。
- 2013年より、Judea Pearl教授をEditorの一人として、因果推論の専門誌Journal of Causal Inference（De Gruyterより出版）が刊行開始された。
- 2022年より、因果推論専門の国際会議としてConference on Causal Learning and Reasoning（CLeaR）が始まり、査読付きプロシーディングスを出版している。

❷因果推論の研究教育拠点形成のための資金助成

米国国立衛生研究所（NIH）のBD2K（Big Data to Knowledge）事業において、ビッグデータから生物医学に関する知識を得るための因果推論の方法に関する研究教育拠点を形成するために、University of PittsburgやCarnegie Mellon Universityを中心にCenter for causal Modeling and discovery of Biomedical Knowledge from Big Dataを設置された[93]。交絡要因を調整することによる介入効果の推定という伝統的な因果分析以外の方法論の成果も、科学や社会で活用される段階に来たことを印象づけるプロジェクトであった。ただ、深層学習をベースとするような国レベルでの因果推論研究やその社会実装への投資は、世界的にまだ始まっていないと思われる。

（5）科学技術的課題

因果推論における主なボトルネックは、無作為化実験が実施できないような場合に生じる。したがって、多くの方法論研究は無作為化実験以外から得られたデータ（観察データ）による因果推論を対象としている。しかし、分野全体の意識としては、それだけに特化するのでなく、複数の母集団における無作為化実験から得られたデータとそれ以外の方法により得られたデータを領域知識と組み合わせて、より良い因果分析を実現しようとする方向に進んでいる[44]。

93　2014年-2019年,5年間12.8M USD. https://app.dimensions.ai/details/grant/grant.3860236

❶枠組みの拡張と仮定の妥当性の検討方法

　交絡と標本選択バイアスが因果推論の二大困難である[1], [44]。因果構造を表す因果グラフが非巡回の場合の理論は大きく発展したが、さらに実際の適用範囲を広げるには、それ以外の場合についても同水準にまで数学的な理論（例えば、力学系や圏論等）を拡張・精緻化したりする必要があるだろう。例えば、対象者間に干渉があり得る場合、因果関係に巡回構造が見られる場合、因果関係が異なる複数の集団が混在する場合、因果関係が時間的に変化する場合、非平衡状態にある場合、変数の定義が事前に明確でない場合等があるだろう。

❷自動化による分析者の負担の軽減

　因果推論を行うためには、データだけでなく領域知識が必要である。そのため、どのような領域知識に基づいて分析の仮定を設定するのかを分析者が判断しなければならない。したがって、分析者の負担を軽減し判断に焦点を合わせやすくすることが、因果推論が必要な場面で多くの人に使われるようになるためには必要であると思われる。例えば、領域知識を論文データベースから自動抽出したり、人間参加型の因果分析プロセスを構築したり、因果推論が介入したときの変化の分析であることを踏まえて結果を可視化したり、因果グラフをデータから推測したりすることが挙げられるだろう。個々の技術は各分野で行われているが[45], [46], [9], [47]、それを効果的に結び付け、一つの因果分析システムとして、分析者が比較的手軽にアクセス可能な状態にすること肝要であろう。

（6）その他の課題

　国内の大学等の機関において、一部の医学研究科所属の生物統計学関係の専攻を除いて、因果推論人材を継続的に輩出し得る仕組みや環境は十分でないと思われる（例えば、因果推論に関する教員が定常的に在籍する等）。

　また、政府のAI戦略2019を踏まえて、文部科学省「数理・データサイエンス・AI教育強化拠点コンソーシアム」がまとめたモデルカリキュラムにおいて、リテラシーレベルでは「相関と因果（相関係数、擬似相関、交絡）」、応用基礎レベルでは「相関関係と因果関係」がキーワードとして挙げられており、文理を問わず、全国の大学・高専生が学ぶことが目指されている。リカレント教育やリスキリングのための教育プログラムの設置や拡充も必要だろう。実務で因果推論を使っているとされる実務家教員も理論的背景については十分な知識を持っていない場合もある。因果推論の研究者や実務家等の数は、例えば、機械学習分野と比して、世界的に少ない。大学等において、医学に限らず幅広い適用領域で因果推論を教えることができる教員および因果推論に関する研究能力を持つ人材の養成が急務である。

　因果推論の手法がノーベル経済学賞を受賞したことを背景とし、日本でもEBPM（evidence based policy making）に注目が集まるようになったが、科学としての精緻さを増した経済学的な政策分析は、一方で複雑で分かりにくい分析や解釈の難しい結果が示されるようになり、研究者と政策担当者（あるいは一般の人々）をつなぐ人材が必要になっている。

（7）国際比較

国・地域	フェーズ	現状	トレンド	各国の状況、評価の際に参考にした根拠等
日本	基礎研究	〇	↗	大学等では、医学研究科・薬学研究科所属の生物統計学関係の専攻[48]、経済学研究科の計量経済学関係[49]、統計学や機械学習関係の専攻等にて、因果推論に関する方法論研究が行われている。また、理化学研究所等の関連部局でも行われている[50]。因果探索分野で因果グラフの識別性に関して嚆矢となる研究も生まれている[44]。近年、機械学習分野でも因果推論に関する研究が行われるようになった分、研究成果や研究者数は増加しているが、欧米に比べれば研究者数は非常に少なく、継続的に研究成果を発表し人材を育成・輩出するためには、層を厚くする必要がある。
日本	応用研究・開発	△	↗	医学や疫学、経済学等において普及している。また、サイバーエージェント[51]やNTTグループ[52]、富士通[53]等の企業でも、因果推論に関する研究も見られる。NEC[54]、ニュートラル[55]、SCREEN[56]、ソニー[57]等、因果推論を行うソフトウェアや分析サービスを販売する企業も現れている。
米国	基礎研究	◎	↗	潜在反応モデルや構造的因果モデル、因果探索等について嚆矢となる成果を挙げた Harvard University[58]、University of California, Los Angeles、Carnegie Mellon University[59]を中心に、University of Washington や Johns Hopkins University、Columbia University 等が研究拠点として機能しており、研究成果の発表件数も多く、研究者の層が厚い。また、Columbia University や University of Montreal（カナダ）等の深層学習を含む機械学習研究拠点との連携も進み、その分、研究成果および研究者数は増えている。NeurIPS[60]、ICML[61]、KDD[62]、UAI[63]等機械学習分野の主要国際会議で因果推論関係ワークショップやチュートリアルが行われている。
米国	応用研究・開発	〇	↗	医学や疫学、経済学、政治学においてはよく普及している。生命科学、疫学や経済学、神経科学等について特に方法論に関する研究拠点との連携もよくなされている。さらに、Microsoft[64]やGoogle[65]、IBM[66]等の企業においても因果推論の研究チームがあり、分析パッケージを公開したり等している。
欧州	基礎研究	◎	↗	米国同様、因果推論に関する研究拠点が複数ある。英国のUniversity College London[67]、ドイツのMax-Planck-Institut[68]、スイスのETH Zürich[69]、フィンランドのUniversity of Helsinki[70]、ギリシャのUniversity of Crete[71]、オランダのUniversity of Amsterdam[72]等が挙げられる。米国同様層は厚く、機械学習研究者との連携もよくなされている。因果推論の方法は主に米国で発展してきていると言えるだろうが、Jerzy Neymanが潜在反応モデルを無作為化実験の文脈で初めて提案したことに加え[2]、Ronald Fisherは無作為化が因果推論の強力な道具であることを広める等した[3]。
欧州	応用研究・開発	〇	↗	米国同様、生命科学、経済学等、それから気候学[73]について方法論に関する研究拠点との連携もよくなされている。Amazonドイツにおいて、Max-Planck-Institutの研究者と連携した因果推論の研究グループ[74]が形成されている。また、因果推論を特長としたスタートアップ企業等もギリシャ[75]や英国[76]等で見られる。
中国	基礎研究	△	↗	北京大学[77]や清華大学[78]、広東工業大学[79]等に拠点が形成されつつある。深層学習等の機械学習研究者との連携もよくなされているが、まだ層が厚いとは言えないだろう。嚆矢となるような仕事についても目立った活動はまだ見られない。清華大学がDonald B. Rubin教授を迎える等、力を入れていることは伺える。
中国	応用研究・開発	△	↗	Alibaba[80]やHuawei[81]等の企業において、因果推論に関する論文発表が行われている。

韓国	基礎研究	△	→	目立った活動は見られない。
	応用研究・開発	△	→	目立った活動は見られない。

(註1) フェーズ
　　　基礎研究：大学・国研等での基礎研究の範囲
　　　応用研究・開発：技術開発（プロトタイプの開発含む）の範囲
(註2) 現状　※日本の現状を基準にした評価ではなく、CRDSの調査・見解による評価
　　　◎：特に顕著な活動・成果が見えている　○：顕著な活動・成果が見えている
　　　△：顕著な活動・成果が見えていない　×：特筆すべき活動・成果が見えていない
(註3) トレンド　※ここ1〜2年の研究開発水準の変化
　　　↗：上昇傾向　　→：現状維持　　↘：下降傾向

参考文献

1) Paul Hünermund and Elias Bareinboim, "Causal Inference and Data Fusion in Econometrics," Arxiv, https://doi.org/10.48550/arXiv.1912.09104,（2023年3月8日アクセス）.

2) Jerzy Splawa-Neyman, D. M. Dabrowska, and T. P. Speed, "On the Application of Probability Theory to Agricultural Experiments. Essay on Principles. Section 9," *Statistical Science* 5, no. 4 (1990): 465-472., https://doi.org/10.1214/ss/1177012031.

3) Ronald Aylmer Fisher, *Statistical Methods for Research Workers* (Oliver & Boyd, 1925).

4) Donald B. Rubin, "Estimating causal effects of treatments in randomized and nonrandomized studies," *Journal of Educational Psychology* 66, no. 5 (1974): 688-701., https://doi.org/10.1037/h0037350.

5) Paul R. Rosenbaum and Donald B. Rubin, "The central role of the propensity score in observational studies for causal effects," *Biometrika* 70, no. 1 (1983): 41-55., https://doi.org/10.1093/biomet/70.1.41.

6) James M. Robin, "A new approach to causal inference in mortality studies with a sustained exposure period—application to control of the healthy worker survivor effect," *Mathematical Modelling* 7, no. 9-12 (1986): 1393-1512., https://doi.org/10.1016/0270-0255（86）90088-6.

7) Sewall Wright, "The Method of Path Coefficients," *The Annals of Mathematical Statistics* 5, no. 3 (1934): 161-215., https://doi.org/10.1214/aoms/1177732676.

8) Judea Pearl, *Causality*, 2nd ed. (Cambridge: Cambridge University Press, 2009).

9) Peter Spirtes, Clark Glymour, and Richard Scheines, *Causation, Prediction, and Search*, 2nd ed. (MIT Press, 2001)., https://doi.org/10.7551/mitpress/1754.001.0001.

10) Philip Green Wright, *The Tariff on Animal and Vegetable Oils* (Macmillan, 1928).

11) David E. Card and Alan B. Krueger, "Minimum Wages and Employment: A Case Study of the Fast-Food Industry in New Jersey and Pennsylvania," *American Economic Review* 84, no. 4 (1994): 772-793, https://doi.org/10.3386/w4509.

12) D. L. Thistlewaite and D. T. Campbell, "Regression-discontinuity analysis: An alternative to the ex post facto experiment," *Journal of Educational Psychology* 51, no. 6 (1960): 309-317., https://doi.org/10.1037/h0044319.

13) James J. Heckman, "Sample Selection Bias as a Specification Error," *Econometrica*, 47, no. 1 (1979): 153-161., https://doi.org/10.2307/1912352.

14) Guido W. Imbens and Donald B. Rubin, *Causal Inference for Statistics, Social, and Biomedical Sciences* (Cambridge: Cambridge University Press, 2015).

15) Judea Pearl and Dana Mackenzie, *The Book of Why: The New Science of Cause and Effect* (New York: Basic Books, Inc., 2018). ジューディア・パール, ダナ・マッケンジー『因果推論の科学:「なぜ?」の問いにどう答えるか』松尾豊 監, 夏目大 訳 (東京:文藝春秋, 2022).

16) James H. Stock and Francesco Trebbi, "Retrospectives: Who Invented Instrumental Variable Regression?" *Journal of Economic Perspectives* 17, no. 3 (2003): 177-194., https://doi.org/10.1257/089533003769204416.

17) Guido W. Imbens and Jeffrey M. Wooldridge, "Recent Developments in the Econometrics of Program Evaluation," *Journal of Economic Literature* 47, no. 1 (2009): 5-86., https://doi.org/10.1257/jel.47.1.5.

18) Donald B. Rubin, "Causal Inference Using Potential Outcomes: Design, Modeling, Decisions," *Journal of the American Statistical Association* 100, no. 469 (2005): 322-331., https://doi.org/10.1198/016214504000001880.

19) C. W. J. Granger, "Investigating Causal Relations by Econometric Models and Cross-spectral Methods," *Econometrica* 37, no. 3 (1969): 424-438., https://doi.org/10.2307/1912791.

20) George Sugihara, et al., "Detecting Causality in Complex Ecosystems," *Science* 338, no. 6106 (2012): 496-500., https://doi.org/10.1126/science.1227079.

21) Kenneth A. Bollen, *Structural Equations with Latent Variables* (John Wiley & Sons, Inc., 1989).

22) Peng Ding and Tyler J. VanderWeeleb, "Sensitivity Analysis Without Assumptions," *Epidemiology* 27, no. 3 (2016): 368-377., https://doi.org/10.1097/EDE.0000000000000457.

23) Miguel A. Hernán and James M. Robins, *Causal Inference: What If* (CRC Press, 2020).

24) Stephen L. Morgan and Christopher Winship, *Counterfactuals and Causal Inference: Methods and Principles for Social Research, 2nd ed., Analytical Methods for Social Research* (Cambridge: Cambridge University Press, 2014)., https://doi.org/10.1017/CBO9781107587991.

25) Noa Dagan, et al., "BNT162b2 mRNA Covid-19 Vaccine in a Nationwide Mass Vaccination Setting," *New England Journal of Medicine* 384 (2021): 1412-1423., https://doi.org/10.1056/NEJMoa2101765.

26) 安井翔太『効果検証入門:正しい比較のための因果推論/計量経済学の基礎』株式会社ホクソエム 監 (東京:技術評論社, 2020).

27) 髙橋将宜『統計的因果推論の理論と実装:潜在的結果変数と欠測データ』石田基広 監, 市川太祐, 他 編, Wonderful R 5 (東京:共立出版, 2022).

28) 星野崇宏『調査観察データの統計科学:因果推論・選択バイアス・データ融合』確率と情報の科学 (東京:岩波書店, 2009).

29) Emilia Garcia-Appendinia, Stefano Gattib, and Giacomo Nocera, "Does asset encumbrance affect bank risk? Evidence from covered bonds," *Journal of Banking & Finance* 146 (2023): 106705., https://doi.org/10.1016/j.jbankfin.2022.106705.

30) Andrea Mercatanti and Fan Li, "Do Debit Cards Decrease Cash Demand?: Causal Inference

and Sensitivity Analysis Using Principal Stratification," *Journal of the Royal Statistical Society. Series C：Applied Statistics* 66, no. 4（2017）：759-776., https://doi.org/10.1111/rssc.12193.

31）Constantine E. Frangakis and Donald B. Rubin, "Principal Stratification in Causal Inference," *Biometrics* 58, no. 1（2002）：21-29., https://doi.org/10.1111/j.0006-341X.2002.00021.x.

32）Shimeng Shi and Yukun Shi, "Bitcoin futures: trade it or ban it?" *The European Journal of Finance* 27, no. 4-5（2021）：381-396., https://doi.org/10.1080/1351847X.2019.1647865.

33）Alessio Moneta, et al., "Causal Inference by Independent Component Analysis: Theory and Applications," *Oxford Bulletin of Economics and Statistics* 75, no. 5（2013）：705-730., https://doi.org/10.1111/j.1468-0084.2012.00710.x.

34）Judea Pearl, *Causality：Models, Reasoning and Inference*（Cambridge：Cambridge University Press, 2000）.

35）Barry Sheehan, et al., "Semi-autonomous vehicle motor insurance：A Bayesian Network risk transfer approach," *Transportation Research Part C：Emerging Technologies* 82（2017）：124-137., https://doi.org/10.1016/j.trc.2017.06.015.

36）Jean Kaddour, et al., "Causal Machine Learning：A Survey and Open Problems," Arxiv, https://doi.org/10.48550/arXiv.2206.15475,（2023年3月8日アクセス）.

37）Bernhard Schölkopf, et al., "Toward Causal Representation Learning," *Proceedings of the IEEE* 109, no. 5（2021）：612-634., https://doi.org/10.1109/JPROC.2021.3058954.

38）Joaquin Quinonero-Candela, et al., eds., *Dataset Shift in Machine Learning*（MIT Press, 2008）., https://doi.org/10.7551/mitpress/9780262170055.001.0001.

39）Elias Bareinboim and Judea Pearl, "Causal inference and the data-fusion problem," *PNAS* 113, no. 27（2016）：7345-7352., https://doi.org/10.1073/pnas.1510507113.

40）Victor Chernozhukov, et al., "Double/debiased machine learning for treatment and structural parameters," *The Econometrics Journal* 21, no. 1（2018）：C1-C68., https://doi.org/10.1111/ectj.12097.

41）Jonas Peters, Dominik Janzing, and Bernhard Schölkopf, *Elements of Causal Inference：Foundations and Learning Algorithms*（MIT Press, 2017）.

42）Judea Pearl, "Causal Inference：History, Perspectives, Adventures, and Unification（An Interview with Judea Pearl）," *Observational Studies* 8, no. 2（2022）1-14., https://doi.org/10.1353/obs.2022.0007.

43）Payal Dhar, "Understanding Causality Is the Next Challenge for Machine Learning," IEEE Spectrum, https://spectrum.ieee.org/tech-talk/artificial-intelligence/machine-learning/understanding-causality-is-the-next-challenge-for-machine-learning,（2023年3月8日アクセス）.

44）Judea Pearl, "The seven tools of causal inference, with reflections on machine learning," *Communications of the ACM* 62, no. 3（2019）：54-60., https://doi.org/10.1145/3241036.

45）和泉潔, 坂地泰紀, 松島裕康『金融・経済分析のためのテキストマイニング』テキストアナリティクス6（東京：岩波書店, 2021）.

46）鹿島久嗣, 小山聡, 馬場雪乃『ヒューマンコンピュテーションとクラウドソーシング』機械学習プロフェッショナルシリーズ（東京：講談社, 2016）.

47）Shohei Shimizu, *Statistical Causal Discovery*：LiNGAM Approach, SpringerBriefs in Statistics（Tokyo：Springer, 2022）., https://doi.org/10.1007/978-4-431-55784-5.

48）京都大学大学院医学研究科 社会健康医学系専攻 医療統計学 http://www.kbs.med.kyoto-u.ac.jp/member_sato.html,（2023年3月8日アクセス）．東京大学大学院 医学研究科 公共健康医学専攻 生物統計学分野 http://www.epistat.m.u-tokyo.ac.jp/about/,（2023年3月8日アクセス）．

49）東京大学大学院経済学研究科経済専攻 経済学コース https://www.e.u-tokyo.ac.jp/fservice/faculty/viewrfj.html,（2023年3月8日アクセス）．

50）理化学研究所革新知能統合研究センター，因果推論チーム https://www.riken.jp/research/labs/aip/generic_tech/cause_infer/,（2023年3月8日アクセス）．理化学研究所革新知能統合研究センター，経済経営情報融合分析チーム https://www.riken.jp/research/labs/aip/ai_soc/bus_econ_inf_fusion_anl/index.html,（2023年3月8日アクセス）．

51）CyberAgent, Inc. AI Lab https://cyberagent.ai/ailab/,（2023年3月8日アクセス）．

52）NTTコミュニケーション科学基礎研究所，知能創発環境研究グループ http://www.kecl.ntt.co.jp/icl/ls/research.html,（2023年3月8日アクセス）．

53）理研AIP-富士通連携センター 国立研究開発法人理化学研究所 革新知能統合研究センター（AIP）「多変数データを用いた非線形因果探索技術の開発」https://aip.riken.jp/news/20220426_pressrelease_aip-fujitsu/?lang=ja,（2023年3月8日アクセス）．

54）日本電気株式会社（NEC）causal analysis：因果分析ソリューション https://jpn.nec.com/solution/causalanalysis/index.html,（2023年3月8日アクセス）．

55）ニュートラル株式会社 因果探索・未来予測ソリューション『NTech Predict』, https://www.ipros.jp/product/detail/2000690909/,（2023年3月8日アクセス）．

56）株式会社SCREENアドバンストシステムソリューションズ 因果探索ソリューション https://www.screen.co.jp/as/solution/causal,（2023年3月8日アクセス）．

57）株式会社ソニーコンピュータサイエンス研究所（ソニーCSL）CALC https://www.sonycsl.co.jp/tokyo/7593/,（2023年3月8日アクセス）．

58）Department of Statistics, Harvard University, https://statistics.fas.harvard.edu,（2023年3月8日アクセス）．Harvard T.H. Chan School of Public Health, CAUSALab, https://causalab.sph.harvard.edu,（2023年3月8日アクセス）．

59）CMU-CLeaR Group, Carnegie Mellon University, https://www.cmu.edu/dietrich/causality/,（2023年3月8日アクセス）．

60）NeurIPS2021 Causal Inference & Machine Learning：Why now?, https://why21.causalai.net,（2023年3月8日アクセス）．NeurIPS2020 Workshop: Causal Discovery & Causality-Inspired Machine Learning, https://www.cmu.edu/dietrich/causality/neurips20ws/,（2023年3月8日アクセス）．

61）Nan Rosemary Ke and Stefan Bauer, "Causality and Deep Learning: Synergies, Challenges and the Future," ICML 2022 Tutorial, https://sites.google.com/view/causalityanddeeplearning/start,（2023年3月8日アクセス）．

62）The 2022 ACM SIGKDD Workshop on Causal Discovery, http://4llab.net/workshops/CD2022/index.html,（2023年3月8日アクセス）．The 2021 ACM SIGKDD Workshop on Causal Discovery, https://nugget.unisa.edu.au/cd2021.html,（2023年3月8日アクセス）．

63）Yoshua Bengio and Nan Rosemary Ke, "Tutorial：Causality and Deep Learning：Synergies, Challenges & Opportunities for Research," 38th Conference on Uncertainty in Artificial Intelligence (UAI 2022), https://www.auai.org/uai2022/tutorials,（2023年3月8日アクセス）．

64）Causality and Machine Learning, Microsoft, https://www.microsoft.com/en-us/research/group/causal-inference/,（2023年3月8日アクセス）.Microsoft, DoWhy, https://github.com/py-why/dowhy,（2023年3月8日アクセス）.

65）CausalImpact, Google, Inc., https://google.github.io/CausalImpact/CausalImpact.html,（2023年3月8日アクセス）.

66）Causal Inference 360 Open Source Toolkit, IBM, https://cif360-dev.mybluemix.net,（2023年3月8日アクセス）.

67）Department of Statistical Science, University College London, https://www.ucl.ac.uk/statistics/people/ricardosilva,（2023年3月8日アクセス）.

68）Causal Inference, Max Planck Institute for Intelligent Systems, https://ei.is.mpg.de/research_projects/causal-inference,（2023年3月8日アクセス）.

69）Seminar for Statistics, ETH Zürich, https://math.ethz.ch/sfs,（2023年3月8日アクセス）.

70）Department of Computer Science, University of Helsinki, https://www.cs.helsinki.fi/u/ahyvarin/,（2023年3月8日アクセス）.

71）Department of Computer Science, University of Crete, http://mensxmachina.org/en/,（2023年3月8日アクセス）.

72）Amsterdam Machine Learning Lab（AMLab）, University of Amsterdam, https://amlab.science.uva.nl,（2023年3月8日アクセス）.

73）Causal Inference and Climate Informatics Group, German Aerospace Center's Institute of Data Science, https://climateinformaticslab.com,（2023年3月8日アクセス）.

74）Amazon. https://www.amazon.science/blog/honorable-mention-to-amazon-researchers-for-icml-test-of-time-award,（2023年3月8日アクセス）. https://www.amazon.science/author/dominik-janzing,（2023年3月8日アクセス）.

75）Gnosis Data Analysis, https://www.gnosisda.gr,（2023年3月8日アクセス）.

76）Actable AI Technologies LTD, https://www.actable.ai,（2023年3月8日アクセス）.
causaLens, https://www.causalens.com,（2023年3月8日アクセス）.

77）Department of Biostatistics, Peking University, https://sph.pku.edu.cn/English/Faculty/Department_of_Biostatistics.htm,（2023年3月8日アクセス）.

78）Yau Mathematical Sciences Center, Tsinghua University, https://ymsc.tsinghua.edu.cn/en/info/1031/1879.htm,（2023年3月8日アクセス）.

79）Data Mining and Information Retrieval Laboratory, Guangdong University of Technology, https://dmir.gdut.edu.cn,（2023年3月8日アクセス）.

80）Decision Intelligence Lab, DAMO Academy, Alibaba. https://damo.alibaba.com/labs/decision-intelligence,（2023年3月8日アクセス）.

81）Huawei Technologies Noah's Ark Lab, http://dev3.noahlab.com.hk,（2023年3月8日アクセス）.

2.2.2 意思決定と最適化の数理

（1）研究開発領域の定義
　人間が合理的な意思決定を行うための数理的手法の開発。標語的には「意思決定のための最適化と予測」の数理科学である。予測と最適化の基盤・背景となる数理モデル、最適化法、シミュレーション手法、ネットワークモデル、確率モデル、ゲーム理論の一部が含まれる。技術開発の基盤となる理論構築のみならず、実際の現場における応用も目指す。特に本俯瞰では意思決定のための数理モデリングの基盤となる最適化・ゲーム理論を中心として俯瞰する。

（2）キーワード
　線形計画法、連続最適化、離散最適化、組合せ最適化、グラフ・ネットワーク、ゲーム理論、計算複雑性理論、半正定値計画法、非線形計画法、機械学習、データ同化

（3）研究開発領域の概要
［本領域の意義］
　意思決定の数理が社会に重要性を訴える上で必須のキーワードは「予測と最適化」である。そして、それに加えて概念的に重要なのが、それを背後で支える「数理モデル」である。寄与し得る分野としては、地球温暖化、資源配分、スケジューリング、人員配置、最適輸送、最適設計、マーケティング等が考えられる。新型コロナへの対応や、地球温暖化への対応のように、人間行動のような曖昧なものと自然科学上の的確な記述を目指すモデルをマッチングしていくということも重要な問題意識である。20世紀はコンピューターの発達とともに、自然科学や工学において、数理的手法が大きな力を発揮した。21世紀に入り、コンピューターやインターネットが大きく発展し、ビッグデータを利用できるようになり、複雑な現象や不確実性を含んだ人間の行動等を扱うための数理科学を深化させ、展開していくことが重要となっている。したがって、それらの分野でコンピューターとビックデータを用いた数理的手法により「予測と最適化」について人間の要求に耐え得るものが多く生まれたことが本領域の意義である。予測は「データサイエンス」、最適化はいわば「デザインサイエンス」であるが、両者の境界は曖昧でありはっきりとしたものではなく、機械学習等の隣接分野とも強力な連携を図りつつ行われる学際的な研究開発領域である。

　歴史的に眺めると、第2次世界大戦後勃興した数理科学の中で、意思決定を念頭に置いた人間行動のモデリングに取り組む分野としては、経済学、ゲーム理論、オペレーションズリサーチ（OR）等が挙げられる。特にオペレーションズリサーチでは、目的を達成する上で最適な戦略や計画を求めるためのさまざまな手法を研究する。そのために、線形計画法を軸として、連続・離散最適化法や最適化モデル、ネットワークモデル、ゲーム理論や待ち行列モデル、確率モデルの研究が展開され、さらに、これらの研究と、計算機科学、計算科学とが密接に関わり合い、分野として発展してきた。

　意思決定の数理は、「医薬品の効果の判定」や「道路行政の費用便益分析」等の例に見られるように、社会や行政の意思決定システムの一部としてそれなりに機能してきた。これらは「制度化された意思決定の数理科学」ということができる。しかし、インターネット・ビッグデータ・機械学習の興隆に見られる社会の大変革が進む中で、その一部は既に硬直化して時代にそぐわないものとなりつつあり、抜本的な見直しが必要となっている。具体的には「勘と経験と度胸（KKD）」から「数理モデル+（KKD）」への変革である。さらに、社会制度や組織運営の文化との擦り合わせが本研究開発領域の研究成果を社会に還元する上で極めて重要である。このような問題意識のもと、本俯瞰ではデザインサイエンスの基礎となる最適化・ゲーム理論と関連する数理モデ

ルを中心として俯瞰する。

［研究開発の動向］

❶ 20世紀の展開

　数理科学としての最適化・ゲーム理論の始まりの画期的な契機となったのが、1947年にDantzigによって創始された線形計画法である。線形計画問題は、多面体（内部を含む）上で線形関数を最小化もしくは最大化する問題である。複雑ではないものの、離散的側面と連続的側面を有し、双対性をはじめとする豊富な数理的構造を持ち、ゲーム理論や経済学につながる幅広い応用領域があり幅広く使われてきた。解法は単体法である。単体法は、制約領域の多面体の稜をたどって最適解を求める解法である。1950年代は線形計画法の確立期であり、連続的・離散的最適化の萌芽期であったと言えよう。その後、1960年代から70年代にかけて、連続最適化分野では、無制約最適化に対する最急降下法・ニュートン法、準ニュートン法、そして制約付き最適化に対する罰金法や乗数法等、非線形最適化の諸手法が、離散的最適化分野では、ネットワーク最適化問題等の研究が大きく進展した。この進展で重要な役割を果たした道具立ての一つは双対理論や凸解析であった。

　そして、分野として次の大きな転機は1970年後半に計算機科学における計算複雑度の理論の勃興とともに訪れた。多くの離散的最適化問題が計算複雑度の観点、とりわけ多項式時間解法が存在するか否か？の観点から見直され、P対NP問題と関連づけられ、計算機科学と深い関わりを持つようになった。特に、線形計画問題に対して多項式時間算法が存在するか否かが重要な問題として提起され、これが楕円体法という最初の多項式時間解法（1979年）を経て、内点法という、分野に大きな影響を及ぼした多項式時間解法（1984年）の発見と展開へと続いた。

　内点法は、多面体の内部で定義された最適解に向かう中心曲線という曲線をたどって最適解に行く解法である。内点法によって多面体上での凸2次関数最小化問題、凸2次計画問題や半正定値計画問題といった新しい最適化問題が解けるようになり多くの分野で活用された[1), 2)]。これらの問題が解けることによって新しいモデルが提案され実用化された効用は見逃せない。特に半正定値計画問題は、線形計画問題の行列への拡張としてさまざまな分野でのモデリング手法として威力を発揮している。例えば、0-1整数計画問題の緩和[3)]やシステムと制御理論[4)]への応用がある。また、内点法をはじめとする最適化問題には、リー群の表現論・調和解析の一つの土台ともなっているジョルダン代数による対称錐の理論が大きな役割を果たしている[5)]。統計理論における行列変数の特殊関数の研究は、このような表現論や非可換調和解析と共有する部分が多くあることからも基礎数学と応用数学との交流地点となり、今後の研究人材育成の重要な位置にもある。

　また、連続最適化については、制約条件付き非線形最適化問題を内点法で解くという研究も1990年代に大きく進展した。後述するように、内点法は日本の貢献が大きい分野として挙げられる。一方、離散的最適化では、効率的に解くことができるグラフ上の最適化問題の構造を一般化した抽象的概念であるマトロイドや劣モジュラ関数の研究や、計算困難な問題に対する精度保証がある近似解を効率的に求めるアルゴリズム、あるいは、アルゴリズムの中で乱数を用いることによって解の品質を高めることを目的とする乱択アルゴリズムの研究が進展した。また、実用上重要である整数計画問題について、多面体的アプローチを活用した分岐切除法等が発達し、大規模な巡回セールスマン問題等も厳密に解けるようになった。

❷ 21世紀の展開

　以下では連続最適化と離散最適化の観点から、21世紀に入ってからの最適化技術の開発と数理モデリング手法の発展の研究の歴史と動向を述べる。研究の方向性としては「理論的研究」「ソルバーの開発」「社会への応用」という三つが大きな柱となる。

まず連続最適化に関しては、内点法によって多面体上で凸2次関数を最小化する凸2次計画問題が実用化され、その結果として、ポートフォリオ設計の基本モデルである平均分散モデルや機械学習の基本モデルであるサポートベクターマシン（SVM）が実用化された[2]。1980年代後半から1990年代前半にかけて、ニューラルネットワークの第1次ブームが起こったが、パラメーター最適化が困難であり、その点を克服するために、内点法を用いた凸最適化によるモデリングが検討され、これがサポートベクターマシンの導入につながった[6]。さらにこれが機械学習における解の疎性の重要性の認識へと深化し、2000年代に入り、解の疎性を利用して優れた信号復元を行うために線形計画法を用いる圧縮センシングの理論が高次元幾何学や確率解析等、数理関連分野を巻き込んで大きく進展した[7]。

一方、ビッグデータの時代に入り、画像処理等データの大規模化により、行列計算を必要とするニュートン法は計算コストが膨大で適用しづらくなり、2000年代の後半より最急降下法が復権した。この文脈で特によく研究されたのが、Nesterovによる最急降下法の加速法とADMM（交互方向乗数法）である[8]。また、変数の数が膨大で勾配を計算するのが困難であるため、一部の座標のみをランダムに選んで降下方向を構築する確率的アルゴリズムが開発された。ここに述べたアルゴリズムはおおむね凸関数に対するものであり、これらのアルゴリズムの計算複雑度の解析と実用化の研究が2000年代後半から2010年代前半にかけて進展した[8]。機械学習における連続最適化の重要性は、万人の認めるところであるといってよい。また、最適設計やデータ同化等の文脈でも連続最適化が重要な役割を果たしている。これらは2次元や3次元のメッシュ上の最適化であり、超大規模問題となり、基本的には最急降下法が用いられる。

離散最適化の研究動向に関して、理論的な研究としては、上でも述べたように効率的に解くことのできる離散最適化問題の数学的構造の研究や、計算困難な問題に対する近似アルゴリズム・乱択アルゴリズムの研究が引き続き進められた。加えて以下でも述べるように、機械学習やゲーム理論といった周辺分野との協働・融合が盛んに行われるようになってきた。

❸日本の貢献

離散最適化におけるマトロイドや劣モジュラ関数の研究に関しては、伝統的に日本において盛んに研究されてきた。日本のお家芸と言っても過言ではなく、日本の研究者の貢献が大きい。例えば1970年代においては、二つのマトロイドの最適な共通独立集合を求めるという離散最適化において最も重要な問題の一つに関して、重要な役割を果たしている論文がある[9]。また近年も、重み付き線形マトロイドパリティ問題に対する多項式時間アルゴリズムという、大きな未解決問題を肯定的に解決した成果がある[10]。加えて[11]、[12]のようなこの分野に関する重要な教科書も出版されている。効率的に解くことのできる離散最適化の理論的基盤をなす劣モジュラ関数に関する教科書である参考文献[11]の重要性は明らかであり、さらに「離散凸解析」[12]と呼ばれる理論的枠組みは、経済学的な問題との関連も深く離散最適化以外の分野でも注目されている。

連続最適化の分野では、内点法については、日本の貢献が大きかったと認められる。特に、線形計画問題・半正定値計画問題・2次錐計画問題に対する内点法については、多くのソフトウェアの実装の基礎となった論文が日本人によって書かれており、それらは定番として古典的に引用され続けている（例えば[13]、[14]）。非線形最適化についても同様の貢献がある。また、ソフトウェアとしては、半正定値計画法のためのSDPAやNTT数理システムのNuorium Optimizerは世界的に知られている[15]。しかし、Nuorium Optimizerは商用ソフトウェアである。そのため、同等の性能を有する優れたフリーソフトを日本で開発し、多くの人たちが自由に使うことができるようになれば、それが世界への大きな貢献となる。

ビッグデータの時代にあっては、最適化アルゴリズムを実際に社会で活用するためにはスパコン等、高性能の計算機を用いた処理は必須である。九州大学マス・フォア・インダストリ研究所や理化学研究所を中心とするグループは、スパコンによる大規模グラフ解析に関する国際的な性能ランキングである「Graph500」に

おいて、複数回世界第1位を獲得する等の世界的な活躍を見せている（使用したスパコンは「京」）。

❹国際研究集会・ソフトウェア等

　連続最適化、離散最適化両方を含む最適化コミュニティーにとって一番大きな研究集会は、3年に1度開催される、International Symposium on Mathematical Programmingである。連続最適化ではSIAM conference on Optimization、International Conference on Continuous Optimizationも評価が高い。これらのシンポジウムで1名程度は基調講演あるいは準基調講演を日本人が行っている。離散最適化では、Integer Programming and Combinatorial Optimizationが著名である。また、機械学習に関する第1級の国際会議であるNeurIPSの一部として、毎年Optimization for Machine Learningが開催されている。また、2017年にはNeurIPSのサテライト会議として、機械学習における離散構造に関するワークショップDiscrete Structures in Machine Learningが開催された。また離散最適化とゲーム理論、特にマッチングの研究に関しては、その基本となるモデルはGaleとShapleyによって提案され、その後このテーマに関しては経済系の研究者と数学系の研究者の交流が盛んに行われている。マッチングの研究における数学・経済学・計算機科学の交流を目的とする国際ワークショップInternational Workshop on Matching Under Preferencesが定期的に開催されていることも、その証拠の一つであると言える。マッチングの研究に関しては、近年現実問題への応用を見据えた複雑な制約を扱うことのできる理論構築を目指す研究が近年盛んである[16]。この分野に関するサーベイ論文[16]はその著者の一人が日本人であり、また、日本の研究者の成果も引用されており、本分野への日本の貢献度は高いと言える。

　またソルバーの開発に関しては、例えば整数計画問題に対するソルバーとしては、商用のものとしてGurobi Optimizer（Gurobi Optimization）やIBM CPLEX Optimizer（IBM）等がある。また日本にもNTTデータ数理システムのような数理科学とコンピューターサイエンスを軸とするソリューションを提供する企業もあり、国際的にも通用するレベルのソフトウェアNuorium Optimizerを提供している[15]。

　ドイツのZuse Institute Berlin（ZIB）は本格的な整数計画法のソルバーの開発を進める一方で、そこからILOGやGurobi等で中心となって働いているメンバーを輩出しており、第1級の研究を進めつつ、産学連携や人材育成を行っている組織として注目される。また日本にも、上述のように、九州大学マス・フォア・インダストリ研究所には「Graph500」で世界第1位を獲得した数理最適化の研究者が在籍しており、企業との共同研究を通じて、社会における技術の応用を目指している。

❺社会応用

　多くの研究者を魅了し論文引用回数を誇る華麗な理論的研究論文を執筆することが重要な学問的成果であることは言うまでもないことであるが、その一方で、多くの人たちが解決を必要としている重要な現実問題に真摯に向き合い、学問的方法論を適用し、泥臭いやり方であってもそれを解決して世の中に貢献することは、時としてそれ以上に価値のあることと言えよう。

　社会応用という観点から分野の状況を眺めると、例えば、離散最適化のモデル・考え方が保育所入所選考のシステムの開発に応用された事例（プレスリリース[17]を参照）、大規模時空間ネットワークを活用して首都圏の朝のラッシュ時の電車混雑の解析を行い、それが実際に大手私鉄の通勤の混雑を軽減するダイヤ編成に活用された事例（中央大学）、そして整数計画法を用いて看護師や介護のスケジューリングを行った事例（成蹊大学・国立情報学研究所）等が、国際的にも十分に通用する優良な活用事例であり、これらのさらなる展開、あるいは新しい活用例が今後も期待されるところである。

（4）注目動向

[新展開・技術トピックス]

　2010年代に入り、連続最適化の分野では、半正定値計画問題のモデリング・数理・アルゴリズム、機械学習分野での適用を意識した1次法を中心とする超大規模問題の解法、確率的最適化の研究が引き続き続いている一方で、多変数多項式の等式/不等式条件下で多変数多項式の目的関数の最適化を行う多項式計画問題、非線形半正定値計画問題といった新しい問題の研究が進められている。計算複雑度を意識した非凸問題の解析が進められているのが一つの特徴である。

　線形計画問題については、強多項式解法が存在するか否かという大きな未解決問題がある。最近、この問題に対して、連続最適化の立場と離散的最適化の立場を融合するような形で、実代数幾何、トロピカル幾何や情報幾何を用いた新しい流れの研究が進展しつつあり、注目されるところである。例えば、限量子消去（Quantifier Elimination）[18]とグレブナ基底がベースとなったものがある[19]。

　離散最適化に関する新展開・技術トピックとしては、まず連続最適化と離散最適化の技術の融合が一つの注目すべきトピックとして挙げられる。連続最適化と離散最適化は、線形計画法を共通のルーツとして持ち、互いに密接に関係している。近年は、内点法のような連続最適化手法を用いてネットワーク計画問題等の計算複雑度を改善する優れたアルゴリズムを構築する方向での研究が盛んに行われている。上述した線形計画問題の研究の新展開もその流れに位置付けられる。この潮流を反映した凸最適化の教科書も近年出版されている[20]。またゲーム理論の均衡の概念と離散アルゴリズムの接近により、不動点定理の計算量理論的研究が発展していることも注目に値する。純粋数学的な観点から不動点定理やゲームの均衡を眺めると、その存在性が最も重要なトピックとなる。しかし、アルゴリズムの観点からこれらの概念を眺めると、その存在性のみならず実際に解を「計算」することが重要な問題となる。この不動点定理やゲームの均衡の計算に関する研究の流れは、Papadimitriouによって1994年に始められたのだが、近年も多くの発展が得られている。

　離散最適化の技術面での新展開としては、例えば以下の三つが挙げられる。一つ目は前項でも触れた、重み付き線形マトロイドパリティ問題に対する多項式時間アルゴリズムである。この結果は計算機科学の第1級国際会議として知られるAnnual ACM Symposium on the Theory of Computingの2017年最優秀論文の一つに選ばれている。二つ目はCutting Plane Methodの改良に関する論文である[21]。この論文の成果は、組合せ最適化アルゴリズムのデザインや計算複雑度評価に広く影響を与えた点で重要な論文である。三つ目は、22)、6)で得られたTSP多面体とマッチング多面体に対する拡張定式化のサイズの下界に関する結果である。離散最適化問題を解く際に、対応する多面体を考える手法は一般的なものであり、この手法に関する重要な限界を示した。

　数学の分野において重要な賞の一つであるAbel Prizeが2021年に離散数学と理論計算機科学に対する基礎的な貢献によりLászló LovászとAvi Wigdersonに与えられたことや、Nevanlinna Prize（現IMU Abacus Medal）が2018年にゲーム理論における均衡の計算等への貢献によりConstantinos Daskalakisに与えられたことは、数学の分野においても離散最適化やアルゴリズムの研究に対する一定の評価があることと示唆していていると言える。さらに2012年にAlvin E. RothとLloyd S. Shapleyが安定マッチングに対する業績でNobel Memorial Prize in Economic Sciences（ノーベル経済学賞）を受賞したことは、経済系の研究者と数学系の研究者の交流が盛んに行われているマッチングの研究の分野において重要な出来事であった。

　受賞という点では、Mathematical Optimization Society（MOS）とAmerican Mathematical Society（AMS）が共催し、離散数学の分野で優れた論文に贈られる賞であるFulkerson Prizeが、2021年にグラフの連結度を計算するアルゴリズム[23]に関して河原林健一氏に贈られたことは日本の存在感を示している。（過去には2003年に岩田覚氏と藤重悟氏が劣モジュラ関数最小化に関する業績[24]でFulkerson Prizeを受賞している。）

[注目すべき国内外のプロジェクト]

❶国内

日本の数理最適化の研究は大学等における理論的研究が中心となっているが、近年、大学と企業の協働による数理最適化の社会への応用を目指したプロジェクトがいくつかある。例えば以下のものが挙げられる（終了したものも含む）。

- 富士通ソーシャル数理共同研究部門（九州大学、2014-2017）
  富士通株式会社、株式会社富士通研究所（当時）、九州大学マス・フォア・インダストリ研究所による、数理最適化等の数理技術の社会への応用を目指した共同研究部門。
- 数理最適化寄附講座（大阪大学）
  大阪大学大学院情報科学研究科が、株式会社ブレインパッドほかから寄付を受け設立。産学連携と研究開発を主な活動として、数理最適化技術のビジネス実装への貢献と基盤技術の開発に取り組んでいくことを目的としている。

また、経済学系のプロジェクトではあるが、その中に離散最適化の研究者も参加しているプロジェクトとして、以下のものが挙げられる。

- 東京マーケットデザインセンター（東京大学）
- 配送計画やスケジューリングといった離散最適化問題は、長年企業等において活用されてきている。特に以下のような配送計画に関する新しい企業が出てきていることは注目に値する。
- 株式会社オプティマインド
  さらに富士通株式会社、日立製作所、NECといった企業でも離散最適化の技術は注目されている。

連続最適化に関しては、東京大学、京都大学等、慶應義塾大学、東京理科大学、統計数理研究所等に拠点的研究室が存在して、研究成果を発信している。機械学習の関連では、理化学研究所革新知能統合研究センターに数理最適化研究部門が存在する。民間企業では、NTTデータ数理システムが、国際的にも通用するレベルでの連続最適化ソフトウェアを開発している。また（株）構造計画研究所はオペレーションズリサーチや最適化分野に強いシンクタンクである。

❷国外

国外においては、例えば以下のようなマッチングの理論の社会的課題への応用を目指したプロジェクトがある。

- Matching Systems for Refugees（University of Oxford、UK）
- European Network for Collaboration on Kidney Exchange Programmes（2016-2020）

またドイツのZuse Institute Berlin（ZIB）は、産学連携や人材育成に成果を上げている。米国においては中国のAlibabaによって設立された、基礎科学に関する組織であるDAMO Academyが非常に注目に値する。例えば、連続最適化の分野において重要な研究者の一人であるWotao YinがDAMOAcademyのDecision Intelligence LabのDirectorを務めている点も注目に値する。

新型コロナウイルス感染症の流行が始まって以来、リモートによる共同研究・研究交流が国内外問わず、日常的となった。最適化分野でも2020年4月から2022年4月にかけて、オーストリアUniversity of Viennaが幹事となって1週間に1度程度One World Optimization Seminarというセミナーが開催され、連続最適化を中心に、世界の第一線で活躍する研究者の研究成果が配信された（日本からの講演者は1名）。

（5）科学技術的課題

本研究領域では「モデリング・数理・アルゴリズム」の三分野にまたがるもしくは行き来する形で総合的に研究を進めていくことが重要である。そのような視点から、いくつかの研究課題を挙げる。

❶モデリングのための統合環境の開発

意思決定と最適化の数理はいわばデザインサイエンスである。デザインサイエンスと対をなすとも言えるデータサイエンスの分野においては、RやPython等の、研究者コミュニティーが最新の成果を利用者に使える形で発表し、利用者はそれを無料で利用できる統計モデル/機械モデル開発プラットフォームが基本的インフラとしてその発展に重要な役割を果たしている。デザインサイエンスにおいてはいまだに同様のモデル開発用プラットフォームが存在しているとは言えない。さまざまな要素的な最適化モデルを組み合わせて解析したい問題のモデルを作成し、解析を進めるための優れたインターフェースを有するフリーのプラットフォームを開発していくことが数理科学の成果を社会に還元する上で重要な役割を果たす。

❷線形計画法・凸２次計画問題・半正定値計画問題のアルゴリズム開発、理論的解析、応用と優れたソフトウェアの構築

線形計画問題や半正定値計画問題は豊富な数理的構造を持ち、それゆえに、規範的最適化問題として、多くの現実問題が帰着できるという点で最強の凸最適化問題である。最適化分野のみならず計算数理分野で国際的に通用するレベルの研究をわが国で行っていくためには、この部分が充実していることが必須である。主双対内点法をはじめとして、研究の蓄積もある。

❸小・中規模の大域的最適化問題の厳密解法の開発

大規模とは言えないまでも、工学やデータサイエンス等に表れる、非常に多くの最適化問題は、数変数から20変数程度である。これらの問題を自動的に解く技術の研究は興味深い。

❹機械学習やデータサイエンスに表れる超大規模最適化問題のアルゴリズムの開発

この問題の重要性は言うまでもない。現状必ずしもわが国の大きな貢献があるとまでは言えないまでも、強化していくべき分野であると考えられる。

❺整数計画問題の優れたソフトウェアの開発

特に気軽に安価で使用することのできるソルバーを構築することは企業等での整数計画問題の活用に関して非常に重要である。実際に問題を解くことはソルバーに任せることができれば、利用者は課題の数理モデル化に集中することができる。

❻ナーススケジューリングをはじめとする、さまざまなスケジューリングや人員配置のモデルとアルゴリズムの研究

人口減少と高齢化が進む日本社会においては、より少ない人員で効率的に社会活動を行うことは、重要な課題である。そこに大きく寄与できるのが、このスケジューリングや人員配置の数理モデルである。数理モデルに基づいて、手軽に利用できるアプリのような形で、社会のいろいろな場面で起こるスケジューリングや人員配置問題を手軽に解決できるようにするプラットフォームを実現できれば、社会に対する大きなインパクトを与え得る。

❼ 離散最適化の活用を促すための Python 等のライブラリーの開発

　機械学習が社会に普及した理由の一つに Python のライブラリー等で気軽に使うことができるようになったことが挙げられる。離散最適化がさらに社会で普及浸透するためには、このように Python のライブラリー等を整備し、取りあえず使ってみようと思える環境を整える必要がある。しかし、現実の課題を離散最適化として定式化することが職人芸のようなところもあり、同時に数理モデル化に関しても何かしらの対策をする必要がある。

　意思決定の数理は現実を解析してモデルを作成し、最適化する、という点でデータサイエンスとデザインサイエンスの両方の視点が必要であり、そのシームレスな結合が鍵となる。その意味では、機械学習やデータサイエンスとも柔軟に連携した分野横断的な研究文化の醸成が重要であろう。また、アルゴリズムを実装する部分を強化する必要がある。

（6）その他の課題

　意思決定と最適化の数理は、それを社会が問題解決に有効な手段であると正しく認識しない限りは、適用場面は極めて限定されたものとなる。意思決定と最適化の数理が適用される場面は、しばしば、不確実性が高く、しかも再現実験が不可能であるようなことが多い。そのため、科学的手法の適用と検証の積み重ねによって、その有用性を示していくことは困難であり、実際その舞台にすら上がることができていない。それは、新型コロナウイルス感染症への対応において、意思決定や統計、最適化の数理の出番がほとんどなかったことに象徴的に表れている。意思決定の数理は適用対象が限定されないヨコ型の手法であり、また、複雑な対象に対するものである点に（ゆえに、その適用には困難さがあることに）、常に留意し、数理系の研究者は、社会にその意義と有用性を発信していくべきであろう。意思決定の数理に対する社会的合意や制度的基盤に関して日本は米国と比較して脆弱であり、大いに改善の余地がある。意思決定の数理は人間の行動に関係しているだけに、制度との関わりは深い。数理モデルや手法の有効性を社会にどのような形でアピールし、制度にどのような形で取り入れていくか、といった出口戦略が重要であろう。

　今後数理技術を用いた意思決定が社会に受け入れられるためには、技術の有益性の社会への啓蒙に加え、さらに数理技術を使える・受け入れることができる人材育成が重要である。この点において、大学等の教育機関が果たす役割は非常に大きいと言える。一番重要なのは、大学における数学を英語と同様に社会人となってから必要とされる必須の素養として位置付け「リベラルアートとしての数学・数理」を万人に導入すべく、大学でのカリキュラムを再編成することであろう。その際には、教えるべき数学は「道具としての数学」あるいは「世の中の仕組みを記述する言語としての数学」であることを意識することが望ましい。これは、データサイエンス時代である現代では必須と言えよう。

　より専門的な人材の育成について言えば、九州大学では「九州大学マス・フォア・イノベーション卓越大学院プログラム」において、「卓越社会人博士課程制度」という制度を実施している。それは修士の学生が修了後、企業に採用され、同時に社会人として博士後期課程に進学するという制度である。また、「社会の課題に数理技術を応用することを学ぶ」ということに関しては、九州大学、東京大学等により「Study Group Workshop（SGW）」という取り組みが 2010 年から行われている。この SGW は、産業・自治体・病院等のさまざまな分野から問題提供者を募り、それぞれが抱える問題で数学を使えば解決に至ると期待できるものを、数学の研究者・学生に対して紹介・解説してもらい、おおむね一週間の会期中、協力して解決を目指す Workshop である。2022 年の SGW は九州大学、東京大学、金沢大学によって組織された。また、東北大学でも「g-RIPS」という取り組みが実施されている。

　線形計画問題は最適化のみならず、計算数理や計算機科学にとって基本的な問題である。主双対内点法をは

じめとして内点法について日本発の業績があり、研究の蓄積もあるため、このような本格的な問題に実力のある若い研究者が挑戦できるような環境と文化を国内に用意することは重要である。また離散最適化の理論に関しては、毎年RIMS共同研究「組合せ最適化セミナー」というセミナーが実施されており、近年、連続最適化についても同様のセミナーが開始された。このような学生から若手研究者の育成に有益なイベントを実施することは、今後の人材育成という点では非常に重要であると言える。

最後に、意思決定の数理と数学とのより深い連携、具体的には確率計画問題や半正定値計画問題や多項式計画法、機械学習における確率的降下法、対称性を有する大規模問題の解法等の解析においては、確率解析、代数幾何、群論・群の表現論等が本格的に活用され、使われている数学的技法も高度化し、より本格的な数学との接点が広がりつつある。このような立場から、意思決定の数理や最適化の研究者と数学諸分野の研究者の協働を実施することは重要なプロジェクトとなり得る。

（7）国際比較

国・地域	フェーズ	現状	トレンド	各国の状況、評価の際に参考にした根拠等
日本	基礎研究	○	↗	離散最適化に関して、マトロイドや劣モジュラ関数といった分野においては、伝統的に研究者が比較的多い。また、マッチングの研究に関しても、日本の研究者が貢献をしている。連続最適化では線形計画法や半正定値計画法等に対する内点法や数理的解析、アルゴリズムの研究で国際的に通用する成果を挙げてきている。
日本	応用研究・開発	○	↗	離散最適化に関して、理論的な研究が中心ではあるが、近年は大学と企業の共同による社会への技術の応用の取り組みが見られる。また、企業においても離散最適化問題への注目が増している。連続最適化は機械学習では必須の技術であり、データ同化、最適設計等の分野でも特に注目されている。
米国	基礎研究	◎	↗	研究者の層が非常に厚い。また、例えば理論計算機科学と経済学といったように分野間の交流も盛んである。
米国	応用研究・開発	◎	↗	研究者が起業する等基礎研究と応用の交流は非常に活発である。DAMO Academyのような組織がある。
欧州	基礎研究	◎	↗	離散最適化の基礎理論に関しては、ハンガリーを代表として非常に盛んである。また、離散最適化とゲーム理論の融合に関しては、ドイツや英国を中心に盛んである。連続最適化も一定の水準を保っている。
欧州	応用研究・開発	◎	↗	例えば英国等においてマッチングの社会への応用を目指すプロジェクトがある。またドイツのZuse Institute Berlin（ZIB）は、産学連携や人材育成の面で重要な役割を果たしている。
中国	基礎研究	○	↗	例えば清華大学にInstitute for Interdisciplinary Information Sciencesが作られたように、基礎理論に関する人材育成が盛んである。また、現在は中国外にあるが、Alibabaによって創設され、中国系研究者を多く擁するDAMO Academy（所在地：米国カリフォルニアやシアトル等）が今後大きな影響を与えると予想される。
中国	応用研究・開発	○	↗	深圳に存在する、香港中文大学深圳ビッグデータ研究センターと香港中文大学-TencentAI・機械学習研究所では、連続最適化と信号処理で著名な研究者であるZhi-Quan Luo（元University of Minnesota教授）が副所長および所長を務め活発に最適化の応用研究を進めている。
韓国	基礎研究	△	→	最適化に関して、研究者はいるが多いとは言えない。
韓国	応用研究・開発	△	→	目立った成果は見られない。

(註1) フェーズ
　　　基礎研究：大学・国研等での基礎研究の範囲
　　　応用研究・開発：技術開発（プロトタイプの開発含む）の範囲
(註2) 現状　※日本の現状を基準にした評価ではなく、CRDSの調査・見解による評価
　　　◎：特に顕著な活動・成果が見えている　○：顕著な活動・成果が見えている
　　　△：顕著な活動・成果が見えていない　×：特筆すべき活動・成果が見えていない
(註3) トレンド　※ここ1～2年の研究開発水準の変化
　　　↗：上昇傾向　　→：現状維持　　↘：下降傾向

参考文献

1) Yurii Nesterov and Arkadii Nemirovskii, *Interior-Point Polynomial Algorithms in Convex Programming, Studies in Applied and Numerical Mathematics* (Philadelphia：Society for Industrial and Applied Mathematics, 1994)., https://doi.org/10.1137/1.9781611970791.

2) Stephen Boyd and Lieven Vanderberghe, *Convex Optimization* (Cambridge：Cambridge University Press, 2004)., https://doi.org/10.1017/CBO9780511804441.

3) László Lovász and Alexander Schrijver, "Cones of Matrices and Set-Functions and 0-1 Optimization," *SIAM Journal on Optimization* 1, no. 2 (1991)：166-190., https://doi.org/10.1137/0801013.

4) Stephen Boyd, et al., *Linear Matrix Inequalities in System and Control Theory*, Studies in Applied and Numerical Mathematics (Philadelphia：Society for Industrial and Applied Mathematics, 1994)., https://doi.org/10.1137/1.9781611970777.

5) Jacques Faraut and Adam Koranyi, *Analysis on Symmetric Cones*, Oxford Mathematical Monographs (Oxford：Clarendon Press, 1994).

6) Thomas Rothvoss, "The Matching Polytope has Exponential Extension Complexity," *Journal of the ACM* 64, no. 6 (2017)：41., https://doi.org/10.1145/3127497.

7) Simon Foucart and Holger Rauhut, *A Mathematical Introduction to Compressive Sensing*, Applied and Numerical Harmonic Analysis (New York：Birkhäuser, 2013)., https://doi.org/10.1007/978-0-8176-4948-7.

8) Amir Beck, *First Order Methods in Optimization*, MOS-SIAM Series on Optimization (Philadelphia：Society for Industrial and Applied Mathematics, 2017)., https://doi.org/10.1137/1.9781611974997.

9) Masao Iri and Nobuaki Tomizawa, "An algorithm for finding an optimal "independent assignment,"" *Journal of the Operations Research Society of Japan* 19, no. 1 (1976)：32-57., https://doi.org/10.15807/jorsj.19.32.

10) Satoru Iwata and Yusuke Kobayashi, "A Weighted Linear Matroid Parity Algorithm," *SIAM Journal on Computing* 51, no. 2 (2022)：STOC17-238-STOC17-280., https://doi.org/10.1137/17M1141709.

11) Satoru Fujishige, *Submodular Functions and Optimization*, 2nd ed., Annals of Discrete Mathematics 58 (Elsevier Science, 2005).

12) Kazuo Murota, *Discrete Convex Analysis, Discrete Mathematics and Applications* (Philadelphia：Society for Industrial and Applied Mathematics, 2003).

13) Masakazu Kojima, Shinji Mizuno, and Akiko Yoshise, "A Primal-Dual Interior Point Algorithm for Linear Programming," in *Progress in Mathematical Programming：Interior Point and*

Related Methods, ed. Nimrod Megiddo (New York：Springer-Verlag, 1989), 29-47., https://doi.org/10.1007/978-1-4613-9617-8_2.

14) Kunio Tanabe, "Centered newton method for mathematical programming," in *System Modelling and Optimization*, eds. Masao Iri and Keiji Yajima, Lecture Notes in Control and Information Sciences 113 (Berlin, Heidelberg：Springer, 1988), 197-206., https://doi.org/10.1007/BFb0042787.

15) Bernd Scherer and R. Douglas Martin, *Modern Portfolio Optimization with NuOPTTM, S-PLUS®, and S+Bayes™* (New York：Springer, 2005)., https://doi.org/10.1007/978-0-387-27586-4.

16) Haris Aziz, Péter Biró, and Makoto Yokoo, "Matching Market Design with Constraints," *Proceedings of the AAAI Conference on Artificial Intelligence* 36, no. 11（2022）：12308-12316., https://doi.org/10.1609/aaai.v36i11.21495.

17) 株式会社富士通研究所, 国立大学法人九州大学, 富士通株式会社「最適な保育所入所選考を実現するAIを用いたマッチング技術を開発」, https://pr.fujitsu.com/jp/news/2017/08/30.html,（2023年3月8日アクセス）.

18) 穴井宏和, 横山和弘『QEの計算アルゴリズムとその応用：数式処理による最適化』(東京：東京大学出版会, 2011).

19) 九州大学マス・フォア・インダストリ研究所 若手・学生研究‐短期共同研究「限量子消去の効率的なアルゴリズムの構築と産業課題解決への応用」. https://joint1.imi.kyushu-u.ac.jp/research_chooses/view/2022a005,（2023年3月8日アクセス）.

20) Nisheeth K. Vishnoi, *Algorithms for Convex Optimization* (Cambridge：Cambridge University Press, 2021)., https://doi.org/10.1017/9781108699211.

21) Yin Tat Lee, Aaron Sidford, and Sam Chiu-Wai Wong, "A Faster Cutting Plane Method and its Implications for Combinatorial and Convex Optimization," in *2015 IEEE 56th Annual Symposium on Foundations of Computer Science (FOCS)* (IEEE, 2015), 1049-1065., https://doi.org/10.1109/FOCS.2015.68.

22) Samuel Fiorini, et al., "Exponential Lower Bounds for Polytopes in Combinatorial Optimization," *Journal of the ACM* 62, no. 2（2015）：17., https://doi.org/10.1145/2716307.

23) Ken-ichi Kawarabayashi and Mikkel Thorup, "Deterministic Edge Connectivity in Near-Linear Time," *Journal of the ACM* 66, no. 1（2018）：4., https://doi.org/10.1145/3274663.

24) Satoru Iwata, Lisa Fleischer, and Satoru Fujishige, "A combinatorial strongly polynomial algorithm for minimizing submodular functions," *Journal of the ACM* 48, no. 4（2001）：761-777., https://doi.org/10.1145/502090.502096.

2.2.3 AIを支えるコンピューティングアーキテクチャー

（1）研究開発領域の定義
　これまでコンピューターはムーアの法則に支えられ、着実な性能向上を果たしてきたが、そのムーアの法則に限界が見えてきた。また、AIにおいては、これまでのアプリケーションに対して、計算対象や求められる機能・性能あるいは計算精度においてもこれまでとは異なる要求が高まってきた。また、AIの応用においては、IoT、クラウドコンピューティング、エッジコンピューティング等への対応が求められている。ここでは、今後のAIの発展を支えるための、コンピューターの性能向上、計算負荷に応じた構成、用途に応じた構成、新しい応用の開拓等の技術課題について技術動向を俯瞰し、今後の展開について検討する。

（2）キーワード
　インメモリーコンピューティング、メモリーセントリックコンピューティング、データセントリックコンピューティング、ストキャスティックコンピューティング、ニューロモーフィックコンピューティング、アプロキシメイトコンピューティング、リザバーコンピューティング、ドメインスペシフィックアーキテクチャー、リコンフィギュラブルコンピューティング、エッジコンピューティング

（3）研究開発領域の概要
［本領域の意義］
　1.5年ごとに集積回路のトランジスタ数が2倍になるというムーアの法則に従って、コンピューターは1970年代から順調にその性能を向上してきた。しかし、2000年代前半からクロック周波数の伸びが鈍化し、集積率の向上にも陰りが見られるようになってきた。また、消費電力についても限界に近づき、これまでのような性能向上が困難になってきた。
　一方で、AI、特にニューラルネットワークにおいては、膨大なデータを大規模なネットワークで学習する必要があり、コンピューターの性能向上への要求はますます高くなっている。2010年までは機械学習で必要とされる計算量は2年で2倍の伸びを示していたが、2010年以降は大規模なニューラルネットワークが導入され、3.4カ月で2倍の計算量を必要とするようになってきている。
　AIの技術発展において、コンピューターアーキテクチャーは非常に重要な役割を果たしている。コンピューターアーキテクチャーは、ハードウェアおよびソフトウェアの設計に関わる要素であり、上述のAIシステムの性能のみならず、効率性、拡張性に対して大きな影響を与える。

　まず性能については先に述べたように、AIタスクは通常、大量のデータを処理する必要があり、コンピューターアーキテクチャーの最適化により、高速なデータ処理や複雑な計算を実行する能力の向上が期待できる。例えば、AIタスクに特化したハードウェアアクセラレーター（GPUやTPU等）の導入は、高速な行列演算や並列処理を可能にし、AIモデルのトレーニングや推論の性能を向上させる。
　次に、エネルギー効率の向上が期待できる。AIシステムは大規模な計算資源を必要とするため、エネルギー効率性の向上は非常に重要である。コンピューターアーキテクチャーの設計により、省エネルギーなハードウェアや最適化されたアルゴリズムが実現される。これにより、AIシステムの動作に必要なエネルギー消費を減らし、クラウド基盤やエッジデバイス等のリソース使用効率を向上させることができる。
　さらに、拡張性と柔軟性への対応が挙げられる。AIの応用範囲は広がり続けており、新たな要件やデータの増加に対応するためには、拡張性と柔軟性が必要である。適切なコンピューターアーキテクチャーによって、ス

ケーラブルなシステムや並列処理のサポート、モジュール性のあるAIの応用が実現される。これにより、AIシステムの成長に柔軟に対応できるだけでなく、異なるタスクやデータにも適応できるようになる。

　以上のように、コンピューターアーキテクチャーは、AI技術の進化に不可欠な要素である。従来のフォンノイマン型を基本とするコンピューティングだけではなく、本研究開発領域で示す、新たな計算方式やプロセッサー、クラウドコンピューティング、エッジコンピューティング等において、高性能・高効率なAIシステムが実現され、さまざまな領域でのAIの応用が進むことが期待される。

［研究開発の動向］
　これまでフォンノイマン型の汎用コンピューティングが主流であったが、それでも特定の用途に向けてはそれぞれに適した処理方式の研究開発が行われてきた。1980年代には通信用の信号処理や画像処理専用のプロセッサーが開発され、特定の市場を形成したこともある。また、グラフィックス処理用のGPUは行列の積和演算に特化していることから、機械学習にも応用され、現在非常に多く使われるようになっている。
　AIの膨大なデータの学習やIoTエッジデバイスにおける極低電力なデータ処理では、計算（プロセッシング）よりもデータの記憶・移動に要する時間がボトルネックとなる。特に、SRAM、DRAMのみならず磁気メモリー（MRAM）、抵抗変化型メモリー（ReRAM）、相変化メモリー（PCRAM）、強誘電体FET（FeFET）といった高速な不揮発性メモリーに情報記憶のみならず、情報処理の機能を具備することによって、AIの積和演算を超並列・超高エネルギー効率で実行することができる。
　この他にも、揺らぎや非厳密性を許容するストキャスティックコンピューティングや生体の情報処理を模倣したニューロモーフィックコンピューティング等も盛んに研究されるようになっている。ニューロモーフィックコンピューティングは、1980年代の第2次ニューラルネットブームの際に、網膜神経回路のアナログ集積回路化で注目を集め、シナプスの動作を精密に模倣する回路の試作等が報告されているが、実用化とは距離のある研究であったため、単発的な研究にとどまっていた。しかし、近年になり人工知能分野において注目を浴びるようになり、IBMのTrueNorth、マンチェスター大学のSpiNNaker（Spiking Neural Network Architecture）、IntelのLoihi等、機械学習のアクセラレーターとして開発が進められている。
　クラウドコンピューティングにおけるAI関連の動きとしては、機械学習のライフサイクル全体を通したデータ管理が挙げられる。これは、AmazonのSageMaker等で支援されており、クラウド環境と連携した統合的な開発および運用環境として利用されている。特にデータ管理に関してはDB for ML（機械学習のためのデータベース技術）と呼ばれる技術分野であり、教師データの自動生成、教師データの再利用性向上のためのメタデータ管理、教師データの信頼度推定、分散機械学習の最適化、モデル精度と公平性のトレードオフに関する研究、モデルのベンチマーク等の研究が取り組まれている。またライフサイクル全体の運用に関しては開発者のエンジニアリングスキルに委ねられており、自動化が重要課題の一つとして挙げられる。
　IoTにおいては、エッジにおける学習についても研究開発が行われているが、どちらかというとエッジでは識別器のみを効率よく動かすことが主眼とされることが多い。特に携帯端末におけるAIハードウェア技術では、カメラによる撮影画像やメディア再生を高度化、高品質化するのに大きく寄与した。例えばカメラにおいては、これまでは高品質な撮像素子の進歩に期待されていた部分が複数の専用撮像素子/LiDARおよびレンズにより撮影し、AIハードウェアにより高度に合成する手法（Computational Photography）に変わったといってもよい。携帯端末におけるAI・機械学習ソフトウェアではこれらのAIハードウェアを開発者に透明に活用させる仕組みが確立した。iOSのCoreMLやGoogleのTensorFlowとその携帯端末版であるTensorFlow Liteを内蔵するML KitがmBaaS（mobile Backend as a Service）であるFirebaseの一部として実装されている。そこでは、モデルサイズを極限まで縮小し、オンデバイスでのスタンドアローン実行がテキスト、顔、ランドマーク、バーコー

ドといった一般的モデルで実現されている。また、画像・動画のみならず音声のリアルタイムでの文字起こしも実現されている。

（4）注目動向

現在のアーキテクチャー研究の活況は、情報処理性能向上に対する社会的要求に応えるためには今後アーキテクチャーで差分を生み出すしかない、という状況を反映したものである。一方、時代の変化により情報処理の対象ワークロードが変化することで、アーキテクチャーの工夫で性能向上ができる余地が生まれたからでもある。

[新展開・技術トピックス]

❶インメモリーコンピューティング

AIの膨大な学習等を実行する際に超並列で積和演算を実行する計算機として、GPUやCMOSベースのアクセラレーターが活用されている。しかし、これらのアクセラレーターは膨大な電力を消費するため、導入コストのみならず電力コスト（空調も含めて）が膨大になっている。通信ネットワークの末端であるエッジにおいてAIの学習・推論を低電力に実行するインメモリーコンピューティングが注目されている。ニューラルネットワークの重み（パラメーター）をReRAM、MRAM、PCRAM、SRAM、FeFET等メモリーのコンダクタンスとして記憶する。入力電圧と重みの乗算の結果はオームの法則によってメモリー素子を通じて流れる電流として出力される。これらの電流をキルヒホッフの法則に従って加算することで、積和演算を超並列で行うことができる。このような非常に単純な素子で積和演算を実行することで、IoTエッジ向けに極低電力動作も可能となる。

現状のGPUやCMOSアクセラレーターではメモリー、DRAMを3次元に積層したHBM（High Bandwidth Memory）を近接に実装することで高速化・低電力化を図っている。近い将来、アクセラレーターの演算素子と大容量メモリーを一つのチップに混載し、演算素子とメモリーをチップ上で近接に配置する、ニアメモリー・コンピューティングが実現すると予想される。インメモリーコンピューティングはその先にある技術であり、まだ克服すべき問題があるものの、特にIoTエッジデバイスやモバイル端末に向けて、究極の低電力化および高速化を実現できると期待されている[1]。

インメモリーコンピューティングで将来、本質的に解決すべき問題としては、メモリーが大容量化、並列処理が増えるにつれて、電流センスの問題が顕在化すると予想される。バイポーラトランジスタやNMOS回路からCMOS回路に遷移したように、電流駆動の回路方式には、おのずと限界があると予想される。FeFETを利用した電圧駆動のインメモリーコンピューティングが提案されているが[2]、今後、インメモリーコンピューティングの回路方式の検討が必要と考えられる。

❷アプロキシメイトコンピューティング

コンピューターが開発されて以来現在まで、例えば大陸間弾道ミサイルの軌道を計算することにコンピューターが使われているように、計算にエラーが許されず、「正確な計算」を実行することが求められた。データを記憶するメモリー、ストレージにも同様に正確さが求められ、微細化等によりメモリーにエラーが生じる場合には、ECC（誤り訂正符号）を掛けることでエラーを修正した。しかし、集積回路では精度、性能、電力、コスト等の間にトレードオフがある。このような「正確な答え」を求める従来のコンピューティングに対して、画像認識、物体認識、音声認識、検索等の統計的機械学習応用では、（ある程度の不正確さ、エラーを許容して）おおよその答えを求めるアプロキシメイトコンピューティングが注目されている。そもそも、人間が実際に行う画像や音声の認識も「100％の正確さ」が求められているわけではないので、コン

ピューターにも100％の正確さを求めないことも妥当と考えられる。LSIの精度の多少の低下・エラーを許容する（最終的なアプリケーションレベルでの精度は確保しつつ）ことで、高速化・低電力化を図ることが重要になっている。

インメモリーコンピューティングでは、メモリーのコンダクタンスとしてニューラルネットワークの重みを記憶するため、メモリー書き込み時の非線形性やばらつき、データ保持中やリード時のディスターブによるコンダクタンス変化が（既存のデジタルメモリーでは）問題になりかねない。しかし、AI応用では、数％程度のメモリーの非線形性、エラー、ばらつきは最終的な認識精度の問題にならないことが示されている[3]。

❸ストキャスティックコンピューティング

ストキャスティックコンピューティングとは、アプロキシメイトコンピューティングの一種で、論理回路で確率的な計算を行うことによって計算結果の正確さと引き換えに計算時間の短縮や低消費電力化を実現する。概念は1960年代[4]からあり、国内外でニューラルネットワークに適応した研究は多数あるものの、実用化にまでは至っていない。2000年初頭、ベイズの定理の計算に適した回路構成法が見つかり、米国を中心にLDPC decodingへの応用が活性化し[5]、SSDのBCH置換の動き等もあったが、超高速化には不向きのためその活動は縮小した。演算器を極めて少ない素子で表現できるため、超並列演算が可能になるが、できる演算はニューラルネットワーク、LDPC decoding等に限られる。ロジック素子があれば実現可能で、現在はCMOSデジタルだけであるが、CMOSに限った技術ではなく、ロジック応用可能なERD（Emerging Research Device）も候補に含まれる。ニューラルネットワーク等のAI適用は限定的であったが、近年大きなブレークスルーがあり、推論のみならず、学習もSGD（Stochastic Gradient Descent, 確率的勾配降下法）は可能になった[6]。課題は、メモリーと界面（通常演算と確率演算のインターフェース）のオーバーヘッドが大きいことである[7]が、メモリーについては解決されつつある[8]。その他の課題は、適用範囲の探索であり、AIだけでなく、結果にある程度揺らぎがあっても問題ないアプロキシメイトコンピューティングの一部等が候補になる。

❹ニューロモーフィックコンピューティング

脳を抽象化した計算機として捉えるのではなく、可能な限りそのあるがままの姿、構造、機能（の一部）を模倣して行う計算[9]。広義には、スパイキングニューラルネットワーク[10]や後述のリザバーコンピューティングも含まれるが、それらにおいては模倣の度合いは、年々減ってきている。現在のニューロモーフィックコンピューティングと冠する研究開発のほとんどは、アナログシナプスの積和演算と重み保持を行う不揮発クロスバーアレイ[11]のことを差す。アナログシナプス単体のSTDP（Spike-Timing-Dependent Plasticity、スパイクタイミング依存可塑性）特性を模する研究[12]も多いが、同じことは現行AIでもできてしまうため、それが役に立つ有効な応用先はまだ見つかっていない。脳神経系がスパイクを採用しているのは、ノイズ経路におけるS/N確保のため「だけ」かもしれないという意識が共有されつつある。タイミングが重要な事例（STDP等）も多数あるが、スパイクタイミングを有効利用できる「計算方法」そのものは、ニッチなもの（運動制御[13]、音声分離[14]等）を除いて、見つかっていない。2013年頃までは生物の揺らぎの利用法に学び、半導体の揺らぎを味方に付けるような計算法がITRS 2013[15]においてまとめられたが、その後実用化への発展の兆しはない。不揮発クロスバーアレイ関係の研究ではなく、本来の意味でのニューロモーフィックコンピューティングを追求しているのは、スイス（ETH）、米国（Stanford）、日本（東大・北大）、フランスが主である。後述するリザバーコンピューティングや、近年のAIにおける宝くじ仮説[16]は、本来のニューロモーフィックコンピューティングの思想に親和性がある。

❺ リザバーコンピューティング

　RNN（Recurrent Neural Network）の代替技術である。ネットワークが一層であるため、学習が軽いという特徴がある。物理的に存在するもの（材料）を計算媒体として使えるため、材料・デバイス分野でアナログ素子として使えるか探索研究が進んでいる[17]。リザバーは、Echo State Property（ESP）と呼ばれる性質[18]、つまり入力の伝達と非線形作用、入力の忘却、および入出力の再現性を持つものであれば、ある意味なんでもよい。光[17]、スピン[17]、軟体（生体やゴムのような柔らかいもの）、分子[18]、アナログ回路[19]・デバイス[20]、デジタル（FPGA[21]）等が使われる。リザバーはセンサーを兼ねてもよい。例えば、自動車のタイヤは一種のひずみセンサーであり、地面の凹凸等の外力が入力として与えられたことによりタイヤにひずみが発生するとそれが全体に伝わり（入力の伝達と非線形作用）、外力がなくなればひずみもなくなる（入力の忘却）。その再現性が良い場合、タイヤ自体がリザバー兼センサーとして機能する[22]。一方で、リザバーの学習器としての専用ハードウェアやアクセラレーターの研究はさほど進んでいない（FPGA実装のみ[23]）。応用は、学習・推論が軽いため、主にエッジでの異常検知、時系列予測、分類タスクが主。アナログCMOSリザバー、または性能はあまり出ないがデジタル（FPGA）リザバーが実用化に一番近いため、その応用が注目されている。課題は、現在はヒューリスティックに頼っているリザバーの最適設計法の確立、および現行の学習方法[17]である線形・リッジ回帰（バッチ）学習、オンラインFORCE（First-Order Reduced and Controlled Error）学習等を超える学習方法の確立である。国際的には、オランダ・米国はデバイス・応用色が強く、日本は化学・材料関係の研究者が多く、理論が強い。

❻ 深層ニューラルネット（DNN）アクセラレーター

　深層ニューラルネット（DNN）が画像分類精度で従来手法を大きく超えることが2011年に報告され、本技術は一躍脚光を浴びることとなった。その成功の鍵となった学習手法は1980年代に提唱されたバックプロパゲーション（BP）技術であるが、大規模学習データ、高性能計算機、さまざまなBP改善手法（いわゆるディープラーニング／深層学習技術）等が相まって急速に技術発展し、今や多様な応用分野（画像・音声認識、自動翻訳、自動運転等）でDNN活用が広がっている。また、DNNの学習・推論処理の加速、低電力化を目指して多くのDNN処理エンジンが提案され（Google社TPU[24]、MIT Eyeriss[25]等）、新しい情報処理アーキテクチャー技術として大きな注目を集めてきており、ドメインスペシフィックアーキテクチャーの代表的な存在であると言える。2020年には、学習の高速化をターゲットにしたGoogle社のTPUv2、v3の技術内容が公開された[26]。技術的な新しさはさほどないが、学習環境やDNNのモデル開発を中心的にドライブしている立場を利用し、トータルな解を提供している点で大きな強みを見せている。膨大な並列性を有するという点でGPUコンピューティングがまずその中心的アーキテクチャーとなり（特に学習処理）、エッジ側での推論処理を対象として、組み込み機器（特に画像処理）の積和演算アクセラレーターとして発展してきたDSPベースのアプローチも提案されている。また、構造型の情報処理であるという特徴に注目して、データフローマシンをベースとしたものや[27]、FPGAコンピューティング[28]、リコンフィギュラブルコンピューティング[29]等、さまざまなアプローチがしのぎを削っている状況である。国内では、東京工業大学がFPGAコンピューティング[30]、北海道大学（発表当時：2019年より東京工業大学）がリコンフィギュラブルコンピューティング[31]ベースの研究を活発に進めている。また、産業界ではルネサスエレクトロニクス社が動的再構成プロセッサーをDNN処理の差別化エンジンとする技術やマイコンの製品ラインを発表し[32],[33]、注目を浴びている。また、プリファードネットワークス社が、国内で開発されてきた並列処理マシンのアーキテクチャーの系統を継ぐDNNの深層学習（ディープラーニング）アクセラレーターチップを発表し、これを搭載したスーパーコンピューターMN-3がGreen500で1位となる等大きな注目を集めている[34]。

このように深層ニューラルネット（DNN）技術の爆発的進展が続いている中、より大きなDNNモデルの方がより高い汎化性能、すなわち未学習のデータに対して正しく予測できる能力を持つことが分かり、過剰なパラメーターは忌避すべしという従来の機械学習の基本的理解（オッカムの剃刀）に反する新発見として大きな話題になっている。この「DNNのスケーリング則」の発見を理解する鍵とされているのが宝くじ理論、すなわちDNN学習を母体DNNに無数に存在する部分ネットワーク群の中から「良い部分ネットワーク（NW）＝宝くじ」を削り出すプロセスであると位置付ける理論である。この理論では、NW接続とその重みパラメーターが増えるほど部分NWの数が組み合わせ爆発的に増えていくため、その中に存在する宝くじの数は増えることが示唆される。この宝くじ理論に基づく推論チップが2022年に東京工業大学から発表された[35]。これは、宝くじ理論では乱数初期化された重みパラメーターをそのまま使えることに着目し、重みの乱数生成により推論実行時のメモリーアクセスを大幅に削減して電力効率を向上するものであった。このように、DNN理論の爆発的な進展は続いており、その進展をうまくコンピューティング手法の革新に転換したアーキテクチャーの研究は今後も活性化すると予想される。

❼ ハイパーディメンジョナルコンピューティング

一方、DNNの学習処理の重たさや推論時に入力摂動に弱い、すなわちだまされやすいという課題を解決し得る別の機械学習アプローチとして、1980年代に提案された超高次元（ハイパーディメンジョナル）コンピューティング（HDC）も注目されている。大脳の中で各種情報が超高次元のベクトルで分散表現・想起されているとの仮説から模擬して、学習や推論の対象データを超高次元のハイパーベクトル（HV）にランダム写像し、そのベクトル間の演算により分類・推論等を行う仕組みである。典型的にはHVの各要素は$\{1, 0\}$のバイナリ変数で表される。高次元になればなるほどランダムなHV同士はほぼ必ず直交することを利用して、要素毎多数決でビット融合、すなわち判定を行う簡便な学習とHV間のハミング距離の近傍探索に基づくロバストな推論とを実現している。注目ポイントは、その軽量性・超並列性を生かし、HV記憶機構の中（もしくは近傍）でHVを並列処理するイン（ニア）メモリーコンピューティングによる実現である。HDCについては、Stanford大学が15年に米国Rebooting Computingムーブメントの中で発表したN3XT構想[36]の中でカーボンナノチューブベース3次元集積システムの計算モデルとして再発見された印象である。ただ、機械学習モデルとしては精度に改善の余地があり、インメモリー計算ハードウェアを志向する上で「使える計算モデル」としてのみ利用されてきた感が強い。今後の別視点での発展が期待される。

❽ ニューロモーフィックハードウェア

DNNの興隆の影響を受けて、集積回路の上で生体神経回路網の動作をできる限り精密に模擬しようとするニューロモーフィックハードウェア分野も活性化している（DNNアクセラレーターと混同される場合が多いが、区別して理解する必要がある）。生体模倣の目的については慎重に考える必要がある（例えば鳥を忠実に模倣しても飛行機は実現できない）が、脳がDNNより桁違いに（一説に10^4倍）エネルギー効率が良い理由を探求し、その本質を新しい時代のアーキテクチャーとして昇華していく方向の研究ならば工学的な意義も持ち得る。この分野では、IBM社のTrueNorth[37]や、清華大学のTianji[38]、Intel社のLoihi[39]等が知られている。これらはデジタル回路を採用しているが、不揮発性メモリーを用いたアナログ回路アプローチも、特に新規デバイスの出口戦略的な位置付けで、活発に研究されている。

❾ AIインフラストラクチャー

インターネット広告やネット通販等のために構築されてきたデータセンターが、そのサービス規模の拡大とともに大規模化し、クラウドコンピューティングという考えのもとにさまざまなビジネスからコンシュー

マー向けのサービスにも用いられるようになった。一方、AIにおいてはその計算量やデータ量が増加の一路をたどり、もはや普通の規模の組織では対応しきれなくなりつつある。そこでAIも大規模データセンターを用いて開発するようになってきた。ただし、これまでのクラウドコンピューティングとは違い、（1）通常の事務処理的な計算ではなく、大規模な数値計算を高速に実行する計算能力が必要、（2）学習のためには膨大なデータが必要であり、そのデータを効率的に蓄積、検索するためのストレージ能力が必要になる。さらに、モデルやデータの拡大に対応するためのスケーラビリティー、モデルやデータの改版に伴うバージョン管理や実サービスへのデプロイメント、プライバシーに関わるデータを扱うこともあるので厳重なセキュリティーとプライバシー保護の仕組み等も要求される。

わが国においては、産業技術総合研究所がAI橋渡しクラウド（AI Bridging Cloud Infrastructure、ABCI）を構築し運用している。世界でも有数の計算処理・データ処理能力を備えたAI開発用のインフラストラクチャーとして産学共同のAI開発に利用されている。

米国においても、GoogleやAmazon、Microsoft等のいわゆるビッグテック企業がそれぞれ強力なAI開発環境としてのAIインフラストラクチャーを持ち、独自の研究開発を活発に行っている。米国議会がNSFとOSTPに指示を出して、2023年1月には、米国政府の国家AI研究リソース（NAIRR）タスクフォースの最終報告書がまとめられた。6年間26億ドルの予算で、米国の研究者・教育者・学生が利用できる計算能力・データ等のリソース構築を提言している。ビッグテック企業がそれぞれ自前のAIインフラストラクチャーを有しているのに、それに対してさらに多くの研究者が利用できるAIインフラストラクチャーを国として準備することで、AI技術開発の民主化を進めようとしている。

❿機械学習のライフサイクル全体を通したデータ管理

DB for ML（機械学習のためのデータベース技術）を含む大規模機械学習に関する技術分野であり、重要な研究課題として（1）省電力化とモデル精度のトレードオフに関する研究、（2）公平性とモデル精度のトレードオフに関する研究、（3）データの増加や更新に伴うモデルの差分更新、（4）データおよびベンチマーク公開が挙げられる。（1）と（2）に関しては公平性・説明責任等に関する国際会議FAccT 2021で発表され注目を集めた内容であり[40]、（3）と（4）に関しては、例えば機械学習に関する国際会議NeurIPSでは2021年からDatasets and Benchmarksに関する論文トラックが新設されている。

●エッジコンピューティング

スマートなエッジコンピューティング分野の特徴は、プレーヤーの多様化である。もともとは、シスコがフォグコンピューティングを2012年に提唱[41]したように、IT企業がフォグ/エッジコンピューティングを主導してきた。これに対して、昨今は、通信事業者や製造業等からフォグ/エッジコンピューティングに参入するプレーヤーが増えてきている。通信事業者ではMobile Edge Computing（MEC）、製造業においてはファナックのField System、三菱電機のEdge Cross等の活動がある。また、一方でフォグコンピューティングの研究開発をうたうものは見られなくなっている。これは、エッジとクラウドの中間である「フォグ」を担う事業者の欠如が原因だと考えられる。

このような流れの中で求められるものは、多種多様なアプリケーションの要件を理解することに加えて、これらの要件を抽象化してスマートエッジコンピューティングの設計につなげていくことである。現在は、個別のアプリケーションに特化したスマートエッジコンピューティングにとどまっている。特化型スマートエッジコンピューティングの開発を通して要件を一つ一つ積み重ねていきながら、抽象化につなげ、汎用的なスマートエッジコンピューティング基盤の構築につなげていくことが望まれる。

また、IoTデータを単一システム内、あるいは、複数のシステム間をまたいで流通させるためのメタデー

タの記述や流通プロトコルが重要である。インターネットがTCP/IPによって発展したようにIoTシステムのさらなる発展には、汎用的な流通プロトコル（MQTT、CoAP、HTTP REST、SOX、SPAQL）の確立が重要な課題である。

［注目すべき国内外のプロジェクト］

❶日本

2018年度から文科省の戦略目標「Society5.0を支える革新的コンピューティング技術の創出」をもとにJSTにおいてCREST、さきがけ研究領域が立ち上がり、これと並行して経産省-NEDOでも「高効率・高速処理を可能とするAIチップ・次世代コンピューティングの技術開発」事業が立ち上がった。投資規模で米中にはるかに劣ることは明白であり、日本が蓄積してきた技術的強みや産業界でのポジショニングを明確に意識した、勝てるシナリオ作りとそれに沿った研究開発戦略が求められるところである。

AI応用等に向けた新しいコンピューティングの国家プロジェクトとして、2020年度からJST CREST「情報担体を活用した集積デバイス・システム」、JSTさきがけ「情報担体とその集積のための材料・デバイス・システム」、NEDO「高効率・高速処理を可能とするAIチップ・次世代コンピューティングの技術開発事業」が実施されている。しかし、これらのプロジェクトも2027年には終了することになっている。上記の大きな問題を解決するために十分な政府研究開発投資が行われているとは言いがたく、よりいっそうの強化が必要である。

本村らは、科研費基盤研究S, 2018-2022年度「知能コンピューティングを加速する自己学習型・革新的アーキテクチャ基盤技術の創出」[43]において、DNNアーキテクチャー、DNNの画像処理応用、リザバー計算、確率的コンピューティングに関する研究を進めている。

松本らは、「マテリアル知能による革新的知覚演算システムの構築プロジェクト」[44]において、物質・材料に内在する神経型演算機能を原子・分子論から明らかにして「マテリアル知能」と呼べる新しい分野横断的学術領域を創出するとともに、ロボット等への実装を目指している。

ニューロモーフィックコンピューティングにより、省電力化や処理速度の向上を実現しようと、「未来共生社会にむけたニューロモルフィックダイナミクスのポテンシャルの解明」[45]においては、神経生理学的な知見、工学的な応用を可能にするモデル化の理論研究、実装のためのハードウェアアキテクチャーを中心とするデバイス研究を進めようとしている。

エッジコンピューティングとしては、ZEB（Zero Energy Building）の取り組みの中でも、IT/IoT/AI技術を活用して実証環境を自社内に建築している三菱電機のZEB関連技術実証棟「SUSTIE」[46]では省エネ性に優れた居住・執務空間の実現が期待される。

また、CES2020で発表されたWoven City構想では、超スマートシティーとしての工場・モビリティーにとどまらず、観光、健康、医療、農林業といった広範な分野での貢献が期待されている。

❷米国

昨今の機械学習の開発環境はワークフロー全体を支援するツール群から構成されており、ワークフローのステップごとに研究開発が取り組まれている。データクリーニングに関しては、人手でアノテーションされたラベルあるいは自動生成された弱ラベルに関するエラーを発見するための確率モデルを学習するFixy[47]が提案されている。Appleにおいては、商業化の目的のため知識グラフを用いたモデル学習の高スケールな更新に関する研究開発を行っている[48]。データの公平性や責任に関しては、ニューヨーク大の「Data, Responsibly」プロジェクト[49]において、教師データの多様性を保持する学習方法、モデルが得られた背景にある教師データおよびデータ処理方法を判断できる仕組み、データの公平性と保護に関して研究を進めている。

これまでコンピューティングの性能向上を支えてきたムーアの法則の終焉を迎え、コンピューティングを根底から全て考え直そうという動きがIEEEのRebooting Computing Initiativeである。材料、デバイス、システム、アーキテクチャー、言語等多くの領域の専門家が集い、コンピューティングの将来を模索している。2016年からは国際会議を開催し、さまざまなコンピューティングに関する議論が行われており、そこでは特に異分野間の交流が推奨されている。これに呼応する形でDARPAが各種のコンピューティングプラットフォームに関するプロジェクトを年々増やし始め、2018年にはこれをまとめる形で電子技術の復権を目指すERI（Electrics Resurgence Initiative）を立ち上げ[50]、これから数年間で1600億円もの研究費をつぎ込むと報道されている。対象は、前述のドメインスペシフィックアーキテクチャーの各分野やそのLSI設計手法、テストシステム実証を中心として、それ以外にも新規半導体デバイスや3次元実装技術のシステム応用を含んでいる。

また、UC Berkeley発のイノベーションとして、ピュアなプロセッサーアーキテクチャーの世界で、オープンなプロセッサープラットフォームを標榜するRISC-Vアーキテクチャーが急速に求心力を高めていることも注目に値する。アーキテクチャーに新規性があるのではなく、寡占の度を強めるデファクトプロプライエタリIPであるARMアーキテクチャーに対するアンチテーゼとして、オープンソースIPであることが最大の特徴であり、UC Berkeley発であるという正統性を強みにMakersムーブメントの上げ潮に乗ることに成功したように見える[51]。AI系ハードウェアのアクセラレーターを構成する際にもシステム全体の管理を行うプロセッサーは必須部品であり、ここにARMではなくRISC-Vを選択するプロジェクトが急速に増えている。2022年段階では、RISC-Vエコシステムの成熟化に伴い、IoT向けからデータセンター向けチップまで、RISC-V搭載をうたうチップの数が急激に増えてきている。同プロセッサーコアをライセンスする米国SiFive社によれば、2020年から年率73.6％で伸び、2025年には600億個を増えるという[52]。例えばデータセンター向けAIアクセラレーターチップの1000並列プロセッサーコアとしてRISC-Vを採用する事例[53]等も増えてきており、今後AI処理向けCPUコアとしてARMと並んでRISC-Vが大きな位置を占める可能性も出てきた。

❸欧州

欧州においてはHORIZON2020において、Advanced Computingというトピックを設定し、2014年から研究提案を募集し、現在までに30以上のプログラムが実施された。低電力プロセッサー、フォグコンピューティング、ディープラーニングの学習アルゴリズム等多岐にわたる研究が推進されている。2015年から2017年の間に開始されたプロジェクトへの投資金額は総額1億5000万ユーロに達する。2021年から開始されたHorizon Europeにおいても、Digital and Industryというクラスタの中にAdvanced Computing and Big Dataという領域を設け、ハイパフォーマンスコンピューティング、ビッグデータおよびICTにおける低炭素化等に関する研究開発が行われている。

欧州は、Human Brainプロジェクト等、ニューロモーフィック系のプロジェクトが歴史的に盛んに進められてきており、相対的には現在のアーキテクチャー革新の動静からは少し距離を置いたポジションに見える。英国に位置するARM社は米中からの遅れに危機感を感じてこの分野のR&Dに力を入れ始めている。イスラエルでは、画像処理・信号処理技術の強みを生かして、小規模ながらスタートアップ企業が蓄積し始めている。

❹中国

中国では、中国政府や有力都市の行政府が、大規模な人工知能ハードウェアプロジェクトを始めている。その予算は年間1000億円以上といわれ、米国以上の規模を誇る。清華大学にはAI/ニューロモーフィック分野のハードウェア研究センターが設立され、北京市内の狭いエリアに隣接する清華大学、北京大学、中国科学院の関係者がキャンパス周辺にスタートアップ企業を次々に立ち上げる生態系が形成されている（一説に

は中国では現在30を超えるAIハードウェア系スタートアップがあるとのこと)。北京では国策によってこれらの動きが推進されている状況であるが、上海・深圳でもHuawei社やBaidu社が中心となって、北京と同規模の民間ムーブメントが起きている模様である。このようなAI分野における中国の活況が、2020年になってからの米中の政治的軋轢の一つの原因だという指摘もあるが、AI分野をリードせんとする中国の勢いにブレーキがかかることになるのかどうか、現時点では先行き不透明の状況である。

(5) 科学技術的課題

インメモリーコンピューティングはAIの学習・推論を低電力に実行することができるため、この研究を強力に推進することが必要である。鍵となるのはメモリー素子だが、メモリー素子の能力を最大限に発揮させるためには、メモリーハードウェアの研究開発だけでは不十分であり、機械学習アルゴリズム・機械学習のネットワークのインメモリーコンピューティングへのマッピング等の全体最適化したコンピューティング技術の研究開発が必須であり、上記のように世界中で、ハード技術者・研究者のみならずソフト技術者・研究者も精力的に研究を行っている。ハード・ソフトの統合は一つの企業、単独の研究機関・大学では行うことは難しく、分野のレイヤーをまたいだ複数の産学の連携が必要になる。

ストキャスティックコンピューティングにおいては、現行の類似研究・技術(揺らぎや非厳密性を許容、または生かすコンピューティング技術)は、まだ特定の計算問題に特化したものであり、それらを俯瞰し、非厳密計算を厳密解に定量的に近づける理論構築とその実証が必要である。

従来のニューロモーフィックコンピューティングの基本コンセプトは、脳の「構造」に学んで構成した人工物への機能付与であった。脳の構造は、その構成要素(主に神経膜の生物(なまもの))由来であるとも考えられ(だからスパイクで情報が表現される)、もし構成要素が別物(例えば固体)であったとするならば、全く違う構成になることが予測される。そのため、脳の構造を模倣するのではなく、「基本機能」を模倣する新たなニューロモーフィックコンピューティングのアプローチが出てきている(まだ組織的には行われていない)。脳の基本機能は予測誤差の能動的最小化であり、その統一原理(自由エネルギー原理)に関する研究が神経科学分野においてホットである。その自由エネルギー関数を物質(または回路)のエネルギー関数と対応付ける設計ができれば、脳の基本機能を模する物質(または回路)ができる。ただし、自由エネルギー原理は多くの研究者(特に回路系、材料デバイス系)にとって難解なものであり、今のところ自由エネルギー原理と物質(回路)をつなげる研究の流れはできていない。このような流れを作ることが課題である。

リザバーコンピューティングにおいては、今後の課題として、リザバーの最適設計法の確立、学習則の新規開拓が必要となる。その実装や工学的応用に関する研究自体は今後も自然に進んでいくと考えられるが、それ以外のアプローチが極めて少ないことが問題である。ところで、脳の一部はリザバーとして機能している可能性がある。その部分を人工リザバーで置き替えて(脳に人工リザバーを埋め込んで)、推論や予測能力を向上させるための環境構築が進んでいる。この場合、この人工リザバーを使って学習するのは脳であり、上述の人為的な学習則の開拓は不要となる。そのためのBCI (Brain-Computer Interface) 技術の研究開発を推進することが必要である。

機械学習のライフサイクル全体を通したデータ管理においては、(1) 省電力化とモデル精度のトレードオフに関する研究、(2) 公平性とモデル精度のトレードオフに関する研究は今後も非常に重要な研究課題と考えられる。特に自然言語処理で利用されている言語モデルは精度を追求するあまり、2019年のBERTから2021年のSwitch-Cのたった2年間でパラメーター数が1万倍に増大しており、実際のサービスへの導入に当たっては電力消費等の問題と合わせてシステム設計が必要である。一方、機械学習による推論結果がブラックボックス化されたシステム内で利用されると、適正な利用や適正な学習が阻害され、結果として人事採用システム等においてバイアスのかかった採用判断が生じる事例等が報告されている。ブラックボックス化を避けるためのAI活用原

則に関しては、総務省よりAI利活用原則案[42)]として報告されている。学習に関するこの種の不適切な問題を回避するために、教師データの来歴管理と学習したモデルの構成管理（どの教師データを、どの学習モデルによって、どのようなハイパーパラメーター設定でモデル学習を実施したか）が必要である。

　ビッグデータを処理する観点あるいはデータ管理の側面から機械学習を捉えた場合、モデルの再利用の促進が大きな課題になると考えられる。ベンチマークデータとしての教師データはアーカイブ等で共有が進んでいるが、学習モデルの共有およびモデルをアンサンブルして統合的に再利用する取り組みが重要な課題であると考えられる。具体的には、共有化された膨大な学習モデル集合の中から適用先に適した学習モデルを選別するモデル検索技術、検索した学習モデルを転用するための転移学習の技術、転移学習後の再学習において破壊的忘却を避ける技術等が重要な課題であると考えられる。

　エッジコンピューティングは、利用できる計算機資源が時々刻々変化する環境であり、フォグ、クラウドとなるに従い、資源の可用性は安定してくる。その度合いに適応して稼働するために、フォールトトレランスの実現に必要となる動的スケジューリングやプロセス・コンテナのマイグレーションが必要となる。現在、そこまでのソフトウェア環境をエッジに装備することはできていないが、いずれ高速で移動するインテリジェントカーを計算機資源として活用するための開発が必要となる。

　エッジコンピューティングの進展は、エッジで利用できるデバイスの発展がいくらあっても、何らかのフォグ、もしくはクラウドでの処理との連携が必要である。特に、現在のAI技術に代表される機械学習・深層学習の学習フェーズはクラウドでの処理が必須となる。大量の計算資源を必要とする学習フェーズでは、分散化をいかに効率よく実現するか、さらには多くの生のデータが含む個人情報をどのように保護するかが課題となっている。連合学習（Federated Learning）やPrivacy-Preserved Learningでは分散化や暗号化、多段の特徴量生成等が試されているが、データの完全性が欠如するため学習効率とのトレードオフが問題とされている。またフォグおよびクラウドでは複数かつ異種の事業者によりデータをマッチングさせたサービスの展開が期待されており、それらをセキュアに実現するための秘密計算技術や連合学習技術についてもさらなる研究開発が必要となる。

　一方、識別処理に関しては、何をどの精度で識別するかが、ベースとするモデルで処理性能（メモリーサイズや処理時間）に影響が出るので、エッジで単体のオールマイティーの能力を有する識別器を用意するのは現実的ではない。そこで、識別対象を限定した識別器をエッジにおいて同時に複数でハイブリッドに活用するAI技術の「センサーフュージョン」の実現が期待されている。

（6）その他の課題

　ハード・ソフトを統合・全体最適化したコンピューティング技術の研究開発では、分野のレイヤーをまたいだ複数の産学の連携が必要になる。ハードが強い日本を生かすことができる将来有望な分野と考えられる。

　アーキテクチャー革新の好機との認識に立つ海外の著名計算機アーキテクチャー研究者は、データと研究資金を持つGoogle、NVIDIA、Facebook等のAIプラットフォーマー企業を足場に次世代アーキテクチャーの研究を進めている。また、米国・中国は、AIハードウェアに1000億円規模の国家予算の投資を始めており、そのような企業群に比べて国家投資余力を持たない日本の立ち遅れは大きい。コンピューター産業競争力低下の影響を受けてアーキテクチャー研究分野から人材が流出してきた国内ではアーキテクチャー人材が払底しており、学生にも不人気な時期が長く続いていた。長らくアーキテクチャー研究を主導してきた米国では、アーキテクチャーを含むコンピューター科学の分野は継続的に人気先行であり、例えばMITのアーキテクチャー講義では、大型教室に学生が入りきらない状況になっている。一方、半導体とコンピューター技術振興を国策に掲げる中国では最優秀の学生層がこの分野に集中している。人材や次世代教育の点でも彼我の差は非常に大きい。

　このような状況で日本が取るべきアプローチは、まずキャッチアップしなければならない状況を正しく反省することを出発点に、短中期的には過去の技術蓄積を再度掘り起こしながら尖ったアイデアの創出をプロモーショ

ンする戦略が重要である。また、長期戦略的にはコンピューティングアーキテクチャー分野の若手世代の育成を目立った形で始めることだと考える。後者に関して、中国がいかに若手世代を育成し技術をキャッチアップしてきたかを正しく理解することは、重要な一手ではないだろうか。

先に述べたように、米国は「国家AI研究リソース」構想を打ち上げ、AI技術開発の裾野を広げようとしている。中国や英国、さらにカナダ等でもAI研究拠点の創設等に国としての投資が行われようとしている。わが国においても、それぞれの企業や研究所が自前でAIインフラストラクチャーを構築するだけではなく、国として共同利用の大規模クラウドコンピューティング施設の継続的整備・強化を行うべきである。計算能力の拡張、高速なデータ処理と共有、リソースの効率的な活用、産学連携と知識共有、費用削減等さまざまな恩恵を多様な研究開発者に提供することによって、さらなるAI技術の発展が期待できる。

また、クラウドコンピューティングは電力コストが小さい場所での運用コスト効率が良いため、日本のようにインフラに関するコストが大きい環境では不利な面があった。近年、5Gやハードウェアの小型化によるエッジコンピューティングが普及しつつあり、サービスが利用される現場でのコンピューティングが競争力を持つ状況に変化しつつある。このような観点から、世界のクラウドと日本の通信・エッジコンピューティングをハイブリッドに組み合わせたコンピューティング技術を日本の主たる企業が参画して研究開発を共同で進められる施策が重要になると考えられる。

アーキテクチャー設計は技術開発項目に含まれることになるが、学術的成果として認められづらいこともあり、なかなかアーキテクチャー議論にリソースを割くことができない状況になっている。そのため、研究開発プロジェクトにおいては、意識的にアーキテクチャー議論を推進する仕組みがあることが望ましい。抽象化して議論する場を提供することが、わが国のアーキテクチャー人材の育成にもつながる。

参考文献

1）Chih Hang Tung, "FF.3：Heterogeneous Integration Technology Trends at the Edge," *2020 Symposia on VLSI Technology and Circuits*, 14-19 June 2020, https://ieeexplore.ieee.org/stamp/stamp.jsp?arnumber=9265071,（2023年2月5日アクセス）.

2）Chihiro Matsui, et al., "Energy-Efficient Reliable HZO FeFET Computation-in-Memory with Local Multiply & Global Accumulate Array for Source-Follower & Charge-Sharing Voltage Sensing," in *2021 Symposium on VLSI Technology* (IEEE, 2021), 1-2.

3）Kazuhide Higuchi, et al., "Comprehensive Computation-in-Memory Simulation Platform with Non-volatile Memory Non-Ideality Consideration for Deep Learning Applications," in *Extended Abstracts of International Conference on Solid State Devices and Materials (SSDM)* (SSDM, 2021), 121-122.

4）Brian R. Gaines, "Stochastic computing systems," *Advances in information systems science*, pp.37-172, Springer, 1969.

5）Saeed Sharifi Tehrani, Warren J. Gross and Shie Mannor, "Stochastic decoding of LDPC codes," *IEEE Communications Letters* 10, no. 10 (2006：716-718., https://doi.org/10.1109/LCOMM.2006.060570.

6）Yoshiaki Sasaki, et al., "Digital implementation of a multilayer perceptron based on stochastic computing with online learning function," *Nonlinear Theory and Its Applications*, IEICE 13, no. 2 (2022)：324-329., https://doi.org/10.1587/nolta.13.324.

7）浅井哲也「確率的コンピューティングの再開拓：その場学習が可能な極低電力エッジAIに向けて」『情報処理』63巻3号（2022）：e8-e14

8）村松 聖倭, 西田 浩平, 安藤 洸太, 赤井 恵, 浅井 哲也, 確率的メモリの実現に向けたサブスレッショルドCMOS双安定回路の提案, 第35回 回路とシステムワークショップ, 電子情報通信学会（2022）

9）Jia-Qin Yang, et al., "Neuromorphic Engineering: From Biological to Spike-Based Hardware Nervous Systems," *Advanced Material* 32, no. 52（2020）: 2003610., https://doi.org/10.1002/adma.202003610.

10）Kashu Yamazaki, et al., "Spiking Neural Networks and Their Applications: A Review," *Brain Sciences* 12, no. 7（2022）: 863., https://doi.org/10.3390/brainsci12070863.

11）Qiangfei Xia and Jianhua Joshua Yang, "Memristive crossbar arrays for brain-inspired computing," *Nature Materials* 18, no. 4（2019）: 309-323., https://doi.org/10.1038/s41563-019-0291-x.

12）Teresa Serrano-Gotarredona, et al., "STDP and STDP variations with memristors for spiking neuromorphic learning systems," *Frontiers in Neuroscience* 7（2013）: 2., https://doi.org/10.3389/fnins.2013.00002.

13）Shogo Yonekura and Yasuo Kuniyoshi, "Spike-induced ordering: Stochastic neural spikes provide immediate adaptability to the sensorimotor system," *PNAS* 117, no. 22（2020）: 12486-12496., https://doi.org/10.1073/pnas.1819707117.

14）Naoki Hiratani and Tomoki Fukai, "Mixed Signal Learning by Spike Correlation Propagation in Feedback Inhibitory Circuits," *PLoS Computational Biology* 11, no. 4（2015）: e1004227., https://doi.org/10.1371/journal.pcbi.1004227.

15）Semiconductor Industry Association, "International Technology Roadmap for Semiconductors 2013 Edition," Japan Electronics and Information Technology Industries（JEITA）: 55-56, https://semicon.jeita.or.jp/STRJ/ITRS/2013/ITRS2013_ERD.pdf,（2023年2月5日アクセス）.

16）@kyad「ICLR2022の宝くじ仮説論文」Qiita Inc., https://qiita.com/kyad/items/1f5520a7cc268e979893,（2023年2月5日アクセス）.

17）田中剛平, 中根了昌, 廣瀬明『リザバーコンピューティング：時系列パターン認識のための高速機械学習の理論とハードウェア』（東京：森北出版, 2021）.

18）Megumi Akai-Kasaya, et al., "Performance of reservoir computing in a random network of single-walled carbon nanotubes complexed with polyoxometalate," *Neuromorphic Computing and Engineering* 2, no. 1（2022）: 014003., https://doi.org/10.1088/2634-4386/ac4339.

19）Xiangpeng Liang, et al., "Rotating neurons for all-analog implementation of cyclic reservoir computing," *Nature Communications* 13（2022）: 1549., https://doi.org/10.1038/s41467-022-29260-1.

20）Kasidit Toprasertpong, et al., "Reservoir computing on a silicon platform with a ferroelectric field-effect transistor," *Communications Engineering* 1（2022）: 21., https://doi.org/10.1038/s44172-022-00021-8.

21）Chunxiao Lin, Yibin Liang and Yang Yi, "FPGA-based Reservoir Computing with Optimized Reservoir Node Architecture," in *2022 23rd International Symposium on Quality Electronic Design (ISQED)*（IEEE, 2022）., https://doi.org/10.1109/ISQED54688.2022.9806247.

22）中嶋浩平, 他「やわらかい人工筋肉のダイナミクスを用いた高精度センサーの生成」東京大学, https://www.i.u-tokyo.ac.jp/news/20200522_modified_20200515_pl_hpversion.pdf,（2023年2月5日アクセス）.

23) Kose Yoshida, Megumi Akai-Kasaya and Tetsuya Asai, "A 1-Msps 500-Node FORCE Learning Accelerator for Reservoir Computing," *Journal of Signal Processing* 26, no. 4 (2022): 103-106., https://doi.org/10.2299/jsp.26.103.

24) Norman P. Jouppi, et al., "In-Datacenter Performance Analysis of a Tensor Processing Unit," in *Conference Proceedings of 44th Annual International Symposium on Computer Architecture* (New York: Association for Computing Machinery, 2017), 1-12., https://doi.org/10.1145/3079856.3080246.

25) Yu-Hsin Chen, Joel Emer and Vivienne Sze, "Eyeriss: A Spatial Architecture for Energy-Efficient Dataflow for Convolutional Neural Networks," in *2016 ACM/IEEE 43rd Annual International Symposium on Computer Architecture (ISCA)* (IEEE, 2016), 367-379., https://doi.org/10.1109/ISCA.2016.40.

26) Thomas Norrie, et al., "Google's Training Chips Revealed: TPUv2 and TPUv3," in *2020 IEEE Hot Chips 32 Symposium (HCS)* (IEEE, 2020), 1-70., https://doi.org/10.1109/HCS49909.2020.9220735.

27) Chris Nicol, "Wave Computing: A Dataflow Processing Chip for Training Deep Neural Networks," *2019 IEEE Hot Chips 29 Symposium (HCS)*, 20-22 August 2018, https://hc29.hotchips.org/, （2023年2月5日アクセス）.

28) Jeremy Fowers, et al., "A Configurable Cloud-Scale DNN Processor for Real-Time AI," in *2018 ACM/IEEE 45th Annual International Symposium on Computer Architecture (ISCA)* (IEEE, 2018), 1-14., https://doi.org/10.1109/ISCA.2018.00012.

29) Shouyi Yin, et al., "An Ultra-High Energy-Efficient Reconfigurable Processor for Deep Neural Networks with Binary/Ternary Weights in 28NM CMOS," in *2018 IEEE Symposium on VLSI Circuits* (IEEE, 2018), 37-38., https://doi.org/10.1109/VLSIC.2018.8502388.

30) 中原啓貴「FPGAを用いたエッジ向けディープラーニングの研究開発動向」『人工知能』33巻1号（2018）：31-38., https://doi.org/10.11517/jjsai.33.1_31.

31) Kodai Ueyoshi, et al., "QUEST: A 7.49TOPS multi-purpose log-quantized DNN inference engine stacked on 96MB 3D SRAM using inductive-coupling technology in 40nm CMOS," in *2018 IEEE International Solid-State Circuits Conference (ISSCC)* (IEEE, 2018), 216-218., https://doi.org/10.1109/ISSCC.2018.8310261.

32) Taro Fujii, et al., "New Generation Dynamically Reconfigurable Processor Technology for Accelerating Embedded AI Applications," in *2018 IEEE Symposium on VLSI Circuits* (IEEE, 2018), 41-42., https://doi.org/10.1109/VLSIC.2018.8502438.

33) 小島郁太郎「ルネサスがAI推論使うビジョン処理MPU、動的変更DRPと専用MACで電力効率急上昇」日経XTECH, https://xtech.nikkei.com/atcl/nxt/news/18/08080/, （2023年2月5日アクセス）.

34) 岡林凛太郎「PFNのスパコン「MN-3」が世界1位に、消費電力性能ランキングのGreen500で」日経XTECH, https://xtech.nikkei.com/atcl/nxt/news/18/08188/, （2023年2月5日アクセス）.

35) Kazutoshi Hirose, et al., "Hiddenite: 4K-PE Hidden Network Inference 4D-Tensor Engine Exploiting On-Chip Model Construction Achieving 34.8-to-16.0TOPS/W for CIFAR-100 and ImageNet," in *2022 IEEE International Solid- State Circuits Conference (ISSCC)* (IEEE, 2022), 1-3., https://doi.org/10.1109/ISSCC42614.2022.9731668.

36) Mohamed M. Sabry Aly, et al., "Energy-Efficient Abundant-Data Computing: The N3XT 1,000x,"

Computer 48, no. 12 (2015): 24-33., https://doi.org/10.1109/MC.2015.376.

37) Paul A. Merolla, et al., "A million spiking-neuron integrated circuit with a scalable communication network and interface," Science 345, no. 6197 (2014): 668-673., https://doi.org/10.1126/science.1254642.

38) Luping Shi, et al., "Development of a neuromorphic computing system," in 2015 IEEE International Electron Devices Meeting (IEDM) (IEEE, 2015), 4.3.1-4.3.4., https://doi.org/10.1109/IEDM.2015.7409624.

39) Mike Davies, et al., "Loihi: A Neuromorphic Manycore Processor with On-Chip Learning," IEEE Micro 38, no. 1 (2018): 82-99., https://doi.org/10.1109/MM.2018.112130359.

40) Emily M. Bender, et al., "On the Dangers of Stochastic Parrots: Can Language Models Be Too Big?" in FAccT'21: Proceedings of the 2021 ACM Conference on Fairness, Accountability, and Transparency (New York: Association for Computing Machinery, 2021), 610-623., https://doi.org/10.1145/3442188.3445922.

41) シスコシステムズ合同会社「フォグコンピューティング」, https://www.cisco.com/c/dam/m/ja_jp/offers/164/never-better/core-networking/computing-solutions.pdf,（2023年2月7日アクセス）.

42) 総務省情報通信政策研究所「AI利活用原則案（平成30年7月31日）」内閣府, https://www8.cao.go.jp/cstp/tyousakai/humanai/4kai/siryo1.pdf,（2023年2月6日アクセス）.

43) 国立情報学研究所「知能コンピューティングを加速する自己学習型・革新的アーキテクチャ基盤技術の創出」科学研究費助成事業データベース（KAKEN）, https://kaken.nii.ac.jp/ja/grant/KAKENHI-PROJECT-18H05288/,（2023年2月5日アクセス）.

44) 松本卓也「分野横断プロジェクト研究部門：マテリアル知能による革新的知覚演算システムの構築プロジェクト」大阪大学大学院理学研究科附属フォアフロント研究センター（FRC）, https://www.frc.sci.osaka-u.ac.jp/project/nanochem,（2023年2月5日アクセス）.

45) 浅田稔, 他「未来共生社会にむけたニューロモルフィックダイナミクスのポテンシャルの解明」, NEDO, http://www.ams.eng.osaka-u.ac.jp/nedo-nmd/,（2023年2月8日アクセス）.

46) 三菱電機株式会社「ZEB関連技術実証棟「SUSTIE」竣工のお知らせ：省エネ性に優れた快適な居住空間の実現に貢献」https://www.mitsubishielectric.co.jp/news/2020/1001-a.html,（2023年2月6日アクセス）.

47) Daniel Kang, et al., "Finding Label and Model Errors in Perception Data With Learned Observation Assertions," in SIGMOD'22: Proceedings of the 2022 International Conference on Management of Data (New York: Association for Computing Machinery, 2022), 496-505., https://doi.org/10.1145/3514221.3517907.

48) Ihab F. Ilyas, et al., "Saga: A Platform for Continuous Construction and Serving of Knowledge at Scale," in SIGMOD'22: Proceedings of the 2022 International Conference on Management of Data (New York: Association for Computing Machinery, 2022), 2259-2272., https://doi.org/10.1145/3514221.3526049.

49) Data Responsibly, https://dataresponsibly.github.io/,（2023年2月6日アクセス）.

50) Defense Advanced Research Projects Agency (DARPA), "DARPA Electronics Resurgence Initiative," https://www.darpa.mil/work-with-us/electronics-resurgence-initiative,（2023年2月5日アクセス）.

51) David Patterson, "50 years of computer architecture: From the mainframe CPU to the

domain-specific tpu and the open RISC-V instruction set," in *2018 IEEE International Solid - Sate Circuits Conference (ISSCC)* (IEEE, 2018), 27-31., https://doi.org/10.1109/ISSCC.2018.8310168.（講演ビデオ：https://www.youtube.com/watch?v=NZS2TtWcutc）.

52）小島郁太郎「中印激増で25年にRISC-V搭載IC累計600億個、最大手から車載向けコアも」日経XTECH, https://xtech.nikkei.com/atcl/nxt/column/18/01537/00403/,（2023年2月5日アクセス）.

53）Hisa Ando「Esperantoの低電力メニーコアMLサーバプロセッサ「ET-SoC-1」、Hot Chips 33」TECH+, https://news.mynavi.jp/techplus/article/20210825-1955136/,（2023年2月5日アクセス）.

2.2.4 社会におけるトラスト

(1) 研究開発領域の定義

　トラスト（信頼）を「相手が期待を裏切らないと思える状態」と定義する[1]。トラストは、情報科学分野だけでなく、心理学・社会学・政治学・哲学等の人文・社会科学分野も含め、幅広い分野で研究されており、その定義もさまざまだが[2],[3]、それらに共通したトラストの性質として次の4点が挙げられている[4]。上記の定義はこれらの性質を踏まえたものである。

- トラストする側とトラストされる側という2者間の関係である。
- トラストは危険な状況や不確実な状況に存在する。
- トラストはリスクを取る行動につながる。
- トラストは非常に主観的な問題で、個人と環境の状況・文脈の影響を受ける。
- トラストするか否かは最終的に各人の主観的な判断になるが、その判断に関わる「社会的よりどころ」

を与え、人々がそれを活用して判断できるようにすることで、トラスト関係が社会に広がる。その際、セキュリティー・トラスト区分の他の研究開発領域で取り上げられているさまざまな要素技術が活用されるが、個々の技術内容は各研究開発領域にて記載されるので、本研究開発領域では、それらが社会に受容され、デジタル社会におけるトラスト形成の仕組みとして、うまく機能するようにするための研究開発を中心に記載する。

(2) キーワード

　トラスト、信頼、安心、リスク、対象真正性、内容真実性、振る舞い予想・対応可能性、デジタル社会、制度設計、社会受容、総合知

(3) 研究開発領域の概要

[本領域の意義]

　冒頭で述べたように、トラストは相手が期待を裏切らないと思える状態である。リスクがあるとしても、相手をトラストできると、安心して迅速に行動・意思決定ができる。トラストは協力や取引のコストを減らしてくれる効果があり、人々の活動を拡大し、ビジネスを発展させ、ビジネスの生き死にを左右する要因にもなる[5],[6],[7],[8]。

　しかし、デジタル化の進展につれて、バーチャルな空間にも人間関係が広がり、複雑な技術を用いたシステムへの依存が高まり、だます技術も高度化してしまった。その結果、デジタル社会と言われる今日において、顔が見える人間関係や人々の間のルールに支えられた「旧来のトラスト」だけではカバーされないケースが拡大し、社会におけるトラストの働きがほころんできている。この問題は、自動運転車、AIエージェント、コミュニケーションロボット、メタバース等の新技術・新サービスの社会受容を左右し、フェイク・偽装・なりすまし等による詐欺・犯罪の懸念を高める。

　本領域が目指すのは、デジタル社会におけるトラスト形成の仕組み作りによって、不信・警戒を過度に持つことなく幅広い協力・取引・人間関係を作ることができ、デジタル化によるさまざまな可能性・恩恵がより広がるような社会である（図2-2-1）。

[研究開発の動向]

❶ トラスト研究の系譜

　トラストは社会秩序、人間関係、ビジネス上の取引等、さまざまな形で社会における重要な役割・効果を果たしていることから、トラストに関わる研究開発も、幅広い分野でさまざまな取り組みが進められてきた[2],[3]。

図2-2-1　デジタル社会におけるトラストの問題意識と目指す姿［図1-2-8の再掲］

　まず、人文・社会科学分野におけるトラスト研究として、古くは17・18世紀頃から哲学・社会学の分野で社会秩序問題という面から捉えた研究の流れがある。20世紀半ば頃には、心理学の立場から「囚人のジレンマ」問題を含む社会集団内の紛争解決要因としてトラストを位置付けた研究が進んだ。その後、1980年頃以降は、トラストがさまざまな役割の中で捉えられるようになってきた。Niklas Luhmannがトラストの役割を「社会的複雑さの縮減」と位置付けたのは有名である。また、Robert PutnamやFrancis Fukuyamaはトラストを社会関係資本（Social Capital）として位置付けている。Anthony Giddensのリスク社会論や、近年のBruno Latourらによるアクターネットワーク理論との関係も深い。国内では、社会心理学の立場から、認知バイアスとしての安心と信頼（トラスト）を対比して論じた山岸俊男の研究が知られている。人文・社会科学分野では、これまで人と人の間のトラストに関する研究が主だったが、近年は、情報ソースとトラスト、コンピューターエージェントとトラスト、トラストと非言語行動、トラストと社会認知等、社会心理学におけるトラスト研究の対象や尺度が拡大してきている。

　次に、情報科学分野では、「トラスト」という言葉を使った研究開発が始まったのは1990年代以降である。情報科学技術分野でのトラストと言ったとき、セキュリティーやプライバシーの研究に関わる取り組みが一つ大きな流れになっている。デジタルトラスト、トラストサービスといった取り組みは、デジタルアイデンティティーや認証基盤等の仕組みをベースに個人・組織等が本人・本物であることを保証しようとするものである。また、その下位のコンピューティング層では、CPU等のデバイスが正しく動作することを保証しようというDevice Integrityの取り組みがある。これらは、コンピューターとネットワークを用いたさまざまなデジタルサービスにおけるトラストを支える基盤技術となっている。そこに関わる新しいパラダイム、特に改ざんや盗聴を防止するための新技術として、近年、ブロックチェーン技術や量子暗号（量子鍵配送）技術も注目されている。一方、アプリケーション層では、電子商取引、災害時コミュニケーション等において、トラストの感情面を考慮した取り組みがある。また、AIやロボットと人間との間のトラスト関係が、近年注目されるトピックとなっている。

　さらに、トラスト研究の一面として、科学技術のリスク面に目を向けた取り組みがある。ITシステムのリスクに関する考え方として、1980〜1990年代はコンピューター安全という面からハードウェアや基盤ソフトウェアの信頼性が着目された。2000年代になると、それにアプリケーションまで含めた信頼性・安全性を考えるようになり、ソフトウェアディペンダビリティーという見方がされるようになった。さらに近年は、AIやCPS（Cyber-Physical Systems）のTrustworthinessとして、信頼性・安全性に加えて、回復性・プライバシー・セキュリティー等も併せて論じられるようになった。

一方、1975年のアシロマ会議に始まり、科学技術のELSI（Ethical, Legal and Social Issues：倫理的・法的・社会的課題）面の議論が活発に行われるようになり、近年、ITシステム関連では特にAI ELSIが重要課題になっている。「信頼されるAI」「Trustworthy AI」といった表現が用いられ、AI社会原則・AI倫理指針が国・国際レベルで掲げられるようになった。国際標準化活動においてもAIのTrustworthinessが取り上げられている。また、デマや偽情報は古くから存在したが、インターネットやソーシャルメディアの普及・発展に伴い、フェイクニュースが社会問題化し、ディープフェイクで生成されたフェイク動画等のAIによるフェイクの高度化に懸念も高まっている。

❷現在のトラスト研究の概観

上述のようなトラスト研究の系譜・広がりを経て、現在取り組まれている主要な研究開発トピックを五つの分野ごとに概観する。より具体的な例示を表2-2-1に示す。

表2-2-1　　トラスト研究の分野と研究開発トピック例

分野	研究開発トピック例
A：デジタルトラスト	トラストアンカー/トラストチェーン、ブロックチェーン、認証局、タイムスタンプ、eシール、電子署名、生体認証、分散型アイデンティティー、Remote Attestation、Confidential Computing、Trusted Execution Environment（TEE）、Hardware Root of Trust、Trusted Boot/Secure Boot、Trusted Communication等
B：フェイク対策	フェイク検知、ファクトチェック等
C：信頼されるAI	機械学習品質マネジメントガイドライン、機械学習テスティング手法、Assured Autonomy、説明可能AI（XAI）、Safe Learning、公平性配慮機械学習、プライバシー配慮機械学習等
D：AIガバナンス	AIガバナンス、アジャイルガバナンス、ガバナンスエコシステム、リスクチェーンモデル等
E：トラストの観察・理解	トラストの非対称性、能力・意図モデル、ABIモデル、SVSモデル、主観的確率としての信頼、安心 vs. 信頼の理論、信頼尺度・信頼計測、社会関係資本とトラスト、協調行動の信頼・規範 ネットワーク等

「A：デジタルトラスト」は、セキュリティー技術との関係が深く、現在特に活発に取り組まれている分野である[9]。ハードウェア的な改ざん防止の仕組み、ブロックチェーン（改ざん防止機能を持つ分散型台帳）、暗号技術に基づく電子署名・認証、個人や機器の認証技術等が含まれる。

「B：フェイク対策」には、近年社会問題化しているフェイクニュースやフェイク画像・動画・音声等の検知や拡散防止のための技術や、ファクトチェックの活動・システム等が該当する[10],[11]（詳細は「2.1.5 人・AI協働と意思決定支援」に記載）。デジタルトラストと比べると、何が正しいかを定めることが難しく、「表現の自由」の問題に関わることも多い。

「C：信頼されるAI」（Trustworthy AI）も近年非常に活発に取り組まれるようになった分野で、AIシステムの安全性・信頼性・社会受容性を確保するためのさまざまな技術開発が進められている[12],[13]（詳細は「2.1.4 AIソフトウェア工学」に記載）。ブラックボックスとも言われる深層学習（Deep Learning）等のAI技術による判定結果に説明を与える説明可能AI（Explainable AI：XAI）技術、機械学習技術を用いた帰納型のシステム開発におけるテスト・デバッグ手法や品質管理ガイドライン等、ソフトウェア工学的な方法論、プライ

バシーや公平性を確保するデータ分析法多岐にわたっている。

AIシステム開発のための技術分野とは別に、運用に関わるガイドラインや活用に関わるルールの整備等を含めた「D：AIガバナンス」と呼ばれる取り組みも進められている[14]（詳細は「2.1.9 社会におけるAI」に記載）。

また、哲学・社会学・政治学・心理学・経済学等の分野では、トラストの定義・モデル化、人間の振る舞い・態度に関する観察・比較実験等が行われてきた[3], [5], [15]。この「E：トラストの観察・理解」の研究では、長年、人間に対するトラストが論じられてきたが、近年は機械・システムに対するトラストも検討対象に含められるようになってきた。

❸ 関連政策・プログラムの状況

上記❷に示した分野ごとに関連政策・プログラムとして注目されるものを表2-2-2に示す。

これらのうち特に注目される取り組みとして、内閣官房デジタル市場競争本部の「Trusted Web推進協議会」と、英国研究・イノベーション機構（UKRI）の「Trustworthy Autonomous Systems Programme」を［注目すべき国内外のプロジェクト］の項で取り上げる。

（4）注目動向
［新展開・技術トピックス］
❶ トラストの3側面と多面的・複合的な検証

［研究開発の動向］で取り上げたさまざまな研究開発では、対象（トラストする相手）のどのような側面を扱っているかに違いが見られる。これを整理するため「トラストの3側面」という概念が示された[1]。すなわち、対象真正性（本人・本物であるか？）、内容真実性（内容が事実・真実であるか？）、振る舞い予想・対応可能性（対象の振る舞いに対して想定・対応できるか？）を「トラストの3側面」と呼ぶ。また、トラスト問題への対策は、技術開発による対策だけでなく、制度設計（ルール整備・プロセス管理等を含む）による対策も考えられ、また、それらが有効に働くかの裏付けも求められる。以上を踏まえて、トラスト研究開発に関する前述の5分野を整理すると、図2-2-2のようになる。［研究開発の動向］の項で「さまざまな分野で進められているトラスト研究開発の間での知見共有・連携はほとんど見られない」と述べたが、このような観点の違いが一つの要因と考えられる。

しかし、人が主観的に判断する場合には、おそらく3側面を多面的・複合的に捉えた上で、トラストできるかを総合的に判断していると思われる。例えば、ある新しいサービスを使ってみようかと考えるとき、「そのサービスの仕組み（どのように動いてどのような結果が得られそうか）が信じられるか」（振る舞い予想・対応可能性の側面）、「そのサービスの提供企業が怪しくないか」（対象真正性の側面）、「そのサービスについての評判やレビュー投稿は本当か/ヤラセではないか」（内容真実性の側面）というように、多面的にチェックしようとするであろうし、一つの側面についても複数の情報を突き合わせることもするであろう。このように、いろいろな視点から多面的に関連情報を集め、その一つだけでは確信を持てなくとも、それらを複合的に検証することで、総合的な判断を下すというようなことを、人は行っている。

「トラストの3側面」という整理に基づき、今後、トラストに関するより総合的な研究開発や戦略構築が進むと期待される。

❷ Web3

ハイパーテキスト構造をベースとした読むことが主体の第一世代Web（Web 1.0）、ソーシャルネットワークサービス（SNS）等、双方向のメディアとなった第二世代Web（Web 2.0）に対して、ブロックチェーンを用いた分散型のWeb3が次世代Webとして注目されている。Web3はWeb 3.0と称されることも多いが、

表2-2-2　　　トラスト関連政策提言・プログラム事例

分野	国	政策提言・プログラム事例
A：デジタルトラスト	日本	・「Data Free Flow with Trust（DFFT）」（2019年1月ダボス会議、安倍元首相） ・デジタルトラスト協議会（2020年8月設立） ・内閣官房デジタル市場競争本部 Trusted Web推進協議会「Trusted Webホワイトペーパー Ver.1」（2021年3月）、「同Ver.2」（2022年8月） ・デジタルガバメント閣僚会議データ戦略タスクフォース「包括的データ戦略」（2021年6月閣議決定） ・デジタル庁データ推進戦略ワーキンググループトラストを確保したDX推進サブワーキンググループ（2021年11月～2022年7月）
	欧州	・eIDAS（electronic Identification and Authentication Service）規則（2014年7月成立、2016年7月施行）：トラストサービスの統一基準
B：フェイク対策	米国	・国防高等研究計画局（DARPA）「Media Forensics（MediFor）」プログラム、「Semantic Forensics（SemaFor）」プログラム
C：信頼されるAI	日本	・統合イノベーション戦略推進会議「AI戦略2019」（2019年6月）における主要な研究開発課題として「Trusted Quality AI」 ・文部科学省2020年戦略目標「信頼されるAI」を受けたJSTプログラム：CREST「信頼されるAIシステム」、さきがけ「信頼されるAI」（2020年度～） ・NEDO「次世代人工知能・ロボット中核技術開発事業」において「AIの信頼性」（2020年度～）
	英国	・英国研究・イノベーション機構（UKRI）「Trustworthy Autonomous Systems Programme」
D：AIガバナンス	日本	・世界経済フォーラム「Rebuilding Trust and Governance: Towards DFFT」白書（2021年3月） ・経済産業省「Governance Innovation Ver.2：アジャイル・ガバナンスのデザインと実装に向けて」（2021年7月）、「AI原則実践のためのガバナンス・ガイドライン Ver. 1.1」（2022年1月） ・日本ディープラーニング協会「AIガバナンスとその評価」研究会報告書「AIガバナンス・エコシステム－産業構造を考慮に入れたAIの信頼性確保に向けて－」（2021年7月）
	欧州	・欧州委員会「Proposal for a Regulation of the European Parliament and of the Council Laying Down Harmonised Rules on Artificial Intelligence (Artificial Intelligence Act) and Amending Certain Union Legislative Acts」（2021年4月）

　セマンティックWebの概念を中核として提唱されたWeb 3.0とは異なるものである。2022年9月、デジタル庁は「Web 3.0研究会」（座長：慶應義塾大学の國領二郎教授）を設置し、2022年12月に「Web 3.0研究会報告書～Web 3.0の健全な発展に向けて～」（Web3.0研究会）を公表している。
　Web3自体は、必ずしもトラストを打ち出した概念ではないが、後述するTrusted Webと一部類似すると

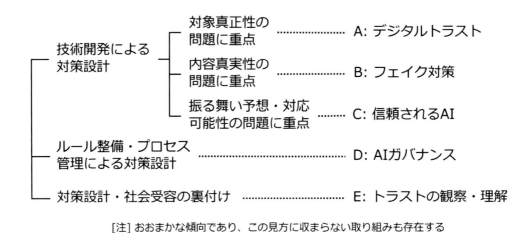

[注] おおまかな傾向であり、この見方に収まらない取り組みも存在する

図 2-2-2　　　トラスト研究の観点の違い

ころがあり、今後のデジタル社会基盤に関連した動向として注目される。「Trusted Webホワイトペーパー Ver.2」[8] では、「昨今、次世代のインターネットやWebの在り方として、「Web3」という概念が広く議論されている。現状のインターネットやWebに対する問題意識や、分散型で検証可能な部分を広げることを志向しているという意味での方向性は、Trusted Webと共通するものがあると考えられるが、「Web3」の厳密な定義についてはさまざまな見解があり、定義は定まっていないと考えられる。こうした中で、Trusted Webについては、アイデンティティー管理の在り方に重点を置くほか、技術中立的な取り組みとして進めているものであり、ブロックチェーン技術の活用のみでなく、検証可能性を高めるさまざまな枠組みを活用し、組み合わせることにより、Trustのレベルを高めることを目指すものである。」との言及がある。

［注目すべき国内外のプロジェクト］

❶ Trusted Web 推進協議会

「Data Free Flow with Trust（DFFT）」（2019年1月ダボス会議）や「デジタル市場競争に係る中期展望レポート」（2020年6月デジタル市場競争会議）を受けて、2020年10月に内閣官房デジタル市場競争本部にTrusted Web推進協議会（座長：慶應義塾大学の村井純教授）が設置された。

そのコンセプトや設計方針等は「Trusted Webホワイトペーパー」（2021年3月にVer.1、2022年8月にVer.2を公開）[8] にまとめられている。Trusted Webでは「やり取りされるデータが信頼できるか、データをやり取りする相手方を信頼できるか、提供したデータの相手方における取り扱いを信頼できるか」といった点をペインポイントと捉えて、インターネットやWebの良さを生かし、その上に重ね合わせるオーバーレイアプローチを採る。特定サービスに過度に依存せず、利用者（自然人または法人）自身が自らに関連するデータをコントロールすることを可能とし、データのやり取りにおける合意形成の仕組みを取り入れ、その合意の履行のトレースを可能としつつ、検証できるケースを拡大することによって、トラストの向上を目指している

ホワイトペーパーVer.2ではユースケースも取り上げられたが、より具体化・検証を進めるべく、「Trusted Webの実現に向けたユースケース実証事業」が公募され、2022年9月に13案件が採択された。

❷ Trustworthy Autonomous Systems Programme（TASプログラム）

TASプログラムは、英国研究・イノベーション機構（UK Research and Innovation：UKRI）による「トラストできる自律システム」に関する学際的研究プログラムで、ELSI（Ethical, Legal and Social Issues：

倫理的・法的・社会的課題）やRRI（Responsible Research and Innovation：責任ある研究・イノベーション）の諸課題を包括している。資金規模は約52億円で、その体制は、Verifiability（検証可能性）、Governance and Regulation（ガバナンスと規制）、Trust（信頼）、Security（安全保障・人権等も含むセキュリティー）、Resilience（レジリエンス）、Functionality（機能性）という六つのノードとハブで構成され、主要大学と多数の産業界からの参加がある。自動運転、医療・介護、防衛・安全保障、AI倫理とガバナンス等にわたり、12件のプロジェクトが採択されている[16]。前述の分類C（信頼されるAI）に重点を置いたプログラムだが、大型の学際的研究体制を構築している点が注目に値する。

（5）科学技術的課題

本領域が目指す、デジタル社会におけるトラスト形成の仕組み作りに向けて、以下の4層から成る研究開発課題が重要と考えられる。これらは相互に関連し、連携した取り組みが有効である。

❶トラストの社会的よりどころの再構築

表2-2-3に、「トラストの3側面」のおのおのについて、現状の「社会的よりどころ」としてどのようなものが機能しているかを例示するとともに、デジタル化の進展に伴い、それらでは不十分になってきているという問題点も併せて示した。例えば内容真実性について、従来は証拠写真・監視カメラ映像等が事実性判断の「社会的よりどころ」になり得たが、AI技術によって高品質なフェイク映像が簡単に生成できるようになってしまったため、必ずしも確かなよりどころにならなくなってしまったというのが一例である。

このような問題に対して、トラストの3側面（対象真正性／内容真実性／振る舞い予想・対応可能性）で何を社会的よりどころに設定するか、社会的よりどころをどのような技術と制度によって担保するか、を考えねばならない。対象真正性／内容真実性／振る舞い予想・対応可能性それぞれの社会的よりどころの再構築、複合的検証のメカニズム、改ざんされない記録・トレーサビリティー等の研究開発が含まれる。

❷社会的トラスト形成フレームワーク

❶の「社会的よりどころ」を用意するだけでなく、人々がそれを容易に使いこなし、トラストできる対象を広げていけるようにするとともに、「社会的よりどころ」が公正・健全に維持されるようにすることも、重要な研究開発課題である。トラスト域拡大と権限制御、公正・健全なトラスト基点の維持、トラストの悪用・攻撃

表2-2-3　トラストの3側面に対する「社会的よりどころ」の例と問題点

トラストの3側面	現状の社会的よりどころ	問題点
対象真正性（本人・本物であるか？）	印鑑・サイン、身分証、鑑定書、デジタル認証・生体認証等	真正性保証の対象が拡大、デジタル特有の偽造・偽装・改ざんの可能性も拡大。トラスト基点の信頼性担保にも課題あり。
内容真実性（内容が事実・真実であるか？）	事実性は証拠写真・監視カメラ映像等、学説は査読制による学術コミュニティー合意等	AIによるフェイク生成が高品質化したため、写真・映像の証拠性が揺らぎつつある。そもそも絶対的真実・事実は定まらず、ファクトチェック可能な対象は限定的。
振る舞い予想・対応可能性（対象の振る舞いに対して想定・対応できるか？）	人的行為・タスクについては契約・ライセンス等、機械・システムの動作については仕様書等	ブラックボックスAIでは動作仕様が定義できず、常にその動作を予見できるわけではない。説明可能AIも近似的説明であり、保証にはならない。

への対策、使いこなしを容易にする技術・教育等の研究開発が含まれる。

❸具体的トラスト問題ケースへの取り組み

デジタル化の進展で生じた具体的なトラスト問題の各ケースに対して、上記❶❷の枠組みを用いた解決や状況改善を実証する取り組みも重要である。具体的ケース固有の問題分析・対処と具体的ケースからの❶❷の研究開発へのフィードバックも含む。トラスト問題ケースの例としては、ネット取引・サプライチェーンやメタバース等に関わる「ビジネスにおけるトラスト」、フェイクニュースやインフォデミック等の問題に関わる「ネット情報のトラスト」、自動運転車やAIエージェント等「AI応用システムのトラスト」、医療者と患者との関係にAIがセカンドオピニオン的に関わる等の「専門家＋AIのトラスト」等が挙げられる。

❹トラストに関する基礎研究

上記❶❷❸の実現とその社会受容のため、社会におけるトラストについての理解や、そのデジタル化による影響・変化に関する基礎的な研究開発も重要である。例えば、デジタル社会におけるトラスト形成や不信のメカニズム理解[17]、トラストに関わる日本人のメンタリティーと国際比較・文化差、デジタル社会のトラスト形成のための方策・対策設計の裏付け等に関する基礎研究が挙げられる。

（6）その他の課題

❶分野間の知見共有・連携促進の場作り

トラスト研究には「総合知」）による取り組みが不可欠であり、分野横断の学際的研究の活性化が望まれる。トラストに関わる研究分野の幅広さに対して、研究者個人の人脈や出会いを通してボトムアップにリーチできる範囲には限界があることから、分野間の知見共有・連携促進の場作り[2]を、トップダウンな施策によって立ち上げることが有効であろう。このような場が、総合的なトラスト研究のビジョン共有、幅広い研究事例の把握、分野横断の共同研究のタネの発見機会となり、分野横断・学際的な研究コミュニティーの活性化につながる。

❷学際的トラスト研究の継続的活動体制と人材育成策

学際的研究を骨太化し、研究者層を厚くしていくためには、上記❶のような仕掛けをトリガーとしつつも、学際的トラスト研究の継続的な活動体制を作っていくことが必要である。研究活動の母体ができることで、研究人材の育成にもつながる。具体的には、学会・研究会の立ち上げ、このような学際的活動をコーディネートする人材やチームへの助成、学際的トラスト基礎研究を推進する拠点あるいはバーチャルな連携体制の構築等が、打ち手の候補として考えられる。

人材育成に関しては、分野横断・文理融合的な「総合知」に取り組むことに対する阻害要因が指摘されている。阻害要因の一例として、テニュアポストが少ないこと、「総合知」への取り組みは研究論文になりにくい一方で任期付きポストでは論文業績が必要になること、個別分野で業績を上げながら「総合知」に取り組まなければならないという高いハードルが現実といったことが挙げられる。これはトラスト研究に限った問題ではなく、根本的な打ち手は必ずしも容易なことではないが、考えていく必要がある。

❸ファンディングプログラムによる推進・加速

上記❷によってトラスト共通基礎研究を育成する一方で、より具体的な問題解決型の目標を設定し、それをファンディングプログラムによって推進・加速することも必要であろう。前述の「トラストの3側面」のそれぞれに対する取り組みを表2-2-2に例示したが、さらにそのスコープを拡大し、総合的なトラスト形成に向け

た連携を促進したり、自動運転車、AIエージェント、コミュニケーションロボット、メタバース等具体的シーンでのトラスト問題に対策したりといった展開・発展が期待される。

　日本政府はDFFT（Data Free Flow with Trust）を掲げたデータ戦略や、Trusted Quality AIを掲げたAI戦略を発信している。上記❶❷❸によって、これをさらに推し進めた、より総合的で一貫性のあるトラストを軸とした日本の研究戦略を構築でき、国際的にも先行したコンセプト発信が狙い得る。

参考文献

1） 国立研究開発法人科学技術振興機構研究開発戦略センター「戦略プロポーザル：デジタル社会における新たなトラスト形成」（2023年9月）. https://www.jst.go.jp/crds/pdf/2022/SP/CRDS-FY2022-SP-03.pdf

2） 国立研究開発法人科学技術振興機構研究開発戦略センター『俯瞰セミナー＆ワークショップ報告書 トラスト研究の潮流：人文・社会科学から人工知能、医療まで』（2022年2月）. https://www.jst.go.jp/crds/pdf/2021/WR/CRDS-FY2021-WR-05.pdf

3） 小山虎（編著）『信頼を考える：リヴァイアサンから人工知能まで』（東京：勁草書房, 2018）.

4） Piotr Pietrzak and Josu Takala, "Digital trust - a systematic literature review," *Forum Scientiae Oeconomia* 9, no. 3 (2021): 56-71., https://doi.org/10.23762/FSO_VOL9_NO3_4.

5） ニクラス・ルーマン『信頼：社会的な複雑性の縮減メカニズム』大庭健, 正村俊之 訳（東京：勁草書房, 1990）.

6） レイチェル・ボッツマン『TRUST：世界最先端の企業はいかに〈信頼〉を攻略したか』関美和 訳（東京：日経BP, 2018）.

7） World Economic Forum, "White Paper：Rebuilding Trust and Governance：Towards Data Free Flow with Trust（DFFT）" (March 26, 2021). https://www.weforum.org/whitepapers/rebuilding-trust-and-governance-towards-data-free-flow-with-trust-dfft/

8） Trusted Web推進協議会「Trusted Webホワイトペーパー」（Ver. 1.0: 2021年3月, Ver. 2.0: 2022年8月, Ver. 3.0: 20213年11月）. https://trustedweb.go.jp/documents/

9） 日本ネットワークセキュリティ協会PKI相互運用技術WG, 電子署名WG「デジタル社会におけるトラスト」PKI & TRUST Days online 2021（2021年4月15-16日）. https://www.jnsa.org/seminar/pki-day/2021/index.html

10） 国立研究開発法人科学技術振興機構研究開発戦略センター『公開ワークショップ報告書 意思決定のための情報科学：情報氾濫・フェイク・分断に立ち向かうことは可能か』（2020年2月）. https://www.jst.go.jp/crds/pdf/2019/WR/CRDS-FY2019-WR-02.pdf

11） 山口真一『ソーシャルメディア解体全書：フェイクニュース・ネット炎上・情報の偏り』（東京：勁草書房, 2022）.

12） 国立研究開発法人科学技術振興機構研究開発戦略センター「戦略プロポーザル：AI応用システムの安全性・信頼性を確保する新世代ソフトウェア工学の確立」（2018年12月）. https://www.jst.go.jp/crds/pdf/2018/SP/CRDS-FY2018-SP-03.pdf

13） 石川冬樹・丸山宏（編著）『機械学習工学』, 機械学習プロフェッショナルシリーズ（東京：講談社, 2022）.

14） AI原則の実践の在り方に関する検討会, AIガバナンス・ガイドラインWG「AI原則実践のためのガバナンス・ガイドライン Ver. 1.1（令和4年1月28日）」経済産業省, https://www.meti.go.jp/shingikai/mono_info_service/ai_shakai_jisso/pdf/20220128_1.pdf,（2023年2月25日アクセス）.

15）山岸俊男『信頼の構造：こころと社会の進化ゲーム』（東京：東京大学出版会, 1998）.
16）UKRI Trustworthy Autonomous Systems Hub, "Annual Report 2021," https://www.tas.ac.uk/wp-content/uploads/2021/09/Annual-Report-2021.pdf,（2023年2月25日アクセス）.
17）キャサリン・ホーリー, 稲岡大志・杉本俊介（監訳）,『信頼と不信の哲学入門』（岩波書店, 2024年）.

付録

付録1　注目研究開発領域設定の考え方

　JST CRDSでは、隔年で分野別の「研究開発の俯瞰報告書」を発行している。そのうちのシステム・情報科学技術分野の2023年版の俯瞰報告書[1]から「人工知能・ビッグデータ」区分としてまとめたパートを転載したもの（一部アップデートあり）が、本稿の第2部である。九つの研究開発領域を注目領域として取り上げている。そこで、注目領域をどのような考え方で選んだかについて、ここで簡単に説明しておきたい。

　まず、システム・情報科学技術分野の技術トレンドと社会の要請・ビジョンを、図3-1のように捉えた。この分野の技術進化と社会の要請あるいは国が描く社会の姿（ビジョン）は、相互に強く関連しながら発展してきた。すなわち、「あらゆるもののデジタル化・コネクティッド化」という技術トレンドによって「サイバー世界とフィジカル世界の高度な融合」が可能になり、その上に「あらゆるもののスマート化・自律化」という技術トレンドが重なり、「データ駆動型／知識集約型の価値創造」が可能になった。さらに、それを社会課題の解決へつなげるとともに、自動化・自律化が進んでも人間中心であるべきというビジョン「社会課題の解決と人間中心社会の実現」に向けて、「社会的要請との整合」という技術トレンドが生まれた。このような技術トレンドを踏まえつつ、主要な学会における研究動向や有識者ヒアリング結果、調査会社から出ているレポートや将来動向に関する書籍等から注目技術として挙げられているものをピックアップした。次に、それらの注目技術群をボトムアップにグルーピングしつつ、「エマージング性」「社会の要請・ビジョン」「社会インパクト」という3点を基準として、戦略的な重要度の高い研究開発領域を複数特定した。その結果が図3-2中に薄青色の円に重ねて黒字で列挙した研究開発領域群である。

- ●選定基準1「エマージング性」：技術の革新性やその技術への期待の急速な高まりに注目
- ●選定基準2「社会の要請・ビジョン」：社会からの要請や国のビジョンとの整合性に着目
- ●選定基準3「社会インパクト」：人々のライフスタイル・ワークスタイルや社会・産業構造の変革、SDGsを含む社会課題解決への貢献に着目

　このようにして得られた研究開発領域群を大きくグルーピングして、七つの俯瞰区分を設定した。それが図3-2において薄青色の円に重ねて示した「人工知能・ビッグデータ」「ロボティクス」「社会システム科学」「セキュリティー・トラスト」「コンピューティングアーキテクチャー」「通信・ネットワーク」「数理科学」の七つである。さらには、注目する研究開発領域群について調査し、俯瞰をまとめた後、日本が置かれた環境、取り組み状況、国際競争上のポジション等を踏まえて、国として重点的に取り組むべき研究開発課題を選定し、戦略プロポーザルを策定してきた。すなわち、ある研究開発領域が向かっている方向性だとしても、日本が置かれた状況・ポジションによっては、国として研究開発投資を行う意義が薄いかもしれない。国際競争力を構築するための作戦や、国として取り組むべき明確な意義に基づいて、重点テーマを設定すべきと考える。そのための基本的な考え方（シナリオ）として用いたのは、次の四つである。

---

[1] 本稿のエグゼクティブサマリーの直後に載せた「公開資料一覧」の【資料4-1】である。注目領域の抽出や俯瞰の考え方についての、より詳しい説明はこの俯瞰報告書自体を参照いただきたい。

- ●シナリオ1「強い技術を核とした骨太化」：既に保有している、あるいは、育ちつつある強い技術を足掛かりとして、技術の国際競争力を骨太化する作戦・シナリオである。
- ●シナリオ2「強い産業の発展・革新の推進」：既に保有している、あるいは、育ちつつある強い産業を足掛かりとして、国際競争力のある技術群を育てる作戦・シナリオである。
- ●シナリオ3「社会課題の先行解決」：課題先進国として、先端技術の社会受容性で先行できることを生かして、国際競争力を構築する作戦・シナリオである。
- ●シナリオ4「社会基盤を支える根幹技術確保」：社会基盤を支える根幹技術は、国として保有・強化しなくてはならないという考えである。

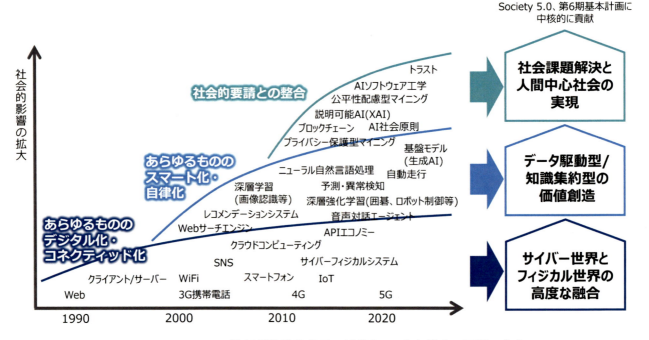

図3-1　　システム・情報科学技術分野の技術トレンドと社会の要請・ビジョン

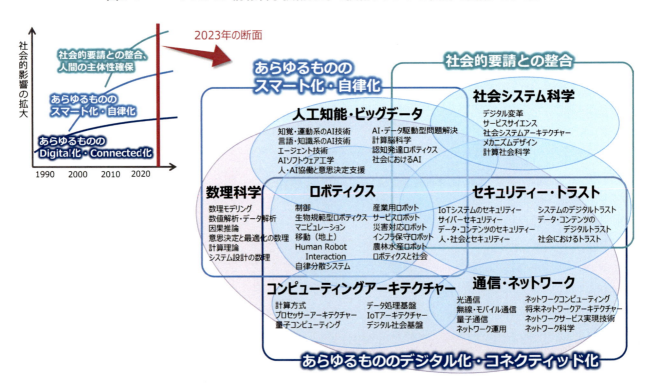

図3-2　　注目する研究開発領域と俯瞰区分の設定

付録2　検討の経緯

「研究開発の俯瞰報告書」（システム・情報科学技術分野）は隔年で（最近は奇数年に）発行しており、2023年版は、2022年3月から2023年2月にかけて、重点的な調査・分析・インタビュー・執筆等を行って作成した。内容はほぼ同じだが、ごく一部修正を加えたものを2024年版として2024年9月に公開し、これが2024年12月時点の最新版である。

6件の戦略プロポーザルについては、「意思決定・合意形成支援」に関して2016年5月から2018年2月、「AIソフトウェア工学」に関して2017年9月から2018年11月、「第4世代AI」に関して2019年6月から2020年2月、「人工知能と科学」に関して2020年4月から2021年7月、「デジタル社会のトラスト形成」に関して2021年6月から2022年8月、「次世代AIモデル」に関して2023年7月から2024年2月という期間で、重点的な調査・分析・インタビュー・執筆等を行った（戦略プロポーザルはチームとしての活動、ただしAIソフトウェア工学についてはチーム編成前の予備調査期間も含む）。その間、2017年6月・12月、2019年7月、2020年1月、2021年1月、2021年10月、2022年1月、2022年6月、2023年1月・11月、2024年4月・5月・6月・10月にはCRDS主催のワークショップやシンポジウム、2020年7月から9月、2021年7月から9月、2024年7月・9月にはセミナーシリーズを開催し、また、2018年6月、2019年6月、2020年6月、2022年6月、2023年6月、2024年5月には学会での企画セッションやオーガナイズドセッションを開催し、有識者や研究コミュニティーとの議論も行ってきた。

以上のようなこれまでの調査・検討を踏まえて、本報告書「人工知能研究の新潮流2025～基盤モデル・生成AIのインパクトと課題～」をまとめた。

調査・検討に協力いただいた有識者一覧

個別にインタビューされていただいた方々に加えて、CRDSワークショップや学会・講演会等で議論をさせていただいた方々も含めて、多数の有識者の方々から情報提供・示唆をいただいた。各報告書の作成時にご協力いただいた方々は以下の通りである（50音順、敬称略、所属・役職はインタビュー等の実施当時のもの）。

俯瞰報告書（2023年3月発行）　※本報告書の2.1節・2.2節に掲載した研究領域の協力者

浅井 哲也	北海道大学大学院情報科学研究院 教授
浅田 稔	大阪国際工科専門職大学 副学長
麻生 英樹	産業技術総合研究所人工知能研究センター 招聘研究員
荒井 幸代	千葉大学大学院工学研究院 教授
石川 冬樹	国立情報学研究所アーキテクチャ科学研究系 准教授
伊藤 孝行	京都大学大学院情報学研究科 教授
岡崎 直観	東京工業大学情報理工学院 教授
尾形 哲也	早稲田大学理工学術院基幹理工学部 教授
鬼塚 真	大阪大学大学院情報科学研究科 教授
小野 哲雄	北海道大学大学院情報科学研究院 教授
神山 直之	九州大学マス・フォア・インダストリ研究所 教授
駒谷 和範	大阪大学産業科学研究所 教授
清水 昌平	滋賀大学データサイエンス学部 教授
竹内 健	東京大学大学院工学系研究科 教授

谷口 忠大	立命館大学情報理工学部 教授
土谷 隆	政策研究大学院大学政策研究科 教授
銅谷 賢治	沖縄科学技術大学院大学神経計算ユニット 教授
中川 裕志	理化学研究所革新知能統合研究センター チームリーダー
西尾 信彦	立命館大学情報理工学部 教授
野田 五十樹	北海道大学大学院情報科学研究院 教授
原田 達也	東京大学先端科学技術研究センター 教授
東中 竜一郎	名古屋大学大学院情報学研究科 教授
丸山 文宏	産業技術総合研究所社会実装本部 招聘研究員
本村 真人	東京工業大学科学技術創成研究院 教授
森永 聡	NECデータサイエンス研究所 上席主席研究員
山口 高平	慶應義塾大学 名誉教授
山田 誠二	国立情報学研究所コンテンツ科学研究系 教授

報告書「人工知能研究の新潮流2～基盤モデル・生成AIのインパクト～」の内容検討・執筆時にインタビューや意見交換をさせたいただいた有識者

相澤 彰子	国立情報学研究所 コンテンツ科学研究系 教授・所長代行・副所長
合原 一幸	東京大学 特別教授／ニューロインテリジェンス国際研究機構 副機構長
青木 孝文	東北大学大学院情報科学研究科 教授・理事・副学長
石川 冬樹	国立情報学研究所アーキテクチャ科学研究系 准教授
伊藤 孝行	京都大学大学院情報学研究科 教授
越前 功	国立情報学研究所 情報社会相関研究系 教授・主幹
岡崎 直観	東京工業大学情報理工学院 教授
川原 圭博	東京大学大学院工学系研究科 教授／インクルーシブ工学連携研究機構 機構長
木賀 大介	早稲田大学理工学術院先進理工学部 教授
久木田 水生	名古屋大学大学院情報学研究科社会情報学専攻 准教授
栗原 聡	慶應義塾大学理工学部 教授
鈴木 雅大	東京大学大学院工学系研究科 松尾研究室 特任助教
高橋 恒一	理化学研究所バイオコンピューティング研究チーム チームリーダー
谷口 忠大	立命館大学情報理工学部 教授
中川 裕志	理化学研究所革新知能統合研究センター チームリーダー

戦略プロポーザル「第4世代AI」（2020年3月発行）

合原一幸	東京大学生産技術研究所 教授
麻生英樹	産業技術総合研究所人工知能研究センター 副研究センター長
石濱直樹	宇宙航空研究開発機構研究開発部門第三研究ユニット 主幹研究開発員
市瀬龍太郎	国立情報学研究所情報学プリンシプル研究系 准教授
乾健太郎	東北大学大学院情報科学研究科 教授
植田一博	東京大学総合文化研究科 教授
牛久祥孝	オムロンサイニックエックス株式会社 Principal Investigator
尾形哲也	早稲田大学理工学術院基幹理工学部 教授

川人光男	国際電気通信基礎技術研究所脳情報通信総合研究所 所長
北野宏明	ソニーコンピュータサイエンス研究所 代表取締役社長
國吉康夫	東京大学大学院情報理工学系研究科 教授
佐倉統	東京大学大学院情報学環 教授
芥子育雄	福井工業大学工学部 教授
須藤修	東京大学大学院情報学環 教授
谷口忠大	立命館大学情報理工学部 教授
辻井潤一	産業技術総合研究所人工知能研究センター 研究センター長
銅谷賢治	沖縄科学技術大学院大学神経計算ユニット 教授
長井隆行	大阪大学大学院基礎工学研究科 教授
中島秀之	札幌市立大学 学長
橋田浩一	東京大学大学院情報理工学系研究科 教授
樋口知之	中央大学理工学部 教授
藤吉弘亘	中部大学工学部 教授
松尾豊	東京大学大学院工学系研究科 教授
丸山宏	Preferred Networks PFNフェロー
森川幸冶	パナソニック株式会社テクノロジーイノベーション本部 副主幹研究長
山川宏	全脳アーキテクチャ・イニシアティブ 代表
山口高平	慶應義塾大学理工学部 教授
鷲尾隆	大阪大学産業科学研究所 教授

戦略プロポーザル「次世代AIモデル」(2024年3月発行)

相澤 彰子	国立情報学研究所 コンテンツ科学研究系 教授/所長代行/副所長
合原 一幸	東京大学 特別教授/ニューロインテリジェンス国際研究機構 副機構長
青木 孝文	東北大学大学院情報科学研究科 教授/理事/副学長
浅田 稔	大阪国際工科専門職大学 副学長
荒木 正太	一般社団法人京都哲学研究所/日本電信電話株式会社
五十嵐 涼介	京都大学大学院文学研究科 特定講師/一般社団法人京都哲学研究所 研究員
石川 冬樹	国立情報学研究所アーキテクチャ科学研究系 准教授
伊藤 孝行	京都大学大学院情報学研究科 教授
乾 健太郎	Mohamed bin Zayed University of Artificial Intelligence (MBZUAI), NLP Department, Visiting Professor/東北大学大学院情報科学研究科 教授
植田 一博	東京大学大学院総合文化研究科 教授
牛久 祥孝	オムロンサイニックエックス・プリンシパルインベスティゲーター
越前 功	国立情報学研究所 情報社会相関研究系 教授/主幹
江間 有沙	東京大学国際高等研究所東京カレッジ 准教授
大塚 淳	京都大学大学院文学研究科哲学専修 准教授
大森 久美子	一般社団法人京都哲学研究所 理事/日本電信電話株式会社
岡崎 直観	東京工業大学情報理工学院 教授
尾形 哲也	早稲田大学理工学術院基幹理工学部 教授
小山田 昌史	日本電気株式会社 NECデータサイエンスラボラトリー 主幹研究員/ディレクター

小川 秀人	日立製作所研究開発グループ システムイノベーションセンタ 主管研究長
神嶌 敏弘	産業技術総合研究所 情報・人間工学領域 主任研究員
神谷 之康	京都大学情報学研究科 教授/ATR情報研究所 客員室長（ATRフェロー）
川名 晋史	東京工業大学リベラルアーツ研究教育院 教授
川原 圭博	東京大学大学院工学系研究科 教授/インクルーシブ工学連携研究機構 機構長
久木田 水生	名古屋大学大学院情報学研究科社会情報学専攻 准教授
工藤 郁子	大阪大学社会技術共創研究センター 特任研究員
栗原 聡	慶應義塾大学理工学部 教授
黒橋 禎夫	国立情報学研究所 所長
國領 二郎	慶應義塾大学総合政策学部 教授
小宮山 純平	NYU Stern School of Business, Assistant Professor
佐倉 統	東京大学大学院情報学環 教授
杉山 将	理化学研究所 革新知能統合研究センター
鈴木 貴之	東京大学大学院総合文化研究科 教授
鈴木 雅大	東京大学大学院工学系研究科 松尾研究室 特任助教
須藤 修	中央大学国際情報学部 教授/中央大学ELSIセンター 所長
平 和博	桜美林大学リベラルアーツ学群 教授
高橋 恒一	理化学研究所バイオコンピューティング研究チーム チームリーダー
田口 茂	北海道大学 大学院文学研究院 教授/人間知・脳・AI研究教育センター センター長
谷口 忠大	立命館大学情報理工学部 教授
千葉 雄樹	日本電気株式会社 NEC Generative AI Chief Navigator
辻井 潤一	産業技術総合研究所 フェロー
銅谷 賢治	沖縄科学技術大学院大学神経計算ユニット 教授
中川 裕志	理化学研究所革新知能統合研究センター チームリーダー
中島 秀之	札幌市立大学 学長
原田 香奈子	東京大学 大学院医学系研究科/大学院工学系研究科 准教授
原田 達也	東京大学先端科学技術研究センター 教授
東中 竜一郎	名古屋大学大学院情報学研究科 教授
牧野 貴樹	Google Inc. Staff Software Engineer
丸山 文宏	産業技術総合研究所社会実装本部 招聘研究員
三宅 陽一郎	株式会社スクウェア・エニックス リードAIリサーチャー
村上 祐子	立教大学大学院人工知能科学研究科 教授
山川 宏	全脳アーキテクチャ・イニシアティブ 代表
山本 貴光	東京工業大学リベラルアーツ研究教育院 教授
Sam Passaglia	東京大学カブリ数物連携宇宙研究機構

戦略プロポーザル「AIソフトウェア工学」（2018年12月発行）

青山 幹雄	南山大学理工学部ソフトウェア工学科 教授
石井 正悟	情報処理推進機構社会基盤センター 調査役
石川 冬樹	国立情報学研究所アーキテクチャ科学研究系 准教授
石濱 直樹	宇宙航空研究開発機構研究開発部門第三ユニット 主任研究開発員

岡崎直観	東京工業大学情報理工学院情報工学系 教授
奥村洋	株式会社デンソー東京支社電子基盤先行開発室 室長
門田暁人	岡山大学大学院自然科学研究科 教授
桑島洋	株式会社デンソー東京支社電子基盤先行開発室 担当係長
権藤正樹	イーソル株式会社 取締役CTO兼技術本部長
佐藤洋行	株式会社ブレインパッドマーケティングプラットフォーム本部 副本部長
菅原啓介	宇宙航空研究開発機研究開発部門第三ユニット 研究開発員
関口智嗣	産業技術総合研究所 理事
谷幹也	NECセキュリティ研究所 所長
中江俊博	株式会社デンソー東京支社電子基盤先行開発室 開発3課長
中島震	国立情報学研究所情報社会相関研究系 教授
中島秀之	東京大学大学院情報理工学系研究科 特任教授、札幌市立大学 学長
中田登志之	東京大学大学院情報理工学系研究科 教授
西康晴	電気通信大学大学院情報理工学研究科 講師
橋本真太郎	宇宙航空研究開発機研究開発部門セキュリティ・情報化推進部 主事補
蓮尾一郎	国立情報学研究所アーキテクチャ科学研究系 准教授
東中竜一郎	日本電信電話株式会社メディアインテリジェンス研究所 NTT上席特別研究員
樋口知之	統計数理研究所 所長
福住伸一	理化学研究所革新知能統合研究センター 科学技術と社会チーム研究員
藤吉弘亘	中部大学工学部ロボット理工学科 教授
松尾豊	東京大学工学部システム創成学科 特任准教授
丸山宏	株式会社Preferred Networks 最高戦略責任者
水野修	京都工芸繊維大学情報工学・人間科学系 教授
明神智之	宇宙航空研究開発機研究開発部門第三ユニット 研究開発員
向山輝	情報処理推進機構 研究員
本橋洋介	日本電気株式会社AI・アナリティクス事業開発本部 シニアデータアナリスト
本村陽一	産業技術総合研究所人工知能研究センター 首席研究員
鷲尾隆	大阪大学産業科学研究所 教授

戦略プロポーザル「意思決定・合意形成支援」（2018年3月発行）

青山秀明	京都大学大学院理学研究科 教授
石田亨	京都大学大学院情報学研究科 教授
乾健太郎	東北大学大学院情報科学研究科 教授
和泉潔	東京大学大学院工学系研究科 教授
板倉陽一郎	ひかり総合法律事務所 弁護士（パートナー）
伊藤孝行	名古屋工業大学大学院工学研究科 教授
岩野和生	三菱ケミカルホールディングス 執行役員 Chief Digital Officer
植田一博	東京大学大学院情報学環・学際情報学府 教授
遠藤薫	学習院大学法学部 教授
江間有沙	東京大学教養教育高度化機構 特任講師
大沼進	北海道大学大学院文学研究科 准教授

岡崎直観	東京工業大学情報理工学院 教授
神里達博	千葉大学国際教養学部 教授
神嶌敏弘	産業技術総合研究所人間情報研究部門 情報数理研究グループ
川越敏司	公立はこだて未来大学システム情報科学部複雑系知能学科 教授
河原大輔	京都大学大学院情報学研究科 准教授
木嶋恭一	大東文化大学経営学部 特任教授
黒橋禎夫	京都大学大学院情報学研究科 教授
桑子敏雄	コンセンサス・コーディネーターズ 代表理事
小林正啓	花水木法律事務所 弁護士
坂上雅道	玉川大学脳科学研究所 教授
櫻井祐子	産業技術総合研究所 主任研究員
笹原和俊	名古屋大学大学院情報学研究科 助教
佐藤健	国立情報学研究所情報学プリンシプル研究系 教授
須川賢洋	新潟大学法学部 助教
鈴木久敏	情報・システム研究機構 機構本部 監事
高田知紀	神戸市立高等工業専門学校都市工学科 准教授
高橋正道	富士ゼロックス秘書室 担当マネージャ（社長秘書）
田中秀幸	東京大学大学院情報学環・学際情報学府 教授
寺野隆雄	東京工業大学大学院総合理工学研究科 教授
鳥澤健太郎	情報通信研究機構 データ駆動知能システム研究センター長
中川裕志	東京大学情報基盤センター 教授
中島秀之	東京大学大学院情報理工学系研究科 特任教授
中田登志之	東京大学大学院情報理工学系研究科 教授
鳴海拓志	東京大学大学院情報理工学系研究科 講師
西田豊明	京都大学大学院情報学研究科 教授
浜屋敏	富士通総研経済研究所 研究主幹
平川秀幸	大阪大学コミュニケーションデザインセンター 教授
藤代裕之	法政大学社会学部 准教授
藤原義久	兵庫県立大学大学院シミュレーション学研究科 教授
松原仁	公立はこだて未来大学システム情報科学部複雑系知能学科 教授
本村陽一	産業技術総合研究所人工知能研究センター 首席研究員
森千春	読売新聞 論説委員
森尾博昭	関西大学総合情報学部 教授
森永聡	NECデータサイエンス研究所 主席研究員
山川義徳	内閣府革新的研究開発推進プログラム（ImPACT）プログラムマネージャー
山岸順一	国立情報学研究所コンテンツ科学研究系 教授
山口真吾	慶應義塾大学環境情報学部 准教授
山口高平	慶應義塾大学理工学部 教授
湯淺墾道	情報セキュリティ大学院大学 学長補佐、情報セキュリティ研究科 教授
横尾真	九州大学大学院システム情報科学研究院 主幹教授
鷲尾隆	大阪大学産業科学研究所 教授

戦略プロポーザル「デジタル社会における新たなトラスト形成」（2022年9月発行）

相澤彰子	国立情報学研究所 コンテンツ科学研究系 教授
合原一幸	東京大学特別教授
淺間一	東京大学大学院工学系研究科 教授
荒井ひろみ	理化学研究所 革新知能統合研究センター ユニットリーダー
有村博紀	北海道大学大学院情報科学研究院 教授
石原直子	リクルートワークス研究所 人事研究センター長
伊藤孝行	京都大学大学院情報学研究科 教授
稲谷龍彦	京都大学大学院法学研究科 教授
犬飼佳吾	明治学院大学経済学部 准教授
井上眞梨・小林茉莉子・栗田青陽	株式会社メルカリ mercari R4D
臼田裕一郎	防災科学技術研究所 総合防災情報センター センター長
内田由紀子	京都大学 人と社会の未来研究院 教授
浦川伸一	損害保険ジャパン株式会社 取締役専務執行役員
江川尚志	NEC 標準化推進部 シニアエキスパート
江間有沙	東京大学 未来ビジョン研究センター 准教授
大沢英一	はこだて未来大学システム情報科学部 教授
大橋直之	横浜みなとみらい21 企画調整課 担当課長
大屋雄裕	慶應義塾大学法学部 教授
小野哲雄	北海道大学大学院情報科学研究院 教授
神里達博	千葉大学大学院国際学術研究院 教授
上出寛子	名古屋大学 未来社会創造機構 特任准教授
唐沢かおり	東京大学大学院人文社会系研究科 教授
川島典子	福知山公立大学地域経営学部 教授
川名晋史	東京工業大学リベラルアーツ研究教育院 准教授
喜連川優	国立情報学研究所 所長
久木田水生	名古屋大学大学院情報学研究科 准教授
工藤郁子	大阪大学 社会技術共創研究センター 招へい教員
クロサカタツヤ	株式会社 企 代表取締役
小林傳司	科学技術振興機構社会技術研究開発センター センター長
小林正啓	花水木法律事務所 弁護士
國領二郎	慶應義塾大学 総合政策学部 教授
後藤厚宏	情報セキュリティ大学院大学 学長・教授
小山虎	山口大学 時間学研究所 准教授
佐古和恵	早稲田大学基幹理工学部 教授
佐倉統	東京大学大学院情報学環 教授
笹原和俊	東京工業大学環境・社会理工学院 准教授
島岡政基	セコム株式会社 IS研究所 サイバーセキュリティグループ 主任研究員
杉村領一	産業技術総合研究所 情報・人間工学領域 上席イノベーションコーディネータ
田中健一	三菱電機株式会社 開発本部 技術統轄
積田有平	シェアリングエコノミー協会 常任理事

手塚悟	慶應義塾大学環境情報学部 教授
徳田英幸	情報通信研究機構 理事長
中江俊博・桑島洋	株式会社デンソー ソフト生産革新部先端ソフト開発室
中川裕志	理化学研究所 革新知能統合研究センター チームリーダー
中島震	国立情報学研究所 名誉教授
西村秀和	慶應義塾大学大学院システムデザイン・マネジメント研究科 教授
尾藤誠司	東京医療センター 臨床研究センター 臨床疫学研究室 室長
福住伸一	理化学研究所 革新知能統合研究センター 研究員
藤代裕之	法政大学社会学部 教授
松尾真一郎	ジョージタウン大学 研究教授
松本泰	セコム株式会社IS研究所 ディビジョンマネージャー
村山優子	津田塾大学 数学・計算機科学研究所 研究員
森川博之	東京大学大学院工学系研究科 教授
森下壮一郎	株式会社サイバーエージェント 技術本部 Data Tech Lab
森田浩史	電通国際情報サービス オープンイノベーションラボ 所長（同部門から他にも数名）
山口真一	国際大学GLOCOM 准教授
山口高平	慶應義塾大学理工学部 教授
山田誠二	国立情報学研究所 教授
山本ベバリーアン	大阪大学大学院人間科学研究科 教授

戦略プロポーザル「人工知能と科学 ～AI・データ駆動科学による発見と理解～」（2021年8月発行）

伊藤聡	公益財団法人計算科学振興財団 チーフコーディネーター
井上克巳	国立情報学研究所
上田正仁	東京大学大学院理学系研究科 教授
浦本直彦	三菱ケミカルホールディングス Chief Digital Technology Scientist
川上英良	理化学研究所/千葉大学
呉羽真	大阪大学先導的学際研究機構 特任助教
清水昌平	滋賀大学データサイエンス学系 教授
徐一斌	物質・材料研究機構統合型材料開発・情報基盤部門 副部門長
太田禎生	東京大学/シンクサイト株式会社
北野宏明	株式会社ソニーコンピュータサイエンス研究所 所長
久木田水生	名古屋大学
高橋恒一	理化学研究所生命機能科学研究センター チームリーダー
陳洛南	中国科学院系統生物学重点実験室
橋本幸士	大阪大学大学院理学研究科 教授
丸山宏	株式会社Preferred Networks PFNフェロー
山西芳裕	九州工業大学
山本昌宏	東京大学
鷲尾隆	大阪大学産業科学研究所 教授

戦略プロポーザル作成チームメンバー

　戦略プロポーザル作成チームはCRDSだけでなく、JST内の他部門からも参画希望者を募ってチームを編成し、調査・検討を行ってきた。以下に、五つの戦略プロポーザルの作成チームメンバーを示す（50音順、敬称略、JST内所属・役職はチーム活動当時のもの）。

戦略プロポーザル「第4世代AI」（2020年3月発行）チーム

木村康則	CRDS システム・情報科学技術ユニット 上席フェロー【総括責任者】
福島俊一	CRDS システム・情報科学技術ユニット フェロー【リーダー】
東良太	CRDS システム・情報科学技術ユニット フェロー
井上貴文	CRDS ライフサイエンス・臨床医学ユニット フェロー
奥山隼人	未来創造研究開発推進部 主査
小林容子	戦略研究推進部 主任調査員
坂本明史	戦略研究推進部 主任調査員
嶋田義皓	CRDS システム・情報科学技術ユニット フェロー
的場正憲	CRDS システム・情報科学技術ユニット フェロー
山田直史	経営企画部 主査

戦略プロポーザル「次世代AIモデル」（2024年3月発行）チーム

木村康則	CRDS システム・情報科学技術ユニット 上席フェロー【総括責任者】
福島俊一	CRDS システム・情報科学技術ユニット フェロー【リーダー】
市川類	CRDS 安全安心グループ フェロー
尾崎翔	CRDS システム・情報科学技術ユニット フェロー
木賀大介	CRDS ライフサイエンス・臨床医学ユニット
坂本明史	戦略研究推進部 主任専門員
嶋田 義皓	CRDS システム・情報科学技術ユニット フェロー
濱田 志穂	CRDS 総合知・イノベーショングループ フェロー
丸山 隆一	CRDS 横断・融合グループ フェロー
茂木 強	CRDS システム・情報科学技術ユニット フェロー

戦略プロポーザル「AIソフトウェア工学」（2018年12月発行）チーム

木村康則	CRDS システム・情報科学技術ユニット 上席フェロー【総括責任者】
福島俊一	CRDS システム・情報科学技術ユニット フェロー【リーダー】
相田俊一	未来創造研究開発推進部 主任調査員
奥山隼人	未来創造研究開発推進部 主査
川村隆浩	情報企画部 主任調査員
國岡崇生	人財部 課長代理
高地伸夫	戦略研究推進部 主任調査員
澤田朋子	CRDS 海外動向ユニット フェロー
嶋田義皓	CRDS システム・情報科学技術ユニット フェロー
蒋赫	イノベーション拠点推進部 主査
坂内悟	CRDS システム・情報科学技術ユニット フェロー

付録

戦略プロポーザル「意思決定・合意形成支援」（2018年3月発行）チーム

木村康則	CRDS システム・情報科学技術ユニット 上席フェロー【総括責任者】
福島俊一	CRDS システム・情報科学技術ユニット フェロー【リーダー】
小山健一	研究プロジェクト推進部 主任調査員
鈴木慶二	情報企画部 副調査役
高島洋典	CRDS システム・情報科学技術ユニット フェロー
中村亮二	CRDS 環境・エネルギーユニット フェロー
馬場寿夫	CRDS ナノテクノロジー・材料ユニット フェロー
藤井新一郎	CRDS システム・情報科学技術ユニット フェロー
峯畑昌道	CRDS 海外動向ユニット フェロー
茂木強	CRDS システム・情報科学技術ユニット フェロー
山田直史	CRDS システム・情報科学技術ユニット フェロー
横井伸司	戦略研究推進部 主任調査員
渡邊勝太郎	情報企画部 主査

戦略プロポーザル「デジタル社会における新たなトラスト形成」（2022年9月発行）チーム

木村康則	CRDS システム・情報科学技術ユニット 上席フェロー【総括責任者】
福島俊一	CRDS システム・情報科学技術ユニット フェロー【リーダー】
井上眞梨	CRDS システム・情報科学技術ユニット フェロー
加納寛之	CRDS 科学技術イノベーション政策ユニット フェロー
上村健	社会技術研究開発センター 企画運営室 フェロー
住田朋久	CRDS 企画運営室 フェロー
高島洋典	CRDS システム・情報科学技術ユニット フェロー
戸田智美	CRDS ライフサイエンス・臨床医学ユニット フェロー
花田文子	CRDS 企画運営室 フェロー
福井章人	CRDS システム・情報科学技術ユニット フェロー
的場正憲	CRDS システム・情報科学技術ユニット フェロー
宮薗侑也	CRDS ライフサイエンス・臨床医学ユニット フェロー
茂木強	CRDS システム・情報科学技術ユニット フェロー
山本里枝子	CRDS 企画運営室 フェロー
若山 正人	CRDS システム・情報科学技術ユニット 上席フェロー

戦略プロポーザル「人工知能と科学」（2021年8月発行）チーム

木村康則	CRDS システム・情報科学技術ユニット 上席フェロー【総括責任者】
嶋田義皓	CRDS システム・情報科学技術ユニット フェロー【リーダー】
東良太	CRDS システム・情報科学技術ユニット フェロー
島津博基	CRDS ライフサイエンス・臨床医学ユニット フェロー
相馬りか	戦略研究推進部 ICT グループ 調査員
福島俊一	CRDS システム・情報科学技術ユニット フェロー
的場正憲	CRDS システム・情報科学技術ユニット フェロー
眞子隆志	CRDS ナノテクノロジー・材料ユニット フェロー

宮薗侑也　　CRDSライフサイエンス・臨床医学ユニット フェロー
若山正人　　CRDSシステム・情報科学技術ユニット 上席フェロー

付録3　関連する政策・プログラム

本稿に示した戦略プロポーザルの内容と関連の深い政策・プログラムとして、以下のようなものがある。

内閣府「AI戦略」

https://www8.cao.go.jp/cstp/ai/index.html

わが国のAI戦略の中核政策として、まず2019年6月11日統合イノベーション戦略推進会議決定として「AI戦略2019」（https://www8.cao.go.jp/cstp/ai/aistratagy2019.pdf）が公表された。その研究開発パートでは「Trusted Quality AI」（信頼される高品質なAI）が打ち出された（図3-3）。

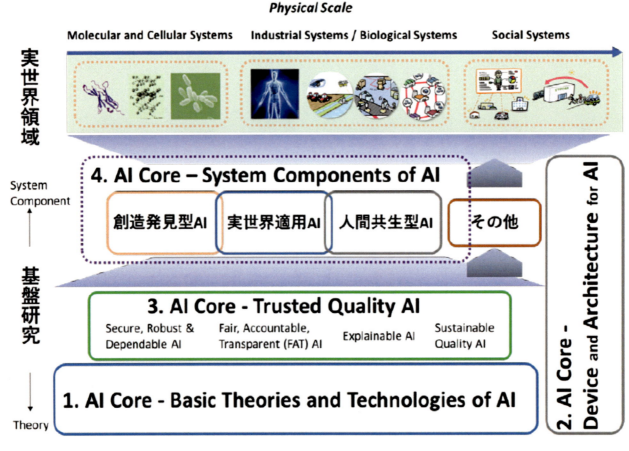

図3-3　AI戦略2019：AI研究開発の全体構成図

「AI戦略2019」は、その後「AI戦略2021」（2021年6月11日決定）、「AI戦略2022」（2022年4月22日決定）にアップデートされた。

さらに、対話型生成AIの進化と社会への波及が生じつつあるタイミングで、2023年5月に「AI戦略会議」（イノベーション政策強化推進のための有識者会議、座長：松尾豊・東京大学大学院工学系研究科教授）が発足した。2023年5月から2024年12月の間に12回の会合が行われている。その間、2023年5月26日に「AIに関する暫定的な論点整理」（https://www8.cao.go.jp/cstp/ai/ronten_honbun.pdf）を公表、その後、広島AIプロセス、AI事業者ガイドライン、AI制度等を含め、国際的な議論も踏まえた社会・産業面からのルール作りを主導している。

日本経済団体連合会（経団連）「AI活用戦略」

https://www.keidanren.or.jp/policy/2019/013.html

2019年2月19日公開。「AI戦略2019」の正式決定の前に、こちらで「Trusted Quality AI」のコンセプトが発信された。この中でJST CRDSの戦略プロポーザルやワークショップ報告書も参照されている。

文部科学省 令和2年度戦略目標「信頼されるAI」

https://www.mext.go.jp/b_menu/houdou/2020/mext_00487.html

2020年3月9日公開。「人間中心のAI社会原則」に基づいた「信頼される高品質なAI」（Trusted Quality AI）の創出に向けた研究開発を推進するとされ、次の三つが達成目標として示されている。

（1）現在のAI技術の限界を克服する新技術の創出
（2）AIシステムの信頼性・安全性を確保する技術の創出
（3）データの信頼性確保及び意思決定・合意形成支援技術の創出

これらの達成目標はそれぞれ、（1）が「第4世代AI」、（2）が「AIソフトウェア工学」、（3）が「意思決定・合意形成支援」の戦略プロポーザルに対応している。

戦略目標「信頼されるAI」を受けたJST戦略的創造研究推進事業

2020年度から以下のプログラムを開始。2020年度・2021年度・2022年度に課題を採択。

・［CREST 信頼されるAIシステム］信頼されるAIシステムを支える基盤技術
　https://www.jst.go.jp/kisoken/crest/research_area/ongoing/bunya2020-4.html
　研究総括：相澤彰子（国立情報学研究所コンテンツ科学研究系 教授）
・［さきがけ 信頼されるAI］信頼されるAIの基盤技術
　https://www.jst.go.jp/kisoken/presto/research_area/ongoing/bunya2020-5.html
　研究総括：有村博紀（北海道大学大学院情報科学研究院 教授）
・［ACT-X AI活用学問革新創成］AI活用で挑む学問の革新と創成
　https://www.jst.go.jp/kisoken/act-x/research_area/ongoing/bunya2020-1.html
　研究総括：國吉康夫（東京大学大学院情報理工学系研究科 教授）

文部科学省 令和6年度戦略目標「自律駆動による研究革新」

https://www.mext.go.jp/content/20240315-mxt_chousei01-000034470_3.pdf

2024年3月15日公開。特定の分野にとらわれず自律駆動型の研究アプローチを推進するとされ、次の3つが達成目標として示されている。

（1）自律駆動型の研究アプローチによる科学的発見の追求
（2）人には理解困難な複雑現象の解明あるいは人には到達困難な探索領域の開拓
（3）従来型では不可能な研究アプローチを実現するための要素技術の創出

この設計に当たって、戦略プロポーザル「人工知能と科学」が参照された。

戦略目標「自律駆動による研究革新」を受けたJST戦略的創造研究推進事業

2024年度から以下のプログラムを開始。

・［さきがけ 研究開発プロセス革新］AI・ロボットによる研究開発プロセス革新のための基盤構築と実践活用
　　https://www.jst.go.jp/kisoken/presto/research_area/bunya2024-1.html

研究総括：竹内一郎（名古屋大学大学院工学研究科 教授）

文部科学省 令和7年度戦略目標「実環境に柔軟に対応できる知能システムに関する研究開発」
https://www.mext.go.jp/content/20250228-mxt_chousei01-000040506_5.pdf
2025年2月28日公開。AIの限界を克服し、AIの応用領域を拡大することで、社会的価値を創出するとともに、省人化などの社会課題解決にも貢献するとされ、次の3つが達成目標として示されている。
　（1）実環境に柔軟に対応できる知能システム
　（2）知能と身体・駆動機能システムの融合
　（3）実環境に対応できるネットワーク環境
この設計に当たって、本報告書1.1.2-（3）の検討が参考にされた。また、この戦略目標を受けたJST戦略的創造研究推進事業も予定されている。

文部科学省 令和7年度戦略目標「安全かつ快適な"人とAIの共生・協働社会"の実現」
https://www.mext.go.jp/content/20250228-mxt_chousei01-000040506_6.pdf
2025年2月28日公開。アライメントに配慮した、多様な人と多様なAIの連携を推進するとされ、次の3つが達成目標として示されている。
　信頼性・公平性・安全性などを考慮しながら、以下の実現を目指す。
　（1）人とAIの共生
　（2）多様なAIの連携
　（3）複数の人と複数のAIの協働
この設計に当たって、本報告書1.4節（4）の検討や俯瞰セミナー＆ワークショップ報告書「人・AI共生社会のための基盤技術」【資料3-2】が参考にされた。また、この戦略目標を受けたJST戦略的創造研究推進事業も予定されている。

戦略プロポーザルと関わりの深い他のJST事業
・JST未来社会創造事業「超スマート社会の実現」領域
　　「機械学習を用いたシステムの高品質化・実用化を加速する"Engineerable AI"技術の開発」
　　https://www.jst.go.jp/mirai/jp/program/super-smart/JPMJMI20B8.html
　　研究開発代表者：石川冬樹（国立情報学研究所アーキテクチャ科学研究系 准教授）
　　2021年1月に本格研究課題に移行（探索研究：2020年4月から、本格研究期間は2024年度まで）。
・JST未来社会創造事業「共通基盤」領域「ロボティックバイオロジーによる生命科学の加速」
　　https://www.jst.go.jp/mirai/jp/program/core/JPMJMI20G7.html
　　研究開発代表者：高橋恒一（理化学研究所生命機能科学研究センター チームリーダー）
　　2021年1月に本格研究課題に移行（探索研究：2018年11月から、本格研究期間は2024年度まで）。
・JST戦略的創造研究推進事業ERATO「蓮尾メタ数理システムデザインプロジェクト」（ERATO MMSD）
　　https://www.jst.go.jp/erato/hasuo/ja/
　　研究総括：蓮尾一郎（国立情報学研究所アーキテクチャ科学研究系 准教授）
　　研究期間：2016年10月〜2022年3月

- JST戦略的創造研究推進事業RISTEX（社会技術研究開発）[2]
  「情報社会における社会的側面からのトラスト形成」（デジタル ソーシャル トラスト）
  https://www.jst.go.jp/ristex/funding/solve-digist/index.html
  研究総括：湯淺墾道（明治大学公共政策大学院 専任教授）
  2023年度開始。本プログラムの設計に当たって戦略プロポーザル「トラスト形成」が参照された。

NEDO「次世代人工知能・ロボット中核技術開発」プロジェクト

2015年度開始。
　プロジェクトマネージャー：渡邊恒文（NEDO）
　プロジェクトリーダー：辻井潤一（産業技術総合研究所 人工知能研究センター長）

このプロジェクトの中で、2019年度に「人工知能の信頼性に関する技術開発事業」を実施。JST CRDSの戦略プロポーザルも参照されている（推進面でも連携・協力）。

https://www.nedo.go.jp/koubo/CD3_100157.html

この「人工知能の信頼性に関する技術開発事業」は、2020年度に「人と共に進化する次世代人工知能に関する技術開発事業」（2020年度～2024年度、プロジェクトリーダー：辻井潤一）に発展・移行。

---

[2] 社会が抱える問題を自然科学と人文・社会科学の知識の活用により解決する研究を推進するプログラムであり、「デジタル ソーシャル トラスト」以外のプログラムでも「信頼されるAI」と関係の深い研究課題が採択されている。

作成メンバー

総括責任者	木村 康則	上席フェロー	CRDS システム・情報科学技術ユニット
リーダー	福島 俊一	フェロー	CRDS システム・情報科学技術ユニット
メンバー	青木 孝	フェロー	CRDS システム・情報科学技術ユニット
	市川 類	フェロー	CRDS STI 基盤ユニット
	嶋田 義皓	フェロー	CRDS システム・情報科学技術ユニット（2024年8月まで）
	高島 洋典	フェロー	CRDS システム・情報科学技術ユニット
	濱田 志穂	フェロー	CRDS STI 基盤ユニット
	福井 章人	フェロー	CRDS システム・情報科学技術ユニット
	丸山 隆一	フェロー	CRDS 横断・融合グループ（2024年2月まで）
	茂木 強	フェロー	CRDS システム・情報科学技術ユニット
	吉脇 理雄	フェロー	CRDS システム・情報科学技術ユニット

- 本書に記載されている会社名・製品名等は、一般に各社の登録商標または商標です。本文中の ©、®、TM 等の表示は省略しています。
- 本書を通じてお気づきの点がございましたら、reader@kindaikagaku.co.jp までご一報ください。
- 落丁・乱丁本は、お手数ですが(株)近代科学社までお送りください。送料弊社負担にてお取替えいたします。ただし、古書店で購入されたものについてはお取替えできません。

人工知能研究の新潮流 2025
～基盤モデル・生成AIのインパクトと課題～

2025 年 4 月 30 日　初版第 1 刷発行

編　者　国立研究開発法人科学技術振興機構 研究開発戦略センター（JST/CRDS）
著　者　木村 康則・福島 俊一・青木 孝・市川 類・嶋田 義皓・高島 洋典・濱田 志穂・
　　　　福井 章人・丸山 隆一・茂木 強・吉脇 理雄
発行者　大塚 浩昭
発行所　株式会社近代科学社
　　　　〒101-0051 東京都千代田区神田神保町 1 丁目 105 番地
　　　　https://www.kindaikagaku.co.jp

・本書の複製権・翻訳権・譲渡権は株式会社近代科学社が保有します。
・ JCOPY ＜(社)出版者著作権管理機構 委託出版物＞
本書の無断複写は著作権法上での例外を除き禁じられています。複写される場合は、そのつど事前に(社)出版者著作権管理機構(https://www.jcopy.or.jp, e-mail: info@jcopy.or.jp)の許諾を得てください。

© 2025　Center for Research and Development Strategy, Japan Science and Technology Agency
Printed in Japan
ISBN978-4-7649-0742-3
印刷・製本　京葉流通倉庫株式会社